Studien zur Systematischen Musikwissenschaft

Hamburger Jahrbuch
für Musikwissenschaft
Band 9

Herausgegeben von
Constantin Floros, Hans Joachim Marx
und Peter Petersen
in Zusammenarbeit mit
Albrecht Schneider

STUDIEN ZUR SYSTEMATISCHEN MUSIKWISSENSCHAFT

Laaber-Verlag

Schriftleitung: Prof. Dr. Peter Petersen
Musikwissenschaftliches Institut
der Universität Hamburg
Neue Rabenstraße 13
2000 Hamburg 36

ISBN 3-89007-104-X

INHALT

Vorwort

Betrachtet man Systematisierungskonzepte der Musikwissenschaft, so scheinen die Einteilung in Arbeitsfelder und Subdisziplinen sowie deren methodische und sachliche Verflechtungen mehr oder minder im Fluß begriffen. Schon die Zweiteilung der Musikwissenschaft in historische und systematische, die an der Universität Hamburg auch institutionell verankert wurde, erfolgte in dem Wissen, daß etwa Gebiete wie die Vergleichende Musikwissenschaft oder die Instrumentenkunde kaum eindeutig zugewiesen werden können, so daß die Fächerteilung sozusagen vorbehaltlich war und ist und in der Praxis von Forschung und Lehre auch nicht dogmatisch durchgesetzt wird.

Der vorliegende Band vereinigt Studien zur Systematischen Musikwissenschaft. Die Fragestellungen werden selbstverständlich auch an historischem und ethnographischem Material exemplifiziert. Der Band spiegelt somit eine Arbeitsweise wider, die Vladimir Karbusicky seit 1952 entfaltet hat und gemäß der er heute am Musikwissenschaftlichen Institut der Universität Hamburg wirkt. Autoren und Herausgeber, Freunde und Kollegen überreichen diese „Studien" Vladimir Karbusicky zum 60. Geburtstag.

VLADIMIR KARBUSICKY
zum 60. Geburtstag

Zusammenhänge zwischen der Systematischen und anderer Musikwissenschaft

WALTER WIORA

Die Differenzierung einer Wissenschaft erfordert als Gegengewicht Integration. Je mehr sich ihre Zweige voneinander isolieren, um so mehr gereicht es diesen wie dem Ganzen zum Schaden. Demgemäß ist die Einteilung der Musikwissenschaft[1] durch Besinnung darauf zu ergänzen, wie die Teilgebiete sich wechselseitig fundieren und wie sie auf andere Weise miteinander zusammenhängen oder zuammenhängen sollten.

Nach einer verbreiteten Auffassung gliedert sich die Musikwissenschaft in drei Hauptteile: den systematischen, den historischen sowie den ethnologischen und vergleichenden. Zu welchen dieser drei Hauptteile gehören die übrigen Zweige des Faches? Nicht alle nur zu je einem. Die Instrumentenkunde etwa gehört zu jedem von ihnen. Sie ist keineswegs nur zur Musikgeschichte zu rechnen, wie manche meinen, sondern hat ja auch einen außereuropäischen und einen rege voranschreitenden europäisch-volkskundlichen Forschungszweig sowie eine systematische Seite, welche „Systematik" im Sinne umfassender Klassifikation einschließt. Auch geht in der Geschichte etlicher Instrumente, zum Beispiel der Laute, Außereuropäisches in Europäisches über, zu schweigen von der heutigen Verbreitung von Instrumenten westlicher Kunst- und Popularmusik in aller Welt.

Eng zusammen hängt der Sache nach die Musiksoziologie mit der musikalischen Sozialgeschichte, welche andererseits eine Seite der Musikgeschichte bildet. Entsprechendes gilt für das Verhältnis der Ästhetik zu ihrer Geschichte. Wechselweise beziehen sich aufeinander die Geschichte der Musiktheorie und die Ansätze zu Systematischer Musiktheorie. Die historische Seite der Musikethnologie und Vergleichenden Musikforschung mündet teilweise in die über Europa hinaus erweiterte Musikgeschichte, der als fernes, wenngleich nur partiell erreichbares Ziel die Universalgeschichte der Musik vorschwebt.

In die Betrachtung einzubeziehen sind diejenigen Forschungszweige, welche außer zur Musikwissenschaft in erster oder zweiter Linie auch zu anderen Disziplinen gehören. So ist die Musikpsychologie ein Zweig auch der Psychologie und die Musiksoziologie ein Zweig auch der Soziologie. Die Geschichte der Oper geht in die Theaterwissenschaft über. Die Erforschung außereuropäischer Musik ist ein Zweig auch der Sinologie, der Indologie und anderer orientalistischer Fächer sowie der Kunde von den „Naturvölkern" und deren Wandel in der Gegenwart. Somit bestehen enge Zusammenhänge nicht nur innerhalb der Musikwissenschaft, sondern auch zwischen einigen ihrer Zweige und ihren Nachbarn jenseits der Grenzen des Faches.

Indem die Systematische Musikwissenschaft über das Besondere der einzelnen Epochen und Kulturen hinauszublicken sucht, fragt sie nach der zeitlichen und räumlichen Geltungsweite ihrer Begriffe und Aussagen, mögen diese nun auf phänomenologischer Evidenz oder empirischen Erhebungen beruhen. Dazu bedarf sie als hauptsächlicher Basis des Überblicks über die Ergebnisse der musikhistorischen und der musikethnologisch-vergleichenden Forschung. Sie kann nicht mehr, wie einstige Theoretiker, die allumfassende Geltung der gesamten Grundlagen „unseres" Musiksystems behaupten. Und ihre Aufgabe besteht nicht nur darin festzustellen, ob wenigstens diese oder jene Elemente schlechthin allumfassend, ob sie „universal" seien. Entweder universal oder singulär zu sein, ist eine unfruchtbare Alternative. Vielmehr sind verschiedene Grade und Arten des Überepochalen und Überregionalen zu bedenken. Auch Elemente, die nicht überall, sondern nur weit verbreitet sind, zum Beispiel in verschiedenem Ausmaß die Konsonanzen, haben für die Systematische Musikwissenschaft wesentliche Bedeutung. Das gilt zumal, wenn die betreffenden Länder von einander entfernt sind und die Verbreitung sich nicht durch geschichtliche Zusammenhänge, sondern polygenetisch erklärt.

Zu erkunden, was ausnahmslos oder annähernd universal ist, gehört heute — anders als in einem bereits vorübergegangenen Trend — zu den Hauptthemen der Musikethnologie wie der Völkerkunde überhaupt, der Linguistik und anderer Disziplinen. Darin kommen Ethnologisch-Vergleichende und Systematische Musikwissenschaft einander entgegen.

Nur auf einiges sei hingewiesen. Eine für die Anthropologie der Musik[2] grundlegende Tatsache ist es, daß alle uns bekannten Völker, auch die primitivsten Stämme, irgendwelchen Gesang pflegen und daß sie fast sämtlich „Musikinstrumente" oder mindestens Schallgeräte haben. Sie befolgen irgendwelche im weiteren Sinne des Wortes musikalische Normen und Ordnungen, auch wenn diese der „musica vera" des Abendlandes fernstehen; sie sind auch in dieser Hinsicht keine „Wilden". Ihre Klangäußerungen sind gewöhnlich mit leibseelischen Bewegungen verbunden, über den Tanz hinaus, zu dem fast immer Schall oder Gesang gehören. Für die Soziologie der Musik ist von Bedeutung, daß sich auch bei Primitiven aus den jeweiligen Gemeinschaften Personen herausheben, die mehr als andere musikalisch begabt sind und als Einzel- oder Vorsänger fungieren. Auch die europäischen Volkslieder sind ja nicht einfach — wie man gesagt hat — „primitives Gemeinschaftsgut", sondern sehr viele werden nur von Einzelnen gesungen, oder die Gemeinschaft ist auf Kehrreime beschränkt.

Grundlegend für die Musiktheorie ist die sehr weite Verbreitung etlicher elementarer Phänomene. Zu ihnen gehört der gleichmäßig pulsierende Rhythmus mit Zwei- oder Viertaktgruppen, so im Kindergesang verschiedenster Völker und Sprachen. Dabei ist die Disjunktion zwischen periodischem und aperiodischem, metrischem und Prosarhythmus, liedmäßigem und rezitativischem Gesang zu bedenken; sie leben nebeneinander und vermischen sich nicht selten. Zu Unrecht hat man die gesamte Rhythmuslehre Hugo Riemanns und anderer Theoretiker als zeitbeschränkte Kanonisierung abendländischer Musik seit dem 18. Jahrhundert angesehen, anstatt kritisch vergleichend herauszustellen, was an ihr über die tatsächliche Zeitbeschränktheit hinausgeht. Sogar die Melodiegestalt aus acht Takten findet sich zeitlich und räumlich vielerorts: im antiken Seikiloslied, im frühchristlichen Hymnus, bei Mongolen und Indianern, in der heutigen weltweiten Popularmusik u.a.

Unter den Konsonanzen ragen auch außerhalb Europas die drei hervor, welche den einfachsten Zahlenverhältnissen entsprechen. Quinte und Quarte und in Skalen größeren Umfangs die Oktave bilden Gerüste, die durch bestimmte oder unbestimmte Intervalle ausgefüllt werden. Aus dem Nebeneinander der Quarte und Quinte (zum Beispiel c f g) ergibt sich ein relativ bestimmter Ganzton.

Gewöhnlich unterscheiden sich zentrale und Nebentöne sowie Stufen mit der Bedeutung relativen Ruhens und der Tendenz zur Bewegung. Unter den Schlußbildungen überwiegen diejenigen mit absteigenden Intervallen. Somit liegen etlichen Seiten der abendländischen Harmonik, wie der Tonika und „Kadenz", weltweit verbreitete Elementarphänomene zugrunde.

Unter den Tonleitern sind halbtonlos pentatonische und diatonisch heptatonische häufiger als andere. Skalen, die nur oder vorherrschend aus Mikrotönen bestehen, gibt es zwar in spekulativen Theorien, doch nicht als Gebrauchsleitern. Dagegen erlaubt geübte Empfindlichkeit für schwellennahe Tonunterschiede mikrotonale Stellen, namentlich in ornamentaler Melodik und in der Umgebung zentraler Stufen.

Die fortschreitende Untersuchung und Zusammenfassung solcher Tatsachen kann und sollte zur Festigung von Fundamenten der Systematischen Musiktheorie beitragen. Sie ist ein Weg, die Alternative zwischen Dogmatismus und Relativismus zu überwinden. Es ist unproduktiv, die gesamte Musiktheorie als „Handwerkslehre" aus der eigentlichen Musikwissenschaft zu verbannen.

*

Historischer Relativismus neigt dazu, für jede Kultur und Epoche ausschließlich deren eigene Termini zu benützen und den Geltungsbereich eurogener Begriffe auf Europa zu beschränken. Demgegenüber kommt es auf Grundbegriffe an, welche die Zweige der Musikwissenschaft verbinden, ohne dabei Eigenes zu verwässern und Fremdes zu verkennen. Dies ist dadurch zu ermöglichen, daß man erstens zeit- oder raumbegrenzte Begriffe in einen engeren und einen weiteren Sinn differenziert (z. B. Tonalität) oder zweitens neben Termini von engerer Geltung andere stellt, die einen weiten Geltungsbereich haben (z. B. neben die große und kleine Sekunde den melodischen „Schritt").

In engeren, geschichtlichen Bedeutungen haben die Begriffe dichteren und lebendigeren Gehalt. Das gilt zum Beispiel für die europäische Oper als geschichtlich sich entwickelndes und sich wandelndes Wesen im Unterschied zur weiteren Bedeutung, welche die chinesische „Oper" mitumfaßt. Ein geschichtliches Wesen ist das Streichquartett seit Haydn, anders als die leere Rubrik von Musikstücken für vier Instrumente.

Engeren und weiteren Sinn hat das fundamentale Wort „Musik". Zur gelehrten Ars oder Scientia musica geprägt und vom usuellen cantus unterschieden, wurde sie schon im späteren Mittelalter auf Volksmusik ausgedehnt. Und schließlich meint es Sang und Klang in aller Welt sowohl in der Umgangssprache als auch im konstitutiven Grundbegriff unseres Faches. Der künstliche Plural „Musiken" ist nicht nur unschön, sondern widerspricht dem Wesensunterschied der Musik von Sachgebieten mit geläufigen Pluralbildungen, wie Sprachen und Religionen. Daß die Musik außerhalb Europas vielfach nicht eine selbständige Kunst, sondern Teilmoment eines Komplexes war oder ist, der auch Tanz und Poesie umfaßt, steht im Einklang mit dem Ursprung des Wortes in der griechischen Antike. Problematisch ist seine Ausdehnung auf Schall verschiedener Art und die Ausdehnung des Ausdruckes „Musikinstrument" auf Schallgeräte.

Auch für das umstrittene Problem, ob der Begriff „Orchester" erst für die Zeit seit dem 18. Jahrhundert anzuwenden ist oder sich auf frühere Zeiten und ferne Regionen, wie Indonesien, übertragen läßt, kann die Unterscheidung eines zeitbegrenzten und eines weiterreichenden Sinnes ein- und desselben Wortes nützlich sein. Dabei dürfen freilich die Unterschiede zwischen spezifischen Eigenschaften des Symphonieorchesters und solchen anderer Arten instrumentalen Zusammenspiels mit relativ großer Besetzung nicht verwischt werden. Entsprechendes gilt für die Geltungsbereiche der Begriffe „Takt" und „Tonalität".

Dagegen ist neben den geschichtlichen Begriff der Atonalität der umfassendere Begriff nicht-tonaler Musik zu stellen. „Heterophonie" ist zwar vom ursprünglichen Sinne bei Platon auf außereuropäische Musik übertragen worden, doch ist es zumeist angemessener, von Simultanvarianten zu sprechen. *Auf*führungspraxis setzt voraus, daß ein Musikstück aufgeführt, daß es dargeboten wird; sie ist eine Spezies der *Aus*führungspraxis und diese eine Unterart der Sing- und Musizierpraxis.

„Musikästhetik" gibt es erst seit dem 18. Jahrhundert; von Mythen, der antiken Ethoslehre und transmusikalischen Spekulationen im Mittelalter und außerhalb Europas handelt die Geschichte nicht der Musikästhetik, sondern der Musikanschauung. „Programmusik" im eigentlichen Sinn gibt es, von Vorläufern abgesehen, erst seit dem frühen 19. Jahrhundert; für antike und orientalische Instrumentalmusik mit visuellen oder sonstigen Zusatzvorstellungen, welche über subjektive Assoziationen hinausgehen, paßt besser ein umfassender Grundbegriff. Neben den immanenten und transparenten kann man den „anhaftenden" Gehalt von Musik stellen.[3] Zum letzteren gehört unter anderem Instrumentalmusik mit Überschriften, die auf außermusikalische Vorstellungen, wie mythische Begebnisse oder Naturszenen, hinweisen.

*

Der systematische Teil und die anderen Teile der Musikwissenschaft stützen sich gegenseitig. Zur Erklärung, warum Konsonanzen und Zweitaktgruppen so verbreitet sind, können Psychologie und Anthropologie der Musik wesentlich beitragen. Desgleichen ist zu begreifen, warum sich Systeme, die nur aus Mikrointervallen bestehen, in der Praxis nicht durchgesetzt haben. Andererseits kann Systematische Musikwissenschaft zum Verständnis der Skalen aus äquidistanten Schritten sowie der hier in der Praxis üblichen Abweichungen von genauer Aequidistanz helfen. Sowohl die große wie die geringe Verbreitung von Phänomenen und Stilen gehören mithin nicht nur zur Erfahrungsbasis Systematischer Musikforschung, sondern werden umgekehrt durch diese und durch Nachbarwissenschaften, wie Psychologie und Soziologie, sachlich verständlicher.

Elementare Arten der Mehrstimmigkeit beruhen großenteils auf Grundformen rituellen und geselligen Zusammenwirkens, zum Beispiel Bordun und Ostinato auf dem Begleiten eines herausgehobenen Einzelnen durch eine Gemeinschaft. Dabei wirken gestaltpsychologisch dargelegte Verhältnisse mit, wie Figur und Grund. Artifizielle Polyphonie ist primär nicht regional bedingt, etwa als ein Wesenszug nördlicher Landschaften, sondern kultursoziologisch und sozialgeschichtlich als Kunst für Kenner zu erklären.

Systematische Begriffe und Erkenntnisse haben heuristischen und begründenden Wert für die Analyse musikalischer Werke. Sie dienen der Erschließung und Erklärung geschichtlicher Fakten und Prozesse. Sie helfen verstehen, warum in der abendländischen Volks- und Popularmusik der Neuzeit Dur, geglätteter Taktrhythmus, Strophenliedform und Dreiklangsharmonik mit Tonika, Dominante und Subdominante zur Vorherrschaft gelangt sind. Ein anderes Problem, das sich dem Zusammenwirken systematischer und historischer Untersuchung stellt, ist die nun schon lange Beständigkeit des nur wenig veränderten Standardrepertoires in Konzert und Oper. Hörgewohnheiten, Trägheit des Publikums und konservative Gesinnung allein sind dafür keine zureichenden Gründe.

Daran schließt sich die Frage, aus welchen innermusikalischen Gründen sich dieses Repertoire über Europa hinaus trotz Rückschlägen weit verbreitet hat, und warum Elemente westlicher Tonalität, Harmonik und Rhythmik populäre und nicht nur populäre Stile der verschiedensten Länder durchdrungen oder mitbestimmt haben.[4] Die Musikwissenschaft kann sich nicht mit der politischen Erklärung „Kulturkolonialismus" zufrieden geben, sondern sollte ihren spezifisch musikwissenschaftlichen Erkenntnisbeitrag leisten. Dabei ist zu bedenken, warum die Standardnotenschrift der europäischen Neuzeit ein „weltweit verständliches

Aufzeichnungsmittel" geworden ist und warum sich sehr viele außereuropäische Musik durch sie wiedergeben läßt, wenn man sie mit zusätzlichen Zeichen und Modifikationen versieht.[5]

*

Zusammenhänge zwischen dem systematischen und den anderen Teilgebieten der Musikwissenschaft zu erkennen bzw. durchzuführen, ist eine der hauptsächlichen Gegenwarts- und Zukunftsaufgaben des Faches. Für sie gelten die Gesetze wissenschaftlichen Verfahrens: kritisch und methodisch vorzugehen. So ist es unkritisch und unmethodisch, zur Stützung einer vorgefaßten Ansicht über Wesen und Werden der Musik nur solche tatsächliche oder vermeintliche Ergebnisse der Musikethnologie heranzuziehen, welche zu dieser Ansicht passen. Zum Beispiel hat einst ein Musikforscher behauptet, die Vergleichende Musikwissenschaft habe nachgewiesen, daß gerade die Naturvölker völlig andere Intervallordnungen verwenden als Europäer, etwa 3/4- oder 5/4-Töne oder neutrale Terzen. Andere Autoren unterscheiden nicht, welche Bedeutung für die Systematische Musikwissenschaft dem Exzeptionellen in der Gegenwart neben dem im Westen oder allgemein „Normalen" zukommt.

Zur methodischen Durchführung der Aufgabe gehören die Einrichtung und Auswertung von Katalogen über die räumliche und zeitliche Verbreitung der in Frage kommenden Elemente und Strukturen. Dies dürfte besonders Sache zentraler Institute sein. Aber auch darüber hinaus erfordert die Erhellung der Zusammenhänge in erhöhtem Maße Zusammenarbeit.

Anmerkungen

1 Siehe z. B. Riemann Musik Lexikon, Sachteil, Mainz ¹²1967, S. 616, und Vladimir Karbusicky, *Systematische Musikwissenschaft. Eine Einführung in Grundbegriffe, Methoden und Arbeitstechniken* (Uni-Taschenbücher 911), München 1979, S. 15ff.
2 Dazu Wolfgang Suppan, *Der musizierende Mensch. Eine Anthropologie der Musik*, Mainz 1984.
3 Siehe Walter Wiora, *Das musikalische Kunstwerk*, Tutzing 1983, S. 137ff.
4 Siehe dazu Bruno Nettl, *The Western Impact on World Music. Change, Adaptation, and Survival*, New York/London 1985, S. 164 u. ö.
5 Siehe dazu Doris Stockmann, *Die Transkription in der Musikethnologie: Geschichte, Probleme, Methoden*, in: Acta Musicologica 51, 1979, S. 204ff.

Über die Formulierbarkeit
humanwissenschaftlicher Erkenntnisse

ELISABETH HASELAUER

Ausgangspunkte

Wenn jemand publiziert: „Fsb (x) > Fsb (y), wobei Fsb = Falsifizierbarkeit und (x) (y) = Satz", dann gilt dies als wissenschaftlich. Wenn jemand schreibt: „Dieser Satz ist leichter zu widerlegen als jener", dann gilt dies als trivial.

Das Beispiel pointiert eine Frage, die sich nicht nur in wissenschaftlichen Veröffentlichungen selbst fortwährend stellt. Darüber hinaus wird sie neuerdings unter Forderungen wie etwa „Relevanz" oder „Kommunizierbarkeit" zunehmend dringlich aufgeworfen — die Frage nämlich, in welchem Maß es möglich und nötig ist, Fachsprachen wieder in einen allgemeinverständlichen Umgangston „zurück" zu übersetzen. Nun scheint es aber, als wäre mit solch einer Fragestellung bloß die Blätterkrone eines großen Baumes angesprochen, also das Resultat diskutiert, ohne zuvor nach den Ursachen — dem Stamm, den Wurzeln — gefragt zu haben. Denn unter der Blätterkrone verbergen sich Äste, also Fachsprachen und das Problem ihrer Koordinierung bei interdisziplinärer Arbeit; diese Äste von Fachsprachen entspringen einem Stamm, also einer Methodologie, welche ihrerseits in einem ganz spezifischen Wirklichkeitsbild des Forschers ihre Wurzeln hat. Gewiß präsentiert die Blätterkrone sich am augenfälligsten. Ebenso die Art der sprachlichen Präsentation eines Forschungsganges, weshalb sie auch häufig zu einer der Ursachen erhoben und daher quasi vom falschen Ende aus kritisiert wird. Es hieße jedoch zu seicht greifen, als Ausgangspunkt für Fragen der Formulierbarkeit die Formulierungen selbst zu wählen.

Unser Nachdenken über entsprechende Möglichkeiten und Grenzen schließt natürlich jene Texte aus, die entweder von Pseudo-Fachleuten oder einfach in schlechtem Deutsch geschrieben wurden. Vielmehr bemühen wir uns um Begründungen für die Behauptung, daß Formulierbarkeit von Erkennbarkeit und diese ihrerseits von Wirklichkeitsbildern abhängt.

In den Ästen der Fachsprachen verklettert sich schon, wer das Wort „humanwissenschaftlich" klären will. Die Bedeutung liegt auf der Hand, wenn ein Musikwissenschaftler das Wort liest: Musiksoziologie, Musikpsychologie, Musiktherapie, allenfalls Musikpädagogik, sofern die beiden zuletzt genannten Fächer überhaupt als universitär zu betreibende Wissenschaftsgebiete gelten. Die Anmerkung, daß in vielen sogenannten Einzelwissenschaften ähnliche Bedeutungsreihen existieren, erscheint fast überflüssig. Selbst Geschichte ist Humanwissenschaft, wenn man beispielsweise das folgende Geschichtsverständnis teilt: *„Gegenstand eines —*

wie immer gearteten — geschichtlichen Interesses ist nicht die Vergangenheit schlecht-
hin, nicht alles vergangene Geschehen. Denn ‚vergangen' ist Alexanders Landung in
Troja ebenso wie der Aufschlag eines Meteoriten auf dem Mond oder das Aussterben
der Dinosaurier. Geschichtliches Interesse bezieht sich auf vergangene menschliche
Handlungen in Institution und Öffentlichkeit, die im Unterschied zu anderem Ver-
gangenen Geschichte heißen. Geschichte ist also nicht alles Sich-in-der-Zeit-Verändern.
Geschichte kommt vielmehr nur dem Menschen zu. [. . .] Geschichte ist das Sich-
selbst-Hervorbringen der Menschheit."[1]

Die folgenden Überlegungen setzen bei Musiksoziologie an — einem Gebiet also,
das die Spielwiese für Wortmystik, Fremdwortgestrüpp oder entlehnte Formel-
sprachen schlechthin ist. Dies ermöglicht der Charakter der Disziplin selbst. Musiksoziologie — terminologisch eine Zusammensetzung zweier Einzelwissenschaften, die beide nicht der Typik von „Einzelwissenschaft" entsprechen — fun-
giert dennoch nicht als Summe von Musik plus Soziologie. Ebenso wenig kann
ihre Sprache aus musikwissenschaftlicher plus soziologischer Terminologie entstehen, wiewohl beide — Musikwissenschaftler und Soziologen — dem Fach den
ihnen jeweils eigenen Stempel aufdrücken. Abgesehen von divergierenden Vorstellungen und Erwartungen, die *in* das Fach getragen werden, bilden sich auch gänzlich verschiedene Urteile über Texte, die *aus* dem Fach stammen. Mit anderen
Worten: Ein Musikwissenschaftler liest einen musiksoziologischen Text mit völlig anderem Vorverständnis, mit völlig anderen Erwartungen, als ein Soziologe
dies tut — entsprechend variiert auch das Urteil über ein und denselben Text.

Wie für alle übrigen Gebiete, welche interdisziplinäre Arbeitsweisen erfordern,
steht daher auch für Musiksoziologie nicht mehr in Frage, wie man ihre Ergebnisse formulieren *soll*, sondern vielmehr, wie man sie überhaupt noch formulieren
kann.

Zur terminologischen Abstraktion

Musiksoziologie steht im Kreuzungsbereich von Disziplinen, die alle stark naturwissenschaftlich orientiert arbeiten. Daher halten sie sich — oft fälschlicherweise
— für Einzelwissenschaften und entlehnen ihren sprachlichen Aufbau denn auch
dem Modell der Einzelwissenschaft. (Da Sprache und Methode eng zusammenhängen, werden wir auf das Modell der Einzelwissenschaft später nochmals zu-
rückgreifen.)

Bei allem Vorbehalt gegen den Alleinvertretungsanspruch analytisch ausgerichteter Wissenschaften ist es doch ihr unbestreitbares Verdienst, den Einzelwissenschaften einen Schlüssel für exakte Begriffsbildung geschmiedet zu haben — aber
eben nur den Einzelwissenschaften. Der sprachtheoretische Schlüssel heißt *„Logi-*
sche Propädeutik"[2] und versteht sich als Vorschule des vernünftigen Redens. Das
sprachanalytische Fundament darf als weitgehend bekannt vorausgesetzt werden,

weshalb wir bloß jene Punkte herausgreifen, die unsere Schwierigkeiten verdeutlichen. Eine wissenschaftliche Terminologie entsteht bekanntlich durch die Normierung von Worten, also deren explizite Einführung im Sinne vereinbarter Bedeutung. Solche Worte oder Prädikatoren heißen „Termini", sind kontextinvariant (also auch außerhalb des Sinnzusammenhanges verständlich), und ihre Beziehung untereinander ist geregelt — dies alles, um die assoziativ oder affektiv belegten Worte der Umgangssprache zu eliminieren im Dienste wissenschaftlicher Klarheit und Eindeutigkeit.[3] Schon hier beginnen die Probleme, selbst unter der Annahme, Musiksoziologie hätte *nur* Musik(wissenschaft) und Soziologie zu berücksichtigen. Für den Musikwissenschaftler sind Termini wie Antizipation, Imitation, Analyse, Symmetrie, Skala, Modus u. ä. ebenso tägliches Brot wie für den Soziologen — nur in verschiedenen Bedeutungen. Ebendies gilt für Eigennamen: Ein Musikwissenschaftler reagiert ebenso prompt auf den Namen „Weber" wie ein Soziologe — nur auf einen je anderen Weber. Von Kontextinvarianz ist also dann keine Rede, wenn ein Fach in Verschränkung mehrerer Wissenschaftsgebiete arbeitet, denn: Gleichlautende Termini finden sich in verschiedenen Wissenschaftssprachen bei unterschiedlichen Bedeutungen. Daher muß die Umkehrung gelten. Termini, obzwar normiert, bedürfen stets der Deklaration, was wer zu welchem Zeitpunkt und in welchem Zusammenhang unter einem bestimmten Wort oder einer bestimmten Wortgruppe versteht.

Am Beispiel der Sozialwissenschaften selbst kann man zeigen, daß diese Umkehrung sogar für ganze Wissenschaftssprachen gelten kann, nicht nur für einzelne Termini. Die Sprache der Sozialwissenschaften gilt zu Recht als höchst vernachlässigt, wofür erstrangig das Prinzip der Abstraktion verantwortlich zeichnet. Gemäß den Regeln der logischen Propädeutik gibt es also zunächst normierte, d. h. in ihrer Verwendung exakt vereinbarte Termini, welche manchmal füreinander stehen können. Diese Synonyma heißen hier „Gleichsetzungen". (Divisor und Teiler etwa sind in der Mathematik exakt gleichbedeutend, ebenso beispielsweise die beiden Seiten einer Definition.) Alle sprachlichen Ausdrücke, die einander vertreten können, werden nun in einem Wort zusammengefaßt, das „Begriff" heißt und Resultat der Abstraktion ist: Abstraktion von der Lautgestalt selbst. So etwa zeigt das Wort „Klavier" Begriff und Begriffswandel gleichermaßen: Bis gegen Ende des 18. Jahrhunderts fungierte das Wort als Sammelbezeichnung für alles, was Tasten hatte, einerlei, ob die Tonbildung durch Saiten, Pfeifen, Zungen oder Glocken erfolgte; „Klavier" war also eine Abstraktion, ein Begriff. Seit der Entwicklung des Hammerklaviers gilt als Klavier nur mehr das besaitete Tasteninstrument. *„Diese Abstraktion erzeugt somit nicht einen Gegenstand, der unabhängig (‚abgesondert') neben dem Terminus stünde — so daß man sich über seine ‚Seinsweise' den Kopf zerbrechen müßte —, sondern wir v o l l z i e h e n diese Abstraktion, indem wir über einen Terminus Aussagen machen, die i n v a r i a n t sind bezüglich Synonymität."*[4]

Das heißt, Begriffe können nie gleichgesetzt sein — so etwa ist „Klavier" kein Begriff mehr, sondern ein Terminus unter dem Begriff „Tasteninstrumente". Nun kann man den Verdacht hegen, auch „Tasteninstrument" wäre noch zu individuell und gehöre unter den Begriff „Musikinstrumente", dieser seinerseits unter „Geräte (zur Hervorbringung von Klang, Ton, Geräusch)" ... Das häufigst genannte Beispiel für eine ad absurdum geführte Abstraktion ist die Reihe „Hund — Tier — Lebewesen — Erde — Universum", die in vier Schritten vom Hund zum Universum führt. An Spuren dieser Krankheit leidet die sozialwissenschaftliche Terminologie: *„Es gibt so unendlich viele Grade der möglichen Abstraktion empirisch-individueller zu allgemeinen Aussagen, daß man überhaupt nicht mit Sicherheit sagen kann, an welchem Punkt denn nun eine Abstraktion erreicht ist, die den Anforderungen der analytischen Sozialwissenschaft genügt. Kein Begriff kann so allgemein sein, als daß er sich nicht auf einen noch allgemeineren bringen ließe. An welchem Punkt soll man da aufhören? Eine immer weiter getriebene Verallgemeinerung und Abstraktion würde schließlich dazu führen, daß jeder sozialpsychologische Begriff auf denselben Allgemeinbegriff reduziert würde und daher nur noch Tautologien übrig blieben."*[5] Der logische Aufbau einer Wissenschaftssprache sollte natürlich bestimmte Unterscheidungen und Abgrenzungen garantieren, damit gesichert ist, was womit gleichzusetzen, was worunter zu subsumieren und was wovon zu trennen ist. *„Genau solche klaren Unterscheidungen gehen in der Sozialpsychologie, so wie sie heute vielfach gehandhabt wird, verloren. Diese Sozialpsychologie stellt sich als ein unklarer Brei von Individualaussagen, Hypothesen und Gesetzen dar, deren Prädikatoren in willkürlicher Weise aufeinander zurückgeführt werden, ohne daß klare Regeln dafür existieren, wie und wie weit diese Zurückführung zu geschehen habe."*[6]

Wenn die Terminologie eines Faches sich nicht sichern läßt, dann steht auch dessen Inhaltslogik in Frage, denn Termini und Begriffe gibt es schließlich nur, um Inhalte zu transportieren. Daher kann niemand als der Sozialwissenschaftler selbst präzise Kriterien für die Relation von individuellen zu allgemeinen Begriffen liefern; dies fällt nicht ohne Grund schwer. Kamlah/Lorenzen beschreiben die Prädikatorenregeln ausdrücklich als einen, *„wie wir sagen, ‚systematischen' Zusammenhang. Eben dies gilt aber für wissenschaftliche Termini in jedem Falle: Sie stützen und halten sich gleichsam gegenseitig im Gefüge eines Systems, und eine Terminologie ist nichts anderes als eben ein solches System."*[7] Der unklare Brei, den Seiffert konstatiert, erwächst sicher auch dem Zusammentreffen mehrerer „solcher Systeme", mehr oder weniger in sich abgeschlossener Terminologien aus Fachgebieten, die mehr oder weniger intensiv in die Sozialwissenschaften eingreifen. Die gesamte Fachsprache unterliegt damit derselben Problematik wie der einzelne Terminus — in keinem Fall besteht Verlaß auf „Eindeutigkeit", in jedem Fall bedürfen Aussagen der Deklaration, welcher Wissenschaftssprache ihre Termini entstammen, was sie dort bedeuten und was im Kontext der sozialwissenschaftlichen Aussage.

Selbst der eingeschworenste Positivist bewegt sich daher bisweilen auf einem Sprachniveau, das jenem Wissenschaftler, der die sozialwissenschaftliche Sprachproblematik nicht kennt, als „populärwissenschaftlich", umgangssprachlich orientiert erscheinen muß. Um diesem Vorwurf zu entgehen, bedienen sich viele

Soziologen nach wie vor einer Sprache, die man auf den Namen „Soziologen-Chinesisch" taufte. Man erwähnt das Begriffspaar zumeist mit jenem nachsichtig-ironischen Lächeln, das man überflüssigen bis leicht anrüchigen Betätigungen zollt, deren Inhaltsleere sich hinter einem Apparat aus Fremd- und Bindeworten oder hinter Sätzen von 8 Zentimetern Seitenlänge verbirgt. So etwa:

Musik als originär auditives Kommunikationsphänomen sui generis, d. h. als ein vom Komponisten „er-hörtes", erfundenes, gestaltetes und notiertes (bzw. realisiertes oder improvisiertes), vom Interpreten anhand der grafischen Aufzeichnung nachempfundenes, nachgestaltetes, „nachgehörtes" oder „wiedergehörtes", klanglich vorgestelltes und realisiertes, in Klangwirklichkeit umgesetztes, vom Rundfunk- oder Schallplattenproduzenten aufgezeichnetes, massenmedial verbreitetes, reproduziertes und endlich vom Rezipienten gegebenenfalls unter Zuhilfenahme der Notation gehörtes und relationiertes nonverbales Beziehungsgefüge auditiver Wahrnehmungsstrukturen als verschlüsselte Sublimierung, ästhetische Stilisierung und kreative Innovation akustischer und gehörter Wirklichkeit wie individueller und kollektiver (gesellschaftlich bedingter) Erlebniswelt, bedarf also zu ihrer auditiven Realisierung einer „konzeptiven" oder „prä-perzeptiven", „re-konzeptiven" oder „post-perzeptiven" und „apperzeptiven" oder „rezeptiven" Relationalität (seitens des Komponisten, Interpreten, technischen Produzenten und Hörers).[8]

Gegenüber dem Vorwurf der Inhaltsleere bleibt man in obigem Fall skeptisch, hinsichtlich der Sprachwahl hingegen sprachlos.

Daß auch Musikwissenschaftler sich entweder auf ein (nämlich ihr eigenes) Vorverständnis oder auf die vernachlässigte Terminologie ihres Bereichs verlassen, beweist — höflich ausgedrückt — der folgende saloppe Vorschlag: *„Man sollte allerdings, um eine tiefgreifende sachliche Differenz auch terminologisch zu fixieren, zwischen der Geistesgeschichte als einem methodologischen Prinzip und der Ideengeschichte als einer empirischen Tatsache unterscheiden."*[9]

Einen ebenso mustergültigen wie toleranten Beitrag zur Disziplinierung der eigenen Fachsprache liefert Vladimir Karbusicky unter dem Titel *„Definition"*[10], wobei nachzutragen bleibt, daß der Text bei weitem mehr vermittelt als die Definitionsregeln im engen Sinn. Karbusickys Diktion fällt wahrscheinlich deshalb so bewußt aus, weil sie nicht seiner Muttersprache entstammt und er daher dreifach übersetzt: von seiner Muttersprache in die deutsche Umgangssprache, von dieser in die Fachsprache und schließlich — womit wir zu unserer Ausgangsfrage zurückkehren — wieder „zurück" in eine konsumier- und kommunizierbare Sprache.

Ist eine solche Rück-Übersetzung möglich? Der Wissenschaftstheoretiker Seiffert stellt die beispielhafte Frage voran, ob der Satz „Der Himmel ist blau" nun eine wissenschaftliche Aussage sei oder nicht. Es käme, so der Autor, auf die Situation an. Spricht eine Mutter vor dem Sonntagsausflug den erwähnten Satz, so ist er offensichtlich eine vorwissenschaftliche Aussage, während er aus dem Munde eines Meteorologen durchaus wissenschaftlich sein kann. Und Seiffert meint weiter, man könnte natürlich einwenden: *„ ,Der Himmel ist blau' kann schon deshalb niemals eine wissenschaftliche Aussage sein, weil Wissenschaftler in ihren Aussagen so simple, noch dazu deutschsprachige Wörter wie ,Himmel' und ,blau' gar nicht ver-*

wenden würden. Das ist aber ein Punkt, der im Einzelfall geprüft werden müßte. Vor allem wäre es äußerst naiv, zu glauben, nur Fremdwörter könnten wissenschaftliche Prädikatoren sein. Eine Aussage aus der logischen Propädeutik wie etwa: ‚Termini werden explizit introduziert' wird nicht dadurch weniger ‚wissenschaftlich,' daß ich schlicht und einfach sage: ‚Wissenschaftliche Fremdwörter werden ausdrücklich eingeführt.' Sehr oft können gelehrt klingende Termini in ganz vertraute deutsche Wörter übersetzt werden, ohne daß die wissenschaftliche Genauigkeit der Aussage darunter im geringsten litte."[11]

Eine der Folgen des gläubigen Aufblickens zu den Naturwissenschaften ist die Tendenz, Aussagen von Naturwissenschaftlern, die sich auf Humanwissenschaften beziehen lassen, mehr Gewicht einzuräumen als jenen von Humanwissenschaftlern selbst. So fragwürdig dieser Hang auch sein mag — mit einer Reverenz vor Werner Heisenberg verspüre auch ich ihn. Heisenberg behandelt das Problem der Sprachen wesentlich rigoroser: *„Die erste Sprache, die aus dem Prozeß der wissenschaftlichen Klärung gewonnen wird, ist in der theoretischen Physik gewöhnlich eine mathematische Sprache; nämlich das mathematische Schema, das den Physikern erlaubt, die Resultate zukünftiger Experimente vorherzusagen. Der Physiker mag damit zufrieden sein, daß er das mathematische Schema besitzt und weiß, wie er es für die Deutung seiner Versuche anwenden kann. Aber er muß über seine Ergebnisse ja auch zu Nichtphysikern sprechen, die nicht zufrieden sind, solange ihnen nicht eine Erklärung auch in der gewöhnlichen Sprache gegeben wird, in der Sprache, die von jedermann verstanden werden kann. Auch für den Physiker ist die Möglichkeit einer Beschreibung in der gewöhnlichen Sprache ein Kriterium für den Grad des Verständnisses, das in dem betreffenden Gebiet erreicht worden ist."*[12] Mit einigen Argumenten, die unsere Thematik nicht berühren, kann Heisenberg *„eine eindeutige Verbindung zwischen den mathematischen Symbolen der Quantentheorie und den Begriffen der gewöhnlichen Sprache herstellen, und diese Beziehung genügt auch tatsächlich für die Deutung der Versuche. Was übrig bleibt, sind Probleme, die wieder eher die Sprache als die Tatsachen betreffen, da es ja zu dem Begriff ‚Tatsache' gehört, daß sie in der gewöhnlichen Sprache beschrieben werden können."*[13]

Daraus spricht vieles: nicht nur die Möglichkeit, sondern auch die Notwendigkeit der Übersetzung von Formalsprachen in allgemeinverständliche Sätze; die Frage des Adressatenkreises, der durch die Art der Formulierung eingeengt oder erweitert wird; die Unterscheidung zwischen dem Arbeitsprozeß selbst und der „Deutung der Versuche", aus welcher schließlich resultiert, Sprache auf Beschreibung von Tatsachen (d. h. in der Physik: von experimentellen Resultaten) zu beschränken. Was spricht dagegen, *alle* empirisch-analytisch gewonnenen Resultate — ob musik- oder sozialwissenschaftlicher Art — auf die von Heisenberg vorgeschlagene Weise zur Kenntnis zu bringen? Im Gegensatz zu den Naturwissenschaftlern müssen wir keine peinlichen Fragen über den praktischen Nutzen unserer Arbeit beantworten und glauben daher, uns auch die „Ent-Abstraktion" ersparen zu können, zumal es immer leichter ist, Kompliziertes kompliziert auszudrücken, als es in konsumierbare Diktion zu übersetzen.

22

Zur methodischen Abstraktion

Wenn man den Unterschied zwischen terminologischer und methodischer Abstraktion mit einem Bild umschreiben darf, dann sieht das etwa so aus: Ein Kartenspieler, der „Karo" sagt, hat terminologisch abstrahiert. Er teilt die einzelnen Spielkarten (Termini) in bestimmte Gruppen von zusammengehörigen Karten und benennt sie (mit Begriffen wie etwa „Könige", „Treff" usw.). Hat der Kartenspieler nun zufällig eine geeignete Methode zur Untersuchung aller Könige, so entnimmt er vielen Kartenspielen immer wieder die Könige, um zu sehen, ob sie in ein System zu bringen sind. Schließlich gelangt er zu der Verallgemeinerung: Auf allen Spielkarten finden sich Figuren mit Kronen.

Die methodische Abstraktion, also das Herausnehmen eines Teilaspekts aus dem Gesamtgebiet und die Konzentration auf diesen, kennzeichnet nicht nur das naturwissenschaftliche Verfahren, sondern auch die sogenannten Einzelwissenschaften. *„Abstraktion ist das Prinzip des wissenschaftlichen Modells, das in bewußter Vereinfachung nur bestimmte Teilaspekte einer Wirklichkeit herausholt und einer Betrachtung bzw. Bestimmung unterwirft. Die Betrachtung eines Teilaspekts setzt das ‚konkrete' Ganze, die Einheit voraus, obwohl diese Voraussetzung nicht in die Abstraktion eingeht. Welcher Teilaspekt und auf welche Weise er betrachtet wird, bestimmt die Methode des jeweiligen Modells."*[14] Es ist leicht einzusehen, warum dieses Arbeitsprinzip auf Wissenschaftler beinahe aller Gebiete einen so unwiderstehlichen Anreiz ausübte und ausübt: Bisher uneinsehbare Komplexe waren einsehbar, verstehbar, manipulierbar geworden — von der Ablösung der griechischen Mythologie durch die ionische Naturphilosophie bis hin zu komplexen (z. B. gesellschaftlichen) Strukturen unserer Tage. Daß die Verfahrensweise ein *„wesentlicher weltgeschichtlicher Fortschritt"*[15] ist, steht außer Streit.

Die methodisch abstrahierende Vorgangsweise bedeutet aber nicht nur Erweiterung, sondern auch Verengung des wissenschaftlichen Horizonts. Je abstrakter die Methode, je kleiner das isolierte Phänomen ist, desto größer wird wohl die exakte Bestimmbarkeit, desto präziser fallen Ergebnisse aus, desto geringer ist aber auch der Sinnanspruch. *„Dieses Abstrahieren kann so weit betrieben werden, daß ein Gegenstand überhaupt wegfällt und als ‚Gegenstand' nur mehr das Modell selbst übrigbleibt: die Mathematik."*[16] Matejka verdeutlicht diese Gleichzeitigkeit von Bereicherung und Verarmung an einem so treffenden Beispiel, daß wir ihn länger zu Wort kommen lassen wollen:

Der Wüstensand gibt einen Papyros frei. Zunächst wird der Papyros nicht als Quelle wichtiger Überlieferung, sondern als ein fragiles Etwas behandelt. Der Papyrologe sieht zunächst einmal davon ab, daß der Text, den er entziffert, möglicherweise für den Sinn christlicher Überlieferung von Wichtigkeit oder für unser Antikebild aufschlußreich sein könnte. Wäre er als Papyrologe nicht in der Lage, dogmatische Fragen und Interpretationsprobleme beiseite zu lassen, käme nie ein Text zustande, den auch der Nicht-Spezialist lesen kann. Sind die Schriftzeichen aber nun einmal entziffert und liegt der Text lesbar vor, wird das Abstraktionsniveau gesenkt, d. h. ein tieferer Frageraum als vorhin gelangt ins Blickfeld.

Jetzt interessieren den Altphilologen das Vokabular, syntaktische und grammatikalische Eigenheiten usw. Auf dieser Stufe der Abstraktion können zwar schon die Zugehörigkeit in eine Epoche oder ein Kulturzentrum, vielleicht sogar der Autor festgestellt werden. Nehmen wir einmal an, es handle sich um ein Euripides-Fragment, so bliebe aber auf dieser Ebene die Frage nach dem Sinn des Verhältnisses der Menschen zu den Göttern (von dem in unserem Fragment die Rede sein soll) noch ausgeklammert. Für diese Problematik ist dieser Grad der Abstraktion noch zu hoch. Wohl aber lassen sich im Rahmen der methodischen Abstraktion der klassischen Philologie Aufschlüsse über den Personalstil des Euripides oder seltene metrische Bildungen erwarten.

Erst wenn man das Abstrahieren sein läßt, kann man die Frage stellen, welchen Stand an erreichtem Bewußtsein der Freiheit dieser Text repräsentiere und sich auch mit Recht eine vernünftige Antwort darauf erwarten. Natürlich ist für uns heute Lebende eine sinnvolle Interpretation, welche den Text in den Gesamtraum der Geschichte zu stellen vermag, das Wichtigste und Bedeutendste. Auf der anderen Seite ist evident, daß es zu einer solchen gar nicht kommen könnte, gäbe es nicht Teildisziplinen und Methoden in der Wissenschaft, deren Abstraktionsgrad so hoch ist, daß sie sich mit Partikelchen aus dem Wüstensand herumschlagen.

Und der Autor zieht den Schluß, *„daß das Wesentliche an der methodischen Abstraktion das Absehen vom Wesentlichen ist"*.[17] Das Beispiel zeigt Notwendigkeit wie Ungenügen des Verfahrens gleichermaßen. Daß es uns innerhalb der Humanwissenschaften nicht genügt, liegt nicht im Verfahren selbst begründet, das eben für etwas anderes als unsere Zielsetzungen gut ist; solange wir die bewußt vorgenommene Vereinfachung auch bewußt halten, solange wir den Abstraktionsgrad weder überschreiten noch unterbieten, sind Fehlleistungen unwahrscheinlich.

Das Problem liegt vielmehr darin, daß jeder Teilaspekt dazu tendiert, sich mit der Zeit als pars pro toto, nämlich für die gesamte Disziplin zu verstehen und (nicht allein deshalb) seine eigenen Sub-Fachsprache zu entwickeln. Auf diese Weise entstehen sehr wohl Fehlschlüsse — etwa der Art, wie sie dem Kartenspiel-Forscher unterlaufen, der die Könige für das gesamte Spielkartensystem setzt und daher zu einer (gemäß seiner methodischen Abstraktion richtigen, objektiv aber) falschen Aussage kommt. Man beginnt sich daher zu fragen, wo der Begriff „Hilfswissenschaft" in jenen der „Einzelwissenschaft" übergeht.

Während es der Soziologie an Klarheit in ihren terminologischen Abstraktionen mangelt, lebt die Musikwissenschaft in einem Überfluß an methodischen Abstraktionen. Es geht nicht um „die" Musik, sondern um eine Summe von Teilaspekten rund um Musik, deren jeder die ihm eigene Methodologie fordert, wenn auch nicht bekommt. Als Paradebeispiel für Einzelwissenschaften wird immer wieder die Physik genannt. Daraus ist zu schließen, daß die Frage nach dem Kriterium, das die Einzelwissenschaft kennzeichnet, sich durch Betrachtung ihrer Methode beantwortet: Physik arbeitet mit *einer* Methode (mathematische Hypothesen, experimentelle Prüfungen auf Verifikation bzw. Falsifikation) und wendet sie auf *mehrere* Bereiche der Natur an. Musikwissenschaft sollte mit *mehreren* Methoden arbeiten und sie auf *eine* Gegebenheit anwenden, die Musik. Ist also Musikwissenschaft eine Einzelwissenschaft?

Wir bezeichnen sie aus Versehen als solche, weil die empirisch-analytische Methode nicht nur alle „Hilfswissenschaften" der Musikwissenschaft, sondern auch die humanwissenschaftlichen, historischen . . . Disziplinen dominiert. Ihrer Natur nach ist aber Musikwissenschaft ebenso wenig Einzelwissenschaft wie etwa Psychologie, Soziologie und Philosophie. Das Prädikat kommt klar der Akustik zu, der die empirisch-analytischen Methoden durchaus angemessen sind, weil sie auf bei weitem höchstem Abstraktionsniveau steht und eine naturwissenschaftliche Disziplin *ist*. Ob allerdings Schallwellen die Essenz der Musik ausmachen, steht zumindest in Frage; unbefragt hingegen ist Musik vorausgesetzt als konkretes Ganzes, dem die Abstraktion entstammt.

Bei Durchsicht sämtlicher publizierter Systematiken[18] fällt auf, in welch krassem Ausmaß die methodische Abstraktion zunimmt. Adler nennt fünf theoretische Disziplinen, die übrigen gelten dem Musikunterricht (Kompositionslehre und Interpretation).[19] Elschek nennt, Forschungsgesichtspunkte eingeschlossen, nicht weniger als 32 Gebiete.[20] Stellt man in Rechnung, daß auch die Soziologie einiges an methodischen Abstraktionen mit entsprechenden Sub-Sprachen aufweist, daß überdies weitere Fachbereiche in die Musiksoziologie eingreifen, so wird deutlich, daß dem Musiksoziologen zwei Wege offen bleiben: Er kann entweder dem naturwissenschaftlichen Modell folgen und seinerseits abstrahieren, wie eben Soziologie von der Tatsache menschlichen Zusammenlebens (*was* ist das) und die Musikwissenschaft von Musik abstrahiert. Musiksoziologie könnte also davon ausgehen, beides als gegeben vorauszusetzen und ebenfalls nur nach dem *Wie* des Funktionierens zu fragen. Dieserart hätte sie, aller Notwendigkeit interdisziplinären Arbeitens zum Trotz, sehr bald eine „Fachsprache".[21] Diese Ansicht vertritt expressis verbis Alphons Silbermann, der erklärt, ein empirischer Musiksoziologe habe sich nicht mit historischen oder technischen Details der Musik zu befassen und *„unentwegt mit musikalischen Fachausdrücken wie Appoggiatura, Synkope, akute Chromatik, Polyrhythmus und ähnlichem um sich zu werfen".[22]* Wenn dem wirklich so ist, dann braucht er auch nichts von Soziologie zu verstehen und unentwegt mit soziologischen Fachausdrücken wie Konsumtion, Interaktion, Interdependenz und ähnlichem um sich zu werfen, denn auch die Soziologie setzt die Tatsache menschlichen Zusammenlebens unbefragt voraus. Eine Musiksoziologie solcher Art wäre für sich eine methodische Abstraktion und demnach, selbst wenn sie nichts als den Organisationsraster beschreiben kann, von weitaus höherem Ansehen als jede, die den zweiten der möglichen Wege beschreitet. Dieser besteht in dem Versuch, das Abstrahierte wieder auf die zugrundeliegende Ganzheit zurückzuführen. Das Problem liegt weniger in der Wahl angemessener Methoden, da solch ein Vorgehen immer die Koppelung mehrerer Methoden erfordert, sondern in der Wahl der Sprache, in der man die Ergebnisse kundtut. Denn eine so verstandene Musiksoziologie ist *keine* Einzelwissenschaft und kann daher auch keine Terminologie nach dem Modell der Einzelwissenschaften konstruieren. Die Ausdrucksweise *muß* daher der Phänomenologie entstammen, und dafür gibt es glänzende Beispiele.[23]

Diese beiden Wege charakterisiert Karbusicky so: *„Wegen der ‚Reinheit' von Methoden*[24] *strebt jede Disziplin nach ihrer Abgrenzung (die Spezialisierung garantiert ihre Exaktheit); die Praxis jedoch zwingt die Forschung immer von neuem zur Überschreitung der Grenzen, zur ‚interdisziplinären' Betätigung. So wirken sich die Abgrenzungs- und Erweiterungstendenzen in einem ‚Rhythmus' aus: Der Rahmen einer allzu abgegrenzten Disziplin wird gesprengt, die Arbeitsfelder einer allzu ausgedehnten werden spezifiziert und eventuell zum Gegenstand sich verselbständigter Disziplinen gemacht. Beides ist methodologisch begründet."*[25]

Mit der Systematischen Musikwissenschaft teilt Musiksoziologie die Gegenwartsbezogenheit ihres Arbeitens, nicht in allen Fällen jedoch die Methodologie und daher auch nicht immer die Redeweise. Dies erkennen die Systematiker (in fast allen Fällen) deshalb, weil sie ihre bevorzugte Methodologie expressis verbis formulieren (als *„naturwissenschaftliche Vorgänge und insbesondere Experimente zur Gewinnung bzw. Erweiterung der Quellenbasis"*[26]), deren Grenzen daher kennen und demnach wissen, daß Humanwissenschaften immer ein Sinnverständnis erfordern, dessen Eruierung die naturwissenschaftlichen Methoden nicht zulassen. (Es gibt einen einzigen Widerspruch, über den sich diskutieren ließe: Die empirisch-analytische Konzeption verbietet ausdrücklich jede Art von Wertung. Dem systematischen Zweig sind jedoch Fächer subsumiert, die normative Entscheidungen herausfordern — etwa die Musikpädagogik — oder ohne Wertungen kaum arbeiten können — etwa Musikästhetik, die nur als „Geschichte der Musikästhetik" objektivierbar ist, wenn sie nicht die „Erforschung gegenwärtiger ästhetischer Einstellungen" zu ihrem Gegenstand macht. Jedes andere Verständnis von Musikästhetik basiert notwendig auf subjektiven Wertungen.)

Es ist daher müßig, den Systematiker aufzurufen, um die Omnipräsenz naturwissenschaftlicher Methoden zu demonstrieren. Zur Gänze unscheinbar, aber nicht weniger essentiell dominieren diese Methoden auch die musikhistorische Forschung, die ebenso empirisch, also auf Erfahrung des einzelnen historischen Faktums aus den Quellen orientiert arbeitet. Soll das Einzelfaktum nun „übersetzt", interpretiert, sinnhaft bezogen werden, so tritt die Hermeneutik auf den Plan. Leicht vergißt man das Klima, in dem sie entstand. Als ein Beispiel aus vielen mag Lasaulx' 1856 erschienener *Neuer Versuch einer alten auf die Wahrheit der Tatsachen gegründeten Philosophie der Geschichte* gelten, welcher beabsichtigt, *„für den Bereich der Geschichte ähnliche Gesetze auszuarbeiten, wie die zeitgenössische Naturwissenschaft sie entwickelt hatte. [. . .] Von diesem Gedanken her wurde die Geschichte zu einer Art Naturgeschichte des Menschengeschlechts."*[27] Wieviel von dieser Ansicht in die Hermeneutik einging, zeigt treffend Apel: Man kann, den Vätern der Hermeneutik (Schleiermacher und Dilthey) zufolge, Sinn wissenschaftlich thematisieren durch *„Abstraktion von der Frage nach der Wahrheit bzw. nach dem normativen Anspruch der zu verstehenden Sinnäußerungen, z. B. der überlieferten Texte".* Apel zeigt ebenso ausführlich wie konsequent die Sinnlosigkeit eines Vorgehens, das von Wahrheit oder normativem Anspruch dort abstrahiert, wo beides explizit beansprucht war.[28] Das gilt für Platons Texte ebenso wie für Bachs Brief an Erdmann von 1730.

26

Auch das hausverständige Entscheiden und stillschweigende Voraussetzen dessen, was (Musik-)Geschichtsschreibung eigentlich sei und solle, ist Resultat des erwähnten Klimas im Sinne jener Entscheidungen, die gefällt wurden. Gesetze (z. B. die beliebten Dreistadiengesetze u. a. bei Montesquieu, Voltaire, Comte); Organismus-Modelle, die es wohl seit Platon gibt, aber ohne die biologistischen Bezüge aus den Naturwissenschaften (hierher gehört auch Adlers organisch gedachte Musikgeschichte); „Natur"geschichte und -gegenwart, etwa am Beispiel des Hermeneutikers Kretzschmar und seines Vokabulars.[29]

Den langen Umweg über Methoden und ihre Geschichte zurück zu sprachlichem Ausdruck gehen wir aus einem einzigen Grund — um zu verdeutlichen, daß es seit mehr als einem Jahrhundert, pointiert ausgedrückt, nur mehr eine einzige wissenschaftlich legitime Methodologie gibt. Bei allem Respekt vor ihrem Leistungsvermögen — besorgniserregend daran ist ihr Alleinvertretungsanspruch. Wenn über nahezu *alle* Gegebenheiten menschlichen Seins und Wirkens das Netz der propagierten Einheitsmethodologie fällt, obwohl man weiß, daß man damit nur Materie quantifizieren kann, dann fällt nicht nur ein gut Teil durch die Maschen. Darüber hinaus re-gredieren die meisten Wissenschaften, trotz aller Spezialisierung (und wieder pointiert ausgedrückt), zu einer materialistischen Einheitswissenschaft, die dem „zeitgenössischen" Materialismus mit seinen Nivellierungstendenzen in genere entspricht.

Natürlich verhält sich die Sprache wie das Modell, dem sie ihre Existenz verdankt, wofür weder Sprache noch Modell etwas können. Sprachwissenschaftler empfehlen demgemäß auch Reflexionen über Bedeutung zur rechten Zeit, *„weil wir durch unsere Gewöhnung an Naturwissenschaft dazu verleitet werden, den sprechenden und den hörenden Menschen als ‚Sender' und ‚Empfänger' anzusehen".* Dies führe u. a. dazu, *„daß es heute szientistisch gesonnene Linguisten gibt, die glauben, es sei besonders ‚wissenschaftlich', das Sprechen als Hervorbringung von Schallwellen aufzufassen und erst später zu der unangenehmen Frage überzugehen, mit welchen Bedeutungen diese materiellen Gebilde aufgeladen werden".*[30] Es fällt leicht, Analogien zur Musikbetrachtung herzustellen, auch zur Geschichte der Musik (*„wenn es so weitergeht, dann wird im Jahre 2000 eine Musikgeschichte nicht mehr von Komponisten und Theoretikern, sondern von Wasserzeichen und Rastralen handeln"*[31]) oder zu den Humanwissenschaften: *„Wir fühlen, daß selbst, wenn alle* möglichen *wissenschaftlichen Fragen beantwortet sind, unsere Lebensprobleme noch gar nicht berührt sind."*[32]

Reflexionen über Wirklichkeitsbilder und Nützlichkeitsdenken

In jener unprätentiösen Einfachheit, die an so vielen der großen Denker besticht, zeichnet Werner Heisenberg ein Bild von dem allmählichen Eindringen naturwissenschaftlichen Denkens in alle Bereiche des Lebens. Er schließt nicht aus, daß gerade auf Abstraktionen wieder (rationale) Abstraktionen folgen können und weist darauf hin, *„daß gewisse Tendenzen in der christlichen Philosophie zu einem sehr abstrakten Gottesbegriff geführt haben, daß sie Gott so weit aus der Welt heraus in den Himmel gerückt haben, daß man anfing, die Welt zu betrachten, ohne zur gleichen Zeit auch Gott in der Welt zu sehen. Die cartesianische Teilung kann als ein letzter Schritt in dieser Entwicklung gelten.“*[33] Spätestens als Galilei seine Kugel auf die schiefe Ebene legte, war die neue Autorität namens „empirische Tatsache“ der Abweichung von der christlichen Religion verdächtig, weshalb man von zwei Arten der göttlichen Offenbarung sprach: *„Die eine war in der Bibel aufgezeichnet, die andere fand sich im Buch der Natur. Die Heilige Schrift war durch Menschen niedergeschrieben und deshalb dem menschlichen Irrtum ausgesetzt, die Natur war der unmittelbare Ausdruck des göttlichen Willens.“*[34]

Damit war ein Wirklichkeitsbild geboren, das bis heute dominiert: Menschen können irren, die Natur irrt nie. Menschen und Natur haben eines gemeinsam: sinnlich wahrnehmbare Materie. Wenn wir unsere Wahrnehmung auf Materie richten, dann folgen wir unmittelbar dem „Ausdruck des göttlichen Willens“, der momentan „Neopositivismus“ heißt.

Man war immer weniger an der Frage interessiert, was und wie Natur eigentlich sei, *sondern man stellte eher die Frage, was man mit ihr machen kann. Die Naturwissenschaft verwandelte sich in Technik. Jeder Fortschritt des Wissens war mit der Frage verbunden, welcher praktische Nutzen aus diesem Wissen gezogen werden könnte. [. . .] In dieser Weise entwickelte sich schließlich im 19. Jahrhundert ein starrer Rahmen für die Naturwissenschaft, der nicht nur das Gesicht der Wissenschaft, sondern auch die allgemeinen Anschauungen weiter Volksmassen bestimmte. Dieser Rahmen wurde getragen durch die grundlegenden Begriffe der klassischen Physik, Raum, Zeit, Materie und Kausalität. Der Begriff Wirklichkeit bezog sich auf Dinge oder Vorgänge, die wir mit unseren Sinnen wahrnehmen oder die mit Hilfe der verfeinerten Werkzeuge, die die Technik zur Verfügung stellt, beobachtet werden können. Die Materie war die primäre Wirklichkeit. Der Fortschritt der Wissenschaft erschien als ein Eroberungszug in die materielle Welt. Nützlichkeit war das Losungswort der Zeit.“*[35]

Die Textstelle könnte ein Soziologe neopositivistischer Provenienz geschrieben haben, wenn wir sie ein wenig „übersetzen“. Im Vordergrund stand also die Frage nach der Manipulierbarkeit, und *„Naturwissenschaft verwandelte sich in Technik“*: *„[. . .] Kenntnisse über die Technik, wie man das Leben, die äußeren Dinge sowohl als auch das Handeln der Menschen, durch Berechnung beherrscht“,* gewinne man durch Erklärung und (bedingt) Prognostizierung sozialen Handelns vermittels empirisch-analytischer Methoden, sagt kein Geringerer als Max Weber.[36] (Obwohl Webers Denken viel zu fein und geschichtsbewußt war, als daß eine solche Zielsetzung ihm genügt hätte — der Satz bleibt mehr als suspekt.) Niklas Luhmann entwarf eine „Sozialtechnologie“ und sagt wörtlich, daß in hoch komplexen Systemen die traditionellen Machtmittel für Fälle der Gehorsamsverweigerung immer unbrauchbarer werden, deshalb müsse *„für den Normalfall ein fraglo-*

ses, ja fast motivloses Akzeptieren bindender Entscheidungen sichergestellt werden".[37]
Man hat den Dialektiker mit dem unausrottbaren Vor-Urteil geschlagen, Weltver-
änderer (marxistischer Prägung — und wie alt ist Dialektik!) zu sein, damit Soziologie hoffnungslos mit Politik vermengt und gleich die ganze Disziplin für anrüchig erklärt. Anrüchig daran ist in der Tat, sich in den Dienst der Kulturpolitik
zu stellen vermittels Entwürfen von Techniken, die — analog zur Natur — auch
den Menschen manipulierbar machen; solche Techniken, ob mit oder ohne politische Dienstbarmachung (Machtträgern fehlt zumeist jedes Interesse an sozialem
Wandel), erfinden jedoch Positivisten, nicht Dialektiker, die sich bloß dagegen
wehren.

In Heisenbergs Textstelle sind die tragenden Elemente des vorherrschenden Wirklichkeitsbildes mit den grundlegenden Begriffen der klassischen Physik genannt:
Raum, Zeit, Materie und Kausalität. Materie als — bis heute — „primäre Wirklichkeit" ist in den Sozial- wie in den Musikwissenschaften abgesichert durch die
empirisch-analytische Methodologie, Kausalität durch deren Zielsetzung, die
empirisch-nomologische Konzeption.

*„Andererseits war dieser Rahmen doch so eng und starr, daß es schwierig war, in ihm
einen angemessenen Platz für viele Begriffe unserer Sprache zu finden, die immer zu
ihrem eigentlichen Gehalt gehört hatten, z. B. die Begriffe Geist, menschliche Seele
oder Leben. Der Geist konnte in das allgemeine Bild nur als eine Art von Spiegel
der materiellen Welt eingefügt werden; und wenn man die Eigenschaften dieses Spiegels in der Psychologie studierte, so waren die Wissenschaftler immer in Versuchung
— wenn man den Vergleich hier fortsetzen darf —, ihre Aufmerksamkeit mehr auf
die mechanischen als auf die optischen Eigenschaften dieses Spiegels zu richten. Auch
hier versuchte man noch die Begriffe der klassischen Physik, besonders den der Kausalität, zu verwenden. In derselben Weise sollte auch das Leben als ein physikalisch-
chemischer Prozeß erklärt werden, der nach den Naturgesetzen abläuft und durch die
Kausalität völlig bestimmt ist. [. . .] Das Vertrauen in die wissenschaftliche Methode
und in das rationale Denken ersetzte alle anderen Sicherungen des menschlichen Geistes."*[38] Heisenberg entwickelt hier zunächst die Widerspiegelung aus einem Ungenügen des naturwissenschaftlichen Wirklichkeitsbildes. „Geist" kann in ihm nur
als Widerspiegelung von Materie untergebracht werden, und mit demselben Vergleich begegnet er einer naturwissenschaftlich orientierten Psychologie, wie sie
bis heute weitgehend vorherrscht.

Diese einseitige Denkart — meint Heisenberg im folgenden — habe die Physik
selbst in unserem Jahrhundert aufgelöst, einmal durch die Relativitätstheorie, die
so grundlegende Begriffe wie Raum und Zeit in einen neuen Blickwinkel rückte,
und einmal durch die Erörterung des Materialbegriffs, erzwungen durch Ergebnisse über die Atomstruktur. *„Die Idee von der Wirklichkeit der Materie war wahrscheinlich der stärkste Teil in jenem starren Rahmen von Begriffen des 19. Jahrhunderts gewesen; diese Idee mußte im Zusammenhang mit der neuen Erfahrung zumindest modifiziert werden."*[39]

Das klingt, als wäre Heisenberg der Ansicht, die *„Idee von der Wirklichkeit der Materie"* habe man in den Geisteswissenschaften natürlich längst relativiert, und eine Humanwissenschaft, die mit „Kausalität" oder anderen physikalischen Methoden operiere, gehöre in das vorige Jahrhundert. Denn die Physik selbst ließ das vorige Jahrhundert längst hinter sich und betrachtet den „alten" Wirklichkeitsbegriff als *„naive materialistische Denkweise [. . .], die noch in den ersten Jahrzehnten dieses Jahrhunderts in Europa vorherrschend war".*[40] Das Wirklichkeitsbild der Naturwissenschaft ist wesentlich offener und toleranter als das ihrer stehengebliebenen Nachfolgerinnen.

Da Humanwissenschaften immer mit menschlichem Leben oder Zusammenleben in doppelter Weise — als Voraussetzung und als Gegenstand der Wissenschaft — befaßt sind und daher das „nicht Untergebrachte" (Heisenberg nennt es Geist, menschliche Seele, Leben) ebenfalls unter die Kontrolle der wissenschaftlichen Vernunft zu stellen bemüht sind, brauchen sie eine ergänzende, weiterführende Methodik. Die Phänomenologie erweist sich als die angemessenste, solange nicht historisch gearbeitet werden muß. Daß induktive Methoden als Informationsgrundlagen für phänomenologische Aussagen nicht nur sinnvoll, sondern auch unentbehrlich sind, wurde schon des öfteren betont — aber deren sprachliches Abstraktionsniveau kann in der konkreten phänomenologischen Aussage nicht Verwendung finden. Da konkrete Ganze — ob man es nun „Mensch" nennt oder „(musikbezogenes) Sozialverhalten", dem die Abstraktion entstammt — geht ja nicht mit in die Abstraktion ein. Dazu kommt, daß jedes „konkrete Ganze" der Humanwissenschaften — der Vielschichtigkeit wegen — dem Charakteristikum der Sprache entgegensteht: Sprache, als solche diskursiv, kann Gleichzeitigkeiten, Überlagerungen, Verschränkungen nur in ein Nacheinander auflösen. Überdies formuliert der Phänomenologe selten Einzeltatsachen, sondern meist Zusammenhänge, die (je nach Gesichtspunkten der Relevanz oder des Forschungsganges) aus der Wirklichkeit herausgehoben werden, allerdings — im Gegensatz zu naturwissenschaftlich orientierter Abstraktion — in dem Bemühen, die zugrundeliegende Wirklichkeit nicht aus dem Auge zu verlieren. *„Zusammenhänge müssen erst einmal erkannt sein, bevor sie weiter exploriert, mehr oder minder adäquat und vollständig beschrieben und schließlich vielleicht sogar bewiesen werden können. Dies bringt in den Beschreibungsvorgang ein gewisses ‚geniales' Moment hinein. Es ist insofern mit der künstlerischen Tätigkeit verwandt, ja sogar, wie ich meine, durch fließende Übergänge (z. B. in der Ethnographie oder der Geschichtsschreibung) mit dieser verbunden. [. . .] Beschreibung ist Gestaltung."*[41]

Was der Autor hier über die *„Beschreibung des Fremden in der Wissenschaft"* sagt, ist phänomenologische Deskription in deren bestem Sinne. „Fremd" sind uns allerdings nicht nur andersartige Kulturen, sondern das Überbrücken von „Fremdheit" ergibt sich auch aus dem Kommunikationsproblem innerhalb unseres eigenen Kulturkreises. Das Überbrücken von Fremdheit zu Gegenwartsmusik etwa verspricht man sich von der Musikwissenschaft, das zu „den Menschen" von den Humanwissenschaften; das Überbrücken von „Fremdheit" zu Vertretern angrenzender Gebiete innerhalb der Wissenschaften ergibt sich ebenso wie das zwischen Sprachen: Orientierungen an der Umgangssprache als einzige Möglichkeit, über das konkrete Ganze zu reden und damit Wissenschaftsanspruch zu erheben, muß jenen Forschern „fremd" sein, die nur das abstrahierte Detail behandeln. Das — kaum verwunderlich — darf sich der Humanwissenschaftler nicht mehr leisten, ohne sich die Frage nach dem Sinn seines Arbeitens stellen lassen zu müssen: abstrahierte Details in abstrakten Sprachen präsentieren. Denn: Sprachliche Präsentation ist schließlich Verfügbarmachung. *„Der Schreibende — und gerade das ist seine soziale Leistung — stellt seinem Adressatenkreis ein Modell eines Wirklichkeitszusammenhanges zur Verfügung."*[42] Damit stellt sich wieder die Frage nach dem „Nutzen". Je größer die Kommunizierbarkeit, desto größer auch die Kritisierbarkeit oder Falsifizierbarkeit von Erkenntnissen. Man kann sich hinter mehrfach gesichertem Wissen — in den Sub-Fachsprachen abstrahierter Details geschrieben — verschanzen und bleibt damit wahrscheinlich unangreifbar. (Vielleicht gilt das Wissen nur deshalb als gesichert, weil der Forscher eines intervenierenden Faches, der es widerlegen könnte, zufällig die Sub-Fachsprache nicht versteht.) Man kann aber, so man Kritik im Dienste der Wissenschaft verträgt, auch einmal Hypothesen riskieren und zur Diskussion stellen. Wie sonst könnte Wissenschaft jemals vorankommen? Und was könnte uns besseres geschehen als konstruktive Kritik an solchermaßen formulierten Hypothesen, die zu deren Verfeinerung beitragen, sie ergänzen, modifizieren? Dazu fehlt uns nur leider die nötige Toleranz. Hypothesen ungewohnten Inhalts („Neues" ist oft „fremd") werden als „apodiktisch" oder, noch einfacher, als unnötig oder falsch abgetan, obwohl solche Hpothesen gerade von gegenwartsbezogen arbeitenden Wissenschaftlern nicht nur toleriert, sondern darüber hinaus erwartet werden müßten. Gegenwärtig erheben sich neue Probleme, neue Fragestellungen, mehr noch: Krisen. Bisher Ungesagtes zu formulieren ähnelt dem Versuch ganzheitlicher Betrachtungsweisen: Für beides fehlt die Sprache. Wie aber bringt man neue problematisierte Gebiete in die Wissenschaft ein? Die Naturwissenschaftler sagen, *„daß die Begriffe der gewöhnlichen Sprache, so ungenau sie auch definiert sein mögen, bei der Erweiterung des Wissens stabiler zu sein scheinen als die exakten Begriffe der wissenschaftlichen Sprache, die als eine Idealisierung aus einer nur begrenzten Gruppe von Erscheinungen abgeleitet sind. Dies ist im Grunde auch nicht überraschend, da die Begriffe der gewöhnlichen Sprache durch die unmittelbare Verbindung mit der Welt gebildet sind, sie stellen die Wirklichkeit dar."*[43] Das heißt natürlich nicht, die phänomenologische sei eine „gewöhnliche" Sprache; natürlich gilt die Kontext-Deklaration von Termini und Begriffen als unabdingbar. Es heißt nur, daß wir Bekanntes, umso mehr Neues in den Wissenschaften in Worte kleiden müssen, die jeder gebildete Mensch verstehen kann.

Nun wurde stillschweigend unterschoben, wissenschaftliche Arbeit entstehe aus Problemen. Die Frage, wann und warum Wissenschaften eigentlich aufkommen, stellte sich — bezogen auf Geschichte — u. a. Droysen: Wenn die Alltagserfahrung sich problematisiert, antwortet er, dann wird Hilfe gesucht, Hilfe für die *gegenwärtige* Situation.[44] Wenn also die Selbstverständlichkeit des Umgangs mit Musik in Frage steht, wenn sie nicht mehr ohne weiteres „verstanden" wird, dann bedarf sie der „Auslegung", der Interpretation; und wenn menschliches Leben sich problematisiert, mithin auch der Umgang mit Musik, dann versprechen wir uns Hilfe von Psychologen, Soziologen, Therapeuten (auch der Musik). Solches Problematisieren des Selbstverständlichen der Musik kann z. B. der Wegfall von Interpretationsinstanzen gewesen sein (wie etwa Kirche oder Hof); ebenso kann die Sprengung des ausdrücklich intendierten Adressatenkreises (alle bekannte Musik ist theoretisch jedem Menschen unseres Kulturkreises zugänglich) mitverantwortlich zeichnen. Für die Soziologie könnte man beispielhaft den Wegfall sozialer Einbettungsinstanzen (etwa der Großfamilie) anführen, der — durch viele Schritte bedingt — über viele Schritte in soziale Desintegration führte (Vereinzelung in der Masse). *Was* nun für untersuchenswert gehalten, vom konkreten Ganzen abstrahiert, herausgegriffen wurde und wird, gibt ein beredtes Zeugnis der vordergründigen Probleme. (Das gilt bis heute unter Bezeichnungen wie „Vorverständnis" oder „erkenntnisleitendes Interesse" des Forschers.) Und genau das sind die Wurzeln jenes Baumes, der die spezifische Blätterkrone hervorbringt: Formulierungen. Denn von eben diesem Vorverständnis hängt die Wahl des zu Untersuchenden ab; das zu Untersuchende verlangt ein bestimmtes methodisches Vorgehen; dieses bestimmt Möglichkeiten und Grenzen der sprachlichen Aussage. Neben der Beschreibung, von der schon die Rede war, unternimmt der Wissenschaftler bisweilen Interpretationen in verschiedenen Absichten:

— Normativ. Die Positivisten verbieten das nachdrücklich und mit gutem Grund, weil sie um die Möglichkeit des Mißbrauchs ihrer Technologien wissen müssen. Daher entfällt auch die Frage nach der Sprachwahl. Dialektik — im Sinne von Sokrates und Platon — versteht sich als Deskription von Aporien; sie formuliert also das Problem, den Konflikt aus der Sicht beider Konfliktpartner (als Gegensatz), zunächst ohne den Anspruch, das Problem in einer „Synthese" aufzuheben. Eine so verstandene Dialektik entwickelt also keine Rezepte zur Manipulierbarmachung der Menschen und kann sich daher normative Urteile gestatten. Aber gerade diese „Lebenswissenschaft" bedient sich einer Sprache, die an Unverständlichkeit kaum zu überbieten ist. Daher steht der normativ Interpretierende wieder vor der Wahl: Fachsprache, so er methodisch abstrahierte, versus (kontext-deklarierte) Umgangssprache.

— Prognostizierend. Die Erarbeitung von Kausalzusammenhängen und damit die Prognostizierbarkeit ist Ziel jeder empirisch-nomologischen Forschung und genau besehen erst dann „Interpretation", wenn jemand ein hypothetisch zukunftsorientiertes Modell entwirft. Solch ein Modell sprengt aber die Grenzen strenger Kausalität, bloßer „Wenn-dann-Verknüpfung"; es ist „Auslegung" der Zukunft auf der Basis gegenwärtiger Forschungsergebnisse, gleichsam Verlängerung unter Annahme bestimmter anzugebender Bedingungen. Solche Modelle gehören, trotz aller „Wertfreiheit" (Konstatierung und nicht Empfehlung oder Anweisung), nicht zur empirisch-analytischen Konzeption. Sie scheinen an Beschreibung — einer absehbaren zukünftigen Situation — eher zu grenzen als an das bloße Melden erhobener Daten. Daher liegt nahe, sie als ein Fremdes, Neues in umgangssprachlicher Orientierung zu beschreiben, wie

Heisenberg sagt, weil für Interpretationen solcher Art keine Fachsprachen existieren können. (Die exakten Begriffe der wissenschaftlichen Sprache sind *„als eine Idealisierung aus einer nur begrenzten Gruppe von Erscheinungen abgeleitet".*)

— „Systematisch", also das erhobene Faktum in ein System stellend und aus dem System (dem „konkreten Ganzen") verstehend; auch „synthetisch" als Zusammenfügung des Einzelfaktums und des Zusammenhangs, dem es entstammt. Solche Interpretationen stehen dem passiven, gewissermaßen unkreativen Verhalten, das der Positivismus fordert, insofern entgegen, als der empirische Befund bloße Grundlage zur Erhebung der Fakten ist, die sich empirisch erheben lassen. Damit ändert sich auch die Sprache — von den Regelungen empirischer Berichterstattung zu phänomenologischer Terminologie, wenn gegenwartsbezogen gearbeitet wird.

Zusammenfassend kann man sagen: Je kleiner das abstrahierte Detail, desto größer die exakte Bestimmbarkeit, desto unmißverständlicher die Fachsprache, desto geringer aber auch der Sinnanspruch. Zur Gänze unmöglich dürfte sein, Abstraktionen unversehens als Ganzheiten zu betrachten (pars pro toto). Wenn dies geschieht, dann setzt Kritik an Formulierungen ein, die sich nicht den Anschein komplizierter Fachsprachen geben. Fachsprachen können nur in methodischen Abstraktionsfächern entstehen; jede synthetische Arbeitsweise erfordert daher die Koordinierung mehrerer Fachsprachen.

Das Festhalten fast aller Geisteswissenschaften an naturwissenschaftlichen Denkweisen provoziert natürlich die Frage nach dem „Nutzen", der sich in den Naturwissenschaften ja von selbst einstellt: Manipulierbarmachung der Natur (zunächst in positivem Sinn), also das Verhindern des Ausgeliefertseins des Menschen an die Natur und die Nutzbarmachung der Natur für den Menschen. Wenn Droysens Ausgangspunkt stimmt, dann betreiben wir Geschichte, um die Resultate unter den praktischen Primat der Gegenwart zu stellen und Musikgeschichte, um gegenwärtige Musik zu verstehen. Das bedeutet nicht, die Wissenschaften selbst stünden unter einem praktischen Primat, sondern nur, ihre Resultate sollten unter einem solchen stehen. Analog dem l'art pour l'art verselbständigten sich jedoch viele Wissenschaftszweige dahingehend, vom Anwendungsgedanken grundsätzlich frei zu sein, *„worüber uns die Existenz der ‚brotlosen' Geschichtswissenschaft (zum Beispiel der Musikwissenschaft, die sich mit den Schriften eines Musiktheoretikers aus dem 13. Jahrhundert beschäftigt) belehren kann".*[45] Darin liegt das Infragestellen des naturwissenschaftlichen Anwendungsgedankens, wie Francis Bacon ihn formulierte: *„Also sind Wahrheit und Nützlichkeit ganz dasselbe."*[46]

Wir erwähnen dies nicht, um eine müßige Diskussion zu eröffnen, sondern bloß, um Grenzen abzustecken. Den Naturwissenschaften werden die Methoden entnommen, nicht aber der (die Methoden legitimierende) Nützlichkeitsaspekt und auch nicht ihr Wirklichkeitsbild. Daher kann man auch nicht ihre Sprache sprechen, sofern man als Humanwissenschaftler gegenwärtigen Problemen nachgeht, denn *„die existierenden wissenschaftlichen Begriffe passen jeweils nur zu einem sehr begrenzten Teil der Wirklichkeit, und der andere Teil, der noch nicht verstanden ist, bleibt unendlich. Wo immer wir vom Bekannten zum Unbekannten fortschreiten, können wir hoffen zu verstehen; aber es mag gleichzeitig notwendig sein, dabei eine neue Bedeutung des Wortes ‚verstehen' zu lernen. Wir wissen, daß jedes Verständnis schließlich auf der gewöhnlichen Sprache beruhen muß, denn nur dort können wir sicher sein, die Wirklichkeit zu berühren; und daher müssen wir* skeptisch sein gegen jede Art von Skepsis hinsichtlich dieser gewöhnlichen Sprache *und ihrer wesentlichen Begriffe. Deshalb dürfen wir diese Begriffe so benützen, wie sie zu allen Zeiten benützt worden sind. Auf solche Weise hat die moderne Physik vielleicht das Tor zu einem neuen und weiteren Ausblick auf die Beziehungen zwischen dem menschlichen Geist und der Wirklichkeit geöffnet."*[47]

Anmerkungen

1 Matejka, W.: *Das Scheitern der Musikwissenschaft an ihren abstrakten Methoden. Philosophische Voraussetzungen einer Wissenschaftstheorie der Musikwissenschaft.* Tutzing 1976, S. 49.

2 Formulierung und Buchtitel von Kamlah, W./Lorenzen, P.: *Logische Propädeutik. Vorschule des vernünftigen Redens.* Mannheim ²1973.

3 Vgl. ebd., S. 70—78.

4 Ebd., S. 86f.

5 Seiffert, H.: *Einführung in die Wissenschaftstheorie* 1, München 1969, ⁶1973, S. 214.

6 Ebd., S. 215f.

7 Kamlah/Lorenzen, a.a.O., S. 71f.

8 Der Autor bleibe ungenannt. Quelle jederzeit bei mir zu erfragen.

9 Dahlhaus, C.: *Geschichte der Musiktheorie*, Band 10. *Die Musiktheorie im 18. und 19. Jahrhundert.* Darmstadt 1984, S. 163f.

10 Karbusicky, V.: *Systematische Musikwissenschaft. Eine Einführung in Grundbegriffe, Methoden und Arbeitstechniken.* München 1979, S. 143—172.

11 Seiffert 1, a.a.O., S. 69f.

12 Heisenberg, W.: *Physik und Philosophie.* Frankfurt/M. 1959, S. 140.

13 Ebd., S. 149. Zum Einbezug der Humanwissenschaften in Heisenbergs Argumentation siehe Folgekapitel.

14 Schwarz, G.: *Raum und Zeit als naturphilosophisches Problem.* Wien 1972, S. 51.

15 Vgl. Matejka, a.a.O., S. 36; Kapitel zur methodischen Abstraktion: S. 35—39.

16 Ebd., S. 37.

17 Ebd., S. 37f.; vgl. auch Schwarz, a.a.O., S. 50ff., der sich ausführlich mit der Problematik befaßt.

16 Eine komplette Darstellung derselben findet sich bei Wessely, O.: *Musik.* Darmstadt o. J. (1973), S. 40—56.

19 Adler, G.: *Umfang, Methode und Ziel der Musikwissenschaft.* In: Vierteljahresschrift für Musikwissenschaft, Jg. 1, Leipzig 1885.

20 Elschek, O.: *Hudobnovedecká Systematika a Ethnoorganológia.* In: Musicoloogica Slovaca, roč. 1, Bratislava 1969.

21 Silbermann, A.: *Wovon lebt die Musik. Die Prinzipien der Musiksoziologie.* Regensburg 1957. Die aus der allgemeinen Soziologie stammende Sprache ist hier mit musikbezogenem Vokabular „gefüllt".

22 Ebd., S. 75.

23 Ein befreundeter Wissenschaftler publizierte eine Schrift in zwei Teilen, einem empirisch-analytischen, in dem er einen schweren Fehler stehen ließ, und einem phänomenologischen. Der erste Teil wurde ausnahmslos positiv rezensiert, der Fehler von niemandem bemerkt. Für den (im übrigen äußerst gekonnten) zweiten Teil erhielt er eine Reihe negativer Kritiken.

24 Man möchte ergänzen: und damit der abstrahierten Formulierbarkeit.

25 Karbusicky, a.a.O., S. 26.

26 Ebd., S. 235.

27 Docekal, H.-U.: *Ernst von Lasaulx. Ein Beitrag zur Kritik des organischen Geschichtsbegriffes* (Aevum christianum 8), Aschaffendorff 1970, S. 5.

28 Apel, K.-O.: *Szientistik, Hermeneutik, Ideologiekritik.* In: Wiener Jahrbuch für Philosophie, Bd. 1, Wien 1969, S. 33f. Dilthey war Schleiermachers Biograph und ein Jahrhundert später geboren. Man muß daher anfügen, daß Diltheys Erlebnis-Begriff sich bei Schleiermacher expressis verbis noch nicht findet. *„Aber es fehlt nicht an Synonymen, die den Bedeutungskreis von Erlebnis besetzen"*, sagt Gadamer, H. G.,: *Wahrheit und Methode.* Tübingen ³1972, S. 60.

29 Kretzschmar, H.: *Anregungen zur Förderung musikalischer Hermeneutik* (1902). In: Gesammelte Aufsätze über Musik 2, Aufsätze aus den Jahrbüchern der Musikbibliothek Peters. Leipzig 1911, S. 172: Kretzschmar bezeichnet Musik als *„Hilfskunst"*, deren *„Unselbständigkeit"* einen *„Mangel"*, ja einen *„Sprachfehler"* darstelle. Und da ihr *„jene direkten Beziehungen zur Natur und Welt"* fehlen, ... Zirkelschlüsse dieser Art auch bei Topitsch, E.: *Sprachlogische Probleme der sozialwissenschaftlichen Theoriebildung.* In: Ders. (Hrsg.), *Logik der Sozialwissenschaften,* Köln ⁸1972, S. 20.

30 Kamlah/Lorenzen, a.a.O., S. 88.

31 Blume, F.: *Historische Musikforschung in der Gegenwart.* In: Report of the Tenth Congress Ljubljana 1967, Kassel 1970, S. 20.

32 Wittgenstein, L.: *Tractatus logico-philosophicus. Logisch-philosophische Abhandlung.* Frankfurt/M. 1963, S. 114.

33 Heisenberg, a.a.O., S. 163.

34 Ebd., S. 164.

35 Ebd., S. 165f.

36 Weber, M.: *Gesammelte Aufsätze zur Wissenschaftslehre* (1922). Tübingen ²1951, S. 591.

37 Habermas, J./Luhmann, N.: *Theorie der Gesellschaft oder Sozialtechnologie.* Frankfurt/M. 1971, 1975, S. 144. Der Buchtitel müßte mit einem Fragezeichen enden, weil zwei divergierende Ansätze (und nicht zwei Begriffe für eine Sache) gemeint sind.

38 Heisenberg, a.a.O., S. 166.

39 Ebd., S. 167.

40 Ebd., S. 170.

41 Stagl, J.: *Die Beschreibung des Fremden in der Wissenschaft.* In: Duerr, P. (Hrsg.), *Der Wissenschaftler und das Irrationale.* Erster Band, Beiträge aus Ethnologie und Anthropologie, Frankfurt/M. 1981, S. 287.

42 Ebd., S. 290.

42 Heisenberg, a.a.O., S. 168.

44 Droysen, J. G.: *Historik. Vorlesungen über Enzyklopädie und Methodologie der Geschichte.* München/Wien 1967, S. 31.

45 Seiffert 1, a.a.O., S. 223.

46 Bacon, F.: Aphorismus 124. Zit. nach Schwarz, a.a.O., S. 65.

47 Heisenberg, a.a.O., s. 169f. (eigene Hervorhebung).

Menschen- und/oder Kulturgüterforschung (?)
Über den Beitrag der Musikwissenschaft zur Erforschung menschlicher Verhaltensformen

WOLFGANG SUPPAN

> *„Daß etwas neu ist und daher gesagt werden sollte,*
> *merkt man erst, wenn man auf scharfen Widerspruch*
> *stößt . . ."*
>
> Konrad Lorenz[1]

Prolog: Sieben Szenen, beliebig vermehrbar, aus der Tages- und Wochenpresse, März bis Juni 1985:

(1) *„Bei einem Popkonzert der puertorikanischen Gruppe ‚Menduo' in einem Fußballstadion in Rio de Janeiro sind am Sonntag* [10. März 1985] *zwei Frauen zu Tode getrampelt worden."*[2] Eine Zeitungsmeldung wie diese erscheint nicht auf der Feuilleton-Seite. „Popkonzert" wird — in diesem Fall — nicht mit Musik in Verbindung gebracht. Darf der Inhalt der Meldung trotzdem so gedeutet werden, daß die Wirkung der Musik gruppendynamisches Verhalten zu lenken vermag?

(2) *„Auf öffentlichen Plätzen in Tripolis und Bengasi sind am Sonntag* [2. Juni 1985] *Tausende von westlichen Musikinstrumenten verbrannt worden. Die libysche Nachrichtenagentur Jena begründete das damit, daß diese Instrumente nicht dem arabischen Kulturerbe entsprächen. Die Verbrennung sei in Übereinstimmung mit dem ‚Grünen Buch' des Revolutionsführers Ghadafi erfolgt".*[3] Auch dieser Bericht interessiert die Kulturredaktion nicht. Er erscheint unter den politischen Auslandsmeldungen. Bereits im Sommer 1980 hatte der Ajatollah Khomeini alle Aufführungen „westlicher" Musik in Persien mit der Begründung verboten, diese sei *„Opium für das Volk".*[4] Khomeini und Ghadafi haben richtig erkannt: Der Konsum von kulturfremder Musik ist gefährlich; denn er löst/befreit von den Konventionen/Fesseln der eigenen, anerzogenen kulturellen Verhaltensformen.

(3) *„Neuer Guru verführt junge Leute. Dreieinhalbtausend junge Menschen füllen fast den Innenraum der Kölner Sporthalle* [. . .] *Es ist Sri Chinmoy, 53, (aus dem indischen Bengalen)* [. . .] *Prüfend wandert sein Blick über ein Dutzend Musikinstrumente, die alle in Griffweite vor ihm liegen. Er entscheidet sich für eine Esraj und entlockt dem indischen Saiteninstrument mit Hilfe eines Geigenbogens schaurige Töne. Doch die Gläubigen im Saal sind entzückt. Manche Sari-Trägerin hat ein entrücktes Lächeln um die Lippen, als befände sie sich auf dem Weg zu höchsten körperlichen Wonnen* [. . .] *Die einschläfernden Töne hatten offenbar einen Teil der Besucher in Trance versetzt."*[5] Geschäft oder (neue) Religion? Die „Gläubigen" beten den „Meister" an: einen *„Gott, der angeblich einer der kreativsten Musiker, Dichter, Künstler und Lehrer unserer Zeit sein soll".* Ein zeitgenössischer „Rattenfänger von Hameln" — es funktioniert (immer noch) am besten mit Musik.

(4) *„Extremistische Sikhs preisen im Goldenen Tempel von Amritsar mit Lobliedern die Mörder von Indira Gandhi"* (Bildunterschrift).[6] Kein Requiem (im europäisch-abendländischen Sinn), sondern ein kultisches Lied: Es schafft Märtyrer, prolongiert den religiös-politischen Konflikt und sorgt für dessen Eskalation.

(5) *„Die DDR hat ihre Jugendlichen vor westlichen Popsendungen gewarnt: In einer ‚Aufklärungsbroschüre' attackiert Ostberlin ‚die systematische Manipulations- und Diversionsarbeit' westlicher Unterhaltungssender."*[7] Bereits im August 1982 wandte sich die polnische Regierung in einer Presseaussendung gegen die neue Rock-Musik: *„[. . .] der Haß, der sich durch die neue Rockkultur zieht, ist Nährboden für neue Gefahren."*[8] Welche Gefahren? Doch nicht musikalische — sondern solche für das Funktionieren des Staates? Die psychedelische Wirkung gewisser Musik macht aus braven Staatsbürgern aufmüpfige. Aber sollte dies nicht auch bei „westlichen" Discobesuchern, Walk-Man-Motorradfahrern zu befürchten sein?

(6) *„Stadt begrüßt die siegreichen Bayern"* (zum Verständnis: Es handelt sich nicht um einen historischen Kriegsbericht aus dem Jahre 1809, sondern um den Fußballclub Bayern München, der 1984/85 deutscher Fußballmeister wurde!). *„So ein Tag, so wunderschön wie heute . . .".* 8.000 FC-Bayern-Fans feiern damit vor dem Münchener Rathaus „ihre" Mannschaft. *„Auch der Triumphmarsch aus ‚Aida' ist im Repertoire der Fans [. . .] Dann bringen sie noch ein eigenartiges Lied, das auf dem Marienplatz jedoch offensichtlich alle kennen und mitsingen: ‚Was ist grün und stinkt nach Fisch? Werder Brehehehemen' und schließlich ‚Kling, Glöckchen klingelingeling, FC Bayern Meister, Bremen nur Zweiter, Gladbauch nur Dritter, oh, wie ist das bitter."*[9] Freude, Spott im Lied, Gruppen-Identität mit Hilfe gemeinsamen Singens. Sogenannte „Schlachtgesänge" begleiten die Fußballmannschaften heute auf ihren Wegen und während ihrer Spiele. Sie schaukeln den turgor vitalis auf, sowohl bei den Fans selbst wie bei den „Helden auf dem grünen Rasen" . . . vielleicht auch in Brüssel, als es zur Katastrophe beim Europacup-Endspiel 1985 kam?

(7) *„Osnabrück: Aulis Sallinens Oper ‚Der rote Strich' [. . .] [Der finnische Komponist] Aulis Sallinen exponiert die Lebenswelt der Ödmarkmenschen mit vorwiegend streng harmonisch gebundenem Tonsatz [. . .] Gegenüber den rückständigen Landleuten sind die Stadtmenschen [. . .] mit avancierterer Musik ausgestattet [. . .] Während der arme Schuster, der die Dörfler zu einer Versammlung zusammentrommelt, seine Flugblatt-Texte relativ kläglich rezitiert und so die Hilflosigkeit des politisch noch nicht Erfahrenen der Lächerlichkeit preisgibt, verfügt der Agitator aus der Stadt über die entwickeltsten Mittel der Musik. Die politischen Eiferer reden und benehmen sich, als wären sie geradewegs Lenins Buch ‚Was tun' entstiegen [. . .] Die neueren kompositorischen Mittel wurden von Sallinen ausschließlich zur Kennzeichnung des Negativen genutzt. Die Tonalität bezeichnet die Zone des Positiven, der armen Leute, denen das Mitleid der Zuschauer gelten soll."*[10] Diese Rezension erschien im Feuilleton-Teil. Frieder Reininghaus hält zudem für berichtenswert, daß Mitwirkende und Zuschauer *„verschiedentlich"* äußerten, *„dies Stück sei ein Be-*

weis dafür, daß es heute noch möglich sei, ,richtige' Oper zu komponieren". Bedeutet „richtig" in diesem Zusammenhang, daß das Werk mit Hilfe einer raffiniert semantisierten Musik aktuelle Gesellschaftskritik vermittelt: mit dem Ziel, politisches Bewußtsein, Veränderung zu schaffen? So etwa, wie Hans Werner Henze dies in der Oper *We Come to the River* vorgegeben und in dem Buch *Musik und Politik* begründet hat?[11]

A. Der wissenschaftstheoretische Ansatz

> „ ,Ohne Philosophie der Natur keine Philosophie des Menschen' (Helmuth Plessner): es geht nicht ohne Anthropologie."
> Odo Marquard[12]

Den Rest des (20.) Jahrhunderts würden Durchbrüche in der Biologie und in den Verhaltenswissenschaften charakterisieren, die den großen Entdeckungen der Physik in den letzten zwei Jahrhunderten nicht nachstehen sollten, postuliert Perry London in dem Buch *Der gesteuerte Mensch. Die Manipulation des menschlichen Gehirns.*[13] Betrifft eine solche Aussage auch die Musikwissenschaft? Oder hat sie sich damit beschieden, abgekoppelt von den „großen Durchbrüchen" als kunstwissenschaftliche Kulturgüterforschung ihren Weg zu gehen? Dem wäre jedoch entgegenzuhalten — und dafür sollten im „Prolog" zu diesem Aufsatz einige Materialien geboten werden —, daß Musik unabhängig von ihrem ästhetischen Rang bewußtseinsverändernde und damit gesellschaftliche Wirkungen auszuüben imstande ist, daß sie das Verhalten des Einzelnen wie der Gruppe offensichtlich unterbewußt zu lenken vermag.

Wer heute im Geiste Guido Adlers nach *Umfang, Methode und Ziel der Musikwissenschaft* fragt[14], und zwar nicht allein im Sinne einer historischen Bilanz, sondern vor allem im Hinblick auf die zeitgemäße Bewältigung anstehender Probleme, sollte darüber zu diskutieren bereit sein: (a) ob/inwiefern die Musikwissenschaft aus den Erkenntnissen von Biologie und Verhaltensforschungen neue Einsichten gewinnen kann, (b) ob/inwiefern die Musikwissenschaft zu den genannten Fächern und Fächerkombinationen selbst neue Erkenntnisse würde beitragen können/müssen. Betreiben Musikforscher Kunst-/Kulturgüter- oder Menschenforschung, oder sollte in den Denkmodellen der Musikwissenschaft künftig das eine mit dem anderen stärker verschränkt werden? Letzteres würde weiter bedeuten, methodisch nicht allein die Grenzen des eigenen Faches, sondern auch die der Geisteswissenschaften insgesamt in Richtung Naturwissenschaften zu überschreiten. Weil Kulturgüter eben nur in bezug auf jene Menschen, die sie erzeugen und konsumieren, sinnvoll und analysierbar sind, das heißt: unter Berücksichtigung sowohl der biologisch disponierten Substrate wie der jeweiligen kultur-, schichten-, zeit- und situationsimmanenten Gegebenheiten.

Johann Sebastian Bachs *Kunst der Fuge* — um ein Beispiel zu nennen — ist in ihrer notenschriftlich fixierten Gestalt analysierbar. Doch wird diese Analyse gleichsam im luftleeren Raum schweben, wenn nicht die Frage dabei aufgeworfen wird, warum Bach zu seiner Zeit und für die Menschen seiner Zeit eben diese Gestalt gewählt hat, was er seinen Zeitgenossen damit mitteilen wollte — und es wird weiter danach zu fragen sein, welche Bedeutung dieses Werk Bachs für die Menschen der Gegenwart, des ausgehenden 20. Jahrhunderts, besitzt. Interkulturelle Vergleiche machen einsichtig, daß Kunst kein zweckloses „Spiel mit Formen" sein kann. Im Gegenteil: Sie ist *„Ergebnis eines Interaktionsprozesses zwischen dem reflektierend-aktiven Künstler und den erlebten real-objektiven Prozessen"*[15] — und in diesem Sinn immer Gegenwartskunst: Teil nicht allein der axiomatischen Struktur einer Kunstepoche, sondern auch Teil einer gesellschaftlichen, wirtschaftlichen und politischen Wirklichkeit. *„Die Auseinandersetzung der Kunst mit der realen Gegenwart wird zu ihrem Wahrheitstest. Rückwärts blickende Kunst wirkt deshalb auf uns verlogen, weil sie sich diesem Wahrheitstest entzieht. Kunst, das Analoge gilt für die praxisrelevanten Wissenschaften, als interaktiver Prozeß verstanden, wird zum Instrument für aktive Lebens- und Umweltbewältigung [. . .] Nur kommunizierte Kunst ist praktische Kunst, für beide, das Publikum und den Künstler."*[16] Das bedeutet — um nochmals die *Kunst der Fuge* zum Zeugen aufzurufen —, daß Form- und Strukturanalysen ihren Sinn daraus empfangen, daß sie deren Ergebnisse mit menschlich-psychischen und sozialen Konturen der (jeweiligen) Gegenwart zur Deckung zu bringen versuchen[17], und daß der Wert eines Musikwerkes — und sei es von Johann Sebastian Bach — nicht aus „ewig" gültigen Spielformen, sondern allein aus anthropologischer Beweisführung sich ergibt.

Im Sinne des Kunstwerkes muß es erlaubt sein, stets und in jeder Gesellschaft neu „Werte" in Frage zu stellen, funktionslos gewordene zu verwerfen und neue zu gewinnen.[18] Wo der Wahrheitstest negativ ausfällt, denaturiert die Darstellung des (Kunst-)Werkes zum sinnlosen Ritual, zur Antiquitätenschau, zum Waren-Markt.[19] In einem weitgespannten Bogen, der von der *Deutschen Poeterey* (Breslau 1624) eines Martin Opitz bis zu den ästhetischen Theorien Adornos reicht, führt Hartmut Scheible den überzeugenden Nachweis, daß sich die Kunst nicht in einem hermetischen Eigenbereich nach ewigen Schönheitsgesetzen abspielt, sondern daß sie historische Konstellationen widerspiegelt, sich aktiv mit den jeweiligen politisch-ökonomischen Situationen auseinandersetzt. Und das sollte bedeuten, daß der analytische Verstand, der die Einzelteile erkennt und benennt, ergänzt werden muß durch die ästhetische Erkenntniskraft, die allein aus den zusammenhanglos versprengten Teilen ein sinnvolles Ganzes zu synthetisieren vermag. Das Subjekt, das in den Wissenschaften auf den begrifflich arbeitenden Verstand reduziert wird, muß in seiner lebensvollen Ganzheit zurückgewonnen werden: weil die Wahrheit des Schönen dem Menschen weder als absolute Wirklichkeit vorgegeben („Wahrheit oder Subjekt") noch im Einzelsubjekt solipsistisch gefangen ist, um sich sogleich als Wahrheit aufzuheben („Wahrheit im Subjekt"). Es handelt sich im Gegenteil um eine Wahrheit, die auf das Subjekt angewiesen bleibt.[20]

Umgelegt auf musikwissenschaftliche Forschung bedeutet dies, daß eine gleichsam vieldimensionale Analyse zwar vom Schriftbild ausgeht, aber das Klangbild im Visier behält, das seinerseits in den physischen und psychischen Wirkungen auf den/die Menschen bestimmter kultureller, gesellschaftlicher, philosophisch-ästhetischer Prägung zu prüfen ist. Constantin Floros hat so seine Mahler-Studien angelegt: (Band 1) *Die geistige Welt Gustav Mahlers in systematischer Darstellung*, (Band 2) *Gustav Mahler und die Symphonie des 19. Jahrhunderts in neuer Deutung*.[21] Manfred Clynes verdeutlicht, daß die „kommunikative Funktion" des Musizierens und schließlich das Wissen darum im europäisch-abendländischen Kulturkreis deshalb verlorengegangen ist, weil die beherrschend gewordene Musiknotenschrift die in der „Mikrostruktur" liegenden wesentlichen akustischen Codes nicht abzubilden vermag. *„In Western culture we have devised a singular means of killing music — writing it down in a score [. . .] The great advantage of storing musical thought ‚on ice' for future use is thus partially mitigated by the need to reinvent the musical microstructure. The composer's musical thought necessarily includes the unnotated musical microstructure. To recreate the musical thougth the performer's efforts are required emending the score by his own musical thought and microstructure which he hopes is in sympathy with that of the composer [. . .] The composer of course may have thought in more than one microstructure for a given theme or piece — perhaps at different times — but all these ways of musical thought would have been living ways, and none of them could be notated."* Clynes nennt schließlich fünf *„elements of microstructure"*, die im Notenbild nicht übermittelt werden können: *„(1) The pulse — seen to cause deviations from the musical notation of both duration and amplitude to the tones, in a systematic manner. (2) Individual amplitude shapes of tones as part of musical thought, and thus of idealized performance. (3) Appropriate placement, rapidity, depth and amplitude envelope of vibrato. (4) Placement and duration of micropauses. (5) Variations of timbre within each note of the music."*[22]

Diese Sicht der Zusammenhänge intendiert, daß Kunst/Musik die Kraft hat, sowohl im menschlich-psychischen wie im gesellschaftlich-politischen Bereich Verhaltensänderungen mit zu tragen, ja zu bewirken. Aus der Fülle der in diesem Zusammenhang beobachtbaren Prozesse[23] sei in diesem Beitrag dargestellt, welche nützlichen Einsichten — für beide Fächer — durch die fachliche Kooperation zwischen Vertretern der Musikwissenschaft und der Verhaltensforschung (Konrad Lorenz'scher Prägung) zutage treten könnten.

Die wissenschaftstheoretische Reflexion, die einen solchen Ansatz tragen soll, hat nach den Möglichkeiten der Verklammerung von geistes- und naturwissenschaftlichen Methoden und Untersuchungsergebnissen zu suchen — eine Forderung, die keinesfalls neu ist. Schon René Descartes (1596—1650) formulierte: *„Wer ernsthaft die Wahrheit der Dinge ergründen will, darf sich keiner einzelnen Wissenschaft verschreiben; denn alle Teile der Wissenschaft stehen im Verbund wechselseitiger Abhängigkeit."*[24] Bei Johann Gottfried Herder ebenso wie bei Johann Wolfgang von Goethe[25] finden sich konkrete Vorstellungen darüber. Eine Entwicklung, die weiter zu Friedrich von Hausegger führt[26] und die schließlich Helmuth Plessner, der *„Protagonist der modernen philosophischen Anthropologie und Pionier ihrer Öffnung zur hermeneutischen Soziologie"* hin, als *„Naturphilosophie des Menschen"* in zeitgemäße Bahnen lenkte. *„Denn aus der Geschichte des philosophischen Disziplinentitels ‚Anthropologie' läßt sich zeigen: genau dort, wo die Philosophie skeptisch wird gegenüber der Abstraktheit der Metaphysik und unzufrieden mit ihrer Reduktion auf bloße Wissenschaftstheorie und wo die Menschen vom Utopismus der Geschichtsphilosophie enttäuscht werden: dort und nur dort entsteht und gedeiht — als Frage nach dem Menschen, wie er ‚diesseits der Utopie' (1966) wirklich ist — die philosophische Anthropologie."*[27] Plessner hat dies in seinem anthropologischen Hauptwerk *Die Stufen des Organischen und der Mensch. Einleitung in die philosophische Anthropologie* (1928) ausgeführt. Er bestimmt darin den Menschen nicht von einer geschichtlichen Utopie, sondern von der lebendigen Natur her. Weil der Mensch zugleich in einer Vollzugswelt und in einer Reflexionswelt leben muß, deshalb unterliegt er drei anthropologischen Grundgesetzen: (1) Er ist von Natur aus zur Künstlichkeit, zur Kultur also, gezwungen, deren (2) Unmittelbarkeit stets vermittelt ist. Er ist (3) konstitutionell „heimatlos", zur Geschichtlichkeit und Transzendenz genötigt. Die Anthropologie schafft die Basis, um die Geschichte und ihre Offenheit zu begreifen.

Doch erst als Odo Marquard, der konsequenteste Erbe der Plessnerschen philosophischen Anthropologie, 1965 monierte: *„Die Geschichte scheint erneut derart aussichtslos, daß einzig noch die radikale Nichtgeschichte, die Natur, als solider oder wenigstens praktikabler Bezugspunkt übrig bleibt; so ist die gegenwärtige Konjunktur der philosophischen Anthropologie und ihres Namens vor allem der Ausdruck für eine Krise des Vertrauens in die Geschichte und ihre Philosophie"*[28], nahmen die Historiker den Ball auf — und Reinhard Kosselek forderte in seinem Vortrag vor dem deutschen Historikertag 1971, die Geschichtswissenschaften mit anthropologischen Fragestellungen zu durchdringen und die Strukturen geschichtlicher Epochen in ihrer jeweiligen anthropologischen Verfaßtheit aufzuzeigen.[29]

Der Verwirklichung einer solchen Aufgabe, nämlich natur- und geisteswissenschaftliche Denkweisen mit Hilfe der Anthropologie zu verklammern, scheint allerdings die immer stärkere Spezialisierung der und innerhalb der einzelnen Disziplinen sich entgegenzustemmen. Mit anderen Worten: *„Diese pragmatisch begründete Spezialisierung ist zwar zu einem gewissen Ausmaß für das Vorantreiben von Wissenschaften erforderlich, führt aber auch zu einem Anwachsen von Inkompetenz für jeweilige Nachbardisziplinen."* Dieser Beobachtung stellt Johann Götschl die Einsicht gegenüber, daß zwar die Idee der Einheit der Wissenschaften aufzugeben sei, daß damit aber keinesfalls die Möglichkeit einer Preisgabe der Idee der Einheit von wissenschaftlicher Erkenntnis verbunden sei. Die Frage nach dem Wesen des Menschen ist unteilbar — und sie schließt alle anthropologischen Fächer zusammen, von der Biologie bis zur Theologie, von der Medizin bis zur Philosophie: weil die eine biologische Evolution und die vielen kulturellen Evolutionen zu ihrer Erklärung sowohl materiell-naturwissenschaftlicher wie geistighumanwissenschaftlicher Erkenntnisvorgänge bedürfen. Um nochmals Götschl zu zitieren: *„An der Peripherie der Kulturwissenschaften vollziehen sich naturwissenschaftliche Entwicklungen, von denen einige interessante Herausforderungen für die Kulturwissenschaften darstellen. Es handelt sich dabei um Herausforderungen, die von der kulturwissenschaftlichen Reflexion immer stärker wahrgenommen werden müssen, da gewisse grundlegende methodische Prinzipien der Kulturwissenschaften zum Teil in Frage gestellt und zum Teil mit neuen Aufgabenstellungen ergänzt werden.“* Götschl nennt an erster Stelle die *„Verhaltenswissenschaft“*.[30] Zugleich führt die Einbettung der Elemente der materiellen und der geistigen Kultur in einen größeren Funktionszusammenhang zu *„Ganzheiten in der Darstellung der Mensch-Natur-Beziehung [. . .] Dies ist eine Herausforderung und Chance für das Bemühen um ein neues Selbstverständnis der Humanwissenschaften, eine Herausforderung, die noch viel zu wenig aufgenommen wurde.“*[31]

B. Verhaltensforschung

In seinem Aufsatz *Über die Wahrheit der Abstammungslehre* hat Konrad Lorenz die Bedeutung Darwins für die Verhaltensforschung zurechtgerückt: *„Was wir ausschließlich Darwin verdanken, ist nicht die Erkenntnis der Tatsache, daß sich alle Tiere aus gemeinsamen Ahnen entwickelt haben, sondern die Entdeckung der Ursachen, die dies bewirken. Die großen Konstrukteure des Artenwandels, Mutation und Selektion, Erbänderung und natürliche Zuchtwahl [. . .] offenbaren sich ihm, als er, auf seiner kleinen ‚Beagle‘ die Welt umkreisend auf den Galapagos-Inseln angekommen war. Da gab es eine Anzahl von recht unscheinbaren Finkenarten, die Grundfinken, aus deren großer und viele Einzelheiten betreffender Ähnlichkeit eindeutig hervorging, daß sie aufs nächste miteinander verwandt waren.“*[32] Und doch unterschieden sich die Schnabelformen der Tiere entschieden voneinander, je nachdem auf welche Art und wovon sie sich ernährten. Das bedeutet, daß in dem unendlich langsamen und mühsamen Prozeß der biologischen Evolution die Anpassung eines Organismus oder eines seiner Organe von der unmittelbar lebensnotwendigen Funktion bestimmt wird, die dieser Organismus oder dieses Organ zu erfüllen haben.

Die so gewichtete Lehre Darwins bot Konrad Lorenz, Nikolaas Tinbergen und Karl von Frisch die Chance, das Tor zur biologischen Verhaltensforschung (Ethologie) hin aufzustoßen. Ausgehend von der Tatsache, daß stammesgeschichtliche Anpassungen das Verhalten der Tiere in konkret definierbarer Weise bestimmen, äußerte Lorenz die Vermutung, daß vergleichbare Vorprogrammierungen im motorischen, rezeptorischen und Antriebsbereich auch für das Verhalten des Menschen konstitutiv seien — eine Vermutung, die sich Schritt für Schritt zur Gewißheit steigerte. In dem Aufsatz über *Die angeborenen Formen möglicher Erfahrung* (1943) widmet Lorenz dem menschlichen Verhalten richtungweisende Abschnitte.[33] Zentrales Anliegen der damit von ihm begründeten Forschungsrichtung sollte es sein, die am Tier erarbeiteten Hypothesen durch das Studium menschlichen

Verhaltens zu verifizieren. So wie der Weg zur Entstehung des Menschen über das Tier geführt hat, so sollte der Weg zum Verständnis des Menschen über das Verständnis des Tieres nachzuzeichnen sein. Ethologie gerann nach und nach zur „Biologie des Menschen" (Bernhard Hassenstein[34]), zur Kulturethologie (Otto Koenig), zur Humanethologie (Irenaeus Eibl-Eibesfeldt[35]). Sozialethologie und Neuroethologie[36] sind weitere Stationen eines sich verbreiternden ethologischen Fächerbündels. Es geht letztlich um Verhaltensformen, die in jenen Partien des menschlichen Gehirns programmiert werden, die auch bei den Tieren entwickelt sind: Gemeint ist der sogenannte Althirnbereich, der das Instinktverhalten des Tieres regelt — und der im Menschen für unterbewußt-emotionale Handlungen verantwortlich erscheint. Welches Gewicht der Ethologie heute im Verband der Natur- und Geisteswissenschaften zugesprochen werden darf, ergibt sich aus der Verleihung von sechs Nobelpreisen an Verhaltensforscher: Konrad Lorenz, Nikolaas Tinbergen und Karl von Frisch (1973), Roger W. Sperry, David Hubel und Torsten Wiesel (1981).

Die „Arbeitshypothesen" von Konrad Lorenz und seinen Mitstreitern stießen zum Teil auf harte Kritik: Dies hing nicht allein mit den fachlichen Inhalten und den methodischen „Kühnheiten" des Tier-Mensch-Vergleichs einerseits und des interkulturellen Vergleichs andererseits zusammen, sondern auch mit der selbstbewußten, oft provozierenden Art, wie die Ethologen zu formulieren verstanden. Doch meinte Nikolaas Tinbergen schon 1969, daß man nach anfänglichem Mißtrauen begonnen hätte, sich gegenseitig zuzuhören — und daß man damit in eine fruchtbare Phase wissenschaftlichen Denkens über Fächer- und Fakultätsgrenzen hinweg eingetreten sei. Der beschleunigte Zusammenfluß vieler Einzeldisziplinen in einen einzigen umfassenden Hauptstrom nicht „biologischer" — wie Tinbergen meint —, sondern anthropologischer Forschung, darf als Ergebnis positiv bewertet werden. „Die zukünftigen Folgen dieser Entwicklung werden zweifelsohne von großer Wichtigkeit sein. Die Methoden und Vorstellungen dieser aufstrebenden biologischen [!] Wissenschaft vom Verhalten erweisen sich bei Tierforschungen als so erfolgreich, daß man sie gleichfalls auf menschliches Verhalten wird anwenden müssen [. . .] Es wird nur wenige geben, die die Existenz vieler beunruhigender Anzeichen dafür leugnen, daß unser eigenes Verhalten, besonders unser Sozialverhalten schlecht funktioniert. Es ist eine Aufgabe von höchster Dringlichkeit, festzustellen, wie es dazu kam. Die wahrscheinlichste Hypothese dafür ist, daß die kulturell bestimmten Veränderungen in unserer Umwelt (besonders in unserer sozialen Umwelt) Anpassungen in unserem Verhalten überholt haben, daß die genetische Evolution viel zu langsam ist, um solche Anpassung zu erreichen [. . .] daß wir immer noch der Umwelt unserer Vorfahren angepaßt sind."[37]

Wie die neue Disziplin langsam ihr Forschungsfeld abstecken und verbreitern konnte, geht aus den Definitionen hervor. Lorenz selbst läßt diese Entwicklung offen, wenn er schreibt: Ethologie oder vergleichende Verhaltensforschung bestünde darin, „auf das Verhalten von Tieren und Menschen alle jene Fragestellungen und Methoden anzuwenden, die in allen anderen Zweigen der Biologie seit Charles

Darwin selbstverständlich sind".[38] Otto Koenig präzisiert: *„Kulturethologie ist eine spezielle Arbeitsrichtung der allgemeinen Vergleichenden Verhaltensforschung (Ethologie), die sich mit den ideellen und materiellen Produkten (Kultur) des Menschen, deren Entwicklung, ökologischer Bedingtheit und ihrer Abhängigkeit von angeborenen Verhaltensweisen sowie mit entsprechenden Erscheinungen bei Tieren vergleichend befaßt"*[39], während Eibl-Eibesfeldt bereits um den Weg bis zur Neuroethologie weiß: *„Die Humanethologie kann als Biologie menschlichen Verhaltens definiert werden. Forschungsziel ist die Erhellung der einem Verhalten zugrundeliegenden physiologischen Wirkungsmechanismen, die Aufdeckung der durch das Verhalten erfüllten Funktionen und damit jener Selektionsdrucke, denen das betreffende Verhalten seine Existenz verdankt, und schließlich die Erforschung der Verhaltensentwicklung in Ontogenese, Phylogenese und Kulturgeschichte, wobei die Frage nach der Herkunft der ein Verhalten motivierenden, auslösenden, steuernden und koordinierenden Programme im Brennpunkt des Interesses steht"*, und zur Methode erläutert: *„Die Humanethologie bedient sich aller in den Nachbardisziplinen entwickelten experimentellen und analytischen Methoden der Verhaltensforschung, einschließlich der in der Anthropologie und Psychologie üblichen Methoden der Datenerhebung, zum Beispiel durch Informanteninterviews. Aus der Tierethologie übernimmt sie Methoden distanzierten Beobachtens und Techniken des Protokollierens und der Dokumentation sowie die Methodik des Vergleichens. Ferner legen Humanethologen Wert darauf, die zur Diskussion stehenden Verhaltensmuster im natürlichen Kontext [. . .] zu studieren und erst danach zur experimentellen Analyse überzugehen."*[40]

Im Wechselspiel zwischen der einen biologischen Evolution und der jeweils dominierenden kulturellen Evolution hat das Lebewesen nur dann eine Überlebenschance, wenn es sich anzupassen vermag. Nicht nur die angeborenen, sondern auch alle kulturellen — erworbenen — Eigenschaften und Leistungen entstehen primär aus praktischer, also umweltbezogener, ökologischer Notwendigkeit. Es geschieht *„niemals etwas sinn- und grundloses. Der Ausgangspunkt ist immer ein funktionelles oder wirtschaftliches Bedürfnis."*[41] *„Ein Objekt ist nur so weit für Veränderungen offen, wie seine Zweckbestimmung es zuläßt. Sinkt der Funktionsdruck ab oder drängt er in eine neue Richtung, treten alsbald Wandlungserscheinungen auf. Sie wirken so lange nach eigenen Gesetzen, bis sie von neuen Funktionszwängen gestoppt beziehungsweise in andere Bahnen gelenkt werden. Es gibt wahrscheinlich überhaupt kein Kulturerzeugnis, das nicht primär aus einem praktischen Bedarf heraus und somit rein zweckorientiert entstanden wäre [. . .] Die Variationsbreite ist von Natur aus vorgegeben, die Variationswahl wird von der Situation diktiert."*[42]

Dort, wo Organe oder kulturelle Verhaltensformen ihre primäre Aufgabe verlieren, jedoch weiterleben und weiter gepflegt werden, spricht die Kulturethologie von „Ritualisation". *„Grundsätzlich degeneriert alles, was nicht wahrgenommen wird und dadurch seine Funktion verliert [. . .] Sinkt die Funktion jedoch ab und bleibt der betreffende Teil weiterhin sichtbar, so beginnt er oft direkt proportional zum Funktionsschwund zu luxurieren. Er übernimmt in einer die ursprüngliche Funktion stark ritualisierenden Form eine neue Signal- und Imponieraufgabe."*[43]

45

Die Verhaltensforschung ist *„aus dem Geist der Naturbeobachtung entstanden"* und sie hat dabei erkannt, daß der Mensch eine Stammesgeschichte hat, und daß diese Stammesgeschichte *„nicht nur seine Anatomie und Physiologie, sondern auch sein Verhaltensrepertoire bis heute beeinflußt"*. Die *„erste Natur"* des Menschen ermöglicht es ihm, die *„nichtgenetische Weitergabe seiner Fertigkeiten von Individuum zu Individuum, von Generation zu Generation weiter als jedes Tier"* zu entwickeln, damit Kulturen hervorzubringen und sich damit gleichsam eine *„zweite Natur"* (Eibl-Eibesfeldt) anzumessen. *„Jedes lebendige Wesen bewahrt in sich, was sich in seiner Stammesgeschichte bewährt hat [. . .] In Zukunft werden sich die Wissenschaften vom Menschen realistischere Fragen vorlegen, Fragen, die das in den Genen enthaltene unbewußte Vorwissen in Rechnung stellen, um von dortaus dann zu untersuchen, auf welche Weise und wie sehr bestimmte Milieuvarianten auf bestimmte Verhaltensmerkmale einwirken. Die Frage ‚Umwelt' oder ‚Erbe' ist längst überholt. An ihre Stelle treten die Fragen nach dem genauen Zusammenspiel bestimmter genetischer Programme mit bestimmten Umweltfaktoren, zu denen auch, aber nicht nur die soziokulturellen Einflüsse gehören, tritt die Frage, wie sehr die Kultur ihrerseits an die erste Natur gebunden bleibt."*[44] Unser soziales Verhalten wird in erster Linie von *„arteigenen Aktions- und Reaktionsmustern"* beherrscht, die *„um ein vielfaches älter als die spezifischen Intelligenzleistungen unseres Neocortex"* sind. Vernunft und Verstand führen geradezu eine Scheinherrschaft über die menschlichen Emotionen, über die wir einfach zu wenig wissen, um sie zu steuern; *„dieses Wenige scheint heute außer Werbefachleuten und Demagogen kaum jemand anzuwenden"* (Konrad Lorenz[45]). Der Heidelberger Physiologe Hans Schaefer führt diesen Gedankengang weiter: Im Limbischen System, jenem Teil des Großhirns, das wie ein Saum den zentralen Kern des Gehirns umschließt, wird die Bedeutung der Informationen abgefragt, die über unsere Sinne aufgenommen werden. Nur solche Nachrichten, die uns hinsichtlich unserer Existenz betreffen, werden weitergereicht, andere Signale bleiben unbeachtet. *„Das ist schon deshalb notwendig, weil ein so gewaltiger Informationsstrom durch alle Sinnespforten und Nerven in unser Gehirn eindringt, daß dessen Beachtung uns in einer Nachrichtenflut ertrinken ließe. Vermutlich wird nur der milliardste Teil dieser Information bewußt. Eine so drastische Verkleinerung des Informationsmaterials kann nur sinnvoll geschehen, wenn das ‚Bedeutsame' ausgewählt wird. Was bedeutsam ist, darüber entscheiden vermutlich weitgehend die Gefühle, welche bei der Verarbeitung der Informationen erregt werden."*[46] Und das heißt weiter: Es zählt zu den *„Eigenschaften des Bewußtseins, daß es nicht minder über uns verfügt als wir über es. Man denke nur daran, welche Mühe es machen kann, sich eines Zusammenhanges zu erinnern, der aber ungerufen ohne weiteres aufzutauchen vermag [. . .] Nun soll das nicht heißen, wir wüßten mit unserem Bewußtsein nicht umzugehen. Aber es geht eben auch um mit uns [. . .] Heute beginnen wir zu verstehen, daß von unseren Sinnen überhaupt nur jene Reize das Gehirn erreichen (befassen), welche durch geeignete Verschaltung zu geeigneten Reaktionen führen, also bereits längst interpretiert sind, Deutung erfahren oder, wie wir uns ausdrücken, einen Sinn haben. Alles Anschauen und Wahrnehmen ist also schon Interpretation."*[47]

C. Musikwissenschaft als „eine der Disziplinen im Metasystem der Anthropologie"[48] und der Verhaltenswissenschaften

> *„Wenn man (Kunst-)Werke als von Menschen geschaffene und für sie bedeutsame Darstellungs- und Ausdruckswerke [. . .] versteht, hat dies Konsequenzen. Unzureichend sind dann wissenschaftliche Analysen, die (Kunst-)Werke als isolierte Dinge, Objekte und Gegenstände betrachten und die an ihnen nur das jeweilige Material, die Produktionstechniken, sogenannte ontische Schichten [. . .] untersuchen. Unzureichend sind dann aber auch produktions- und rezeptionsästhetische Reduktionen. Goethes ‚Tasso' und Mozarts ‚Don Giovanni' bedeuten mehr, als man allein vom Selbstverständnis der Künstler oder von den wechselnden Interpretationen der Regisseure bzw. Dirigenten, Zuschauer und Leser aus sagen kann."*
> W. Oelmüller[49]

Die Erkenntnisse der Verhaltensforschung provozieren den Musikologen zu folgenden Fragen: Gehört das Sprechen in Tönen und Klängen, das Sich-Bewegen nach „musikalisch"-rhythmischen Mustern (Musizieren/Singen/Tanzen) zu den in der biologischen Evolution des Menschen disponierten, sinnesbedingten Kommunikationsebenen, die in den unterschiedlichen kulturellen Evolutionen der Menschheit unter „Funktionsdruck" sich geformt und — der Wortsprache vergleichbar — in verschiedene Tonsprachen sich aufgesplittert hätten? Welche Rolle spielt — etwa im Musikunterricht, in der „Talentförderung" — die „erste Natur" des Menschen? Lassen sich auch sogenannte „höchste ideelle Werte" menschlicher Kultur: Kunst/Musik, unter biologischen Gesichtspunkten betrachten?[50] Und wenn „Musik" nicht grundlos entstanden wäre und allein eines sinn- und zwecklosen Wohlgefallens wegen gepflegt würde, aufgrund welcher ökologischer, umweltbezogener, anthropologischer, gesellschaftlicher, psychologischer Fakten brauchte der Mensch Musik? Wäre das, was heute in der europäisch-abendländischen („westlichen") Kultur als absolute Tonkunst bezeichnet wird, eine denaturierte, eine ritualisierte Sekundärform, ein *„luxuriöses Ornament"*[51] gesellschaftlichen Zusammenlebens? Gibt es auch in der Geschichte der Musik eine Entwicklungsreihe: Gebrauchsgegenstand — geschmückter Gebrauchsgegenstand — Schmuck?[52]

Dann und wann haben Musikologen damit begonnen, solche Fragestellungen zu aktualisieren, vor allem in der Frühzeit des Faches: Es sei an Richard Wallaschek, an Hermann Helmholtz, an Carl Stumpf, an Friedrich von Hausegger und an Curt Sachs erinnert. Später griffen Werner Danckert, Wilhelm Heinitz, Albert Wellek, Walter Graf, Walter Wiora, Georg Knepler, Vladimir Karbusicky diese Thematik wieder auf. Erst in jüngster Zeit verdichtet sich das Interesse, im anglo-amerikanischen und skandinavischen Raum, ausgehend von Alan B. Merriams

Anthropology of Music und John Blackings *How Musical is Man?*, und durch die Veranstaltung der Musik-Medizin- und Musik-Neurologie-Symposien, u. a. in Salzburg, Wien, Stockholm, Ossiach, Lüdenscheid.[53]

In der Verknüpfung von geistes- mit naturwissenschaftlicher Sichtweise erscheint unter den „Vätern der Musikwissenschaft" der Ansatz Friedrich von Hauseggers heute erneut grundlegend. Er knüpft bei Johann Gottfried Herder an, der im Zusammenhang mit Musik von einer „energischen" Kunst gesprochen und damit — wie 1838 Wilhelm von Humboldt mit Blick auf die Sprache — nicht bloß ihre Werke (*erga*), sondern vor allem ihr Wirken (*en-ergeia*) vor Augen hatte. Schon in einem im Jahr 1864 in Wien gehaltenen Vortrag über Palestrina findet sich bei Hausegger die Einsicht, daß Musik nicht ein Produkt der strukturierenden Vorstellungstätigkeit, sondern Ausdruck der Empfindungen sei.[54] Um dies zu begründen, streift er in den folgenden Jahren die Fesseln philosophisch-geisteswissenschaftlicher Denkweise immer stärker ab und begibt sich in den Bereich der Naturwissenschaften: *„Nachdem die heutige Wissenschaft die Annahme einer ununterbrochenen Entwicklung nahezu auf allen Gebieten des Forschens zur Voraussetzung hat, dürfen wir wohl auch auf dem der Musik vor keiner Schranke zurückweichen [. . .] Wir werden uns nicht scheuen dürfen, ihre Uranfänge selbst in Zeiten hinein zu verfolgen, in welchen von dem, was uns heute an ihr entzückt und ihrem Wesen eigen zu sein scheint, noch kaum eine Spur vorhanden ist [. . .] Allerdings werden wir dabei unvermerkt in die Domänen anderer, scheinbar fremder Wissenschaften geraten. Allein, daß dies eben unvermerkt geschieht, liefert uns den Beweis, daß diese Grenzen nur äußerlich gezogene sind, und daß es in Wahrheit streng scheidende Grenzen verschiedener wissenschaftlicher Gebiete gar nicht giebt. Die Wissenschaft ist nur eine, wie die Kunst; nur der endliche Geist muß sie zersplittern, um ihrer Fülle Herr werden zu können. Von den Nachbargebieten der Musik ist es das der Naturforschung, welches derselben in neuerer Zeit den reichsten Gewinn gebracht hat [. . .]."* Die Wurzeln des Musikverständnisses sollten dort offenzulegen sein, wo *„das, was wir heutzutage als Kunst begreifen",* noch nicht *„in so entschiedenen Gegensatz zu anderweitigen Bethätigungen des Menschen getreten ist, daß es als eine selbständige Erscheinung erfaßt und anderen Erscheinungen begrifflich gegenübergestellt werden konnte".*[55] Während Hanslick in Wien die Musik der sogenannten Naturvölker als *„natürliche Musik, [. . .] eben keine Musik"* abtut[56], sieht Hausegger — nach dem Studium von Darwins Evolutionstheorie[57] — eine Chance, mit Hilfe des Tier-Mensch-Vergleichs und durch die Beobachtung des Musikgebrauches während der gesamten stammesgeschichtlichen Entwicklung des Menschen die Grundfragen nach dem Aufkommen und nach dem Wesen der Musik zu lösen. Denn: *„Die Kunst gehört keinem bestimmten Zeitalter, keinem auserwählten Volke, keinem bevorzugten Menschen als ein ausschließliches Gut an [. . .] keine Zeit unseres historischen Erkennens gab es, welche ihrer vollständig entbehrt hätte. Bis in die Uranfänge menschlicher Existenz verfolgen wir ihre Keime; wo keine Spur von Kunst mehr, da mangelt auch jede menschliche Kultur."*[58] Die Basis zum Verständnis dieser Zusammenhänge läge dort, wo Kunst und Religionsübung zusammenfallen würden.

Für Hausegger stehen Körper und Seele durch *„die simultane Kongruenz ihrer Bewegungen in kausaler Verknüpfung, so daß die Seele im Körper zu ihrer sinnlich wahrnehmbaren Erscheinung kommt".*[59] Mit den Worten der modernen Verhaltensforschung ausgedrückt: *„Gehirn und Geist des Menschen bilden eine funktionelle Einheit, die das Verhalten ermöglicht und gleichzeitig auch begrenzt. Da das Gehirn ein Produkt der biologischen Evolution darstellt, ist auch menschliches Verhalten Gesetzmäßigkeiten unterworfen [. . .] Die Eigenschaften der biologischen Evolution beeinflussen und begrenzen das Verhalten des Menschen und seine gesamte kulturelle Evolution".*[60] Das bedeutet, daß der Mensch keinesfalls frei sei, sich in Wort- oder Tonsprache, Gestik oder Bildersprache zu artikulieren. Spannt man von hier — von der genetisch vermittelten biologischen Disposition des Menschen zu kulturellen Verhaltensformen und von den an außereuropäischen Völkern erkennbaren unterschiedlichen Stadien kultureller Evolution — den Bogen zu Hauseggers theoretischer Begründung des Gesamtkunstwerks, *„so steht man einer Musikästhetik gegenüber, die die gewaltige Entwicklung von der ersten kommunikativ intendierten menschlichen Äußerung bis hin zum künstlerischen Schaffen Wagners unter dem Aspekt des Seelenausdrucks zu erklären sich zur Aufgabe setzt".*[61] Hausegger selbst unterteilt seine Bemühungen in einen physiologischen Bereich, den er in der Schrift *Die Musik als Ausdruck*, Wien 1885, und in einen psychologischen Bereich, den er in dem Buch *Das Jenseits des Künstlers*, Wien 1893, zu erfüllen sucht.[62] Der erstgenannte Bereich kann nicht unabhängig von Hermann Helmholtz' *Tonempfindungen als physiologische Grundlage für die Theorie der Musik* aus dem Jahr 1863, der zweitgenannte nicht unabhängig von Carl Stumpfs *Tonpsychologie* aus dem Jahr 1883 entstanden sein. In zeitgenössischen Rezensionen werden deshalb auch einschlägige Vergleiche angestellt.[63]

Nun zu *Musik und Sprache,* der Habilitationsschrift aus dem Jahr 1871, in der Hausegger den *„innige[n] Zusammenhang von Musik und Sprache* [erkennt] [. . .] [wodurch sich] von selbst [. . .] dieser Betrachtung die Frage über den Ursprung der Musik als eine in vielfacher Beziehung entscheidende auf*[drängte]. *Nur ihre Lösung vermochte den Entwicklungsgang der Musik im Altertum, sowie ihre seltsame Neugestaltung im Mittelalter zu erklären. Das spärliche Material dazu hat bis nun fast ausschließlich die Sprachwissenschaft geliefert".*[64] Es geht demnach nicht um eine Entstehungstheorie der Musik, wie bei Spencer, Darwin, Wallaschek oder Bücher[65], sondern um die Begründung des Musizierens als eines primär-menschlichen Kommunikations-Mediums, das biologisch disponiert ist und genetisch vermittelt wird. Die Musik ist nicht irgendwann irgendwo von irgendjemandem erfunden worden. *„Ganz im Gegenteil sind wir zu der Annahme gezwungen, daß die Herausarbeitung von Musik Teil der Menschwerdung ist",* wie Georg Knepler hundert Jahre nach Hausegger — ohne Hauseggers Ansatz zu erwähnen — formulieren sollte, um daran die seit Hausegger gültige und noch heute nötige Forderung zu knüpfen: *„Die Forschung wird gut daran tun, sich nicht durch zu enge Bestimmungen von Kunst, nicht durch zu enge Zeiträume, in denen sie ihre Anfänge sucht, den Weg zu ihrem Verständnis zu erschweren".*[66]

Das bedeutet: In seinem methodischen Ansatz ist Hausegger noch heute aktuell, doch sind seine Denkanstöße bislang wenig beachtet worden. Erst in jüngster Zeit, mit der Rückkehr zu musik-anthropologischen Fragestellungen in der Musikwissenschaft, klärt sich sein Anteil an der Ausprägung des Faches.[67] In der im Jahr 1984 erschienenen *Anthropologie der Musik* folgt der Verfasser Friedrich von Hauseggers Ideen, wenn er nach dem durch die biologische Evolution vorgegebenen Spielraum kultureller Verhaltensformen fragt — wobei der Mensch-Tier-Vergleich der Konrad Lorenz'schen (Kultur-)Ethologie ebenso genutzt wird wie die Einsicht in kulturelle Mechanismen außereuropäischer Hoch- und Naturvolkkulturen, um den Weg der Musik vom Gebrauchsgegenstand zum L'art-pour-l'art-Werk in der europäisch-abendländischen Kultur begreiflich zu machen.[68] Mag die Aufgabe der Musik*geschichts*forschung laut Guido Adler die Erkenntnis des Entwicklungsganges der Musik *„in Werken und Schaffenden"* sein, die Musik*wissenschaft* wird das Wesen der Musik am musizierenden und Musik empfindenden Menschen aufzudecken suchen.[69]

So konsequent wie Hausegger konnten Musikologen später offensichtlich nicht mehr argumentieren. Hanslicks ästhetischer Ansatz — dem bürgerlichen Konzertleben Wiens entwachsen und unmittelbar in die L'art-pour-l'art-Bewegung mündend[70] — begann das Denken über Musik derart einseitig zu gewichten, daß selbst die Vertreter der Vergleichenden Musikwissenschaft in Wien und in Berlin bald in den Sog der musikalischen Kulturgüterforschung gerieten. Nur schwach meldete sich etwa Richard Wallaschek zu Wort: *„Unter allen Künsten scheint insbesondere die Musik so wenig Beziehungen zu den notwendigen Bedingungen des Lebens zu haben, daß sich unwillkürlich die Frage aufdrängt, wie sich gerade sie zu der Höhe und Bedeutung entwickeln konnte, die sie heutzutage ohne Zweifel besitzt. Man sagt zwar häufig, die ganze Kunst und insbesondere die Musik sei ein ,Luxus', sie gewähre uns keinen Nutzen, keinen Vorteil, ihre Entwicklung lasse sich daher nicht mit denselben Naturgesetzen erklären, die sonst im Kampf ums Dasein maßgebend sind, allein ich fürchte, daß man dabei Musik zuviel von der abstrakten Höhe der Gegenwart aus betrachtet, und ihre Stellung, die sie noch heute bei den Naturvölkern einnimmt, zu wenig berücksichtigt."*[71] Zwar forderte Robert Lach, *„das gesamte musikalische Leben der Menschheit [. . .] aus dem kulturhistorischen wie psychologischen, anthropologischen und biologischen Zusammenhang der Gesamtentwicklung und -erscheinungsform der Gattung ,Homo sapiens' zu erklären"*[72], doch stellte erst sein Schüler Walter Graf im Jahre 1967 die Frage, *„ob und inwieweit auch in der Gestaltung der Musik — zumal in Verbindung mit bestimmten Gelegenheiten — typische, biologisch vorgezeichnete Verhaltensmuster erkennbar"* seien.[73] Im Zusammenhang mit solchen Überlegungen hat Graf zudem die Einbeziehung neuro(physio)logischer Untersuchungen empfohlen, wobei die Rolle der Klangumwelt des Menschen bei der Entstehung von Emotionen — im Limbischen System und in der Formatio reticularis — überprüft werden sollte. Der Wiener Vertreter der Vergleichenden Musikwissenschaft hat m. E. damit den entscheidenden Hinweis darauf gegeben, daß weniger die unterschiedlichen Schulen der Psychologie, wohl aber die auf biologische Einsichten sich stützenden ethologischen und die medizinischen Wissenschaften künftig dem Musikologen beistehen sollten. So könnte eine Musik-Anthropologie erwachsen, deren naturwissenschaftliche Basis die Gebrauchswerte des Musizierens für den Menschen zu verdeutlichen und die darüber hinaus die Grundlage für eine philosophisch-anthropologisch gewichtete Ästhetik der (Ton-)Kunst anzuvisieren vermöchte.

Wie sieht es derzeit um solche Forschungskooperation aus? Obgleich die Musikwissenschaft allen Grund hätte, sich um eine Zusammenarbeit mit den genannten Fächern zu bemühen, bleiben Aktivitäten auf einzelne persönliche (eher zufällige) Kontakte beschränkt: Wenn etwa Georg Knepler und Doris Stockmann in kommunikations-theoretischen Fragestellungen ihre Kollegen an der Akademie der Wissenschaften in Berlin/DDR bemühen[74]; wenn Hermann Rauhe im Zusammenhang mit musik- und heilpädagogischen Interessen die Zusammenarbeit mit dem Salzburger Psychologen-Mediziner-Kreis um Wilhelm Josef Revers und Gerhard Harrer sucht.[75] Als Regel gilt dagegen umgekehrt, daß Tagungen von Medizinern, Verhaltensforschern (Biologen), Philosophen keine Ansprechpartner unter den Musikologen finden — und daher der Bereich der Musik bei solchen Veranstaltungen von Hobby-Musikern unter Naturwissenschaftlern und Philosophen abgedeckt wird. In Gadamer-Voglers umfassender Anthropologie-Bücherserie ist die Musik-Anthropologie durch einen Beitrag von Aloys Greither, dem Direktor der Universitäts-Hautklinik in Düsseldorf, präsent — eine rein historisch-systematische Zusammenstellung der wichtigsten Musikinstrumente, in der sich keine anthropologisch relevanten Aussagen finden.[76] In dem Sammelband *Neue Wege der Musiktherapie. Grundzüge einer alten und neuen Heilmethode* ist die Musikwissenschaft nicht vertreten.[77] An den *Grundlagen der Musiktherapie und Musikpsychologie* haben zwanzig Forscher mitgearbeitet, darunter drei Musikologen: Graf, Reinecke, Touma.[78] Die Karajan-Festschrift *Mensch und Musik* hat auf Musikologen völlig verzichtet.[79] Für den Ossiacher Tagungsband *Music, Mind, and Brain. The Neuropsychology of Music* hat ebenso wie für das Wiener Neurophysiologen-Gespräch 1982 der Karajan-Stiftung nur ein europäischer Musikpsychologe (Alf Gabrielsson, Uppsala) einen Beitrag geliefert.[80] Bei dem Kolloquium *Kunst und Philosophie* haben die Münchener Musikhistoriker Rudolf Bockholdt und Petra Weber-Bockholdt referiert — ohne allerdings den versammelten Philosophen adäquate Gesprächspartner sein zu können (wie unten dargelegt werden soll).[81]

Diese wenigen Beispiele zeigen, wie interessiert andere Fächer daran wären, über den Sinn und die Wirkungen des Musizierens und Musikhörens etwas zu erfahren — und wie wenig die auf die L'art-pour-l'art-Ästhetik fixierten Musikhistoriker imstande sind, darüber etwas auszusagen. So hat Carl Dahlhaus kürzlich in zwei Aufsätzen zur (Musik-)Anthropologie wie folgt Stellung genommen: (1) *„Durch eine Geschichtsschreibung, die sich differenziert und rigoroseren empirischen Kriterien unterwirft, werden anthropologische Konstanten fortschreitend als bloße Mythologeme erwiesen."*[82] (2) *„Dabei läßt sich eine Verstrickung in die leidige Kontroverse zwischen Anthropologen, die an eine Natur der Musik glauben, und Historisten, die*

sie leugnen, durchaus vermeiden, wenn man, im Sinne Fernand Braudels, die um-
strittenen anthropologischen Konstanten als Strukturen von langer Dauer begreift,
also mit der Aussicht auf eine empirisch begründete Antwort die Frage stellt, wie weit
denn der Ursprung eines Phänomens ungefähr zurückliegt, statt den metaphysischen
Streit über die prinzipielle Differenz zwischen dem von Natur Gegebenen und dar-
um Unveränderlichen und dem geschichtlich Entstandenen, also Veränderlichen oh-
ne Hoffnung auf ein Ende fortzusetzen.[83] Hier werden naturwissenschaftliche
Grundbegriffe: das Wissen um die erste Natur (biologische Evolution) und um
die zweite Natur (kulturelle Evolutionen) des Menschen, mit metaphysischen Glau-
bensbekenntnissen verwechselt. Wie könnte eine Geschichtsschreibung, die an
empirischen (?) Kriterien sich orientiert, biologische Fakten widerlegen und gar
mit „ungefähren" Ursprungsdaten zufrieden sein? Gingen die Milieutheoretiker
von der Annahme aus, daß es so etwas wie eine „menschliche Natur" im Sinne
von erblich vorgezeichneten Verhaltensdispositionen nicht gäbe, so kann das naturwissenschaftliche Experiment heute erweisen, daß stammesgeschichtliche Anpassungen im Verhalten des Menschen *„zweifellos eine große Rolle* [spielen] [. . .]
Mit Recht bezeichnet Gehlen den Menschen als das Kulturwesen von Natur aus."[84]
Das Werden von Kommunikation (auch der klang- und tonsprachlichen) ist sowohl als ein Prozeß der biologischen wie der unterschiedlichen kulturellen Evolutionen zu bezeugen.[85] Es *„gibt eine menschliche Natur; das Ererbte bestimmt in*
nachweisbarer Form menschliches Verhalten".[86]

Konrad Lorenz selbst hat auf die Rolle der Musik innerhalb der kulturellen Evolutionen des Menschen in einem seiner gesellschaftskritischen Alterswerke, dem
1983 erschienenen Buch *Der Abbau des Menschlichen*[87], kurz hingewiesen. Er wiederholt darin den bereits an anderer Stelle formulierten Satz: *„Mitsingen heißt dem*
Teufel den kleinen Finger reichen" (S. 188, nach dem Buch *Das sogenannte Böse*,
Wien 1963) und weist damit auf die suggestive Wirkung des Zusammen-
Marschierens und Singens hin. Im Unterkapitel über *„Die Empfindung für Har-*
monien" spricht Lorenz im Zusammenhang mit der Gestaltwahrnehmung von
den eingelernten, an den *„Gesetzlichkeiten des Wohltemperierten Klaviers"* entwickelten ästhetischen Empfindungen des europäisch-abendländischen Menschen. *„Es müssen Sinnesdaten, in denen die wahrzunehmenden Gesetzlichkeiten ob-*
walten, wiederholt geboten werden, bis unser Wahrnehmungsapparat fähig ist, die
fraglichen Gesetze zu erfassen [. . .] *Nach ‚Einspeisung' eines ausreichenden Daten-*
materials löst sich die Gestalt, wie sie es auch sonst zu tun pflegt, vom Hintergrund
des vorher nur Chaotisch-Akzidentiellen" (S. 135): Auf diese Art könnten wir auch
in kulturfremde Musiksprachen eindringen und diese verstehen lernen. Otto Koenig weiß um die Signalfunktion und um die zur Aggression stimulierende Wirkung der Landsknechtspiele mit dem dumpfen Stampfrhythmus der Trommel
und dem hellen aufreizenden Pfeifenton.[88]

In der Regel fehlen jedoch die Stichworte „Musik", „Gesang" in den Schriften der
Verhaltensforscher. Vom Tanz ist einige Male die Rede: bei Lorenz im Zusammenhang mit dem Tier-Mensch-Vergleich — als eine *„Urform aller menschlichen*

Kunst"[89], bei Koenig im Zusammenhang mit Schamanen-Ritualen[90], bei Dieter E. Zimmer als *„Körpersprache"*, die *„einen Teil unserer kollektiven (genetischen wie kulturellen) Vergangenheit"* bewahrt[91], vor allem aber bei Eibl-Eibesfeldt, der sein Buch *Menschenforschung auf neuen Wegen* mit der Beschreibung eines nächtlichen Buschmänner-Tanzes in der Kalahari einleitet und feststellt: *„Dieser Tanz ist sicher kein Spiel und auch keine profane Unterhaltung [. . .]."*[92]

In dem umfassenden *Grundriß der Humanethologie* behandelt Eibl-Eibesfeldt trotzdem Musik/Tanz nicht in Kapitel 6: Kommunikation, in dem von geruchlicher, taktiler, visueller und (wort-)sprachlicher (nicht etwa „akustischer", d. h. wort- *und* musiksprachlicher) Kommunikation die Rede ist, sondern in Kapitel 9: *Das Schöne und Wahre: Der ethologische Beitrag zur Ästhetik.*[93] Daß in Kapitel 9 doch ein Unterkapitel von *„Kunst als Kommunikation"* handelt, ja daß Kunst als *„die Fähigkeit, ästhetische Wahrnehmung in den Dienst der Kommunikation zu stellen und ihre aufmerksamkeitsbindende und ästhetisch belohnende Funktion als Mittel zur Nachrichtenübertragung zu verwenden"* (S. 826), definiert wird, bezeugt ein Dilemma. Denn die *„Wahrnehmung bestimmter Reize löst Emotionen und Appetenzen aus — oder befriedigt sie"*, und man kann *„über ihre künstliche Darbietung auf der Klaviatur der menschlichen Emotionen spielen, um sich selbst und anderen Erregungszustände zu verschaffen oder solche abzubauen"* (S. 827). Der Künstler wendet sich, ob er Bilder malt, Figuren schnitzt, Theaterstücke schreibt, dichtet oder Musikstücke komponiert, an Mitmenschen oder an überirdische Wesen, die er wie Mitmenschen anspricht. Er will beeinflussen, Aufmerksamkeit erregen und *„vor dem Hintergrund des einprägsamen ästhetischen Erlebnisses eine Nachricht vermitteln, z. B. religiöse Werte oder politische Grundsätze. Gelingt ihm das nicht, dann bleibt sein Kunstwerk nichtssagend, in des Wortes ureigenster Bedeutung"* (S. 831). *„Stil ist ein Mittel, Zugehörigkeit zu signalisieren"* (S. 846).

Wenn Eibl-Eibesfeldt über die Ethologie von Musik, Tanz und Dichtung schreibt, bietet er der Musikwissenschaft folgende gesicherte Daten:

1. Unmittelbarer als die darstellenden, die visuellen und gesprochenen Künste richtet sich die Musik an die Emotionen — und damit an unterbewußt-regulierte Bereiche des menschlichen Gefühlslebens.

2. Es gibt „basale Rhythmen", die menschliches Verhalten spezifisch beeinflussen, und zwar kulturübergreifend auf ähnliche Weise. Bestimmte Rhythmen beruhigen, andere erregen.

3. Durch ständige Wiederholung eines Rhythmus' oder eines Motivs können Zustände der Trance, des Außer-sich-Geratens bewirkt werden. Litaneihaft wiederholte gleiche Reizanstöße lassen *„Neuronenkreise ins Schwingen [geraten], wobei in Resonanz immer größere Neuronenpopulationen erfaßt werden, ähnlich wie bei einem epileptischen Anfall. Auf diese Weise entstehen veränderte Bewußtseinszustände"* (S. 849).

4. Gesungene Texte merkt man sich leichter als gesprochene. Daher eignen sich Lieder *„zur politischen Indoktrinierung und auch im Unterricht"* (S. 850).[94]

5. *„Musik steht häufig im Dienste der Gruppenbildung. Bei Marschmusik ist dies ebenso offensichtlich wie beim Chorsingen [. . .] Während meiner Arbeit auf Bali hörte ich als Hintergrundmelodie immer wieder die Gamelanorchester, aber auch die Kinder summten im Spiel die Melodie des Legong-Tanzes. Wir gehen wohl nicht fehl, wenn wir behaupten, daß solche Leitmotive einen starken, die Gruppenidentität mitprägenden Einfluß ausüben"* (S. 850—852).

Was darüber hinaus erwähnt wird: der Einfluß von langsamer oder schneller werdenden Rhythmen bei Tier und Mensch auf Verlangsamung und Beschleunigung des Herzschlags[95], interkulturelle Konstanten in der Melodik/Rhythmik von Wiegen-, Helden-, Jagd-, Kriegs-, Trauer-, Liebesliedern und Totenklagen[96], das Sprechen in der Musik[97] oder die Annahme phylogenetisch erworbener musikalischer Lernprogramme[98] — da bedarf es weiterer multidisziplinärer Studien. Keinesfalls in Abrede gestellt wird in diesem Konzept einer funktionsorientierten Ästhetik, daß Musik des künstlerischen Genusses wegen auch um ihrer selbst willen produziert wird.

Soviel zum gegenwärtigen Stand ethologischer Kunst/Musik-Diskussion. Was Psychologen und Neurophysiologen zu dem Thema zu sagen haben, ist in die musikwissenschaftliche Literatur eingebracht worden.[99] Doch hat sich nun auch die Neurochirurgie zu Wort gemeldet, die *„mit den Wurzeln menschlichen Seins, mit den Grenzbereichen des Lebens und allen Folgeerscheinungen weit unmittelbarer, nämlich substantiell, in Berührung* [kommt] *als der Psychiater, der Psychologe oder der Geistliche",* die sich auf *„persönliche Beobachtungen als Operateur am menschlichen Gehirn"* stützen kann.[100] Beim Menschen hat das Limbische System, auf das bereits Walter Graf im Zusammenhang mit den biologischen Wurzeln des Musikerlebens hingewiesen hat, *„eine Mehrfache und für die Ausgewogenheit des menschlichen Lebens sehr bedeutsame Stellung* [. . .] *Der gesamte Input von Signalen aus der Umwelt und aus dem Körperinneren wird hier — im ‚Unterbewußtsein' — gespeichert, hier wird alles Gelernte aufbewahrt und im Bedarfsfall abgerufen. Hier ist also ein Schwerpunkt unseres Gedächtnisses, aber auch all unserer automatischen, gruppierten Leistungen, wie Klavierspielen, Autofahren oder Maschinschreiben. Über dieses Limbische System, den sogenannten Hippocampus in der Tiefe des Schläfenlappens, reagieren wir blitzschnell und geistesgegenwärtig, in Wirklichkeit aber geistesabwesend"* (F. Heppner[101]).

Die Schalt- und Nahtstelle menschlichen Musikerlebens scheint — soweit ein Musikologe dies zur Zeit beurteilen kann — im Limbicus sowie in der diesem übergeordneten Formatio reticularis zu liegen. Daraus ergibt sich weiter, daß Musik eher un(ter)bewußt empfunden als intellektuell wahrgenommen wird, daß sie Schichten anschneidet, die genetisch vor der Wahrnehmung stehen. Die Neurophysiologie hat im Verein mit der klinischen Neurochirurgie *„dem Limbicus nicht nur bedeutende Aufgaben* [. . .] *bei der Lenkung vegetativer Funktionen* [zuerkannt], *sondern auch wesentlichen Einfluß auf Entstehen und Wirken der Emotionen. Verfeinerte Tierversuche und Beobachtungen aus der Psychochirurgie haben die Bedeutung der Limbicus-Forschung für die Kenntnis psychosomatischer Zusammenhänge bestätigt."*[102] Rudolf Hernegger bringt in seiner *Psychologischen Anthropologie* zudem die *Formatio reticularis* ins Gespräch.[103] In dem Augenblick, da uns Informationen erreichen, laufen vom Limbischen System elektrische Signale in den Hypothalamus, dort verzweigen sich die Stränge. Der für uns wichtigste weitere Weg führt in jene Nervenbahnen, die das willkürliche, autonome (vegetative) Nervensystem darstellen, woraus weiter folgt, daß musikalische Informationen darüber mitentscheiden, was an Nachrichten uns bewußt wird. Mit Hilfe von Musik entstehen Emotionen, und diese provozieren Sachentscheidungen. Der politisch-ökonomische Effekt der Hintergrund-Musik (im Kaufhaus, beim Zahnarzt, an der Arbeitsstätte, im Flugzeug, beim Fernseh-Krimi . . .) wird damit beweisbar. Aber auch für den bewußten, den intellektuellen Mitvollzug des musikalischen Kunstwerkes — und damit für den ästhetischen Genuß europäisch-abendländischer Prägung ergeben sich daraus Folgerungen: Die Physiologie lehrt uns, daß der Mensch seinen Verstand in seine Gefühlswelt hereinnimmt, daß er Entscheidungen sachlich trifft — und doch an der Entscheidung weitere Emotionen sich entzünden. Wenn das Leben ein Gleichgewicht der Kräfte des Gemüts und des Verstandes verlangt, dann nimmt darin das musikalische Erleben eine wichtige Katalysator-Funktion ein.

Als Musikologe hat der Schwede Nils L. Wallin den von der Biologie und von der Medizin geworfenen Ball nun aufgenommen, um die phylo- und die ontogenetische Entwicklung von Sprache und Musik zu untersuchen, die *„both rooted in the sound gestures of the higher mammals including homo sapiens".*[104]

Abschließend ein Hinweis auf die philosophisch-ästhetische und anthropologische Kunstdiskussion. An den Ergebnissen des Kolloquiums über *Kunst und Philosophie* ist der letzte Stand der Diskussion abzulesen.[105] Der gedruckte Tagungsbericht füllt drei Bände: (I) *Ästhetische Erfahrung,* 1981, (II) *Ästhetischer Schein,* 1982, (III) *Das Kunstwerk,* 1983.[106] An den beiden ersten Bänden ist kein Musikwissenschaftler beteiligt. In Band III referiert Petra Weber-Bockholdt *„Zur Bedeutung der Fassungen der Lieder M. P. Mussorgskijs"* (S. 131—139), im Protokollteil formuliert Rudolf Bockholdt das Thesenpapier zum Thema *„Das Kunstwerk in der Musik"* (S. 284—302), allerdings mit der das Thesenpapier einleitenden Einschränkung: *„Meine Ausführungen sind nicht musikästhetischer oder gar musikphilosophischer Natur. Ich bin kein Ästhetiker und kein Philosoph, sondern Musikhistoriker"* (S. 285). Und dies bedeutet, daß es dem Autor um die *„entschiedene Beachtung der musikalischen ‚Werkimmanenz' "* geht, weil *„jede Verfahrensweise, die diese Immanenz von vornherien* [. . .] *umgehen oder überspringen möchte, sich der Gefahr einer Degradierung, einer Mißachtung des Werks, einer Zumutung an es, ja einer Manipulation, einer Zwangsausübung aussetzt"* (ebd.).

Doch eine solche werkimmanente Kunstbetrachtung findet bei den anwesenden Tagungsteilnehmern — den Nicht-Musikhistorikern — selten Gegenliebe. Und so wird in der Diskussion immer dringlicher nachgefragt: *„Musik verweist nicht auf etwas außerhalb ihrer Gegebenes* [. . .] *Was heißt genau: innerhalb und außerhalb der Musik Gegebenes?* [. . .] *gehören* [. . .] *nicht zu einem adäquaten Werkverständnis auch das Selbstverständnis des Produzenten und die Werkinterpretation des Rezipienten?"* (W. Oelmüller, S. 303); „[. . .] *Bockholdts Bemerkung, Musik bedeute nichts* [. . .] *Dieses Nichtsbedeuten ist aber nicht sinnlos, sondern imstande, eine Sinnentwicklung in irgendeiner Weise in Gang zu setzen* [. . .] *Die Spezifik des Mediums und auch — was damit zusammenhängt — die Rolle der Erinnerung für die Konstituierung der musikalischen Erfahrung kam bei Bockholdt nicht vor"* (G. Boehm, S. 310); „[. . .] *handelt es sich aber auch bei der Musik um Ausdruck, wenn auch hier in ganz besonders unablösbarer Bindung an die sinnliche Form dieses Ausdrucks. Insofern hat auch Musik ‚Bedeutung'* [. . .] *Es ist da etwas, was sowohl über die Notation als auch das factum brutum des bloßen Tönens hinausgeht* [. . .] *Offenbar gibt es ein* anthropologisch verwurzeltes Fundament *musikalischer Ausdrucksformen* [. . .] *aus dem sich die kreative Fülle und Differenziertheit kompositorischer Konventionalität musikhistorisch entfaltet. Und es scheint mir kein Zweifel zu sein, daß es sich dabei um eine Entfaltung und Differenzierung aus Grundformen des Ausdrucks menschlicher Betroffenheit handelt"* (F. Koppe, S. 313f.); *„Wir kennen in bezug auf gestalterischen Ausdruck von der Psychologie her die These, daß es originäre Ausdrucksvariablen gibt, die* kulturinvariant *sind* [. . .] *daß Musik überhaupt nicht Musik sein könnte, wenn sie nicht getragen wäre von einer Fülle von Elementen — das knüpft an das an, was Koppe sagte —, die eine originäre Anmutungsqualität haben* [. . .] *Es gibt kulturinvariante Anmutungsqualitäten. Nur so kann ich mir erklären, wieso man dort, wo man die Einstellungswirkungen von musikalischen Äußerungen mit Anmutungsqualität in politischen Zusammenhängen nutzen will, einige zuläßt, andere nicht; phrygische und dorische Tonarten sind bei Platon zugelassen, lydische werden herausgedrängt* [. . .] *Das muß mit den ursprünglichen Qualitäten von Musik zusammenhängen* [. . .] *Ich glaube, daß es ein* fixes Set von anthropologisch begründeten Möglichkeiten *gibt, von denen es auch abhängt, wie Musik kulturell entwickelt und eingesetzt werden kann"* (H. Lübbe, S. 318f.); *„Ich frage mich, wie Bockholdt abgrenzt. Er hat einmal gesagt, das Notre-Dame-Organum sei funktional gebundene Musik. Aber auch die klassische Musik, die er anführt, hat gewisse Bezüge zu Ereignissen, die nicht innermusikalisch sind"* (S. Waldenfeld, S. 320); *„Wie weit gibt es eine* Vorprägung durch den Komponisten, *die aber nicht alle Möglichkeiten schon festlegt, sondern ein gewisses Feld freiläßt?"* (R. Piepmeier, S. 324, alle Hervorhebungen in diesem Absatz durch den Verf.).

Es ist erstaunlich, wie nahe Philosophen und Verhaltensforscher sich kommen, wenn von den anthropologischen Konstanten — also von der Natur des Menschen — gesprochen wird, die unser Leben und Denken vorprogrammieren. Karl Popper und Konrad Lorenz haben durch mehrere öffentliche (Rundfunk- und Fernseh-)Gespräche wohl zu einer solchen Gedankenverknüpfung beigetragen.

Aber auch (Musik-)Pädagogik, Soziologie und Geschichtswissenschaften suchen nach anthropologischen Konstanten. Jede Pädagogik enthalte *„eine wenigstens implizite Anthropologie"*, sagt Irmgard Bock, damit würde eine Pädagogische Anthropologie zum notwendigen Bestandteil aller pädagogischen Disziplinen.[107] Sigrid Abel-Struth blickt *„hoffnungsvoll auf Kontakte zwischen Kulturanthropologie und Humanethologie, die Wurzeln menschlichen Verhaltens und menschliche Evolution, auch unter Einbeziehung psychologischer Methoden, zu klären versuchen [. . .] Was bei Riten aller Art in Naturvolkkulturen erkennbar ist, was mit dem Tanz auch in unsere Gesellschaft hineinreicht, was die Neigung zu Drogen erkennen läßt, zu Narkotika und Rausch, all dies belegt eine ursprüngliche menschliche Struktur, mit Hilfe auch von Musik Probleme abzudrängen, das Lebensgefühl zu steigern und andere erlösende Welten zu betreten".*[108] Karl-Siegbert Rehberg beruft sich auf Wilhelm Dilthey, wenn er anthropologische Grundlagenreflexionen als Vorbedingungen geschichts- und gesellschaftswissenschaftlicher Analysen fordert.[109]

Dort, wo es um das Kunstwerk an sich, um die Gestalt, die Struktur, den Stil, um die Biographie seines Schöpfers, um die Notenschrift[110] geht, bleibt die Musikwissenschaft dem fragenden Philosophen nichts schuldig, wo aber die Frage nach dem Sinn der Musik/Kunst für den Menschen und die Gesellschaft, nach dem Gebrauchswert oder gar nach den anthropologischen Wirkmechanismen auftaucht, da wird Protest angemeldet, da wird von Mißachtung, Zumutung, Manipulation gesprochen (obgleich man Solches nur Menschen, nie Dingen/Sachen/Werken antun könnte). Doch die *„Musikforschung macht es sich leicht, wenn sie den geschichtlichen Verlauf nur registriert oder einzelne Momente hervorhebt und diese überbewertet",* wie Hellmut Federhofer mit Recht sagt. Vor allem die Diskussion um die Neue Musik hätte sich von der musikalischen Wirklichkeit weitgehend entfernt. *„Die emotionale Seite der Musik,* wie sie in der menschlichen Konstitution verankert ist [. . .] *fordert ihr Recht [. . .] Mußte neben dem ,von einer Idee der Ordnung als rational begründeter Konstruktion' beherrschten seriellen opus der Gedanke an anthropologische Konstanten ,als Hohn' wirken, so lenkte nunmehr die humanbiologische Bedeutung der Musik die Aufmerksamkeit der Verhaltensforschung des musizierenden und Musik rezipierenden Menschen auf sich."*[111]

Das in Rede stehende *„Kunst und Philosophie"*-Kolloquium hat zudem folgendes Faktum an den Tag gebracht: Während die große Mehrzahl der Philosophen in der Präzision der Wortsprache und in der Logik der Zusammenschau aller relevanten Details sich *„gegen die Unterschlagung des Zusammenhanges von Kunst und Leben im Abseits belangloser Theorien des L'art pour l'art wendet"*[112] — von *„Ernst Cassirer bis Nelson Goodman herrscht jedenfalls Übereinstimmung darüber, daß auch die Werke der nicht-verbalen Künste als Zeichenkomplexe aufzufassen sind"*[113] —, hat sich in der Musikgeschichtsforschung (die sich im Zentrum der musikwissenschaftlichen Forschung wähnt) die L'art-pour-l'art-Ästhetik zu einer Ideologie verfestigt, die allen anthropologischen Interpretationen des Musizierens und des Musikhörens abweisend gegenübersteht.

Epilog

Im Prolog hatte ich unter Szene 4 gefragt, ob Popmusik nicht auch für „westliche" Demokratien gefährlich werden könnte? Nun, da diese Ehrengabe für Vladimir Karbusicky beinahe fertig formuliert vor mir liegt, lese ich in der Frankfurter Allgemeinen Zeitung am 13. November 1985: *„Sex-Töne. Wie gefährlich ist Rockmusik? Diese Frage stellen sich zur Zeit viele amerikanische Eltern. Sie sind davon überzeugt, daß unzüchtige und aggressive Schlagertexte ihre Kinder auf üble Gedanken bringen. Wenn der Rockstar Prince mit nacktem Oberkörper Inzest (,My sister never made love to anyone but me') und Masturbation besingt — darf man sich wundern, wenn ihm seine begeisterten Zuhörer nacheifern?"* Das von Präsident Reagan geplante Verbot solcher Musik kann jedoch nicht erlassen werden, da dem das *„erste Amendment der Verfassung entgegen*[steht], *das Religions-, Rede- und Pressefreiheit garantiert";* und am 14. November 1985: *„Popmusik als Mittel der Politik: In den letzten Wochen häufen sich Schallplatten, die dem Kampf gegen die Rassendiskriminierung in Südafrika gewidmet sind* [. . .] *die Macht der Stimme einzusetzen, um Veränderungen zu bewirken."* — Ist es Gedankenlosigkeit, fehlendes künstlerisches Wertebewußtsein oder politische Bosheit[114], wenn genau zu selben Zeit — nämlich im Vorfeld der Genfer Gipfelgespräche — Reagan der Regierung der UdSSR vorschlägt, den zwischenstaatlichen Kulturaustausch wieder aufzunehmen: Im Austausch gegen das Bolschoi-Ballett würde eine Popmusik-Gruppe in die UdSSR entsandt.

Orwells *1984* ist nicht Realität geworden, wird uns allerorten versichert. Doch Orwell hat auch eine andere Zukunftsvision entworfen. In dem Aufsatz *Vergnügungszentren* aus dem Jahr 1946 beschreibt er die Planung und den Bau von Vergnügungsanlagen, Happy- und Disneyländern, Eldorados, die *„morgen ebenso große Mode sein werden wie gestern Hunderennen und Tanzsäle".* Das wichtigste: Man ist in solchen Vergnügungszentren nie ohne Musik. Die Musik — am besten für alle dieselbe Musik — ist die wichtigste Zutat. Ihre Funktion besteht darin, Denken und Gespräche zu verhindern sowie alle natürlichen Geräusche auszuschalten. Mit Musik kann die Unterhaltung nie allzu ernst oder überhaupt zusammenhängend werden, wohingegen das Stimmengeplapper einen davon abhält, aufmerksam der Musik zuzuhören. Somit wird das Denken schon im Ansatz verhindert. *„Was als Vergnügen bezeichnet wird, ist vielfach nichts anderes als ein Unternehmen zur Zerstörung von Bewußtsein."*[115]

Diese Vision läßt Neil Postman vermuten, daß Aldous Huxleys *Schöne neue Welt* mindestens ebenso gefährlich für die Zukunft der Menschen sei wie Orwells *1984*: Gegen das eine könnte und würde man sich wehren, im anderen würden wir uns — mit Lust — *„zu Tode amüsieren",* da würde Kultur zum Varieté, Kunst zum Klamauk verkommen.[116] Daß dies möglich ist, darauf hat nicht zuletzt einer der wenigen kritischen Realisten unter den Musikologen hingewiesen. Ich meine Vladimir Karbusicky, aus dessen Buch *Musikalische Massenkultur* ich abschließend einige Sätze zitiere[117]: *„Zufluchtsort ist für ihn* [den Menschen] *die Zerstreuung —*

die Unterhaltung, also die heute hervortretende Hauptfunktion der Massenkultur [. . .] Die manipulierten Massenhysterien sind ohne Musik undenkbar. Massenturnfeste, militärische Massenparaden — alles unter Mitwirkung der Musik, wobei die europäischen Formen in den ‚jungen' afrikanischen und asiatischen Staaten eifrig nachgeahmt werden [. . .] Beliebt ist der Stil einer optimistischen, in einer Masse von Instrumenten und Stimmen aufklingenden Finalmusik; ob in Hollywood oder in Moskau produziert — sie ist erstaunlich ähnlich. Damit die Masse brav bleibt, wird ihr eine schöne brave Welt der Musik vorgezaubert [. . .] Die Elemente des Musikalischen gehören länger noch zu ‚primären Bedürfnissen,' wie die Bewegung [. . .] Das psychische Bedürfnis der Transzendenz begünstigt die Entwicklung des Musikalischen zu hoher Symbolik [. . .] Auch die Unterhaltung, ‚der einfache Spaß' als Hauptfunktion der U-Musik, ist [. . .] vornehmlich eine Realisierung von primären Bedürfnissen [. . .] So erscheint die Massenkultur, vor allem die musikalische, als etwas so Notwendiges wie die Gestik, die kommunikativ funktionelle Sprache, das Ritual [. . .] [es wird damit eine] anthropologische Konstante [angesprochen] [. . .] die Gattungen der Umgangsmusik sind funktionell ins Leben der Massen eingebettet."

Warum tut sich Musikwissenschaft so schwer, über solche Fakten nachzudenken? Sollte es nicht primär um den Menschen — und erst in zweiter Linie um das (Kunst-)Werk gehen?[118]

Anmerkungen

1 Zitiert nach Frankfurter Allgemeine Zeitung (FAZ), 30. Mai 1985. — Der vorliegende Aufsatz ist die erweiterte Fassung meines Vortrages im Rahmen des Symposiums *„Umfang, Methode und Ziel der Musikwissenschaft. 1885–1985"*, Geras/Niederösterreich, 22. bis 26. April 1985, der dort auf z. T. „scharfen Widerstand" der Fachkollegen stieß. — Es ist heute viel von der Verantwortung des Wissenschaftlers die Rede. Wenn es eine solche auch für den Musikforscher geben sollte — wovon ich überzeugt bin! —, dann hat alle historische und alle vergleichend-systematische Arbeit nur den einen Sinn, die erregende Frage nach der Mensch-Musik-Beziehung (und damit nach einem Wesenszug des Menschen) zu beantworten, und zwar hic et nunc, im Hinblick auf die Wirkungen der Musik auf das Verhalten des Menschen.
2 Die Presse, Wien, 12. März 1985.
3 Neue Zürcher Zeitung, 5. Juni 1985.
4 Zitiert bei W. Suppan, *Der musizierende Mensch. Eine Anthropologie der Musik*, Mainz 1984, S. 64f. (vor allem Anm. 164) und 78.
5 Quick, Nr. 15, 3. April 1985.
6 Neue Zürcher Zeitung, 31. Mai 1985.
7 Die Presse, Wien, 5./6. Juni 1985.
8 Ebd., 12. August 1982.
9 Süddeutsche Zeitung, München, 10. Juni 1985.
10 FAZ, 7. Juni 1985.
11 H. W. Henze, *Musik und Politik. Schriften und Gespräche 1955–1975*, hrsg. von J. Brockmeier, München 1976.
12 O. Marquard, *Diesseits der Utopie. Zum Tode von Helmuth Plessner*, in: FAZ, 14. Juni 1985.

13 P. S. London, *Der gesteuerte Mensch. Die Manipulation des menschlichen Gehirns* (Goldmann Sachbücher 11 111), München o. J., S. 12. Dazu auch H. Pietschmann, *Das Ende des naturwissenschaftlichen Zeitalters,* Wien/Hamburg 1980.

14 Es handelt sich um den Titel jenes Aufsatzes von Guido Adler, mit dem dieser im Jahr 1885 die von ihm mitbegründete Vierteljahrsschrift für Musikwissenschaft eröffnete. Einhundert Jahre später fand in Geras/Niederösterreich das unter Anm. 1 erwähnte Symposium statt.

15 K. Dopfer, *Kunst und Wissenschaft — Analogien ihrer Entstehung,* in: Universitas 40, 1985, S. 420.

16 Ebd., S. 421.

17 W. Suppan, *Johann Sebastian Bach und Johann Joseph Fux. Zur Funktion und Semantik barocker Musik,* in: *J. S. Bach und J. J. Fux. Bericht über das Symposium anläßlich des 58. Bachfestes . . . 1983 in Graz,* Kassel 1985, S. 61—74.

18 Während der Reinschrift dieses Beitrages erschienen zu dem Thema drei wichtige Untersuchungen: (1) *Kant und die Pädagogik. Pädagogik und praktische Philosophie,* hrsg. von J.-E. Pleines, Würzburg 1985, mit einem Beitrag von Marian Heitger, der u. a. bemerkt, eine *„richtig verstandene Erziehung vermittelt nicht vorgegebene Werte* [. . .] [sie] *trägt vielmehr dazu bei, ,das Werten' zu lernen".* — (2) F. Ph. Ingold, *Versuch über den Autor,* in: Neue Rundschau, Heft 2, Frankfurt/M. 1985, der darüber handelt, daß die Autonomie des Künstlers in neuerer Zeit immer stärker durch die Werkautonomie eingeschränkt wird. *„Der schöpferische Prozeß, die Eigendynamik des Materials, die Eigenlogik des Konzepts und der Idee werden wichtiger als die Fiktion eines schöpferischen Ichs",* etwa bei John Cage. *„Er denkt an eine Gesellschaft, die von Autoren und Autoritäten vollkommen frei sein soll* [. . .]", bemerkt dazu J. Quack in der FAZ, 8. Juni 1985. — (3) J. Baudrillard, *Die fatalen Strategien,* München 1985, formuliert dazu u. a.: *„Die Dinge haben einen Weg gefunden, der ihnen langweilig gewordenen Dialektik des Sinns der Bedeutungen zu entfliehen";* darüber J. Altwegg in der FAZ, 28. Mai 1985.

19 H. H. Holz, *Vom Kunstwerk zur Ware. Studien zur Funktion des ästhetischen Gegenstands im Spätkapitalismus* (Sammlung Luchterhand 65), Neuwied/Berlin 1972.

20 H. Scheible, *Wahrheit und Subjekt. Ästhetik im bürgerlichen Zeitalter,* Bern/München 1984.

21 Wiesbaden 1977. (Band 3) *Die Symphonien* ist im Herbst 1985 erschienen.

22 M. Clynes, *Secrets of Live in Music,* in: *Analytica. Studies in the Description and Analysis of Music in Honour of Ingmar Bengtsson* (Publications issued by the Royal Swedish Academy of Music 47), Stockholm 1985, S. 3f. Ein Beispiel für in der Musiknotenschrift nicht abbildbare Mikrostruktur bietet W. Suppan, *Musiknoten als Vorschrift und als Nachschrift,* in: *Symbolae historiae musicae* (= Hellmut Federhofer zum 60. Geburtstag), Mainz 1971, S. 39—46.

23 W. Suppan, *Musikalisches Verhalten und Musikpädagogik in hochindustrialisierten Ländern,* in: Musik und Bildung 8, 1976, S. 183—186; dass. in engl. Sprache in: Jazzforschung 8, 1976, S. 150—157; ders., *Biologische und kulturelle Bedingungen des Musikgebrauches,* in: Kongreßbericht Bayreuth 1981, Kassel 1984, S. 618—622.

24 Zitiert nach E. Winkler/J. Schweikhardt, *Expedition Mensch. Streifzüge durch die Anthropologie,* Wien/Heidelberg 1982, S. 11.

25 Bei Goethe sogar in bezug auf die Musik ausgeführt; vgl. dazu: E.-J. Dreyer, *Musikgeschichte in nuce. Goethes dritte grundsätzliche Äußerung zur Natur der Musik,* in: Jahrbuch des Freien Deutschen Hochstifts 1979, Tübingen 1979, S. 170—198.

26 Die Universität Graz kann in diesem Bereich auf eine besondere Forschungs-Tradition verweisen. Da ist zunächst Friedrich von Hausegger, der erste Vertreter des Faches Musikwissenschaft in Graz, 1871 habilitiert, der eine physiologisch und psychologisch begründete Ausdrucksästhetik unter Einbeziehung des Darwinschen Evolutionsmodells entworfen hat; dazu W. Suppan, *Musica humana. Die anthropologische und kulturethologische Dimension der Musikwissenschaft* (Forschen — Lehren — Verantworten, hrsg. von B. Sutter, Band 9), Wien/Köln/Graz 1986. Leider ist es nicht gelungen, die stark systematisch-musikwissenschaftlich gewichtete Forschungsrichtung von Hauseggers in Graz zu institutionalisieren. — Zweitens ist auf die psychologisch begründete Ästhetik Alexander Meinongs und seiner Schule in Graz hinzuweisen, mit Christian von Ehrenfels

und Ferdinand Weinhandel, deren Gestaltanalyse es wieder Hellmut Federhofer ermöglichte, die Brücke zur musikalischen Gestaltanalyse Heinrich Schenkers zu schlagen. Bei Meinong entstanden zudem zwei „musikwissenschaftliche" Psychologie-Dissertationen, die von Anton Faist *Ueber Consonanz und Dissonanz* (1909) und die von Joseph Marx *Über die Funktion von Intervall, Harmonie und Melodie beim Erfassen von Tonkomplexen* (1909); vgl. dazu E. Kleinschuster, *Anton Faist. Ein steirischer Komponist und Tonpsychologe*, Graz 1980; R. Haller/R. Fabian, *Alexius Meinong und die Schule der Gegenstandstheorie*, in: *Tradition und Herausforderung. 400 Jahre Universität Graz*, hrsg. von K. Freisitzer u. a., Graz 1985, S. 277—291; sowie — für die psychologische Ästhetik sehr aufschlußreich: Chr. G. Allesch, *Psychologie und Ästhetik — eine historische Annäherung. Untersuchungen zur historischen Entwicklung eines psychologischen Verständnisses ästhetischer Phänomene*, Habil.-Schrift Salzburg 1984, mschr. Herrn Univ.-Doz. Dr. Allesch bin ich für die Überlassung des umfangreichen Manuskriptes vor Drucklegung überaus dankbar.

27 O. Marquard, s. Anm. 12. — Zu den frühen musikanthropologischen Versuchen zählt H. Plessners Aufsatz *Zur Anthropologie der Musik*, in: Jahrbuch für Ästhetik und allgemeine Kunstwissenschaft 1951, S. 110—121.

28 O. Marquard, *Triebstruktur und Gesellschaft. Ein philosophischer Beitrag zu S. Freud*, Frankfurt/M. 1965, S. 219.

29 Dazu auch W. Lepenies, *Soziologische Anthropologie*, München 1971.

30 Von *„Verhaltenswissenschaft(en)"* spricht auch G. Devereux, *Angst und Methode in den Verhaltenswissenschaften* (dt. Übers. von *From Anxiety to Method in the Behavioral Sciences*, Den Haag/Paris 1967), München o. J. (1974).

31 Alle Zitate im letzten Absatz aus J. Götschl, *Herausforderungen an die Kulturwissenschaften*, in: Österreichische Hochschul-Zeitung 36, März 1984, S. 22—24. — Mehr als ein Jahrzehnt zuvor bemerkt O. Koenig, *(Kultur und Verhaltensforschung. Einführung in die Kulturethologie*, München 1970, S. 20): *„Im Grunde genommen sollte die Unterteilung in Natur- und Geisteswissenschaften heute bereits überholt sein, denn es handelt sich hier keinesfalls um zwei gesonderte Systeme, sondern um einen zur Institution gewordenen, hochritualisierten Irrtum."* Und nochmals ders. (*Urmotiv Auge. Neuentdeckte Grundzüge menschlichen Verhaltens*, München/Zürich 1975, S. 14): *„Die Trennung von Natur- und Geisteswissenschaften wird wohl im Sinne einer arbeitstechnischen Gliederung anerkannt, als Postulat einer prinzipiellen Zäsur jedoch entschieden abgelehnt."*

36 K. Lorenz, *Das Wirkungsgefüge der Natur und das Schicksal des Menschen. Gesammelte Arbeiten*, hrsg. von I. Eibl-Eibesfeldt, München/Zürich 1983, S. 43.

33 In: Zeitschrift für Tierpsychologie 5, 1943, S. 235—409. Daß für solche Ideen das rechte „Klima" sich zugleich einstellte, hängt aber auch mit der dritten großen „Kränkung" zusammen, die dem Menschen der europäisch-abendländischen Kultur um die letzte Jahrhundertwende passierte: Michael Benedikt hat dies anläßlich einer Tagung der Wiener Arbeitsgruppe „Kritischer Erkenntnisrelativismus und Anthropologie", 1984 (*Die Zukunft der Anthropologie und die kritische Methode*, in: Mitteilungen des Instituts für Wissenschaft und Kunst 39, 4/1984, S. 86), in Erinnerung gerufen: Da war erstens die kopernikanische Wende, die den Menschen aus dem Zentrum der Welt herausfallen ließ —, dann kam zweitens Darwin und drittens der Hinweis durch Freud auf das Unterbewußte, das das Selbst-Bewußtsein des Menschen weitgehend bestimmen würde.

34 B. Hassenstein, *Verhaltensbiologie des Kindes*, München 1973; ders., *Biologische Teleonomie*, in: Neue Hefte für Philosophie 20, 1981, S. 60—71.

35 I. Eibl-Eibesfeldt, *Die Biologie des menschlichen Verhaltens. Grundriß der Humanethologie*, München/Zürich 1984. Im vorliegenden Überblick über die Entstehung der Verhaltensforschung stützt sich Verf. auf dieses Buch. — Verwiesen sei zudem auf die Bibliographie in diesem Buch, S. 889—964, die in denkbarer Vollständigkeit alle einschlägigen Schriften verzeichnet.

36 R. W. Sperry, *How a Brain Gets Wired for Adaptive Function*, in: E. Tobach/L. R. Aronson/E. Shaw (Eds.), *The Biopsychology of Development*, London 1971, S. 27—44; D. H. Hubel/T. N. Wiesel, *Receptive Fields, Binocular Interactions and Functional Architecture in the Cat's Visual Cortex*,

in: J. Physiol. 160, 1962, S. 106—154; dies., *Receptive Fields of Cells in Striate Cortex of Very Young, Visually Inexperienced Kittens,* in: J. Neurophysiol. 24, 1963, S. 994—1002.

37 N. Tinbergen, *Ethology,* in: *Scientific Thought 1900—1960,* hrsg. von L. Harré, Oxford 1969, S. 238—269; zitiert nach der deutschen Übersetzung, in: *Kritik der Verhaltensforschung. Konrad Lorenz und seine Schule.* Fünf Beiträge von K. Horn, D. S. Lehrmann, G. Roth und N. Tinbergen, hrsg. von G. Roth (Beck'sche Schwarze Reihe 109), München 1974, S. 124.

38 K. Lorenz, *Vergleichende Verhaltensforschung. Grundlagen der Ethologie* (dtv wissenschaft 4392), München 1982, S. 17.

39 O. Koenig, *Kultur und Verhaltensforschung...,* wie Anm. 31, S. 17.

40 I. Eibl-Eibesfeldt, *Die Biologie...,* wie Anm. 35, S. 22 und S. 20.

41 O. Koenig, *Kultur und Verhaltensforschung...,* wie Anm. 31, S. 92.

42 Ders., *Urmotiv Auge...,* wie Anm. 31, S. 154 und 24.

43 Ders., *Kultur und Verhaltensforschung...,* wie Anm. 31, S. 62.

44 D. E. Zimmer, *Unsere erste Natur. Die biologischen Ursprünge menschlichen Verhaltens,* Frankfurt/M. 1981, alle Zitate dieses Absatzes daraus S. 300—302 und 34.

45 K. Lorenz, *Der Abbau des Menschlichen,* München/Zürich 1983, S. 100f.

46 H. Schaefer, *Physiologische Grundlagen der Emotionen bei Mensch und Tier,* in: Universitas 37, 1982, S. 61f.

47 R. Riedl, *Die Spaltung des Weltbildes. Biologische Grundlagen des Erklärens und Verstehens,* Berlin/Hamburg 1985, S. 21 und 23.

48 V. Karbusicky/A. Schneider, *Zur Grundlegung der Systematischen Musikwissenschaft,* in: Acta musicologica 52, 1980, S. 87—101, Zitat S. 94.

49 W. Oelmüller, *Zu einem nicht nur ästhetischen Werkbegriff,* in: *Das Kunstwerk,* hrsg. von dems. (Kolloquium Kunst und Philosophie 3), Paderborn 1983, S. 189.

50 O. Koenig (*Urmotiv Auge...,* wie Anm. 31, S. 14) stellt diese Forderung auf.

51 K. Blaukopf, *Strukturanalyse des Musiklebens. Erfahrungen, Modelle, Aufgaben,* in: Musik und Bildung 3, 1971, S. 11.

52 W. Suppan, *Werkzeug — Kunstwerk — Ware. Prolegomena zu einer anthropologisch fundierten Musikwissenschaft,* in: Musikethnologische Sammelbände 1, Graz 1977, S. 9—20.

53 Literatur zitiert bei W. Suppan, *Der musizierende Mensch...,* wie Anm. 4, S. 195—212; ergänzend dazu: A. Mauerhofer, *Methodologische Anmerkungen zum „Fourth Workshop on Physical and Neuropsychological Foundations of Music",* in: Die Musikforschung 38, 1985, S. 114—118.

54 Zitiert bei E.-J. Danz, *Die objektlose Kunst. Untersuchungen zur Musikästhetik Friedrich von Hauseggers,* Regensburg 1981, S. 33. Zu Herders „anthropologischem" Ansatz vgl. A. Schneider, *Analogie und Rekonstruktion. Studien zur Methodologie der Musikgeschichtsschreibung und zur Frühgeschichte der Musik,* Band 1, Bonn 1984, S. 389—393.

55 F. von Hausegger, *Gedanken eines Schauenden. Gesammelte Aufsätze,* hrsg. von S. von Hausegger, München 1903, S. 267f. und 273.

56 E. Hanslick, *Vom Musikalisch-Schönen,* Leipzig 1854, zitiert nach der Ausg. 1910, S. 144.

57 F. von Hausegger, *Darwin und die Musik,* abgedr. in ders., *Gedanken...,* wie Anm. 55, S. 267—272.

58 Ebd., S. 273.

59 E.-J. Danz, wie Anm. 54, S. 85.

60 H. Zeier, *Evolutionsbedingte Eigenschaften menschlichen Verhaltens,* in: Universitas 39, 1984, S. 257 und 263. Dies auf die Musik bezogen von W. Suppan, *Biologische und kulturelle Bedingungen des Musikgebrauches,* in: Kongreßbericht Bayreuth 1981, Kassel 1984, S. 618—622; desgl. Kurzfassung in: Universitas 37, 1982, S. 1279—1284.

61 E.-J. Danz, wie Anm. 54, S. 85f.

62 Neudruck der beiden Texte in: F. von Hausegger, *Gesammelte Schriften,* hrsg. von S. von Hausegger, Regensburg 1939.

63 Bernhard Vogel verweist in seiner Rezension in der Neuen Zeitschrift für Musik 52, 1885, S. 301f., auf Helmholtz' Versuch, die Wesensbegründung der Musik auf der Basis naturwissenschaftlicher Erkenntnisse zu führen, und schließt den Vergleich zugunsten Hauseggers, da dieser in etlichen Resultaten über Helmholtz hinausgehe.

64 F. von Hausegger, *Musik und Sprache,* Grazer phil. Habil.-Schrift 1871, handschr. — Abgedruckt in: Musikalisches Wochenblatt 3, 1872, S. 209—211, 255—257, 273—277, 305—309, 337—340, 353—357.

65 Zusammenstellung der einschlägigen Entstehungstheorien bei W. Graf, *Biologische Wurzeln des Musikerlebens,* in: ders., *Vergleichende Musikwissenschaft. Ausgewählte Aufsätze,* hrsg. von F. Födermayr, Wien/Föhrenau 1980, S. 224—237.

66 G. Knepler, *Geschichte als Weg zum Musikverständnis. Zur Theorie, Methode und Geschichte der Musikgeschichtsbetrachtung,* Leipzig 1977, S. 198—200.

67 W. Graf, *Die vergleichende Musikwissenschaft an der Universität Wien,* in: ders., *Vergleichende Musikwissenschaft,* wie Anm. 65, S. 163—173; A. Schneider, *Musikwissenschaft und Kulturkreislehre. Zur Methodik und Geschichte der Vergleichenden Musikwissenschaft,* Bonn 1976; F. Födermayr, *Zum Konzept einer vergleichend-systematischen Musikwissenschaft,* in: Musikethnologische Sammelbände 6, Graz 1983, S. 25—39. — In der Musikgeschichte und in der Musikästhetik begegnet der Name Hausegger ebenfalls kaum. Vgl. dazu H. von Dettelbach, *F. von Hausegger (1837 bis 1899),* in: Neue Österreichische Biographie ab 1815: Große Österreicher 12, Wien 1957, S. 98—106.

68 W. Suppan, *Der musizierende Mensch, . . .* wie Anm. 4.

69 G. Adler, *Methode der Musikgeschichte,* Leipzig 1919, S. 13. — Dazu grundsätzlich O. Elschek, *Das Bildungsideal in der gegenwärtigen Musikwissenschaft und Musikethnologie,* in: Musikethnologische Sammelbände 6, Graz 1983, S. 9—23.

70 W. Suppan, *Franz Liszt zwischen Eduard Hanslick und Friedrich von Hausegger. Ausdrucks- contra Formästhetik,* in: Studia musicologica 24, 1982, S. 113—131.

71 R. Wallaschek, *Anfänge der Tonkunst,* Leipzig 1903, S. 273.

72 R. Lach, *Die Vergleichende Musikwissenschaft, ihre Methoden und Probleme,* in: Sitzungsberichte der Akademie der Wissenschaften in Wien, phil.-hist. Klasse 200/5, 1924, S. 115f.

73 W. Graf, *Biologische Wurzeln des Musikerlebens,* in: Schriften des Vereins zur Verbreitung naturwissenschaftlicher Kenntnisse in Wien, Bericht über das 107. Vereinsjahr 1966/67, Wien 1967, S. 1—39; nochmals abgedr. in ders., *Vergleichende Musikwissenschaft. Ausgewählte Aufsätze,* hrsg. von F. Födermayr, Wien/Föhrenau 1980, S. 224—237; weiter ausgeführt in ders., *Das biologische Moment im Konzept der vergleichenden Musikwissenschaft,* in: Studia musicologica 10, 1968, S. 91—113.

74 Darüber G. Knepler, *Geschichte als Weg zum Musikverständnis,* Leipzig 1977; D. Stockmann, *Perception and Valuation Processes of Music in Cross-Modal Aesthetic Communication,* in: Trends and Perspectives in Musicology (Publications issued by the Royal Swedish Academy of Music 48), Stockholm 1985, S. 35—48.

75 W. J. Revers/H. Rauhe, *Musik — Intelligenz — Phantasie,* Salzburg 1978.

76 Gadamer/Vogler, *Neue Anthropologie: Kulturanthropologie,* Bd. 4, Stuttgart 1973, S. 446—486.

77 *Neue Wege der Musiktherapie . . . ,* hrsg. von W. J. Revers/G. Harrer/W. C. M. Simon, Düsseldorf/Wien 1974.

78 *Grundlagen der Musiktherapie und Musikpsychologie,* hrsg. von G. Harrer, Stuttgart 1975.

79 *Mensch und Musik,* hrsg. von W. C. M. Simon, Salzburg 1979.

80 *Music, Mind, and Brain,* hrsg. von M. Clynes, New York/London 1982; in den Bereich der Psychoakustik führt der Beitrag von H.-P. Hesse über *The Judgment of Musical Intervals,* ebd. S. 217—225. — Zum Wiener Neurophysiologen-Gespräch vgl. W. Suppan, *Musik und Neurophysiologie,* in: Musik und Bildung 9, 1982, S. 586—588 — Inzwischen erschien *Musik in der Medizin. 2. Internationales Symposion Sportkrankenhaus Hellersen Lüdenscheid/Deutschland . . .* 1984, hrsg. von R. Spintge und R. Droh, Basel 1985, ebenfalls ohne musikologische Beteiligung.

81 *Kolloquium Kunst und Philosophie*, 3 Bände, hrsg. von W. Oelmüller, Paderborn 1981—83.

82 C. Dahlhaus, *Nationale und übernationale Musikgeschichtsschreibung*, in: Forum Musicologicum 4, 1984, S. 16.

83 Ders., *Zur Theorie der Instrumentation*, in: Die Musikforschung 38, 1985, S. 165.

84 K. Lorenz, *Das Wirkungsgefüge der Natur und das Schicksal des Menschen. Gesammelte Arbeiten*, hrsg. von I. Eibl-Eibesfeldt, München/Zürich 1983, S. 213 und 227. — Genaue Untersuchungen über die Verteilung von Ererbtem und Gelerntem legte der Freiburger Biologe und Verhaltensforscher B. Hassenstein vor: *Erbgut, Umwelt, Intelligenzquotient und deren mathematisch-logische Beziehungen*, in: Zeitschrift für Psychologie 190, 1982, S. 345—366.

85 R. Riedl, *Die Spaltung des Weltbildes...*, wie Anm. 47, S. 284; W. Suppan, *Biologische und kulturelle Bedingungen...*, wie Anm. 60.

86 I. Eibl-Eibesfeldt, *Menschenforschung auf neuen Wegen. Die naturwissenschaftliche Betrachtung kultureller Verhaltensweisen*, Wien 1976, S. 263.

87 K. Lorenz, *Der Abbau des Menschlichen*, München/Zürich 1983.

88 O. Koenig, *Kultur und Verhaltensforschung...*, wie Anm. 31, S. 83.

89 K. Lorenz, *Vergleichende Verhaltensforschung...*, wie Anm. 38, S. 361.

90 O. Koenig, *Urmotiv Auge...*, wie Anm. 31, S. 478.

91 D. E. Zimmer, *Unsere erste Natur...*, wie Anm. 44, S. 33.

92 I. Eibl-Eibesfeldt, *Menschenforschung...*, wie Anm. 86, S. 9; vgl. ebd. auch S. 65—68 über den „Trancetanz" und über Fruchtbarkeitstänze.

93 I. Eibl-Eibesfeldt, *Die Biologie des menschlichen Verhaltens...*, wie Anm. 35.

94 Hier bezieht sich Eibl-Eibesfeldt auf H. Elterman, *Using Popular Songs to Teach Sociology*, in: Teaching Sociology 10, 1983, S. 529—538.

95 J. Kneutgen, *Beobachtungen über die Anpassung von Verhaltensweisen an gleichförmige akustische Reize*, in: Zeitschrift für Tierpsychologie 21, 1964, S. 763—779; ders., *Eine Musikform und ihre biologische Funktion. Über die Wirkungsweise der Wiegenlieder,* in: Zeitschrift für experimentelle und angewandte Psychologie 17, 1970, S. 245—265.

96 M. Schröder, *Untersuchungen zur Identifikation von Klageliedern aus verschiedenen Kulturen. Analyse der rhythmischen Struktur der Testlieder,* München 1978, Diplomarbeit, Ludwig-Maximilians-Univ.; R. Eggebrecht, *Sprachmelodische und musikalische Forschungen im Kulturvergleich,* phil. Diss. München 1983.

97 R. Jackendorf/F. Lerdahl, *A Grammatical Parallel between Music and Language,* in: M. Clynes (Hrsg.), *Music, Mind, and Brain...*, wie Anm. 80, S. 83—119.

98 E. Terhardt, *Die psychoakustischen Grundlagen der musikalischen Akkordgrundtöne und deren algorithmische Bestimmung,* in: *Tiefenstruktur der Musik,* hrsg. von C. Dahlhaus/M. Krause, Berlin 1982, S. 23—50; ders., *The Concept of Musical Consonance: A Link between Music and Psychoacoustics,* in: Music Perception 1, 1984, S. 276—295; ders., *Auditory Universals in Music Perception,* in: *Trends and Perspectives in Musicology* (Publications issued by the Royal Swedish Academy of Music 48), Stockholm 1985 S. 74—80.

99 W. Suppan, *Musica humana. Die anthropologische und kulturethologische Dimension der Musikwissenschaft* (Forschen — Lehren — Verantworten 9), Wien 1986; A. Mauerhofer, *Methodologische Anmerkungen...*, wie Anm. 53.

100 F. Heppner, *Der Arzt und das Ganze* (Forschen — Lehren — Verantworten 3), Wien 1985, S. 16 und 22.

101 Ebd., S. 19.

102 F. Heppner, *Limbisches System und Epilepsie* (Aktuelle Probleme in der Psychiatrie, Neurologie, Neurochirurgie 9), Bern 1973, S. 7f.

103 R. Hernegger, *Skizze einer Emotionslehre,* in: ders., *Psychologische Anthropologie. Von der Vorprogrammierung zur Selbststeuerung,* Weinheim/Basel 1982, S. 80—90.

104 N. L. Wallin, *Den musikaliska hjärnan. En kritisk essä om musik och perception i biologisk belysning,* Diss. Stockholm 1982; ders., *Des Relations entre Musique et Langage envisagées sous l'Aspect*

Biologique, in: Diogéne 122, Paris 1983; ders., *Further Remarks on a Biological Approach to Musico-logy,* in: *Trends and Perspectives in Musicology* (Publications issued by the Royal Swedish Academy of Music 48), Stockholm 1985, S. 12—34, obiges Zitat aus diesem Aufsatz S. 13.

105 Die vorangegangene Entwicklung kann hier deshalb ausgeklammert werden, weil ich in meinem Buch *Der musizierende Mensch* (wie Anm. 4) bereits ausführlich darauf eingegangen bin.

106 *Kolloquium Kunst und Philosophie...,* wie Anm. 81.

107 I. Bock, *Lebensalter und Erziehung — Menschsein in pädagogischer Sicht,* in: Universitas 40, 1985, S. 1131—1138.

108 S. Abel Struth, *Grundriß der Musikpädagogik,* Mainz 1985, S. 149 und 153.

109 K.-S. Rehberg, *Die Theorie der Intersubjektivität als eine Lehre vom Menschen. G. H. Mead und die deutsche Tradition der „Philosophischen Anthropologie",* in: Geschichte und Gegenwart 4, Graz 1985, S. 87—112, Zitat S. 91.

110 W. Suppan, *Musik und Schrift,* in: *Erziehungs- und Unterrichtsmethoden im historischen Wandel* (Schriftenreihe zum Bayerischen Schulmuseum Ichenhausen 4), Bad Heilbrunn 1986, S. 152—163.

111 H. Federhofer, *Musikwissenschaft und Musikpraxis* (Forschen — Lehren — Verantworten 2), Wien 1985, S. 78 und 74 (Hervorhebung durch den Verf.). — In einer Anmerkung zu dieser Passage verweist Federhofer auf V. Karbusicky, *Systematische Musikwissenschaft. Eine Einführung in Grundbegriffe, Methoden und Arbeitstechniken,* München 1979.

112 F. Koppe, *Grundbegriffe der Ästhetik* (ed. suhrkamp 1160), Frankfurt/M. 1983, S. 20.

113 Ders., *Kunst und Bedürfnis. Ein Ansatz zur sprachkritischen Wiederaufnahme systematischer Ästhe-tik,* in: *Kolloquium Kunst und Philosophie ...,* wie Anm. 81, Band 1, S. 74—93, Zitat S. 86. — Die Frage der Semantik in der Musik, die in diesem Zusammenhang ebenfalls zur Diskussion steht, ist in meinem Anm. 4 genannten Buch *Der musizierende Mensch* angedeutet worden; vgl. dazu neuere Literatur: V. Karbusicky, *Die semantische Spezifität der Musik,* in: Russian Literature 12, 1982, S. 401—458; M. Imberty, *The Semantics of Music: Methods and Problems,* in: *Trends and Per-spectives in Musicology* (Publications issued by the Royal Swedish Academy of Music 48), Stock-holm 1985, S. 49—63; A. Rakowski, *In the Formation of Auditory Codes for Music and Language,* ebd. S. 64—73; J.-J. Nattiez, *Les concepts de mise en série et d'intrique dans l'analyse musicale,* in: *Analytica. Studies in the Description and Analysis of Music in Honour of Ingmar Bengtsson* (Publica-tions issued by the Royal Swedish Academy of Music 47), Stockholm 1985, S. 35—46; Ph. Tagg, *La musicologie et la sémantique de la musique populaire,* ebd., S. 77—95; E. Tarasti, *Music as Sign and Process,* ebd., S. 97—115.

114 W. Suppan, *Ethnohistorische und kulturpolitische Überlegungen zum Musik-Politik-Verhältnis,* in: Geschichte und Gegenwart 2, Graz 1983, S. 100—115.

115 Der Aufsatz Orwells ist (im Anschluß an die im Zürcher Diogenes-Verlag erschienene Orwell-Nachlese) abgedruckt in: Die Presse, Wien, 30./31. März 1985. — Dazu W. Suppan, *Musik — eine Droge? Ein in pädagogischer Absicht erstellter interkultureller Vergleich,* in: Tagungsbericht der mu-sikpädagogischen Verbände der BRD, Österreichs und der Schweiz (DACH-Tagung), Gmunden 1985, Eisenstadt 1986, S. 75—86.

116 N. Postman, *Wir amüsieren uns zu Tode. Urteilsbildung im Zeitalter der Unterhaltungsindustrie,* Frankfurt/M. 1985 (dt. Übersetzung von *Amusing Ourselves to Death. Public Discourse in the Age of Show Business,* New York 1985). — Bemerkenswert dazu aber auch Thomas Bernhards Buch *Alte Meister,* Frankfurt 1985, S. 277—280: „*Das liegt daran, daß das Musikhören zu einer banalen Alltäglichkeit geworden ist* [...] *dieses Zeitalter ist total von Musik untermalt, das ist eine Katastro-phe* [...] *Die Menschen werden tagtäglich mit Musik vollgestopft schon so lange, daß sie längst jedes Gefühl für Musik verloren haben* [...] *Die heutigen Menschen leiden, weil sie sonst nichts mehr ha-ben, an einem krankhaften Musikkonsumatismus* [...] *man redet heute so viel von Müll und von der Chemie, die alles zugrunde richteten, aber die Musik richtet noch mehr zugrunde als der Müll und die Chemie* [...] *Diese pausenlose Musik ist das Brutalste, das die derzeitige Menschheit zu ertra-gen und zu erdulden hat*".

117 V. *Karbusicky, Musikalische Massenkultur,* Ms. 1983—84, Zitate auf den S. 30, IV, 15f., 53—55. — Herrn Kollegen Karbusicky bin ich für die Übersendung des Manuskriptes dieses Buches aufrichtig verbunden.

118 Leider ohne Wirkung blieb bislang das temperamentvolle Plädoyer für eine menschbezogene Musikforschung von Frank Ll. Harrison (*Music and Cult: The Functions of Music in Social and Religious Systems,* in: Perspectives in Musicology, hrsg. von B. S. Brook u. a., New York 1972, S. 307—334), der ebenso wie der Verf. dieser Zeilen sowohl historisch- wie vergleichend-musikwissenschaftlich zu denken und zu arbeiten versteht: „*The chief guideline is that our curiosity and increasing awareness of music and musical behavior should be man centered and not thing centered. From this point of view, the ‚musical work of art itself‘ is an illusion. If anthropology be properly defined as ‚the study of man as a unit in the animal kingdom‘, anthropomusicology is the study of mans musical behavior in the context of his total behavior*" (S. 328).

Zur Neubelebung der Soziologie der Künste

ALPHONS SILBERMANN

In Wirklichkeit beginnt die Soziologie erst dort, wo wir neben der Frage „Wie" auch die Frage „Warum" stellen, indem wir mit den empirisch gewonnenen Fakten theoretisch zu arbeiten beginnen.

Vladimir Karbusicky

I

Die Beschäftigung der Soziologie mit den Künsten, die über Jahrzehnte zur Verselbständigung in den Wissenschaftszweig, genannt Kunstsoziologie, geführt hat, bewegte sich von Anfang an im Rahmen interdisziplinären Denkens und Forschens. Unter Beachtung sozialer, historischer und ästhetischer Gesichtspunkte wurde das Kunstwerk als zentrales Forschungsobjekt in die Mitte kunstsoziologischer Arbeiten gestellt, um seine Herkunft, seinen Eigenwert und seine gesamtgesellschaftlichen Auswirkungen zu erkennen. Dabei verblieb man zunächst in den Grenzen derjenigen Kunstgattungen, die unter die Überschriften „Literatur", „Musik" und „Bildende Kunst" fielen. Doch dann erweiterte sich das Feld durch die Einbeziehung anderer Gattungen, denen die Gesellschaft das Prädikat „Kunst" zuerkannte: Auch Theater, Film, Ballett, Tanz, Folklore, Kunstgewerbe wurden erfaßt. Überdies fand innerhalb der einzelnen Kunstgattungen eine bemerkenswerte Ausdehnung statt, indem diese nicht länger in Bausch und Bogen als *die* Literatur, *die* Musik oder *die* Bildende Kunst analysiert und abgehandelt werden konnten, sondern nach einer Aufteilung nach Genres verlangten, die — über solche Globaleinteilungen wie Elite- und Populärkunst hinausgehend — innerhalb der kunstsoziologischen Gesamtdisziplin Spezialisierungen hervorrief. Jetzt kennen wir Soziologen, die sich ausschließlich mit Pop-Musik befassen, unter denen beispielsweise R. Serge Denisoff besonders hervorgetreten ist[1], oder die Gruppe der Theatersoziologen, unter denen Jürgen Hofmann sich speziell dem Theaterbetrieb[2], Albin Hänseroth der Theaterwirtschaft[3] und Heinz Kindermann dem Theaterpublikum[4] zugewandt haben; gar nicht zu sprechen von Literatursoziologen, die sich ausschließlich mit der sogenannten Trivial-Literatur oder mit der Analyse von Zeitschriften-Literatur befassen. Schon allein diese wenigen Beispiele weisen auf eine unverkennbare Aufsplitterung hin, die unweigerlich zur Folge hat, daß es zum Beispiel dem Musiksoziologen nicht länger anstehen wird, „die Musik" in soziologisch-theoretische Bezüge einzubinden; er wird von „den Musiken" zu sprechen haben.

Weiterhin treten im Felde der Soziologie der Künste immer stärker Bemühungen nach vorne, die im Zuge der Handhabung von Kunstgenres durch technologische Gegebenheiten diese selbst zur Kunst erheben. Indem von einer *„radiophonischen*

Kunst" gesprochen[5], auf internationalen Symposien über „*Kunst im Fernsehen*"
und „*Fernsehen als Kunst*" diskutiert wird[6] oder Video und Videographie in Zusammenhang mit Kunst und Kultur gebracht werden[7], wird die Möglichkeit geschaffen, technologische Vermittlungsinstanzen kunstsoziologisch anzugehen.
Zweifellos könnte dies dazu führen, daß die vermeintliche Auffassung vom Gegensatz zwischen den beiden Kulturitems Kunst und Technologie entwirrt würde.
Sollte dies jedoch nicht der Fall sein, worauf einerseits die zur Rechtfertigung der
individuellen kreativen Kraft vorgebrachte antitechnologische Haltung der
Künstler hinweist, andererseits eine in weiten Schichten der Gesellschaft verbreitete Befangenheit gegenüber der Technologie, dann dürfte hier ein dankenswertes
Betätigungsfeld der Kunstsoziologie gelegen sein. Bisher hat sie sich diesbezüglich
allerdings nur auf unerwiesene, Schrecken erweckende Positionen beschränkt, die
entweder lauten: „Hände weg von der Kunst, ihr erniedrigt sie durch das Technologische der Medien zum Schmierantentum", oder: „Die technologischen Medien
— von Schallplatte, Taschenbuch, Comics, über Rundfunk und Fernsehen bis zur
Videographie — sind die Kultur von heute und morgen". Auf diese Weise wird
die eigentliche kunstsoziologische Problematik, nämlich sich um die hinter den
technologischen Medien stehenden *Menschen* zu bekümmern, umgangen. Denn
wenn die für künstlerische Inhalte Verantwortlichen einmal (bewußt oder unbewußt) begriffen haben, daß sie Kulturbestandteile oder -aspekte gleich welcher
Art verbreiten, also z. B. Musiken, geht es ihnen darum, vorderhand als Kunstex-
perten angesehen zu werden. Hierzu bedarf es einer Haltung, durch die die zu
handhabende Technologie selbst unter allen Umständen und in allen ihren Facetten zur Kunst erhoben wird. Ist ein Mitglied dieser bei den diversen Medien Tätigen nun wirklich bewußt ein um den Fortschritt in der künstlerischen Kultur
bemühter Mensch, dann wird und muß er selbst unter der Last der technologischen Organisation versuchen, sein künstlerisches Expertentum zu erhalten. Nun
füge man zum „wahren" Experten noch den „unechten" Experten hinzu, beziehe
in diese Gruppe auch diejenigen mit ein, die nur die nicht zu unterschätzende
materielle Seite eines Mediums interessiert, und vor uns steht das Gesamt eines
Kollektivbewußtseins, mit dem Künstler und Mitarbeiter beginnen, sich als
„Künstler" zu verhalten. Und da es für den „echten" Künstler herabsetzend wäre,
einzugestehen, daß er nicht der wahren Kunst (was immer das auch sein mag) die-
ne, proklamiert er das Medium zur Kunst. Und da der „unechte" Künstler mehr
als jeder andere die Berechtigung seines Daseins nachzuweisen hat, proklamiert
er das gleiche um so heftiger.

Schon allein an diesem Beispiel zeigt sich, über welche Begrenzungen die Kunstsoziologie hinausgehen muß, um einer für ihr Bestehen und ihren Nutzen unum-
gänglichen interdisziplinären Arbeitsweise gerecht zu werden. Hat es sich doch
gezeigt, daß eine nur auf das Kunstwerk ausgerichtete, mit dem Sozial-
Geschichtlichen und dem Sozial-Ästhetischen interdisziplinär verbundene Kunstsoziologie zu einem Großteil ausgekostet ist. Auch scheinen mir die Zeiten vorbei
zu sein, in denen die Kunstsoziologie zum Vehikel derjenigen geworden war, denen zugeschrieben wurde, *„eine großartige und tragische Kulturerfahrung der*

Menschheit erfaßt [zu haben]".[8] Übrig geblieben sind neben immer seltener werdenden empirischen Forschungen und sozialgeschichtlichen Darstellungen Aufarbeitungen des Verhältnisses zwischen dieser oder jener Kunstform und der Gesellschaft, wie beispielsweise das sich auf die Prinzipien einer verstehenden Soziologie berufende exzellente Buch des Musiksoziologen Kurt Blaukopf, der immer wieder zu betonen weiß, daß die Zukunft der Musiksoziologie dort gelegen ist (was nach unserer Ansicht auch für die Kunstsoziologie insgesamt gilt), wo *„den voreiligen Verallgemeinerungen zu entsagen, auf den Transport des Beobachteten in die Sphäre der Spekulation zu verzichten und Theorie von philosophisch anmutenden Leerformeln zu unterscheiden* [ist]".[9]

Im Zuge dieser Entwicklung sowie unter Beachtung der Tatsache, daß die Künste von jeher als ein unersetzbarer und unbestreitbarer „Wert" für die Gesellschaft angesehen und proklamiert werden, galt es für die Kunstsoziologie, ihre Position als selbständige Gesellschaftswissenschaft und nicht als Beigabe zur Kunstwissenschaft aufrechtzuerhalten. Ein Absinken in das Spielfeld unentgeltlicher Kontemplationen oder in vergangenheitsträchtige Rückblicke mußte ebenso vermieden werden wie ein Sich-Verlieren in das Gestrüpp einer sich endlos wiederholenden Kritik an kunsttheoretischen Ideologien. Der soziologische Bezugsrahmen mußte rekonstituiert werden, und zwar im Rahmen derjenigen gesellschaftlich relevanten Gebiete, in denen diese oder jene Kunstform eine Rolle spielt. Wenn ich also aphoristisch sage, daß die Kunstsoziologie derzeit beginnt, sich *à propos der Künste* zu betätigen, wofür noch einige Beispiele zu bringen sein werden, dann bedeutet dies nicht etwa, daß Kunstproduzent, Kunstwerk und Kunstkonsument im kunstsoziologischen Denken und Arbeiten ihre Priorität verloren haben, sondern daß sie im Zusammenhang mit anderen gleichwertigen, Gegenwart und Zukunft beherrschenden sozio-kulturellen Gegebenheiten abzuhandeln sein werden. Schließlich bleibt nicht zu übersehen (worauf übrigens René König schon 1955 am Beispiel der Musik aufmerksam gemacht hat[10]), daß sich die Künste schon seit langem institutionalisiert haben, wodurch für die Soziologie der Künste der Weg geöffnet wurde, sich gleichgestellt neben anderen Soziologien zu bewegen, in sie einzudringen und mit ihnen zusammenzuarbeiten, die sich dem institutionalen Geflecht der Gesellschaft widmen. Soziologie der Schule, der Arbeit, der Organisation, der Sprache, der Religion, der Erziehung, der Massenmedien, der Kommunikation, der Freizeit und nicht zuletzt der Kultur — sie alle tangieren oder bemühen sich unter anderem um die sozio-kulturelle Institution „Kunst", gar nicht davon zu sprechen, daß deren Forschungsmethoden die gleichen sind wie die der Kunstsoziologie.[11]

II

So kann beispielsweise das für kunstsoziologische Arbeiten bedeutsame Problem der sozialen Situation des Künstlers nicht ohne Hinzuziehung berufssoziologischer Erkenntnisse durchgeführt werden. Umgekehrt sind aber auch kunstsoziologische Erkenntnisse eine bedingungslose Voraussetzung für, sagen wir, die materielle und immaterielle Sicherung des Berufs „Künstler". Bleibt eine solche Zusammenarbeit aus, wie es bei der Konzeption des jüngst in Kraft getretenen „Künstlersozialversicherungsgesetzes" der Fall war, versagen wohlgemeinte Hilfestellungen, und aus der Berufskategorie „freiberuflicher Künstler" wird die Kategorie „Sozial-Fall": Durch Versicherungszwang entzieht man der künstlerischen Berufsgruppe nicht nur den Impetus zur freiheitlichen Gestaltung von Beiträgen zum Kunstleben und -geschehen, sondern zwängt zum Beispiel jeden Kunsterzieher in die kontradiktorische Situation, zugleich der Berufsgruppe „Künstler" und „Erzieher bzw. Lehrer" anzugehören. Die empirische Analyse des sozialen Wandels der Stellung des Künstlers und damit verbunden der der Künste in der Gesellschaft, dieses zentrale Beschäftigungsgebiet der Kunstsoziologie wird somit ihren Händen entzogen, und damit wird die kulturelle Entwicklung eher gehemmt als gefördert.[12] Mehr noch: Die Zurückhaltung der Kunstsoziologie beziehungsweise ihre Abkapselung gegenüber anderen Spezialsoziologien läßt wie im hier angeführten Beispiel Tendenzen aufkommen, die den Künsten die zu ihrem Bestehen und kreativen Fortbestehen notwendige *Soziabilität* entzieht, worauf bereits gegen Ende des vorigen Jahrhunderts Jean-Marie Guyau hinzuweisen wußte.[13]

Selbstverständlich sind staatliche Interventionshandlungen wie die oben angeführte durchaus wohl gemeint, aber ist man sich auch ihrer gesellschaftlichen Konsequenzen bewußt? Wenn schon die Kunstsoziologen wie im vorliegenden, als Beispiel angeführten Fall schweigend beiseite gestanden haben, dann wäre es zumindest jetzt an ihnen, eine Analyse besagter Konsequenzen vorzulegen, und zwar mit dem Ziel, weiteren Schaden zu verhüten. Denn dieser „Schaden" könnte sich nicht nur dahingehend auswirken, daß die Künste zu Dienern einer Staatsideologie werden, wofür es schließlich genügend naheliegende Beispiele gibt[14], sondern überdies, daß sie sowohl der Öffentlichkeit entfremdet als auch versäumen werden, sich der gesellschaftlichen Wirklichkeit zu stellen[15], und auch, daß aus dem Künstlertum ein Dienstleistungsbetrieb wird.[16] Implizit durchziehen derlei Fragestellungen die Problematik des Funktionalen der Künste und damit zusammenhängend die Beschäftigung mit der immer wieder aufs neue angerührten Frage: „Was ist Kunst?" Wo und in welchem Kontext auch immer die Frage nach den Funktionen der Kunst gestellt wird, von seiten der Kunstproduzenten oder der Kunstkonsumenten, ist es an der Kunstsoziologie, die hierzu entscheidenden, gesamtgesellschaftlich relevanten Antworten zu geben. Hierzu müssen selbstauferlegte Grenzen der Kunstsoziologie überschritten werden. Denn es geht hierbei nicht um das bereits bestens ausdiskutierte kunstphilosophische Theorem über den „Sinn" der Kunst überhaupt; um Ausforschungen in bezug auf Geschmack, Anerkennung, Akzeptation und andere soziale Handlungen, sondern

— gegenwartsbezogen — um Existenz, Leben und Dynamik eines sich an der Kultur des sich „Kulturnation" nennenden Deutschland emporstrebenden *Künstlertums*, diesem essentiellen Teil des Kultur- und Geisteslebens eines Landes.

Sicher — so sei uns erlaubt in diesem Zusammenhang auszuführen — erfreut sich derzeit besagtes Künstlertum — geschützt, behütet und begleitet von einer liberalen Ideologie — einer ästhetischen Freiheit, die ihresgleichen seit Jahrhunderten nicht gekannt hat. Es kann sich in seinen Kreationen ungehindert geben: kann auf jeder gestischen Laute spielen, kann weder von Gesetz noch von Tabus behindert, Nacktheit auf der Bühne zum Prinzip erheben, kann in der Musik Aleatorik rationalen Zwängen einzuverleiben suchen, das Literaturgeschehen ad absurdum oder hin zum épater le bourgeois führen und stummes Dahinsitzen auf gleißendem Schweinefett als bildliches Zeichen der Vergänglichkeit inszenieren — alles, wenn man es so sehen will, durchaus gewichtige Antworten auf die Frage: „Was ist Kunst?", „Was sind die Funktionen der Kunst?" Indes wird eine im breiten Rahmen interdisziplinär gestaltete Kunstsoziologie sehr bald erkennen, daß bei diesen und anderen durch die Wechselwirkung von ästhetischer Freiheit und liberaler Ideologie zulässig gewordenen Folgen das Individuum durch das Ereignis überholt worden ist: Der Künstler gesteht darstellend, schriftlich oder musikalisch seine Verwirrung vor dem Unendlichen des Möglichen ein. Denn was ihn einstens beschützte, nämlich der Panzer der Kultur, ist durchlöchert, eine Erkenntnis, die den Soziologen Hervé Fischer zum einen dazu geführt hat, von einem Ende der Kunstgeschichte zu sprechen, zum anderen von einer Wiederentdeckung der anthropologischen Funktion der Kunst.[17] In der Tat, nun es der Künstlerschaft in mühsamer denkerischer Kleinarbeit gelungen ist, sich von einer Vergangenheit zu befreien, deren Ideologie sie mit ihren brutalen Untaten das Fürchten gelehrt hat, um nunmehr ungelähmt und ungehindert ihrer neuerungssüchtigen Aufgabe nachgehen zu können, durchbohrt ein neuer, die ganze Welt durchziehender Schreck den Harnisch der Kultur — Angst. Die Angst in allen ihren Formen, Inhalten und Äußerungen, die Angst nicht als physiologisches, sondern als Kunst, Künstler und Kunstwerk konditionierendes Moment, als Unbehagen, Beklemmung, Unlust, Trübsal, Besorgnis, Gram, Verzweiflung und Hoffnungslosigkeit überschattet konstant Kultur, Geist und nicht zuletzt das sozial abgesicherte und versicherte „beruflich-kreative" Schaffen. Was sich als die Nahrung des Geistes, als der stetig sich erneuernde Gedanke, als andere und immer bessere Auffassungen des Lebens präsentiert, treibt „von Berufs wegen" einer Leere, Wesenlosigkeit und Unbestimmtkeit entgegen, die unweigerlich beim altherkömmlichen Irrationalen des deutschen Provinzialismus enden muß.

III

Unsere Absicht, anhand des vorhergehenden Beispiels — wenn auch nur skizzenhaft — Verbindungslinien zwischen Kunstsoziologie und anderen Soziologien aufzuzeigen, läßt sich noch weiter verdeutlichen, wenn wir den Zustand der Künste und der Künstlerschaft aus der Sicht des Kunstpublikums, der Kunstkonsumenten dahingehend betrachten, daß das *Erscheinungsbild* der Kunst und des Künstlers nach vorne tritt. Doch hierzu zunächst einige statistische Angaben:

1. Der Mikrozensus vom Oktober 1957, entnommen aus dem *Statistischen Jahrbuch für die Bundesrepublik Deutschland* 1961, Seite 146, weist folgendes Bild auf:

Beruf		Erwerbsperson (in 1000)		
		1957	1950 (insg.)	1950 (Selbst.)
8311	Bildhauer	1,7	2,0	1,8
8312	Kunstmaler, Kunstzeichner	12,7	11,9	9,3
8319	Sonstige bildende Künstler	24,0	7,4	1,4
831	Bildende Künstler insgesamt	38,4	21,3	12,5
8321	Schauspieler	4,4	6,9	0,9
8323	Bühnen-, Konzertsänger	3,5	4,6	0,9
8326	Tänzer	2,1	3,1	1,1
8327	Artisten	0,7	3,2	0,9
8329	Sonstige darstellende Künstler	0,7	1,4	0,4
832	Darstellende Künstler insgesamt	11,4	19,2	4,2
8341	Musiker insgesamt	19,0	31,0	6,4
8351	Kunstgewerbler	1,6	2,5	1,2
8352	Sonstige künstlerische Hilfsberufe	2,8	1,1	0,3
835	Künstlerische Hilfsberufe insgesamt	4,4	3,6	1,5
83	Künstlerische Berufe	73,2	75,1	24,6

2. Nach dem *Künstlerreport des Bundesministeriums für Arbeit und Sozialordnung* (Stand 1. Juli 1980) gibt es in der Bundesrepublik Deutschland insgesamt ca. 100.000 Künstler, darunter im Bereich

Bildende Kunst	32.000
Musik	30.000
Wort	29.000
Ausstellende Kunst	12.500

Quelle: Albert Oeckl (Hrsg.), Taschenbuch des öffentlichen Rechts 1980/1981, Bonn 1981.

72

3. 6400 hauptberufliche Musiker sind in 96 Kulturorchestern beschäftigt.

4. In der Spielzeit 1979/1980 waren beschäftigt:

4487	Schauspieler
1721	Sänger
1073	Tänzer
9295	Künstlerisches Personal

Die hier angeführte Gesamtzahl von „100.000 Künstlern" in der Bundesrepublik Deutschland mag manch einem als Bevölkerungs- und/oder Berufsschicht im Verhältnis zur Gesamtbevölkerung als relativ groß erscheinen. Dies vor allem, wenn er, in die Vergangenheit blickend, sich sagen muß, daß es dazumal wohl kaum so viele Kunstausübende gegeben haben mag. In Wirklichkeit ist die Relation weitaus größer, da bei dieser Angabe gar nicht die Abertausende von jungen Menschen erfaßt sind, die — inmitten des Sozialisationsprozesses stehend — auf dem Wege zum professionellen Künstler sind. Jede dieser Personen befindet sich in naturgemäßer Weise sowohl inmitten der sozio-kulturellen Situation der sie umgebenden Gesellschaft als auch in der ihr durch historische, technologische, mentale und wirtschaftliche Elemente bestimmten, selbst erwählten singulären Situation als Künstler.

Diese Tatsächlichkeiten und sich daran anschließenden Überlegungen bewegen mehr denn je unsere Gesellschaft, die Öffentlichkeit und ihre ernannten oder erwählten Repräsentanten. Sie haben in verschiedene Richtungen gehende *Reaktionen* hervorgerufen, die allesamt über die historische, technologische, mentale und wirtschaftsorganisatorische Komponente führen, und zwar indem das Phänomen „Künstler", so wie es die Gesellschaft sieht, sich in ihnen reflektiert. Was da alles über Jahrzehnte aufgrund der die soziale Situation des Künstlers bestimmenden Strukturkomponenten an einzelnen Reaktionen im Zuge wechselseitig sich vollziehender Einflüsse zwischen der Künstlerschicht und der Gesamtgesellschaft in Erscheinung getreten ist, kann im Rahmen der vorliegenden Darstellung nur angedeutet werden.

1. In allen Sparten des künstlerischen Tuns treten uns heute Assoziationen und Organisationen entgegen, die eine Vielfalt von einzelnen Interessenlinien verfolgen. Wir hören von den Aktivitäten des „Deutschen Künstlerbunds", des „Schutzverbands Bildender Künstler in der Gewerkschaft Kunst" im DGB und des „Bundesverbands Bildender Künstler"; von denen des „Verbands deutscher Schriftsteller" in der Industriegewerkschaft Druck und Papier, des „Deutschen Autoren Verbands e. V." und der „Verwertungsgesellschaft Wort"; lesen von den Tätigkeiten der „Arbeitsgemeinschaft Deutscher Chorverbände", des „Verbands Deutscher Musikerzieher und konzertierender Künstler e. V.", des „Deutschen Komponisten-Verbands" und der „Verwertungsgesellschaft GEMA"; kennen die „Genossenschaft Deutscher Bühnen-Angehöriger" in der Gewerkschaft Kunst des DGB, die „Interessengemeinschaft Deutscher Schauspieler", die „Bundesfach-

gruppe Bühne, Film, Fernsehen" der Deutschen Angestelltengewerkschaft und noch aberdutzende mehr. Daneben laufen dann noch Kultur-, Musik-, Theater- und Kunsträte, Arbeitsgemeinschaften, Vereine und internationale Organisationen wie zum Beispiel die „Fédération Internationale des Artistes". Allesamt befassen sie sich mit Fragen der Kunstpolitik, Kunstwirtschaft, Kunstvermittlung, Kunsterziehung, Kunstorganisation — immer in bezug auf den Künstler und seine soziale Situation, die sich vornehmlich unter dem nach allen Richtungen ausstrahlenden Begriff des *Berufsschutzes"* manifestiert.

Ohne zu der Notwendigkeit, der Effizienz oder gar den ideologisch ausgerichteten Einzelinteressen all dieser „Schutz- und Trutzorganisationen" Stellung zu nehmen, wird durch die Auflistung zu erkennen gegeben, wie sich Künstler und Gesellschaft geeinigt und miteinander verbunden haben, um die soziale Situation der Künstlerschaft in einen für die Organisationssoziologie gewiß nicht uninteressanten organisatorischen Griff zu bekommen, der von berufsständischem Gedankengut nicht weit entfernt liegt.

2. Die organisatorischen Bindungen und Verflechtungen des Künstlers sind der Öffentlichkeit in keiner Weise so deutlich bewußt, wie dies bei anderen Berufsschichten der Fall ist. Was bei diesen mit bezug auf Berufsschutz, Ausbildung, Arbeitsvermittlung, Einsatz für soziale Sicherung und anderes als eine gesamtwirtschaftliche und sozial notwendige organisatorische Besorgung angesehen wird, trifft bei der Berücksichtigung der Künstlergruppen in weiten Kreisen der Bevölkerung auf Unverständnis. Hier überwiegt wie von altersher in keineswegs geringem Maße die Einreihung des Künstlers, kraß gesagt, in die Gattung nutzloser Parasiten der Gesellschaft. Eine solche Haltung läßt sich als Denkgegenstand bestenfalls auf Nichterkenntnis des Wertes von Kultur und Kunst für die Existenz einer Gesellschaft zurückführen, notfalls auch auf unterschwellig verbliebene Reste überkommener Traditionsgebundenheiten. Als nüchterne und sichtbare Realität wird eine solche Haltung bei diesen oder jenen Bevölkerungsschichten nicht zuletzt durch das *Verhalten* gewisser Repräsentanten der einen oder anderen Kunstsparte hervorgerufen, deren Extrovertiertheit und Extravaganzen wie ein Faustschlag auf das Wahrnehmungs- und Erkenntnispotential künstlerischer Leistungen wirkt. Die Linie verläuft vom Da-Da-Da-Popmusiker bis zum experimentierfreudigen Happening-Komponisten, vom auflagestarken Pornoschreiber bis zum einseitigen Ideologieverkünder, vom Verpackungsfanatiker bis zum Zertrümmerungsexperten, gar nicht zu sprechen von bewußt gepflegter Außenseiterschaft durch werbeträchtige Skandale oder Haar- und Kleidertracht.

Zwar ist man sich der Tatsache bewußt, daß diese vorsätzlich gehandhabte Außenseiterhaltung nicht das Signum der Majorität der Künstler ist, doch propagiert und stereotypisiert führt sie in die Grube vorurteilsgeladener Abklassifizierung der künstlerischen Unversehrtheit. Und wenn dann noch die Öffentlichkeit mit Diskussionen über Millionen von Zuschüssen zu Kulturstätten aller Arten konfrontiert wird, aus öffentlichen Kassen finanziertes „Theater gegen Jedermann" hochgejubelt wird, sagenhafte Preise für Skulpturen vor öffentlichen Gebäuden die Runde machen — wen wundert es da noch, wenn bei angestrengten Wirtschaftslagen Erstaunen und Neid dahin führen, daß die Schicht der künstlerisch und kulturell Unbedarften dem Schicksal und der Situation von Kunst und Künstler nicht etwa nur gleichgültig, sondern als nicht unterstützenswert gegenübersteht. Es ist der Vergleich mit der eigenen sozialen Situation, den die Majorität der nicht künstlerisch tätigen Bevölkerung zum Maßstab für die Einschätzung von Struktur und Funktion der in ihrer Mitte lebenden Künstlergruppen macht.

3. Zu allen Zeiten führten schaffende Künstler das Verlangen nach Unabhängigkeit, Selbständigkeit und Freiheit auf ihrem Schild. Daran hat sich ebenso wenig etwas geändert wie daran, daß sie ihre Gesellschaft bei gegebenen Gelegenheiten mit Klagen über ihre mangelnde existenzielle Sicherheit heimsuchen, einmal — so heißt es —, weil sie unter solchen Umständen abhängig, unselbständig und unfrei würden, zum anderen, weil sie dann nur noch mühsam oder gar nicht den von ihnen erwarteten Beitrag zur kulturellen Entwicklung liefern könnten. So wird ein unmöglicher kulturpolitischer Sachverhalt ins Leben gerufen, bei dem es einerseits heißt: Kunst und Künstler machen sich selbst überflüssig; andererseits: Kunst und Künstler sind eine Entität, sie leben in *Unteilbarkeit*. Und da kein Künstler in seinen guten Sinnen seinen Schaffensdrang selbstmörderisch umbringen wird, beruft er sich in kulturphilosophisch verklärten Tönen auf dieses Diktum von der Unteilbarkeit. Im Brustton tritt er vor die Gesellschaft und läßt sie beschwörend wissen, daß er von tiefster Verantwortung gegenüber der Gesellschaft getragen sei und daher, als Gegengabe, auf Verantwortung der Gesellschaft gegenüber ihm und seiner Kunst zu bestehen habe. Ja, er geht mitsamt seinem sich selbst zugeschriebenen und nicht etwa zuerteilten Verantwortungsgetöse gar so weit, nicht nur nach freier Ausübung und Förderung seines Schaffens zu verlangen, sondern offen heraus nach einer *Garantie* für seine Existenz und sein Schaffen zu rufen.

Solche an Staat und öffentliche Institutionen gerichteten Appelle bleiben vor allem dort nicht ungehört, wo ein rückwärtsgerichteter kulturträchtiger Blick die Realitäten verdüstert, wo der sich in der Praxis zeigende *Wandel* in der sozialen Situation des Künstlers blindlings übergangen wird. Was ich meine, ist die vom Künstler schon längst erfaßte, dem Wandel der Gesellschaft und ihrer Einrichtungen angepaßte funktionale Ortsbestimmung, die ihn im Rahmen einer industrialisierten, kompetitiven und pluralistischen Gesellschaft wie der unseren zu einer *Rollenvielfalt* hingeführt hat, bei der er durchaus der mit Freiheit ausgestattete „Künstler" sein kann, gleich, ob er auf Bestellung arbeitet oder nicht, ob er als Komponist auch noch Musiklehrer, als Schriftsteller Dramaturg, als Maler Formgeber ist oder Kunst- und Kulturverwalter bei Funk und Fernsehen.

Man verstehe uns recht: Auch mit diesem Beispiel soll nur auf eine weitere Möglichkeit für die Kunstsoziologie hingewiesen werden, ihren Radius dadurch auszudehnen, daß sie die Primitivität der sogenannten „Wirkungsforschung" durch organisations- und verhaltenssoziologische Arbeiten auf ein soziologisch relevantes Niveau bringt.

IV

Auch das nächste und letzte Beispiel soll diesem Zweck dienen. Es schließt sich insofern dem vorhergehenden an, als auch hier das Licht auf die Seite der Konsumenten geworfen wird. Und zwar geht es um das Verhalten der Konsumentengruppen angesichts der Verbindungen zwischen zwei Kulturitems: der Kunst und der Technologie, und der sich daraus ergebenden Wirkungen auf das, was wir kursorisch als *„Wahrnehmungssystem"* bezeichnen wollen.

Der Weg, der eine künstlerische Botschaft zum Empfänger führt, beruht auf einem Kommunikationsvorgang, der sich zeitlich *nach* der Kreation, jedoch *vor* der Wirkung einer in technologische Mittel eingebetteten kulturellen Gegebenheit abspielt. Das heißt, er placiert sich dort, wo *Wahrnehmung und Bedeutung* durch den zu gleicher Zeit sehenden, hörenden und denkenden Empfänger eines wie immer gearteten Kulturitems einsetzen.

Für diese beiden miteinander in engstem Zusammenhang stehenden Vorgänge haben sich von jeher viele Denker interessiert, wobei der Erfassung der Umwelt, der materiellen wie der immateriellen, besondere Aufmerksamkeit geschenkt wurde. Schon Leibniz hat sich im Anschluß an Descartes' Lehre vom klaren und deutlichen Erkennen bzw. Denken mit dem Phänomen der Wahrnehmung, dem Bewußtwerden von Empfindungen und Reizen befaßt. Von dort aus hat sich eine ganze Wahrnehmungslehre entwickelt, die — in erster Linie von psychologischen Erkenntnissen geleitet — Empfindungszusammenhänge gegenüber dem Wirklich-Gegenständlichen analysiert. Davon ausgehend, daß Wahrnehmung der Sensibilität und Intelligenz des Menschen zuzuschreiben ist, wird — auf eine kurze Formel gebracht — dargetan, daß über das Gesamt des Sinnes- und Empfindungsinstrumentariums äußere Gegenstände und Gegebenheiten das Nervensystem des Menschen in Bewegung setzen. Hierdurch — so heißt es weiter — werden Empfindungen und Vorstellungen hervorgerufen, die der Mensch dank der ihm eigenen begrifflichen Intelligenz in der Lage ist zu interpretieren, einem Objekt zuzuerkennen, kurz: wahrzunehmen.

Offensichtlich ist also Wahrnehmung ein psychisches Faktum, und es fragt sich, inwieweit es als solches in den Rahmen soziologisch ausgerichteter Betrachtungen und Analysen gehört. Die Antwort auf diese Frage ergibt sich daraus, daß es dem Soziologen angelegen sein muß, den sich auf Wahrnehmung gründenden *Prozeß der visuellen Kulturübertragung* insofern zu betrachten, als durch ihn die Beziehung zwischen der visuellen Botschaft und deren Konsumenten überhaupt erst hergestellt wird.

Diese Problematik, die bis in die Probleme der Distribution und der Pädagogik, des Hörens, Sehens und Lesens sowie massenmedialer Images hineinreicht, ist von vielen Seiten her behandelt worden: Historiker, Ästhetiker, Philosophen, Psychologen und Naturwissenschaftler haben sich jeder auf seine Weise daran gestoßen, daß sich doch eigentlich das, was sich der Wahrnehmung darbietet und sich mit einer in einem Begriff zentralisierten Empfindung verbindet, nie mit dem Gegenstand der Wahrnehmung deckt. Daher wird öfter verkündet, daß das im Visuellen der Wahrnehmung sich Zeigende vollständig nie das Gemeinte selbst ist. Diese Haltung hat, so einleuchtend sie auch angesichts ihrer Simplizität sein mag, den Soziologen eigentlich nie so recht überzeugen können. Nicht umsonst haben sich Soziologie und Sozialpsychologie stetig darum bemüht, die *„Meaning of Meaning"*[18] zu erfassen, was bis zu den Versuchen gereicht hat, Bedeutung zu messen.[19]

Beruht doch die *Bedeutung* einer visuellen Kommunikation — als einer der Wahrnehmung folgenden Stufe — darauf, daß Inhalte und Formen des Objekts oder des Ausdrucks in ihren Eigenarten verstanden werden können. Diesen Eigenarten kann mittels unterschiedlicher Ansätze nachgegangen werden. Wird z. B. davon ausgegangen, daß sich Wort und Musik und ihre Wirkungen in der Zeit, Bilder und ihre Wirkungen im Raum entwickeln, mit anderen Worten: wird nicht nur versucht, die Essenz von Wort, Musik oder Bild aufzuspüren, sondern auch, ihre Existenz als wirkende Kraft zu erfassen, dann führt ein solches Vorhaben notwendigerweise dazu, über den Weg einer *Phänomenologie* zu den Sachen selbst vorzudringen. Durch die Phänomenologie als ein wesentliches Hilfsmittel zur Rückkehr vom „Übersinnlichen" und seiner Kraft zum Konkreten läßt sich nämlich der Charakter von Wahrnehmung und Bedeutung sowie ihre unmittelbare Gegenwart im Prozeß visueller Kulturübertragung verdeutlichen. Und zwar meine ich damit die Verwandlung des Wahrgenommenen und seiner Bedeutung in einen bleibenden Besitz des Bewußtseins.

Auch das aus der Phänomenologie hervorgegangene existentialistische Denken bemüht sich darum, die Realität des lebendigen aktiven Selbst zu erfassen und in seiner Beziehung zum absoluten Sein zu erwägen, mit anderen Worten, auf Wesenheiten zurückzuführen. Dies wäre eine der Modalitäten des hier zur Diskussion stehenden Ansatzes der Rückführung von Wahrnehmung und Bedeutung auf das Gegenständliche, will sagen, auf den Prozeß einer Botschaft-Übertragung in bezug auf eine durch Kunst konstituierte Umgebung, bei der es ja nicht so sehr darum geht, den Prozeß zu erschließen, als ihn in einer direkten, wohl beobachteten und kontrollierten Anschauung darzustellen.

Ein anderer Weg, dem Verstehen von Inhalten und Formen des künstlerischen Ausdrucks in ihren Eigenarten nachzugehen, ist die Analyse der symbolischen Formen und des symbolischen Denkens, dem bereits Ernst Cassirer seine Aufmerksamkeit zuwandte.[20] In der gleichen Richtung arbeitete Erwin Panofsky, der die Identifizierung der symbolischen Funktion eines Image mit der tiefliegenden

Schicht seiner Bedeutung nachzuweisen suchte, wovon nach seiner Ansicht die gesamten Beschaffenheiten der Zeit sinnreich Zeugnis tragen.[21] Während die Anhänger dieser Denkschule den *Symbolen* und der *symbolischen Bedeutung* in der visuellen Botschaft nachgehen, kommt die von Rudolf Arnheim angeführte psychologische Schule zu dem Ergebnis, daß die symbolische Bedeutung in dem, was Verstand und Erfahrung uns über den Inhalt eines Bildes sagen, nur *indirekt* ausgedrückt wird.[22] Damit werden wir erkenntnistheoretisch auf die Unmöglichkeit zurückverwiesen, der visuellen Kommunikation, ihrer Rezeption wie ihrer Dekodierung aufgrund logischer Erörterungen und empirischer Feststellungen nahezukommen. Das hat zu einem Wust von Streitschriften geführt, die sich allesamt auf dem Rücken der sogenannten „lecture culturel" sich Technologien bedienender künstlerischer Gegebenheiten abspielen.

Weniger interessiert an der Dechiffrierung von Inhalten und der Demystifizierung der Relationen zwischen Künsten und Technologien, dafür aber mehr interessiert an dem Wohlergehen der Menschen in ihrem visuellen und kulturellen Sein, geht es für den Kunstsoziologen vordringlich um die Möglichkeit, Wahrnehmung, Bedeutung und ihre Folgen als *aktuelles menschliches Verhalten* zu erfassen. Damit nämlich wenden wir uns — ob mit oder ohne Einbeziehung historischer, anthropologischer, psychologischer, struktureller oder linguistischer Erkenntnisse — insofern dem Konsumenten zu, als dieser, um eine wie immer geartete Gratifikation aus dem Empfang einer visuellen Botschaft zu erzielen, von einem kulturellen *Diffusionsprozeß* abhängig ist.

Um in die Nähe dieses Prozesses und damit des aktuellen menschlichen Verhaltens zu gelangen, wird sich der Kunstsoziologe beobachtbaren Verhaltensmustern aus der Sicht des oder der Empfänger von visuellen Botschaften gleich welcher Gattungen zuzuwenden haben. Hier stehen drei zentrale, methodologisch erfaßbare Verhaltensmuster zur Verfügung. Erstens der Vorgang des *Sehens*, der den ersten Kontakt zwischen Produzent und Konsument herstellt. Er setzt gewisse neuralgische Faktoren in Bewegung, die außer Anerkennung oder Ablehnung Elemente der Persönlichkeitsstruktur nach vorne bringt. Diesem physiopsychologischen Problem sind bereits viele Studien nachgegangen, um vom Verhaltensmuster des Sehens aus eine Antwort auf die Frage zu finden, *was* wohl der Betrachter in einem Bild oder einer visualisierten Musik sieht und *wie* er es sieht. Kulturpolitisch führt dies in jenes bestens exploitierte Bildungsfeld, das versucht, Betrachtern von Objekten klarzumachen, was sie zu sehen haben bzw. was es heißt, „richtig" zu sehen. Übrigens dienen dem gleichen Zweck im Grunde genommen alle die Unterfangen einer „Wissenschaft vom Seelischen", die versucht, alles Geistige unter sich einzuordnen, und das Sehen — ebenso übrigens auch das Hören — in die Bereiche des Bewußtseins zu führen wünscht.

Nach dem Sehen folgt als zweites Verhaltensmuster des Betrachters das *Verstehen* der visuellen Darbietung. Es wird jetzt von seiten des Betrachters ein Prozeß in Gang gesetzt, bei dem versucht wird, sozusagen in Auge und Hirn, wenn nicht gar in die Seele desjenigen vorzudringen, der die Darstellung produziert hat. Wie es heißt, soll die Aussage über diesen Weg erfaßt werden, d. h. der Betrachter nimmt in direkter, meist jedoch indirekter, unbewußter, quasi automatischer Weise an dem Entstehungsprozeß der visuellen Darstellung teil. Es ist dies ein behavioristischer Vorgang, der im Mittelpunkt all jener Überlegungen steht, denen es darum geht, der Interpretation der Wirklichkeit helfend zur Seite zu stehen.

Das dritte behavioristische Stadium ist das des Würdigens, des *Beurteilens*. Ausgehend vom optischen sowie dem akustischen Material — dieses durch systematische Denkarbeit und Intuition auf das Niveau einer Bedeutungsanalyse erhoben — werden individuelle Werturteile etabliert, die letztlich als axiomatisch gelten sollen. Gleich, ob es sich um Lesen, Hören oder Sehen im Zusammenhang mit Verstehen und Urteilen handelt, stets bleibt zu beachten — und das sei hier nur angemerkt —, daß es nicht angeht, hierbei ästhetische und soziale Momente miteinander zu vermengen. Schützt doch eine genaue Trennung der beiden Niveaus, von denen aus die Perzeption geschehen kann, zum einen davor, zu übersehen, daß die drei von uns angeführten Etappen der visuellen Kommunikation in einem dialektischen Spannungsverhältnis zueinander stehen. Zum anderen wird hierdurch erkenntlich, daß Kommunikations*möglichkeit* und Kommunikations*empfänglichkeit* zwei einander entgegengesetzte Pole sind, die — gleich zu welchen Perzeptionszielen — schon deshalb zusammengeführt werden müssen, damit das peinliche Unvermögen der auf Technologien beruhenden visuellen Medien, eine völlig andere Welt als ihre eigene zu übermitteln, ausgeglichen wird.

Damit betonen wir letztendlich, daß die Mechanismen der visuellen Kommunikation von ihrer Rezeption bis zu ihrer Wirkung als das Ergebnis einer *soziokulturellen Erscheinung* vor uns stehen, die es in ihrer Identität zu erfassen gilt. Es ist diese sozio-kulturelle Erscheinung, der sich eine fortschrittliche Kunstsoziologie zu widmen haben wird, wenn die Rolle und die Folgen der Verbindung zwischen Kunst und Technologie im Rahmen interdisziplinärer Erforschung zur Diskussion stehen. Interdisziplinär bedeutet dabei nicht nur, daß die unterschiedlichsten Kunstdisziplinen Nutzen aus der Existenz der massenmedialen Technologien für ihre wissenschaftlichen Arbeiten ziehen können, sondern für den am Verhalten des Menschen bzw. der Gesellschaft interessierten Wissenschaftler vor allem, daß die existierende sozio-kulturelle Erscheinung von verschiedenen Gesichtspunkten theoretisch sowie praktisch-methodologisch angegangen und erklärt werden kann.

Ohne Etablierung einer Rangordnung sehen wir als eine erste, recht häufig benutzte Analyseweise diejenige, die — von dem religiösen, moralischen, geistigen, politischen, künstlerischen oder sozialen Gehalt einer visuellen Darstellung ausgehend — uns aufweist, daß diese nicht ex nihilo entstanden ist. Mit diesem Ansatz wird jedoch oft Schindluder getrieben, zumal wenn er eine Ausdehnung ins Weltanschauliche erfährt. Denn dann wird mechanistische Kausalität zur Methode erhoben, wogegen sich die Wissenssoziologie schon seit Karl Mannheims Tagen immer wieder verwahrt hat. Die empirisch ausgerichtete kunstsoziologische

Analyse geht denn auch genau den umgekehrten methodologischen Weg und befaßt sich damit, das *Situationäre* zu erfassen, d. h., sie geht dem Einfluß der Gesellschaft auf die Rolle der massenmedialen Technologien nebst ihren soziokulturellen Erscheinungen nach.

— Eine Richtung geht von der Entstehung visueller Darstellungen in ihren diversen Ausdrucksformen aus und leitet davon Fagen allgemeinen Charakters ab, die sich auf die sozialen, moralischen, wirtschaftlichen oder kulturellen Vorstellungen einer bestimmten Klasse oder Schicht der Gesellschaft beziehen.
— Oder es wird versucht, anhand der sozio-kulturellen Erscheinungen, z. B. der diversen Musikgenres, den Nachweis zu erbringen, daß der Mensch im Umfeld eines geistig-geselligen Daseins zu begreifen ist.
— Oder die sozio-kulturellen Erscheinungen werden in Beziehung gesetzt zum sozialen Wandel, zu kulturpolitischen Entwicklungen oder dem direkten Gewebe der sozialen Organisation.
— Gänzlich andersgeartet ist der Ansatzpunkt, der den sozialen Grundlagen der Kreation von Darstellungen sowie des durch sie erzielten ästhetischen Genusses nachgeht.
— Und wiederum anders ist die Annäherung an die sozio-kulturellen Erscheinungen, die sich schwerpunktmäßig für die Frage nach dem Allgemeinen und dem Beständigen des konkretisierten visuellen Phänomens interessiert.
— Weitaus globaler geht es zu, wenn den Ausdrucksmöglichkeiten innerhalb der individuellen und kollektiven Auseinandersetzung zwischen spezifischen Gegebenheiten — wie beispielsweise Umwelt, Musik, visueller Darstellung und Gesellschaft — nachgegangen werden soll. Dann nämlich befinden wir uns inmitten desjenigen theoretischen und praktisch-methodischen Ansatzes, der als *Milieustudie* viele Anhänger gefunden hat. Der Beginn dieses Ansatzes der Erfassung eines Milieus und von dort aus der Aufdeckung von Verhältnissen wie z. B. den soeben erwähnten, wird im allgemeinen dem Vedienst von Hippolyte Taine zugeschrieben.[23] Jedoch auch andere dem soziologischen Denken zugetane Wissenschaftler haben bereits vor Taine dem Milieu als beeinflussendem Schöpfungs- und Verhaltenselement viele Seiten gewidmet. Ich erinnere nur an Alexis de Tocqueville, der in seinem Hauptwerk *De la Démocratie en Amérique* ebenso wie Taine zu der Erkenntnis kommt, daß jede Situation, jedes Milieu einen Geisteszustand hervorbringt, der sich bei der Perzeption und Rezeption von Gegebenheiten auswirkt.

Mit diesem Bezug auf das Milieu, auf dasjenige, was um der Präzision willen als der „sozio-kulturelle" oder der „apperzeptive kulturelle Hintergrund" angesprochen werden sollte, eröffnen sich gewiß mannigfache Darstellungsmöglichkeiten der Erscheinung, von der hier die Rede ist. Sie können allerdings auch leicht zu einem Apriorismus verführen, und zwar dann, wenn sie sich darauf kaprizieren, den Nachweis dafür zu erbringen, daß es das Ziel irgendeiner visuellen Darstellung war oder ist, eine *nach Ansicht des Forschers* oder des Produzenten für die

Gesellschaft wichtige Idee klarer und vollständiger zu offenbaren, als dies durch das Reale möglich ist. Es geht nun einmal nicht an, den aus sogenannten „kritischen Schulen" stammenden Kunstsoziologen das Wort zu reden, die die Gesellschaft als eine im wesentlichen totale Einheit auffassen. Schließlich sind die vielen Aspekte der Gesellschaft nicht alle lediglich Manifestationen eines Primärgeistes, zu dessen Ursprung sie alle hinneigen.

Zur Lösung der von uns als Beispiel angeführten Problematik scheint es am naheliegendsten zu sein, bei der Rolle der visualisierenden Technologie in bezug auf Wahrnehmung und Bedeutung des Dargestellten, also der Beziehung zwischen Kunst und Identität, dem *Symbolmilieu* nachzugehen. Um uns hier deutlich auszudrücken: Nicht den Symbolen als solchen soll nachgeforscht werden, sondern sowohl der Abhängigkeit des perzipierenden Menschen von seinem Symbolmilieu als auch der Erschaffung eines solchen durch den perzipierenden Menschen als Produzent und Konsument. Es präsentiert sich dann die Milieustudie als eine kunstsoziologische Handlungstheorie, d. h. als ein das menschliche (objektive und subjektive) Handeln als Einzelner, als Gruppe oder als Kollektiv miteinbeziehender Ansatz, der von hier aus nicht nur menschliche Gegebenheiten wie Liebe, Haß, Humor, Fruchtbarkeit, Aggressivität usw. zentralisieren kann, sondern auch solche „soziale Totalphänomene" wie Kultur und Kulturen ansieht. Wohlgemerkt, diese hier von uns angesprochenen Totalphänomene sind nicht einfache Nebeneinanderstellungen diverser Aspekte der Kultur in der Gesellschaft, sondern deren Verkörperung in einer individuellen oder kollektiven Erfahrung. Gerade die Symbolmilieustudie liefert uns die Möglichkeit, jene Serie von Mechanismen zu erfassen, die so leicht zu einer *falschen* sozio-kulturellen Perzeption der menschlichen Beziehungen zu Kunst und Technologie führen können.

Wir schließen uns damit der Erkenntnis an, daß jedes Übereinkommen in der menschlichen Kommunikation — auch das zwischen Kunstproduzent und Kunstkonsument — nach Kenntnis und Bedeutung von Symbolen verlangt. Zur Herstellung technologisch vermittelter sozio-kultureller Interaktionen müssen sie erlernt und verarbeitet werden. Denn nur so können sie zum einen wirksam genutzt werden und zum anderen zur Schaffung und Erhaltung eines lebensfähigen Symbolmilieus beitragen. Es hieße die Augen vor der Wirklichkeit verschließen, wollten wir nicht erkennen, daß es in unseren Tagen in erster Linie an den Diffusionstechnologien ist, die Gemeinsamkeit von Sinnbildern hervorzurufen.

Was immer auch das Ergebnis von Analysen dieser Art sein mag, sie zeigen zum einen auf, welche neuen Qualitäten der Kunstsoziologie verliehen werden können, wenn sie, ohne ihre Selbständigkeit zu verlieren, das ihr eigenste Gebiet in andere soziologische Gebiete einzubauen versteht. Zum anderen eröffnen sich ihr hierdurch die Möglichkeiten, situationäre Elemente oder Phasen, die sich in gesellschaftlichen Trends verdeutlichen, und auch das Künstlerische zu erfassen. Sie bestimmen sowohl die kreative Seite der Künste, also die Produzenten, wie auch deren Konsumenten und sind ebensowenig statisch wie eine Gesellschaft und ihre

Kulturerscheinungen. Es muß auch für die Kunstsoziologie zu einer soziologischen Binsenweisheit werden, daß — ebenso wie jedes Mitglied der Gesellschaft — auch Kunstproduzenten und Kunstkonsumenten einem sozialen Wandel unterliegen, der sich in *typischen Trends* einer Gesellschaft niederschlägt. Sie machen die Grundlage einer jeden gesellschaftsbezogenen Beurteilung aus und somit auch die Stellung der Künste in der heutigen Gesellschaft. Sprach man noch vor einiger Zeit vom Trend der „Marketing-Orientierung", dann von dem der „Außengeleitetheit", dann dem der „Identitäts-Verbreitung" und aphoristisch von dem der „permissive society", so glauben wir sagen zu können, daß sich zur Zeit von einem *Trend zur visuellen Kultur* sprechen läßt. Solchen Trends wird die Kunstsoziologie mit Bezug auf die das Kunsterlebnis hervorrufende Relation zwischen Künstlerschaft, Kunstwerk und Gesellschaft zu entdecken und in ihre Arbeiten einzubeziehen haben, zumal die Feststellung von Trends unpersönlich ist und der Begriff keine unausweichlichen moralischen Implikationen hat, wobei „Unausweichlichkeit" in diesem Zusammenhang bedeutet, daß es weder einem Individuum noch einer Institution gelingen dürfte, die Richtung eines sozio-kulturellen Trends durch persönliche oder institutionelle Anstrengungen zu verändern.

Wie Janet Wolff aufzuzeigen versteht[24], ist die seit Jahrzehnten anhaltende Diskussion zwischen Ästhetik und Kunstsoziologie vorüber: Beiden Disziplinen ist eine *„relative autonomy"* zuzuschreiben, was von Alan Gowans, der sich mit den sozialen Funktionen der Populärkunst. darunter beispielsweise auch „Comics", auseinandersetzt, dadurch unterstrichen wird, daß er schreibt: *„Only insofar as the study of art is not about art but about what art does can it qualify as a humanity."*[25] Nicht länger darf die Kunstsoziologie in einem durch Wertbestimmungen hervorgerufenen Spannungsverhältnis zu den Künsten, ihren Schöpfern und ihren Nutzern stehen und sich als derjenige Wissenschaftszweig aufspielen, der am Fortbestehen absoluter Werte festhält. Sie würde sich damit der Erkenntnis und Anerkennung des dynamisch-evolutionären Attitüdenwandels gegenüber den Künsten verweigern und übersehen oder gar die Grundattitüde ignorieren, die jeden Attitüdenwandel beherrscht, nämlich die Integration einer dynamischen Sicht gegenüber dem rapide fortschreitenden sozio-kulturellen Wandel. Wie an Beispielen aufgezeigt, wird die Ausdehnung der Kunstsoziologie in andere Gebiete der Soziologie und der Sozialpsychologie zu einer absoluten Notwendigkeit werden, will sie sich nicht in die Beantwortung von Fragen wie „Was ist gute Kunst?" oder „Was ist Kunst?" verlieren. Ebenso wie für das gesamte Feld der Soziologie gilt auch für die Kunstsoziologie, daß jeder neue gesellschaftliche Zustand nach einer Lösung verlangt und daß zwischen den gegensätzlichen Anziehungskräften sich gegenüberstehender Spannungspole gleich welcher Art ein Ausgleich gefunden werden muß, der einen *positiven Beitrag* zu verbesserten Lebensbedingungen darstellt.

Anmerkungen

1 R. Serge Denisoff, *Sing a Song of Social Significance*, Bowling Green 1972; ders., *Solid Gold*, New Brunswick/N. J. 1975; ders. mit Richard A. Peterson (Hrsg.), *The Sounds of Social Change*, New York 1972.

2 Jürgen Hofmann, *Kritisches Handbuch des westdeutschen Theaters*, Berlin 1981.

3 Albin Hänseroth, *Elemente einer integrierten empirischen Theaterforschung*, Frankfurt/M. 1976.

4 Heinz Kindermann, *Das Theaterpublikum der Antike*, Salzburg 1979.

5 Siehe schon sehr früh Roger Pradalié, *L'art radiophonique*, Paris 1951.

6 Siehe z. B. Radiotelevisione Italiana (Hrsg.), *Proceedings of the Meeting on TV and Visual Arts*, Turin 1979, sowie *Proceedings of the Meeting on Television and Artistic Patrimony*, Turin 1982.

7 Vgl. René Berger, *L'effet des changements technologiques*, Lausanne 1983.

8 Giacomo Manzoni, in: Otto Kolleritsch (Hrsg.), *Adorno und die Musik*, Graz 1979, S. 34.

9 Kurt Blaukopf, *Musik im Wandel der Gesellschaft*, München 1982, S. 359.

10 René König, *Sur quelques problèmes sociologique de l'émission radiophonique musicale*, in: Cahiers d'Etudes de Radio-Télévision, Paris 1955, Heft 3—4, S. 348ff.

11 Siehe hierzu Alphons Silbermann, *Soziologie der Künste*, in: René König (Hrsg.), *Handbuch der empirischen Sozialforschung*, Stuttgart ²1979, S. 166ff.

12 Zur sozialen Situation des Künstlers siehe: René König/Alphons Silbermann, *Der unversorgte selbständige Künstler*, Köln/Berlin 1964; Alphons Silbermann/René König (Hrsg.), *Künstler und Gesellschaft*, Sonderheft 17 der Kölner Zeitschrift für Soziologie und Sozialpsychologie, Opladen 1974. Zur Stellung der Künste in der Gesellschaft siehe UNESCO (Hrsg.), *The Arts in Society*, Paris 1981.

13 Jean-Marie Guyau, *L'art du point de vue sociologique*, Paris 1889. Hierzu siehe: Hans-Peter Thurn, *Jean-Marie Guyau*, in: Alphons Silbermann (Hrsg.), *Klassiker der Kunstsoziologie*, München 1979, S. 28ff.

14 Siehe hierzu u. a. Martin Damus, *Sozialistischer Realismus und Kunst im Nationalsozialismus*, Frankfurt/M. 1981.

15 Vgl. hierzu Jürgen Claus, *Umweltkunst. Aufbruch in neue Wirklichkeiten*, Zürich 1982, sowie ders., *Expansion der Kunst. Beiträge zu Theorie und Praxis öffentlicher Kunst*, Frankfurt/M., Berlin, Wien 1982.

16 Hierzu Peter Ulrich Hein, *Der Künstler als Sozialtherapeut. Kunst als ideelle Dienstleistung in der entwickelten Industriegesellschaft*, Frankfurt/M., New York 1982.

17 Hervé Fischer, *L'histoire de l'art est terminée*, Paris 1981.

18 C. K. Ogden und I. A. Richards, *The Meaning of Meaning*, New York ⁷1945.

19 Z. B. Charles E. Osgood/George J. Suci/Percy H. Tannenbaum, *The Measurement of Meaning*, Urbana/Ill., 1957.

20 Ernst Cassirer, *Philosophie der symbolischen Formen*, 3 Bde., Berlin 1923—1929. Hierzu Walter Nutz, in: Alphons Silbermann (Hrsg.), *Klassiker der Kunstsoziologie*, München 1979, S. 137ff.

21 Erwin Panofsky, *Meaning in the Visual Arts*, New York 1955. Hierzu Albin Hänseroth, in: Alphons Silbermann (Hrsg.), *Klassiker der Kunstsoziologie*, München 1979, S. 183ff.

22 Rudolf Arnheim, *Kunst und Sehen*, Berlin 1965 (zuerst Berkeley 1954).

23 Hippolyte Taine, *Philosophie de l'art*, 2 Bde., Paris 1882. Hierzu Leo Kofler, in: Alphons Silbermann (Hrsg.), *Klassiker der Kunstsoziologie*, München 1979, S. 11ff.

24 Janet Wolff, *Aesthetics and the Sociology of Art*, Winchester/Ma. 1983.

25 Alan Gowans, *Learning to See. Historical Perspectives on Modern Popular/Commercial Arts*, Bowling Green/Ohio 1981, S. 193.

Aspekte der Musiksoziologie in Israel

JOACHIM BRAUN

Schon 1957, kaum zehn Jahre nach der Gründung des Staates Israel, schrieb Alphons Silbermann in seinen bekannten *Prinzipien der Musiksoziologie: „Ein für den Musiksoziologen* [. . .] *besonders beachtenswertes Feld hat sich in dem Musikleben des jungen Staates Israel eröffnet. Dort berühren sich Publikumsgruppen, die aus Zentraleuropa abstammen* [. . .] *mit solchen, die aus arabischen Ländern gekommen sind* [. . .] *Sie, zusammen mit zahlreichen anderen Gruppen, funktionieren nun wie eine Art musikalischer Filter, so daß ihre Berührungsprozesse auf die Dauer zur Kristallisierung eines israelischen Musikstiles führen können"* (Silbermann 1957, S. 153). Silbermann hatte hiermit nicht nur die Bedeutung der musiksoziologischen Forschung in Israel hervorgehoben und die musikkulturelle Dynamik skizziert, die dem sozialpolitischen Denken der Gründer Israels entsprach — von diversen ethnischen Gruppen und Musikkulturen zur Kristallisierung einer Nation und nationalen Musik —, sondern auch das Ethnische als Zentralfaktor der Musikkultur Israels bezeichnet.

In nicht minderem Maße als der „outsider" Silbermann sahen auch die heimischen Musikwissenschaftler die einzigartige Situation der Sozialstruktur Israels und ihre Perspektiven für die Musikforschung. Die damals noch ganz junge Johanna Spector beschrieb schon einige Jahre vor Silbermann die israelische Musikwissenschaft als ein Teilgebiet der Sozialwissenschaft. Nachdem sie auf die vielfältigen Kulturaspekte der etwa einhundert jüdischen Gemeinden (*edot*[1]) infolge des *„ingetherings of exils"* hingewiesen hatte (von den Verwandtschaftssystemen, ökonomischen Mikrostrukturen und Sprachproblemen bis zum Kunsthandwerk und zur Zeremonie-, Sitten- und Glaubenssymbolik), meinte sie, daß *„all these various fields present themselves to the researcher as interconnected and related, because it is life itself he is studying".* Also folgert Spector: *„a musicologist becomes an anthropologist"* (Spector 1954, S. 4).

Zur selben Zeit äußerte sich auch der 1938 nach Palästina gekommene große Vorkämpfer der modernen Musikpädagogik, Leo Kestenberg. Mit Blick auf die Zukunft der Musik in Israel schrieb Kestenberg, der ansonsten die soziale Komponente an musikalischen Prozessen unterstrich, 1955 ganz im Geist Rousseaus und der klassischen deutschen Philosophie: *„The real import of all musical education is, perhaps, particularly clear to us in Israel. We are particularly close to the divine source of the Judaic-Christian stream of European culture* [. . .] *At every level we must devote ourselves to exalting the soul to transcendental heights"* (Kestenberg 1955, S. 55—56).

Hanoch Avenary, einer der Gründer der israelischen Musikwissenschaft, übertrug diese humanistische Perspektive auf das Studium der Musikgeschichte *per se*: *„Music will no longer be treated as the concern of a certain social layer, nor as an arabesque on the margin of great political and cultural events: for the old Mediterranean civilizations have already acknowledged it as a power interwoven in all human affairs"* (Avenary 1955, S. 11).

Auch zwanzig Jahre später sieht Eric Werner in einer musiksoziologischen Theorie und Methodologie das End- und Hauptziel der israelischen Musikwissenschaft. Als deren Ausfluß soll eine auf statistischer Analyse gegründete Typologie der jüdischen Musik entwickelt werden: *„social, religious, political, even communication conditions contribute in various degrees to an ever-fluctuating, fictitious, yet homogeneous image of an entire tradition, in short, to a typology"* (Werner 1976, S. 29).

All dieses, oder sagen wir, das meiste davon verblieb aber im Bereich der Wunschideen. Die israelische Musikwissenschaft schlug stattdessen einen viel begrenzteren, nämlich rein ethnomusikologischen Weg ein. Die Musikwissenschaftler in Israel sahen in noch größerem Maße als Silbermann das Ethnische als Zentralproblem der Forschung. Eine solche Einstellung war damals wegen der diversen Bevölkerungsgruppen Israels durchaus berechtigt.

Zunächst muß an die einzigartige Bevölkerungsexplosion in Israel erinnert werden. Es gibt kaum ein anderes Beispiel einer so kurzfristigen und turbulenten Bevölkerungsdynamik. Es genügt, darauf hinzuweisen, daß die Totalbevölkerung Israels sich in den zwölf Jahren von 1948 bis 1960 mehr als verdoppelt hat (von etwa 850.000 auf 2 Millionen) und sich in den nächsten zwölf Jahren bis 1972 verdreifachte (auf fast 3 Millionen). Es ist ganz klar, daß so ein Wachstum nur teilweise auf Grund der natürlichen Geburtenrate geschah; mehr als 60 % des Zuwachses kamen von den verschiedenen Immigrationswellen, die in den Jahren 1948—50, 1955—56, 1962—64 und 1969—73 besonders hoch schlugen und die erwähnten mehr als 100 Kulturgruppen (von Äthiopien bis Schweden und von Mexiko bis China) ins Land brachten (vgl. Society 1980, S. 5—6). Dazu kommt die Veränderung der Infrastruktur der Bevölkerung in Richtung einer kraß steigenden Dominanz der asiatisch-afrikanischen Kulturgruppen: 1948 bestand die jüdische Bevölkerung aus etwa 35 % in Israel geborenen, 10 % aus Asien und Afrika gekommenen und 55 % von Europa und Amerika nach Israel eingewanderten Menschen. Bis 1970 veränderte sich das Verhältnis entsprechend auf 43 %, 30 % und 28 % (Society 1980, S. 7). Diese dramatischen demographischen Veränderungen hatten einen tiefgreifenden Einfluß auf die Musikkultur Israels. Das Studium dieser Veränderungen, aber auch die Untersuchung der Musikkulturen neu eingewanderter Gruppen war vor allem ethnisch ausgerichtet. Folglich stand eine ethnisch orientierte Musikwissenschaft, die durch die demographischen Prozesse des Landes bedingt war, im Vordergrund.

Die Tendenz, sich den ethnischen Aspekten der Musikkultur zu widmen, wurde auch durch die Natur der jüdischen Musik, wie sie Curt Sachs 1957 bestimmte, gefördert. Dessen Definition wurde analog zur traditionellen jüdischen Musik selbst mündlich überliefert. In seiner Eröffnungsrede zum Ersten Internationalen Kongreß für jüdische Musik soll Sachs gesagt haben: *„Jewish music is that music which is made by Jews, for Jews, as Jews"* (Encyclopedia 1971, 12:555). Diese Definition lebt noch heute in verschiedenen Varianten fort (z. B. Proceedings 1982, S. 16) und wurde sogar (bewußt oder unbewußt?) von Kunsthistorikern übernommen (Narkiss Juni 1985).

Die Fragwürdigkeit der Sachs-Definition wird indessen offensichtlich, sobald man die enorme Zahl der so nicht erfaßbaren Musik in Betracht zieht. Überdies ist der Wert einer Definition zu bezweifeln, wenn sie nicht auf andere Erscheinungen derselben Reihe angewendet werden kann, in diesem Fall auf andere Musikkulturen. Viel überzeugender ist in dieser Hinsicht eine andere Definition des Kunsthistorikers Bezalel Narkiss (Narkiss Mai 1985; bezeichnenderweise sind die zwei Narkiss-Definitionen, von denen eine mit Sachs übereinstimmt, die andere von Sachs abweicht, nur in einem journalistischen Kontext erschienen). Auf die Musik angewendet würde sie bedeuten, daß alles in der Musik, womit Juden sich identifizieren können, als jüdische Musik bezeichnet werden könne. Dieser Standpunkt kommt dem von Mark Slobin nahe: *„it is not the form, but the understood* meaning *of a particular item that puts it inside that* [ethnic, J. B.] *boundary"* (Slobin 1984, S. 38). Obwohl aus modern-semiotischer Sicht diese Definition überzeugend ist, verlieren wir mit ihr den Boden unter den Füßen, sobald wir es mit historischem Material zu tun haben, das ohne Sozialkontext betrachtet wird.

Allan Merriam versteht Musik im weitesten Sinn als *„Verhalten des Menschen"*, genauer *„geformtes Verhalten"* (*„patterned behaviour"*; Merriam 1963, S. 212). Akzeptiert man dies, so könnten wir sagen, daß nationale bzw. ethnische Musik national bzw. ethnisch bedingtes Verhalten ist, und daß folglich jüdische Musik jüdisch bedingtes Verhalten oder mit anderen Worten solche Musik wäre, die in formaler, stilistischer oder semantischer Hinsicht Anzeichen eines jüdischen Verhaltens und einer jüdischen Kultur hat und übermittelt.

Trotz ihrer Unhaltbarkeit aus heutiger Sicht hatte die Sachs-Definition zu ihrer Zeit die Zentralstellung der ethnischen Problematik in der jüdischen Musik treffend widergespiegelt. Ausprägung und Geist der jüdischen Musik sind durch die sozial-historischen Prozesse der Geschichte des jüdischen Volkes bestimmt. Die jüdische Musik — die liturgische und die weltliche Volks- und Kunstmusik — hat sich während der mehr als zweitausend Jahre der Diaspora entsprechend der jüdischen Kultur in Regionalstile der verschiedenen *edot* aufgespalten, die vorwiegend ethnisch bedingt waren. Und obwohl Preservation und Kontinuität ebenso wie Assimilation, Konformation, Integration, Akkulturation oder Autonomie sozial geschichtet sein konnten und sicherlich von Sozialfaktoren nicht weniger als von ethnischen beeinflußt waren, blieb die Musikwissenschaft vornehmlich ethnisch ausgerichtet; andere Ansätze, die vielleicht die bisherigen Konzepte und Einstellungen ins Schwanken hätten bringen können, blieben ihr verschlossen. Die Forschung konzentrierte sich ganz auf die ethnischen Charakteristiken der Musik der einzelnen *edot*. Die Rechtfertigung einer solchen Einstellung war darin zu erblicken, daß das bisher auf alle Kontinente und in mehr als hundert Länder und in unzählige Gemeinschaften verstreute Musikrepertoire nun in Israel konzentriert war und hier notiert, aufgezeichnet, systematisiert und erforscht werden konnte. Das Gemeinsame und das Unterscheidende dieses Repertoires hervorzuheben, war von jeher der Traum der Vergleichenden Musikwissenschaft. Der Rekonstruktion eines jüdischen „Ur-Melos" auf der Basis eines solchen Vergleichs galt das Lebenswerk des Avraham Zvi Idelsohn (Idelsohn 1914; Idelsohn 1929). Von den Ideen Idelsohns und Robert Lachmanns (der sich im Unterschied zu Idelsohn auf einzelne musikethnologische Fallstudien konzentrierte, vgl. Lachmann 1940) beeinflußt, war es kein Wunder, daß die israelische Musikwissenschaft sich hauptsächlich der ethno-musikalischen Forschung widmete.

Alle vier von Allan Merriam so vortrefflich beschriebenen Konzepte der traditionellen Ethnomusikologie fanden in Israel einen fruchtbaren Boden (vgl. Merriam 1963). Mit der Vielfalt eines kaum übersehbaren Materials konfrontiert, kam erstens das *„duty of preservation concept"* zum Zuge. Die Arbeit an dem 1935 von Robert Lachmann gegründeten Schallarchiv (heute „Phonothek" genannt) der Hebräischen Universität in Jerusalem konnte ohne weiteres fortgesetzt werden. Etwa 30.000 Schallaufzeichnungen jüdischer Musik sind hier aufbewahrt. Das *„preservation concept"* hatte auch einen negativ-restaurativen Effekt: In ihrem Wunsch, die Tradition um jeden Preis zu bewahren und festzuhalten, kamen die Wissenschaftler bald von der reinen Sammeltätigkeit zu einer Art Mumifizierung der Tradition sowie zur gewollten Konservierung der Musikkulturen: *„despite the removal of almost the entire community to Israel* [in diesem Fall von Indien; J. B.], *it is to be hoped that this tradition will be preserved in its new locale"* (Ross 1977, S. 72). Ähnliche Wunschvorstellungen wurden sogar noch beim Weltkongreß für jüdische Musik in Jerusalem 1978 geäußert (Proceedings 1982, S. 57).

Auch das *„communication concept"*, das Hand in Hand mit den zionistischen Ideen der nationalen jüdischen Renaissance ging und zur Verständigung der diversen Bevölkerungsgruppen beitragen sollte, fand eine sehr weite Verbreitung in Israel (Gerson-Kiwi 1960). Das dritte von Merriam beschriebene Konzept heißt *„shotgun concept"*. Es äußert sich dadurch, daß die in Israel vorhandenen ethnischen Reichtümer von den verschiedenen Interessenten — Musikforschern, Psychologen, Anthropologen, Komponisten, Hörern etc. —, besonders aber von westlich orientierten Musikern (Aspects 1980, S. 3—30) ausgebeutet werden.

Schließlich postuliert Merriam noch das *„white knight concept"*, das es dem westlichen Musikwissenschaftler[2] geradezu zur Pflicht macht, sich für die östliche Musik einzusetzen, die doch immer vernachlässigt und diskriminiert worden sei. In

Israel, in dem die östliche Welt einen wichtigen Bestandteil des wieder zusammengekommenen Volkes bildete, war dieses Konzept besonders bedeutsam; es führte allerdings auch zu lokalen Komplikationen. In den östlichen jüdischen Musikkulturen erblickte man nicht nur das Exotische, das Orientalische und das Nicht-Europäische, sondern auch die „ältesten", „authentischsten" und „wertvollsten" Schichten der jüdischen Musiktradition. Das *„searching for roots"* — ein gewisser Drang zur Ur-Kultur amalgamiert mit dem *„white-knight"*-Syndrom — führte zu einer vorwiegend östlich orientierten Ethnomusikologie: Nicht weniger als 80 % der einschlägigen Literatur beziehen sich bis heute auf die östlichen asiatisch-afrikanischen *edot* (The New Grove 1980; Shiloah/Gerson-Kiwi 1981). In dieser Einseitigkeit kommt übrigens auch eine gewisse „minus-Eins"-Position zum Tragen, die eine Tendenz der jeweils dominanten sozio-kulturellen Gruppe charakterisiert, stets nur andere als *„ethnics"* zu bezeichnen, sich selbst aber *„not as ethnics but as setting the standard by which others are to be judged"* (Banton 1983, S. 65). In Israel, wo die aus westlichen Ländern gekommenen und westlich orientierten Gruppen das sozio-kulturelle Establishment bildeten, betrachtete man folglich hauptsächlich das östliche Judentum als eine ethnische Gruppe, die westliche Musikkultur wurde dagegen von der Ethnomusikologie nicht eigentlich als ihr Forschungsobjekt betrachtet, und so kam es zu einer Vernachlässigung der Erforschung des westlich orientierten Teils des Musiklebens. Dies führte auch zu einer Vernachlässigung der für die Musiksoziologie im besonderen kennzeichnenden Forschungsgebiete (Soziologie musikalischer Gattungen, Sozialdechiffrierung von Musikwerken, musikalische Rezeption, Musik und Ideologie, Massenkultur, die Musikkultur von Stadtgemeinden, etc.).

Auch die geistig-ideologische Atmosphäre des jungen Israel darf in diesem Kontext nicht vergessen werden — die zionistische Idee selbst, die als fördernder Faktor der Ethnomusikologie betrachtet werden kann. Eine der zentralen Ideen des gesellschaftlichen Denkens im Staate Israel war und ist in gewissem Maße noch heute die Idee der Verschmelzung der diversen jüdischen Kulturmodule in ein monolithisches Nationalsystem. So äußerte David Ben Gurion 1951: *„This is a people unique, hurled to all the ends of the earth, speaking with many tongues, apprenticed to alien culture, as under in different communities and tribes within the House of Israel. We must melt down this fantastically diversified assemblage and cast it afresh in the die of a renewed nationhood. We must break down the barriers of geography and culture, of society and speech, which keep the different sections apart, and endow them with a single language, a single culture, a single citizenship, a single loyalty, with new legislation and new laws. We must give them a new spirit, a culture and literature, science and art"* (Ben Gurion 1951, S. 401). Ben Gurion akzentuiert vor allem ethnische und kulturelle Divergenzen; sozialpolitische, -ideologische und -ökonomische Aspekte erscheinen demgegenüber sekundär. Mit den Ideologen kamen die Künstler, Schriftsteller und auch Musiker, um nach künstlerischen und sozialen Kommunikationskanälen und Ausdrucksmöglichkeiten zu suchen, die diese neue Kultur fördern könnten (Tal 1955). Das Gemeinsame konnte aber nicht künstlich aus dem Nichts geschaffen werden; das Gemeinsame mußte aus der Vielfalt herausgefunden und im Vergleich studiert werden (siehe z. B. typische Titel wie *Synthesis and Symbiosis of Styles...*, Gerson-Kiwi 1960; *The Legacy of Jewish Music through the Ages,* Gerson-Kiwi 1963; *Diversity within Unity...*, Sharvit 1980), die Musikkulturen der verschiedenen *edot* mußten erst erforscht werden. Wir stoßen daher auf die immanente Notwendigkeit, in erster Linie ethnomusikologische Studien zu betreiben.

So kam es in Israel zur jahrelangen Vorherrschaft einer ethnisch eingestellten Musikwissenschaft. Die Haupttendenzen der israelischen Ethnomusikologie wurden vor kurzem kritisch gesondert (Braun/Scharvit 1982); demnach lassen sich drei Tendenzen hervorheben:

a) Die erste Tendenz, zu der der größte Teil aller Publikationen rechnet, ist hauptsächlich der Beschreibung und formalen Analyse des ethnischen Musikrepertoires gewidmet und hat in diesem Ansatz eine Menge ethnischer Musik ans Licht gebracht (z. B. Gerson-Kiwi 1962; Hoffmann 1969; Weich 1979). Das Material stammte von Einzelinformanten (*„culture bearers", „key informants"*), wurde allerdings von deren sozialem und kulturellem Kontext isoliert betrachtet; und obwohl die Informanten hervorragende Kenner der Tradition waren, blieben die Belege oft vereinzelte und kulturell isolierte Beispiele. Die Musik wurde bloß als Endprodukt, statisch und von konstantem Wert gesehen; sie wurde insoweit als „Museum" betrachtet; die gesamte ethnische Gruppe, *„serves as an instance of rare stability and remoteness in all its folkways"* (Gerson-Kiwi 1965). Die Idee einer „antiken" bzw. „authentischen" Musikkultur, die nicht nur in Schallarchiven, sondern auch in der Musikpraxis konserviert sein sollte (Ross 1977), beherrschte diesen Trend. In ihrem Grundkonzept widersprach diese Idee der Natur gesellschaftlicher Prozesse und zudem auch noch den Idealen des neuen Staates.

b) Die zweite Strömung in der Ethnomusikologie betrachtet die Volksmusik in gewisser Hinsicht als lebenden Organismus und setzt die Musik in einen sozialen Kontext. Die Kulturaspekte und -ereignisse werden aber nur als Hintergrund angesehen. Eine gesonderte Beschreibung, ja sogar getrennte Analyse von Zeremonie und Musik (z. B. Schiloah 1974) kann weder die Interdependenz von Musik und Wort noch die von Musik und sozialem Hintergrund erklären (auch Avenary 1975; Gerson-Kiwi 1961; etc.). Die Studien dieser Gruppe bleiben der Methodik der ersten Gruppe verpflichtet, obwohl in Einzelfällen öfters auch statistische Analysemethoden einbezogen werden (Katz 1968 und 1974). In dieser Hinsicht sind aber die Versuche, Verallgemeinerungen der Befunde auf ganze ethnische Gruppen oder komplexe soziale Kulturprozesse vorzunehmen, sehr riskant.

c) Der dritte Trend unter den Ethnomusikologen ist eine ziemlich neue Erscheinung in der Musikwissenschaft Israels (seit etwa 10—15 Jahren); er kommt der modernen Musik-Anthropologie und -Soziologie am nächsten. Diese Richtung betrachtet die Musik als „patterned behaviour", als Symbol. Im Zentrum dieser Studien steht die Funktionsanalyse des Musikrepertoires und auch teilweise die semantische Strukturanalyse. Die Musik wird als eine Teilmanifestation der Sozial- und Kulturereignisse analysiert (in Anlehnung an Studien von John Blacking und Allan Merriam). So sprechen z. B. Bruno Nettl und Amnon Schiloah in einer Studie zur Musikkultur der iranisch-jüdischen Gruppen in Israel über *„modernization of musical sound and musical behaviour that has resulted from the exposure of Iranians to the multi-faceted musical society in Israel"* (Nettl/Shiloah, 1978, S. 153). In einer Analyse der Kulturmodelle der jüdisch-jemenitischen Tradition wird die Strukturgemeinschaft des Musikverhaltens mit anderen Gesellschafts- und Kultur-Phänomenen aufgezeigt (Sharvit 1981; s. auch Sharvit 1980; Hajdu 1972). Die ganze Methodologie ist aber auch hier auf die Erforschung des Ethnischen konzentriert; indem also die empirisch-soziologische Analyse unterbleibt, ist ein Problem wie das der Gruppennormen kaum diskutierbar.

Alle drei Richtungen der israelischen Ethnomusikologie haben also einige konzeptionelle und methodische Züge gemeinsam:

a) Die Musikkultur und ihre Prozesse werden hauptsächlich ethnisch gesehen; alle anderen sozialen Parameter werden mehr oder minder im Schatten belassen.

b) Das Ethnische selbst wird wiederum hauptsächlich im orientalischen Element gesehen.

c) Dem folgt das weitgehende Ignorieren des Musiklebens westlicher Prägung und somit auch des Stadt-Milieus.

d) Die Forschungsmethodik stützt sich vorzüglich auf Einzelinformanten, wodurch eine statistisch begründete Analyse nicht möglich ist. Validität und Reliabilität der Folgerungen erscheinen so nicht hinreichend gesichert.

Die Rückständigkeit der Forschung auf dem Gebiet der Musiksoziologie und die Vernachlässigung von deren Konzepten zeigen sich klar in den publizierten Mitteilungen über den Forschungsstand der Musikwissenschaft Israels. Der erste, schon 1958 erschienene Bericht (Gerson-Kiwi 1958) erwähnt die Musiksoziologie überhaupt nicht; auch unter Desiderata ist dieses Forschungsgebiet nicht genannt. Noch 1968 ist die Musiksoziologie als Disziplin abwesend, obwohl die Sozialgeschichte der Musik als Forschungsthema erwähnt wird (Harran 1968, S. 121).

Der letzte Forschungsbericht wurde 1981 von Schiloah und Gerson-Kiwi vorgelegt. Von den 22 hier genannten Musikwissenschaftlern, die den aktiven Kern der israelischen Musikwissenschaft bilden und sich mit der jüdischen Musik befassen, arbeiten etwa fünf historisch und fünf systematisch; der größere Teil der Forscher ist heute in beiden Bereichen aktiv. Das spiegelt wiederum die Spezifik der jüdischen Musik wider, die sowohl historischen als auch systematischen Aspekten zugänglich und deren Erforschung nur durch eine Verschmelzung der beiden Bereiche möglich ist. Was die Musiksoziologie betrifft, so ist diese in diesem letzten

Report wiederum nur einmal als potentielles Forschungsgebiet eines Musikwissenschaftlers genannt (Shiloah/Gerson-Kiwi 1981, S. 212).

Das Programm des Welt-Kongresses für jüdische Musik im Jahre 1978 (Proceedings 1982)[3] vermittelt zumindest ein indirektes Bild der Forschungsschwerpunkte und Interessen der israelischen Musikwissenschaft, wobei die Geringschätzung der Musiksoziologie klar zutage tritt: Von 33 Kongreßvorträgen operierte kein einziger mit soziologischen Konzepten, obwohl sich alle in der einen oder anderen Form mit sozialen Problemen befaßten. Dieses negative Bild bestätigte sich schließlich auch anhand der Musikartikel der israelischen enzyklopädischen Literatur, deren Information und Darlegung im Grunde soziologisch irrelevant ist (Boehm 1979; Gradenwitz 1957).

In den erwähnten Forschungsberichten, in der enzyklopädischen Literatur, in Kongreßvorträgen usw. tritt in gewissem Maße nicht nur die aktuelle Konzeption der Musikwissenschaft zu Tage, sondern oft auch die Einstellung der israelischen Musikwissenschaftler. Zwar werden die Musik und das Soziale nicht selten und sogar konsequent in guter Nachbarschaft diskutiert, die Kontaktstelle aber zwischen Musikwissenschaft und Sozialwissenschaft (von einer interdisziplinären Einstellung ganz zu schweigen) bleibt unreflektiert. Die ungenügende Verbindung von Musikwissenschaft und Sozialwissenschaft ist leider von beiden Seiten verschuldet. Aspekte der Musik oder des Musiklebens sind den Sozialwissenschaften (von seltenen Ausnahmen abgesehen) völlig fremd geblieben. Das kann am Beispiel der *Enzyklopädia l'madei ha'chevra* (Enzyklopädie der Sozialwissenschaften; Enziklopedia 1962–1970) am besten demonstriert werden: Dieses fünfbändige Werk hatte keinen Fachredakteur für die Künste (im Gegensatz zu den meisten anderen Gebieten), es enthält folglich nur einen insgesamt zwei Seiten langen (kurzen!) Artikel über die Künste, in dem die Musik nur ganz beiläufig erwähnt ist (man sollte dies mit dem Artikel *Music* von Merriam und Engel in der *International Encyclopedia of Social Sciences* vergleichen; International 1968). Erst 1981 erscheint im Addenda-Band ein etwa vier Seiten langer Artikel „Musik und Gesellschaft".

Bis vor kurzem hatte also die soziologische Forschung in Israel kaum ein Interesse für die Musik. Sogar solche klassischen Werke wie Schmuel N. Eisenstadts *Israel Society* bringen das Wort „Musik" nicht einmal im Sachregister (Eisenstadt 1970), und in einer Bibliographie zum Thema *„Kultur und Werte"* ist keine einzige Arbeit über die Künste erwähnt (Integration 1970, S. 691–703). Stattdessen sind die veralteten Konzepte der „universellen Musik" noch wirksam: *„The most universal non-local artistic sphere was that of music, a sphere which is certainly not marginal. Here both consumption and production were generally geared to universal musical creativity, a fact which is fully borne out by the Israel Philharmonic Orchestra with its string of international conductors and its own international repertoire"* (Eisenstadt 1970, S. 377). Was die Volksmusik anbetrifft, so heißt es knapp: *„Naturally folk music and dances etc. have also developed in this sphere"* (Eisenstadt 1970, S.

377). Es ist nur nicht klar, ob die Volksmusik zu den *„universal"* oder zu den *„non-local"* Eigenschaften der Musik gezählt werden soll.

Eine vereinzelte, aber höchst anregende Studie der Kulturverhältnisse in Israel haben Eliahu Katz und Michael Gurevitch unter dem Titel *The Secularization of Leisure: Cultur and Communication in Israel* (Katz/Gurevitch 1976) vorgelegt. Daten über Konzertbesuch, Musikinstrumenten- und Schallplatten-Besitz, Radiohören, Vergnügungsaktivitäten etc. werden hier erstmalig präsentiert und analysiert und zwar größtenteils in dreidimensionaler Korrelation (Alter, Abstammung, Bildung). Die Studie wurde im Auftrag des Ministeriums für Bildung und Kultur durchgeführt und basiert auf Feldarbeiten aus dem Jahre 1970. Leider sind Terminologie und Präsentationsform der Daten nicht immer auf den Bereich der Musikkultur übertragbar. Auf welchen Typ von Musik bezieht sich z. B. die erwähnte *„concert attendance"*? Sind *„entertainment"*, *„light entertainment"* und *„popular music"* (Katz/Gurevitch 1976, S. 108, 125, 133) identisch? Radiohören kann als Variable eigentlich nicht gebraucht werden, wenn der musikalische Teil der Sendungen nicht gesondert ausgewiesen wird. Aber gerade das Radiohören wäre wegen der stilistisch strikt geteilten Musiktypen der vier Programme des „Kol Israel" (Israels Radio „Die Stimme Israels") besonders günstig für die Erforschung der Musikrezeption.[4] Bestätigt wirklich ein hoher Prozentsatz von Leuten, die ein Musikinstrument besitzen (23 % der Bevölkerung), *„the high interest in musical expression"* (Katz/Gurevitch 1976, S. 191)? Inwiefern kann auch für Musik in Betracht gezogen werden, daß *„education supersedes ethnicity"* (Katz/Gurevitch 1976, S. 115)? Ist die These, daß *„all groups, regardless of ethnicity, generation or education, favour the continuity of ethnic pluralism in culture, that is in things having to do with customs, holidays, music and the like"* (Katz/Gurevitch 1976, S. 163), auch im Bereich der Musik haltbar, oder sind es nur ganz bestimmte Musikverhältnisse, die durch Religion und Sitte bestimmt sind? Solche und viele andere Fragen verlangen zusätzlich zu allgemein-soziologischen Erhebungen die Berücksichtigung spezifisch musikwissenschaftlicher Probleme.[5]

Wenn wir uns jetzt wieder der Musikwissenschaft per se zuwenden, können wir konstatieren, daß Elemente der Musiksoziologie in einem bestimmten Teil der Musikforschung immerhin zu erblicken sind. Obwohl die Präferenzen der Ethnomusikologie für exotische Kulturen, isoliert gelegene außerstädtische Gemeinden, ethnische Forschungsparameter und eine deskriptive Methodik (im Gegensatz zu den Präferenzen der Musiksoziologie, die sich westlichen Kulturen und Stadtgemeinden in einer Vielfalt von Parametern auf der Basis einer quantitativ orientierten Methodik widmet) die israelische Forschung beherrscht, sollen einige Arbeiten, die der dritten Strömung der Ethnomusikologie entstammen, als soziologisch orientiert hervorgehoben werden. Es handelt sich um Arbeiten seit den siebziger Jahren, in denen die Musik *„against a wider background"* als *„a component of [. . .] culture"* betrachtet wird (Shiloah 1972, S. 18). In diesem Zusammenhang schrieb Shiloah: *„I realised that the search for novelty, and the emphasis on preservation, in fact, narrowed my field of operation, and threatened to obscure* *the view of traditional music as an activity expressing man's outlook and forming part of his being and culture"* (Shiloah 1972, S. 19). Besonders nahe stehen der Musiksoziologie jene Studien, die dem Sozialstatus des Musikers gewidmet sind, einem Gebiet, das bis vor kurzem ganz außer Acht gelassen wurde (Gerson-Kiwi [a] 1962; Gerson-Kiwi 1968; Gerson-Kiwi 1973; Shiloah [a] 1974). Die charakteristische ethnozentrische Einstellung bleibt aber auch hier bestehen: Von Interesse ist hauptsächlich der Status der orientalischen Musiker, soweit diese *„fall into the clutches of foreign impressarios"* (Gerson-Kiwi 1973, S. 190) und ihre Kunst dem degenerierenden Einfluß des Radios ausgesetzt sei (ebd., S. 195). Die Methodik dieser Arbeiten verbleibt deskriptiv und stützt sich nur auf Einzelzeugnisse. Um ein Beispiel aus dem ansonsten höchst anregenden Artikel von Gerson-Kiwi *The Musician in Society: East and West* zu nennen: Das östliche Bildungssystem wird hier mit 7 Musiker-Interviews exemplifiziert, das westliche nur abstrakt beschrieben (Gerson-Kiwi 1973); die Gegenüberstellung von West und Ost (ein thematischer Dauerbrenner), die an der Musikausbildung durchgeführt wird, ergibt, daß die östliche Musikausbildung angeblich anti-institutionell, die westliche dagegen strikt institutionell gebunden sei, eine Entgegenstellung, die wie soviele Kontrastbildungen von Ost und West den historischen Tatsachen widerspricht (die westliche Musikausbildung der Stadtmusikanten des 16./17. Jahrhunderts war anti-institutionell [vgl. Braun 1962, S. 69] andererseits war die östliche des jemenitisch-jüdischen Cheders höchst institutionell gebunden [Sharvit 1980]). Den soziologischen Aspekten am nächsten kommt wohl Shiloah, der die Statuskonzepte der östlichen Musiker am Beispiel der Musiker des Orientalen-Ensembles des Israelischen Radios analysiert (Shiloah [a] 1974).

Auch zwei andere Studien nähern sich der Musiksoziologie, und zwar sowohl von der stilanalytischen wie von der sozialpsychologischen Seite. Smoira-Rolls Analyse des israelischen Volksliedes (oder Massenliedes, die Grenze zwischen den beiden ist in der Musikkultur Israels nicht ganz klar) führt auf Sozialprozesse zurück und bezieht eine statistische Beweisführung in die Stilanalyse ein (Smoira-Roll 1963). Diese vor etwa zwanzig Jahren erschienene Studie hätte einer der Bausteine der Musiksoziologie Israels werden können. Die Richtung fand aber keine weitere Entwicklung, vielleicht wegen einer konzeptionellen Unsicherheit, die Smoira-Roll selbst anspricht: Fünfzehn Jahre später schrieb sie: *„it is, perhaps, strange that I found it necessary to use national landmarks as if to indicate the change in artistic-musical developments"* (Proceedings 1982, Hebrew Section, S. 16).

Die andere Studie befaßt sich mit dem Thema *„Das Israelische in der israelischen Musik"* (Hirschberg 1978). Einer Gruppe von 95 Personen (Israelis/Emigranten — professionelle Musiker/nicht-professionelle Musiker) wurde ein *„klingender Fragebogen"* (10 israelische Kompositionen, 10 nicht-israelische) vorgelegt. Die Resultate waren deutlich negativ: Der Begriff des *„Israelischen in der Musik"* ist vage, obwohl erwartet wurde, daß die israelische Musik sich von nicht-israelischer unterscheidet. Das Konzept des *„Israelischen in der Musik"* scheint noch nicht ausgereift zu sein. Andererseits könnten auch methodologische Mängel zu diesem Untersuchungsergebnis geführt haben.

Zuletzt sollen einige Publikationen erwähnt werden, die im vollen Sinn des Wortes zur Musiksoziologie gezählt werden können. Es sind insgesamt vier, also eine Publikation pro neun Jahre Musikwissenschaft in Israel, von denen drei zudem von Nicht-Israelis geschrieben wurden und die vierte von einem israelischen Komponisten. Dieser Umstand scheint mir die Einstellung der israelischen Musikwissenschaft, die hier schon mehrmals zur Sprache kam, sehr anschaulich zu beleuchten.

Der bekannte Komponist Joseph Tal hat 1955 als Direktor des Jerusalemer Konservatoriums mit seinem Essay *Die musiksoziologische Einflußsphäre des israelischen Radios* (Tal 1955) den Anfang der israelischen Musiksoziologie markiert. Im Rundfunk — dem heutigen Auftraggeber für Komponisten in Israel — sieht Tal eine Institution, die *„die kulturpolitische Aufgabe hat, die Kristallisierung eines israelischen Musikstils* [man achte auf die Wortidentität mit Silbermann! — J. B.] *zu fördern"* (Tel 1955, S. 419); diese Aufgabe würde vom Rundfunk sowohl qualitativ wie auch quantitativ erfüllt. Die Einstellung Tals liegt — wie schon erwähnt — ganz im Sinne des geistigen Klimas im Israel der fünfziger Jahre (hatte wohl Silbermann seine Bemerkungen von Tal übernommen?). Jedoch sind hier wie bei vielen anderen Behauptungen Tals Zweifel angebracht. Kann man wirklich sagen, daß für die Realisierung der Forderung der Gesellschaft nach einem *„israelischen Ausdruck in der Musik"* das Radio der ideale Protagonist ist (Tal 1955, S. 422)? Ist der *„Kontakt zwischen Komponist und Publikum in diesem Land zweifellos ein engerer als in der Mehrzahl anderer Länder"* (Tal 1955, S. 424)?

Nicht viel besser ist es um die Validität der Urteile im Essay von Elie Yarden (Yarden 1966) bestellt, obwohl seine Beobachtungen von ganz entgegengesetztem Charakter sind. Ist es wirklich so, daß *„some of the fiscal policies reflect the view of the political decision-makers that music is relatively devoid of significant cultural values"* (Yarden 1966, S. 131)? (Erinnern wir uns an die oben zitierten Worte Ben Gurions von 1951 oder denken wir an die neuerlichen Äußerungen von Premier Shimon Peres: *„Ich sehe die Musik nicht als Unterhaltungsmittel oder Belustigung; sie ist für mich ein Teil des schöpferischen Prozesses des Volkes; die Musik ist eine Ausdrucksform, die das ganze geistige Leben des Volkes bereichert* [. . .]*";* Peres 1985.) Und sind die Thesen wissenschaftlich haltbar, daß *„music in Israel* [. . .] *is subjected to the rules of the market even more than in the most advanced countries of the West"* (Yarden 1966, S. 131), oder daß *„incipient Zhdanovism shows up in the conduct of the State Broadcasting Service"* (ebd.), oder, daß *„the Radio was responsible for the destruction of the nascent Israeli folk music"* (Yarden 1966, S. 132)?

Die Aussichten, die Friedrich Klausmeier in seinem Aufsatz *Musik als Mittel sozialer Integration in Israel* ausbreitet, nähern sich wieder denen von Tal. Er meint, der Staat Israel hätte *„einen direkten Grund* [. . .]*, Volksgesang zu fördern"*, da das Lied *„das Gemeinschaftsleben zum Ausdruck bringt"*, das in Israel von sozialistischen Ideen inspiriert sei (Klausmeier 1972, S. 20–21). In Israel gälten Lied und Tanz *„umgekehrt wie in Westeuropa* [. . .] *vor allem für obere, geistig aktivere*

Schichten", und „*Volksmusiktradition wird durch Volksmusikpflege ersetzt*" (Klaus-meier 1972, S. 22). Trotz der Fülle biblischer Texte in Liedersammlungen (etwa 20 %) sei die Musik nicht in der Restauration der eigenen Folklore erstarrt, son-dern eher als „*Umdeutung in gegenwärtigen lebendigen Ausdruck*" (Klausmeier 1972, S. 23) zu begreifen. Daneben klassifiziert er eine Schlagerindustrie, die durch Radio und Schallplatten in die Hörerrezeption eindringt, eine revue-artige Musik des Militärs und eine symphonische Musik, „*die über eine Adaption von folkloristischen Einflüssen den Anschluß an die Dodekaphonie gefunden hat*" (Klaus-meier 1972, S. 23). Klausmeier scheint auch der erste gewesen zu sein, der für Is-rael einen „*musikalischen Pluralismus*" konstatierte, indem er schrieb: „*Wie in Eu-ropa wird sich auch in Israel ein einheitlicher Musikstil nicht mehr durchsetzen; son-dern die verschiedenen Stile und Musikformen befriedigen in fruchtbarer Anpassung das Ausdrucksbedürfnis der heutigen Mittelstandsgesellschaft*" (Klausmeier 1972, S. 24). So wurde auch bezüglich der Musik eine neue Realität akzeptiert und sogar als wünschenswerte Entwicklungstendenz gekennzeichnet, die schon einige Jahre früher in der Soziologie zu Tage trat: „*There is* [. . .] *a kind of synthesis between authentic cultural elements of some of the Oriental communities and dominant cul-tural elements in Israel society. Together with these changes in the bases of conformity of the new immigrants* [. . .]*, there has been a complete recess, on the part of the poli-tical and cultural élite, from the conformity model which compelled the immigrants to accept unselectively the cultural patterns of the old timers* [. . .] *There has been a de facto recognition of cultural pluralism*" (Lissak 1969, S. 102).

Bereits 1962 entstand die Dissertation von Marvin Greenberg über *Music Educa-tion in Israel* (Greenberg 1962). Er legte einen ab 1960 erhobenen Bestandsreport des israelischen Musikbildungswesens vor. Diese einzigartige Studie — eigentlich eine Soziographie des Musiklebens in Israel — wurde leider nicht fortgesetzt. Ei-nige Folgerungen Greenbergs sind bis heute aktuell (z. B. die noch von Kesten-berg stammende Idee einer universalen Musikausbildung, s. Kestenberg 1955; Greenberg 1962, S. 419), und der Informationswert seiner Arbeit ist unbestreit-bar. Obwohl die Studie auf viel soliderem Boden steht als die ersten drei, sind Greenbergs Schlußfolgerungen oft voreilig. So kann man fragen, auf welche empi-rischen Daten er sich stützt, wenn er sagt, daß „*there is lack of understanding of the values of music for the Israeli citizen*" (Greenberg 1962, S. 413), eine These, die auch bei Yarden (Yarden 1966, S. 131) Widerhall findet.

Der wissenschaftliche Wert der zuletzt erwähnten vier Studien ist vor allem in der Fokussierung auf gesellschaftliche Tatbestände der Musik zu sehen. Anderer-seits sind sie typische Beispiele für die phänomenologisch orientierte Soziologie und basieren insoweit nicht auf empirischer Forschung.

Der offensichtliche Mangel empirischer Forschung im Bereich der Musikkultur hat z. T. weitreichende und unerwünschte Konsequenzen. So lesen wir zum Bei-spiel in einem Heft der UNESCO — einer Publikation von internationalem Sta-tus und sogar wissenschaftlichem Anspruch, wie ihr Titel unterstreicht: *Studies and Documents on Culture Policies: Culture Policy in Israel* (Michman 1973) — das folgende: *„The concert-going public is conservative and adjust itself with difficulty to modern music in any form. This made life rather difficult for the Israeli composer"* (Michman 1973, S. 33). Diese Behauptung, die scheinbar in gewissen Kreisen Fuß gefaßt hat, ist hier ohne jeglichen Beleg vorgetragen. Eine empirische Studie hat dann vor kurzer Zeit nachgewiesen, daß diese Behauptung nicht den Tatsachen entspricht: 71 % einer Stichprobe der Musikhörer des Programms „A" des israelischen Radios sind an gemäßigt moderner Musik (von Bartók bis Strawinsky und Britten) „interessiert" oder sogar „sehr interessiert", 22 % hatten eine solche positive Beziehung zur Avantgarde (von Stockhausen bis zur elektronischen Musik), und 53 % wollten diese Musikstile im Radio hören können (Braun 1981). 40 % der Befragten hatten den Wunsch, die Musik israelischer Komponisten zu hören. Diese Befragten und das oben erwähnte *„concert-going public"* dürften weitgehend kongruieren, da mehr als 50 % von ihnen mehr als einmal im Monat Konzerte besuchen (ebd.).

Projekte aus dem Bereich der Empirischen Musiksoziologie nach dem Muster dieser Rezeptionsuntersuchung und einiger anderer Arbeiten an den Universitäten Bar-Ilan und Tel-Aviv (Levi 1980, Eytan 1982, Shakhar 1981, Seminar-Projekt 1983) könnten ein objektives Bild des Musiklebens und der Musikverhältnisse Israels schaffen. Die methodologische Rückständigkeit oder besser Einseitigkeit der Forschung in Israel hat nicht nur isolierte Fehlurteile wie das eben erwähnte zur Folge, sondern führt nach Art der *„two-way"-Straße* zur Stagnation: Die unzureichenden Erhebungsverfahren, die meist auf Einzelfällen basieren, begrenzen das konzeptionelle Denken; umgekehrt behindert der Konzeptmangel die Erweiterung der Forschungsmethodik und begrenzt die Forschungssphäre insgesamt. Die Musikwissenschaft Israels scheint sich dieser Situation bewußt zu sein. In den letzten Jahren sind einige Arbeiten erschienen, die neue Forschungstendenzen interdisziplinärer und umfassender Natur aufweisen. Einerseits strebt man einer Synthese von Ethnomusikologie und Musiksoziologie zu; andererseits sind sie auch interdisziplinär im weitesten Sinne, da die Sozialwissenschaften einbezogen werden. In diesen Arbeiten wird auch eine Synthese aus neuer Konzeptbildung und empirischer Forschung angestrebt.

Amnon Shiloah (Musikwissenschaftler) und Eric Cohen (Soziologe) haben kürzlich eine Rahmentheorie der Veränderungsdynamik der orientalisch-jüdischen Musik in Israel entworfen (Shiloah/Cohaen 1983). Neun Module kennzeichnen die Veränderungsprozesse von traditioneller Musik durch verschiedene Stadien der orthogenetischen Preservation (konservative und museal bewahrte Musik) und gemischte Formen (neotraditionelle und pseudoethnische Musik) zur heterogenetischen Innovation (populäre Musik und Kunstmusik). Diese erstmals erarbeitete Theorie der Musikkultur Israels wurde von Jehoash Hirshberg (Hirshberg 1984) in einer Fallstudie verifiziert, die der jemenitischen Sängerin Bracha Zephira gewidmet ist; die Theorie kann offenbar auf viele andere Erscheinungen appliziert werden. Es fragt sich nur, inwiefern die erwähnten Module von orientalischjüdischer Spezifik sind, oder ob sie nicht die bekannten Prozesse widerspiegeln, die von der Volksmusik durch intermediäre Abwandlungen zu einem nationalen Stil der Kunstmusik führen und ihr Paradigma z. B. in Ost-Europa haben. Stehen wir also wieder einer Schein-Orientalisierung ganz allgemeiner musikhistorischer Prozesse gegenüber? Die Schlußfolgerung von Shiloah/Cohen ist insoweit interessant, weil hier nicht nur die Idee des nationalen Musikstils aufgegeben wird, sondern vielmehr die Entwicklung der Musikkultur Israels (und nicht nur die der orientalischen Juden) vom Kulturpluralismus zu einem „Pluralismus auf Staatsebene" fortgeführt und als legitim besiegelt wird: *„Our presentation thus indicates a trend away from the idea of more amalgamation of different ethnic traditions into an overall national musical style, but rather the gradual emergence of legitimate pluralism in music on the national level. This shows that the emergend Israeli cultural identity is becoming less monolithic and more pluralistic than it has been conceived of in the past"* (Shiloah/Cohen 1983, S. 148).

Das Leitmotiv der *„ethnic musicians"*, die *„still face the dilemma of making their work widely acceptable, without erasing its distinct ethnic character and thereby destroying their own particular ethnic identity"* (ebd.) ist auch hier vorhanden; indessen wird nicht klar, was genau mit *„ethnic musicians"* gemeint ist, und wie sich diese von den anderen Musikern unterscheiden, die sich dem Problem *„of making their work widely acceptable"* gleichfalls stellen. Die Überspitzung des ethnischen Problems zieht sich wie ein roter Faden durch die israelischen sozio-musikalischen Wissenschaften und hat ihr Vorbild in einem bestimmten Teil der lokalen Soziologie (Smooha 1978 und 1984).

Die Suche nach neuen Konzepten, bezogen auf Israels Musikkultur, zeigt sich auch in einer neueren Analyse der Musiktradition des zentraleuropäischen, hauptsächlich deutschen Judentums in Israel. Philip V. Bohlmann stellt hierin das Konzept der „Re-Urbanisation" vor, die erscheint, *„when a society arrives at such a highly urbanized level that it relies on the institutions inherent in that level of development as means of reestablishing its social structure when the society is displaced"* (Bohlmann 1984, S. 68). Konzeptsuche und empirische Forschung gehen hier Hand in Hand, und ein für Immigrantenländer charakteristischer Fall von sozial-ethnischer Selbstbestätigung wird für Israel konstatiert: *„Remaining as the bulwark of the traditions are not individual repertoires, but the transformed structures of a musical culture that had already defined the ethnic group prior to immigration"* (Bohlmann 1984, S. 79).

Ein weiteres Konzept — das des „Kultursynkretismus"[6] — wurde in der kürzlich abgeschlossenen Studie des Musiklebens der Stadtgemeinde Kiryat Ono (Satellitenstadt von Tel-Aviv) vorgelegt. Ein Team von Musikwissenschaftlern und Soziologen der Universität Bar-Ilan hatte in diesem Projekt kombinierte Forschungsmethoden angewandt (Beobachtung, Interviews, schriftliche Befragung, case studies) und schließlich gefolgert: *„Four main blocks of music were found to build up the musical culture of the respondents: T-music (traditional music), W-music (western*

98

type concert music), P-music (popular music) of a western type, and P-music of an Is-
raeli type, the latter, perhaps, to be considered as the new Israeli T-music. Those musi-
cal strains act in different directions as far as their function in culture is concerned.
W- and T-music are strongly affiliated with narrow groups characterized by age and
origin; P-music, on the other hand, tends to be a more integrative force, especially as
regards the aspect of origin. All the above-mentioned styles of music, however, are
more or less equally distributed amongst the respondents as regards the level of educa-
tion (with some deviation for W-music) [. . .] W-musik and T-music emerged to be
the most powerful centrifugal force in Israeli society, whereas P-music with its broader
ethnic basis seems to be of more centripetal nature. Thus, the findings indicate that
the musical culture of Kiryat Ono does not represent a melting pot pattern; pluralistic
concepts are not quite adequate to describe the findings either, since some types of mu-
sic do represent integrative processes. Pluralistic aspects, along-side of integrative, con-
tribute towards an emergence of new musical styles and patterns. This phenomena,
formed of several authonomously acting components, which enrich and mould the
entire structure, may be defined as cultural syncretism" (Bensky/Braun/Sharvit
1985).

In Religionsgeschichte und Ethnologie wurde das Konzept des Synkretismus
schon seit der zweiten Hälfte des 19. Jahrhunderts einbezogen (Karbusicky 1962).
Interaktionsprozesse der Musikkulturen, die verschiedene Formen der Stildiffu-
sion enthalten, wurden als synkretistisch seit der Mitte unseres Jahrhunderts bezeichnet (Herskovits 1948, S. 553). Die Kultur- und Musikforschung sieht in der
Stufe der Homogenität der verschiedenen in Kontakt tretenden Kulturen bzw.
Musiken das Zentralproblem des Synkretismus (Waterman 1952, S. 207; Ringgren
1969, S. 9). Synkretismus ist eigentlich eine Funktion des Verwandtschaftsgrades
der einander gegenüberstehenden Kulturen (Merriam 1955, S. 28; Merriam 1964,
S. 314), und Bruno Nettl meint: *„syncretism results when the two musical systems*
in a state of confrontation have compatible central traits" (Nettl 1983, S. 354). Diese
Konstellation kommt in Israel ganz klar zum Vorschein, indem die P-Musik als
erster und aktivster Teil der Musikkultur sich synkretistischen Prozessen fügte:
Die P-Musiken der verschiedenen *edot* haben verwandte zentrale Charakterzüge.
Zudem ist die P-Musik in einem viel geringeren Maße ein Symbol zur kulturellen
Selbstidentifikation als die T- und W-Musik, die als Teile der israelischen Musikkultur polar gelegen sind und einen viel längeren Weg zu einer synkretischen Mu-
sikkultur zurückzulegen haben.

Das „melting pot" Modell, und mit ihm das Modell der nationalen israelischen
Musik wurde vor etwa 15 bis 20 Jahren zur Seite gelegte (nicht aufgegeben!): *„its*
radience has paled and its realization has been postponed for a few generations" (Lissak 1969, S. 102), konnte sowohl die Sozial- wie auch die Musikwissenschaft behaupten. Das Pluralismus-Konzept erhielt nun eine dominante Stellung im Gei-
stesleben Israels. Heute stehen wir nicht nur in der Musikwissenschaft vor einem
Scheideweg: Wird Kultur und deren aktiver Teil, die Wissenschaft, in der Richtung eines legitimierten Staatspluralismus, der im Falle Israels zur kulturellen Zer-

splitterung führen kann, weiterrollen, oder kommen wir durch einen Kultursynkretismus, der dem Kulturpluralismus folgt, mutatis mutandis, dennoch zur Realisierung des „melting pot"-Ideals und mit ihm der nationalen israelischen Musik?

Anmerkungen

1 *Eda* (Plur. *edot*) — Gemeinde; ethnische Gemeinschaften der verschiedenen jüdischen Bevölkerungsgruppen, die sich während der Diaspora-Jahre auf der Basis regionaler Zusammengehörigkeit
gebildet hatten. In einem beschränkten Sinn kann jede Lokalgruppe als *eda* bezeichnet werden. In
einem breiteren Kontext ist das ganze Judentum in zwei Grund-*edot* geteilt: Aschkenazim (vom
Wort „Aschkenaz" — Deutschland), die die deutsch-europäische Gruppe bilden, und Spharadim
(von „Spharad" — Spanien), die die spanisch-orientalische Gruppe bilden. Jede dieser zwei Haupt-
gruppen zerfällt in größere Untergruppen; z. B. gehören zu den Spharadim die marokkanischen,
jemenitischen oder persischen *edot*. In der modernen Musikwissenschaft werden die folgenden re-
gionalen Grundstile der jüdischen Musik unterschieden: der jemenitische, aschkenazische, mittel-,
ost-, nordafrikanische, jerusalem-spharadische, und der Nord-Mittelmeere-Stil (Proceedings 1982, S.
19). Der Terminus „*ingetherings of exils*" wurde während der ersten Jahre des Staates Israel im Englischen geprägt. Er bezeichnet den Immigrations-Prozeß nach Israel der verschiedenen *edot*.
2 Zur ersten Generation der israelischen Musikwissenschaftler, die sich im Bereich der jüdischen Musik betätigten (Anfang dieses Jahrhunderts geboren), gehören: Edith Gerson-Kiwi (Schülerin von
Wilibald Gurlitt und Heinrich Besseler), Herzl Schmueli (studierte in Zürich) und Peter Gradenwitz (studierte in Freiburg und Berlin). Die nächste Generation (in den zwanziger Jahren geboren)
wurde auch in Europa, aber außerhalb Deutschlands ausgebildet: Israel Adler, Amnon Shiloah und
Avner Bahat an der Sorbonne; Bathia Bayer und Judith Cohen in Zürich; Michal Smoira-Roll (Cohen) und Ruth Katz in Schweden; Dalia Cohen erhielt als erste ihr Ph. D. in Israel. Die dritte Generation entstammt größtenteils der amerikanischen Musikwissenschaftlichen Schule (Don Harran,
Jehoash Hirshberg, Uri Sharvit, Eli Shleifer).
3 Beim Weltkongreß für Jüdische Musik (Jerusalem 1978) fanden die folgenden Panels statt: 1. Die
jüdische Musik und der Kontakt der Hauptkulturen mit dem Judaismus; 2. Erhaltung und Notation der mündlichen Tradition; 3. Mündliche Tradition im Osten und Westen; 4. Kontakte der
Kirchen- und Synagogenmusik; 5. Das hebräische und jiddische Lied: Text und Kontext; 6. Die
Schule der jüdischen Kunstmusik in Rußland; 7. Jüdische Kunstmusik.
4 Bis zum 1. Mai 1983 wurden von Kol Israel (Die Stimme Israels) folgende Musik-Stunden pro Tag
gesendet:

Programm A	13 Std.	E-Musik und T- (traditionelle) Musik
Programm B	5 Std.	E-, P- (pop) und T-Musik
Programm C	19 Std.	P-Musik
Galei Zahal (Programm der Armee)	18 Std.	P-Musik; E-Musik 4 Stunden wöchentlich

Ab Mai 1983 begann das neue Programm „Musikstimme", das 18 Stunden täglich E-Musik sendet.
Das Programm A dupliziert zwei Stunden täglich die „Musikstimme". Die anderen Programme blieben unverändert.
5 Teilinformationen über Konzertbesuch, Radio- und TV-Hören, Vergnügungsveranstaltungen (ohne
Aussonderung von Musik-Sendungen und -Veranstaltungen) sind folgenden Quellen zu entnehmen:
Statistical 1958, Leisure 1974, Reading 1979, Rahat 1969 und Tarbut 1970. Informationen über Israels Musikinstitutionen sind in Bayer 1962, Directory 1977, The Israel 1950 und Tatzlil 1960—1980
vorhanden.
6 Der Begriff „Kultursynkretismus", auf die Musikkultur Israels bezogen, wurde von Professor Dr.
Vladimir Karbusicky in dem Seminar „*Musikleben einer Stadtgemeinde*" (Bar-Ilan Universität,
Ramat-Gan, Israel, April 1981) geprägt.

Literaturverzeichnis

Aspects of Music in Israel. Hrsg. v. Benjamin Bar-Am. Israel: Israel Composer League, 1980.

Avenary, Hanoch: *Towards an Israeli Design of Music History*, in: Bath-Kol 1, Tel-Aviv 1955, S. 8—11; in: Avenary 1979, S. 195—198.

Avenary, Hanoch: *The Experience of Nature and Scenary in the Israeli Song*, in: Israeli Music 1974—1975, Tel-Aviv 1975, S. 35—41; in: Avenary 1979, S. 97—104.

Avenary, Hanoch: *Encounters of East and West in Music*. Tel-Aviv: Tel-Aviv University, 1979.

Banton, Michael: *Racial and Ethnic Competition*. Cambridge UP. 1983.

Bayer, Bathia: *Institutions of Music Research in Israel*, in: Zmora 1962, S. 12—15.

Ben Gurion, David: *The Call of Spirit in Israel* (1951), in: David Ben Gurion: *Rebirth and Destiny of Israel*, New York: Philosophical Library 1954, S. 399—441.

Benski, Tova/Braun, Joachim/Sharvit, Uri: *Towards a Study of Israeli Urban Musical Culture: The Case of Kiryat Ono*. In Vorbereitung.

Boehm, Yohanan: *Music in Modern Israel*, in: Encyclopedia 1971, 12, S. 668—675.

Bohlmann, Philipp V.: *Central European Jews in Israel: The Reurbanization of Musical Life in an Immigrant Culture*, in: Yearbook for Traditional Music 16, 1984, S. 67—83.

Braun, Joachim: *Vijolmakslas attistiba Latvija* (Die Entwicklung der Geigenkunst in Lettland). Riga: LVI, 1962.

Braun, Joachim: *E-music on the Israel Radio: An Audience Research Report*. Bar-Ilan University 1981 (Manuskript).

Braun, Joachim/Sharvit, Uri: *Anthropology of Music: The Israeli Aspect*. Paper at annual Conference of Israel Musicological Society, April 1982.

Directory of Music Institutions in Israel. Jerusalem: The Israel Section of the International Music Council, 1977.

Eisenstadt, Shmuel N.: *Israel Society*. London 1970.

Encyclopedia Judaica. Jerusalem: Keter 1971.

Enziklopedia l'madei ha'chevra (Enzyklopädie für Sozialwissenschaften), Bd. 1—5. Tel-Aviv 1962—1970, Addenda-Band, Tel Aviv 1981.

Eytan, Dalia: *Musical Life of the Jerusalem Jews 1814 — 1867*. MA These. Tel-Aviv Universität: Musikwissenschaftliche Abteilung, 1982.

Gerson-Kiwi, Edith: *Musicology in Israel*, in: Acta Musicologica 30, 1958, S. 17—28.

Gerson-Kiwi, Edith: *Synthesis and Symbiosis of Styles in Jewish-Oriental Music* (1960), in: Gerson-Kiwi 1980, S. 7—14.

Gerson-Kiwi, Edith: *Halleluia and Jubilus in Hebrew-Oriental Chant* (1961), in: Gerson-Kiwi 1980, S. 54—60.

Gerson-Kiwi, Edith: *The Music of the Persian Jews*, in: Dukkhan 3, 1962, S. 60—62 (Hebräisch).

Gerson-Kiwi, Edith (a): *Musikdes Orients — ihr Werden und Werdegang*, in: Studia Musicologica 3, Budapest 1962, S. 127—132.

Gerson-Kiwi, Edith: *The Legacy of Jewish Music Through the Ages*. Jerusalem: Jewish Agency Research Section, 1963.

Gerson-Kiwi, Edith: *Women's Songs from Yemen: Their Tonal Structure and Form (1965)*, in: Gerson-Kiwi 1980, S. 147—153.

Gerson-Kiwi, Edith: *The Oriental Musician*, in: The World of Music 43, 1968, S. 8—18.

Gerson-Kiwi, Edith: *The Musician in Society: East and West* (1973), in: Gerson-Kiwi 1980, S. 182—210.

Gerson-Kiwi, Edith: *Migrations and Mutations of the Music in East and West*. Tel-Aviv: Tel-Aviv University, 1980.

Gradenwitz, Peter E.: *Eretz-Israel: Musika*, in: *Ha'enzklopedia ha'ivrit* (Hebräische Enzyklopädie) 6, Tel-Aviv 1957, S. 1121—1129.

Greenberg, Marvin: *Music Education in Israel in its Cultural and Educational Context: a Survey with Recommendations for Future Growth*. Ph. D. Thesis. Columbia University, 1962.

Hajdu, Andre: *Le Niggun Meron*, in: Yuval 2, 1971, S. 73—113.

Harran, Don: *Musical Research in Israel: Its History, Resources, and Institutions*, in: Current Musicology 7, S. 120—127.

Herskovits, Melville J.: *Man and his Works*. New York: Alfred A. Knopf 1948.

Hirshberg, Jehoash: *The „Israeli" in Israel Music: The Audience Responds*, in: Israel Studies in Musicology 1, 1978, S. 159—173.

Hirshberg, Jehoash: *Bracha Zephira and the Process of Change in Israeli Music*, in: Pe'amin 19, 1984, S. 29—46 (Hebräisch).

Hoffmann, Shlomo: *„L'aner v'livesamin": Two Versions of a Yemenite Tune*, in: Tatzill 4/9, 1969, S. 150—151 (Hebräisch)

Idelsohn, Abraham Zvi: *Hebräisch-Orientalischer Melodienschatz*, Bd. I—X, Leipzig 1914—1932.

Idelsohn, Abraham Zvi: *Jewish Music in its Historical Development*. New York 1929.

Integration and Development in Israel. Hrsg. v. S. Eisenstadt. Jerusalem 1970.

International Encyclopedia of the Social Scienes. Bd. 10. New York 1968.

Karbusicky, Vladimir: *Šyncretism ve folkloritice*, in: Ceskoslovenska etnografie X/4, 1962, S. 421—422.

Katz, Elihu/Gurevitch, Michael: *The Secularization of Leisure: Culture and Communication in Israel*. Cambridge: HUP, 1976.

Katz, Ruth: *The Singing of the Baqqashot of the Aleppo Jews*, in: Acta Musicologica 1968, S. 267—296.

Katz, Ruth: *The Reliability of Oral Transmission: The case of Samaritan Music*, in: Yuval 1974, S. 109—135.

Kestenberg, Leo: *The Present State of Music Education in the Occidental World*, in: Music in Education, Paris: UNESCO 1955.

Klausmeier, Frank: *Musik als Mittel sozialer Integration in Israel*, in: Musik und Bildung 4, 1972, S. 20—24.

Lachmann, Robert: *Jewish Cantillation and Song in the Isle of Djerba*. Jerusalem: The Hebrew University, 1940.

Leisure Patterns of Tel-Aviv-Yafo Inhabitants. Special Survey No. 44. Tel-Aviv-Yafo: Municipality, 1974.

Levi, Khava: *The Chorus in Israel from the First Aliya to the Establishment of the State*. MA Thesis. Tel-Aviv University, 1980.

Lissak, Moshe: *Social Mobility in Israel Society*. Jerusalem: Israel University Press, 1969.

Merriam, Alan P.: *The Use of Music in the Study of a Problem of Acculturation*, in: American Anthropologist 57, 1955, S. 28—34.

Merriam, Alan P.: *Purposes of Ethnomusicology: An Anthropological View*, in: Ethnomusicology 3, 1963, S. 206—220.

Merriam, Alan P.: *The Anthropology of Music*. USA: Northwestern UP, 1964.

Michman, Jozeph: *Cultural Policy in Israel*. Paris: Unesco, 1973.

Mizrakhi, Mordekhai: *Matarot ha'chinuch ha'musikali b'beit ha'sefer b'israel* (Die Ziele der Musikausbildung in der Schule in Israel). Tel-Aviv: Center for Music Methods, 1984.

Narkiss, Bezalel: *Ma'hi amanut jehudit* (Was ist jüdische Kunst). in: Ha'aretz, 16. Juni 1985.

Narkiss, Bezalel: *Jewish Art Week*. Interview, in: Jerusalem Post Supplement, 17. Mai 1985.

Nettl, Bruno/Shiloah, Amnon: *Persian classical music in Israel*, in: Israel Studies in Musicology 2, 1980, S. 33—49.

Nettl, Bruno: *The Study of Ethnomusicology*. Urbana: University of Illinois, 1983.

Peres, Shimon: Rede aus Anlaß der Überreichung des Premierminister-Preises an den Komponisten Yitzhak Sadai. Jerusalem, Van Lir Institut, 12. Juni 1985.

Proceedings of the World Congress on Jewish Music: Jerusalem 1978. Hrsg. v. Judith Cohen. Tel-Aviv: Institute for the Translation of Hebrew Literature, 1982.

Rahat, Riva: *Free Time Leisure Patterns: Report on the Population of Haifa and Ashdod*. Jersualem: Hebrew University, 1969.

Reading Habits and Leisure Activities of the Jewish Population: 1979. Series of Education and Culture Statistics 101. Jerusalem 1979.

Ringgren, Helmer: *The Problem of Syncretism*, in: Sven S. Hartmann (ed.): *Syncretism: Scripta instituti Donneriani abeonsis.* Stockholm: Almquist and Wiksell, 1969.

Ross, Israel J.: *Cross Cultural Dynamics in Musical Tradition: The Music of the Jews of Cochin*, in: Musica Judaica 1, 1977, S. 51—72.

Seminar-Projekt „*Das 13te Festival für Kinderlieder*". Leitung Prof. Joachim Braun. Bar-Ilan Universität (Israel): Musikwissenschaftliche Abteilung, 1983.

Shakhar, Natan: *Musical Life and the Composer in the Kibbutz: Historical and Socio-Musical Aspects.* MA Thesis. Bar-Ilan University, 1981.

Sharvit, Uri: *Diversity with Unity — On Musical Traditions of Jewish Communities in Israel*, in: Aspects 1980, S. 31—60.

Sharvit, Uri: *The Role of Music in the Jewish Yemenite Heder*, in: Israel Studies in Musicology 2, 1980a, S. 33—49.

Sharvit, Uri: *On Arts and Aristic Patterns in the Jewish Tradition*, in: Pe'amin 10, 1981, S. 119—130.

Sharvit, Uri: *Musical Realization of the Cantillation Symbols (te'amin) in the Jewish Yemenite Liturgy*, in: Yuval 4, 1982, S. 179—210.

Shiloah, Amnon: *Leaves from the Diary*, in: Ariel 31, 1972, S. 18—29.

Shiloah, Amnon: *A Group of Arabic Wedding Songs from the Village of Deyr al-Asad*, in: Folklore Research Studies Centre: Studies in Marriage Customs 1974, S. 167—196.

Shiloah, Amnon (a): *The Status of the Oriental Artist*, in: Ariel 36, 1974, S. 79—83.

Shiloah, Amnon/Cohen, Eric: *Dynamics of Change in the Music of the Oriental Jews in Israel*, in: Ethnomusicology 2, 1983, S. 227—252.

Shiloah, Amnon/Gerson-Kiwi, Edith: *Musicology in Israel: 1960 — 1980*, in: Acta Musicologica 2, 1981, S. 200—216.

Silbermann, Alphons: *Wovon lebt die Musik? Die Prinzipien der Musiksoziologie.* Regensburg 1957.

Slobin, Mark: *Klezmer Music: An American Ethnic Genre*, in: Yearbook for Traditional Music 16, 1984, S. 34—41.

Smoira-Roll (Zmora), Mikhal: *Folk Song in Israel: An Analysis Attempted.* Tel-Aviv 1963.

Smooha, Sammy: *Israel: Pluralism and Conflict.* London: Henley 1978.

Smooha, Sammy: *Three Perspectives in the Sociology of Ethnic Relations in Israel*, in: Magamot 2/3, 1984, S. 169—206.

Society in Israel 1980. Jerusalem: Central Bureau of Statistics 1980.

Spector, Johanna: *Anthropologic Approach to Jewish Music*, in: Jewish Music Notes (Okt. 1954), S. 4.

Statistical Abstract of Israel. Jerusalem: Central Bureau of Statistics, 1958 ff.

Tal, Josef: *Die musiksoziologische Einflußsphäre des israelischen Radios*, in: Cahiers d'Etudes de Radio-Télévision: Radio, Musique et Société, 3—4, Paris 1955, S. 419—424.

Tarbut Israel 1970 (Culture of Israel 1970). Bde. A und B. Jerusalem: Hebräische Universität, 1972. (Hebräisch).

Tatzlil: *Forum for Music Research and Bibliography* 1—20, Haifa 1960—1980.

The Israel Government Year Book. Jerusalem: The Information Centre of the Prime Minister's Office, 1950.

The New Grove Dictionary of Music and Musicians. Hrsg. v. Stanley Sadie, London 1980, Art. „*Israel*" und „*Jewish Music*".

Waterman, Richard A.: *African Influence on the Music of Americas*, in: Sol Tax. Acculturation in the Americas. Chicago 1952. S. 207—218.

Weich-Shahak, Susana: *The wedding Songs of the Bulgarian-Sephardic Jewish Tradition*, in: Orbis Musicae 7, 1979/80, S. 81—107.

Werner, Eric: *Prologomenon*, in: Contributions to a Historical Study of Jewish Music. Hrsg. USA: Ktav. S. 1—36.

Yarden, Elie: *The Israeli Composer and his Milieu*, in: Perspectives of New Music 2, 1966, S. 130—139.

Ysodot mizrachiim r'ma'araviim bmusika israelit (Die östlichen und wesentlichen Grundlagen in der israelischen Musik). Hrsg. v. Michael Zmora, Tel-Aviv 1962.

Otakar Zich — ein tschechischer Ästhetiker der zwanziger und dreißiger Jahre

KURT K. NEUMANN

Zu den auch hochspezialisierte Kreise irritierenden Phänomenen gehört — trotz revolutionärer kommunikativer Errungenschaften — das oft unvermeidliche, präzise Maß an nicht unmittelbar greifbaren, aktuellen Informationen über einschlägige Neuerungen und Ergebnisse. Es würde zu weit führen, wollte man diesbezügliche objektive Gründe untersuchen. Doch in diesem Zusammenhang stößt man auf eine ähnlich gelagerte, jedoch unter anderen Vorzeichen stehende Problematik. Es handelt sich — je nach geographischem, aber auch geistigem Standort — um den generell defizitären, asymmetrischen Informationsstand hinsichtlich regional distanzierter wissenschaftlicher und kultureller Gegebenheiten. Auch ideologische, teils gelenkte, teils selbstauferlegte sowie mentalitär bedingte Abgrenzungen, selbst Traditionen spielen hierbei eine nicht unwesentliche Rolle. Entsprechend umgesetzt können sie allerdings — insbesondere wenn stringent verfochten — auch Bedenken auslösen, und dies selbst bei Leuten, die mehr oder weniger dezidiert für die Präponderanz eigener bzw. in die eigenen miteinbezogener Errungenschaften eintreten und auch für die komplexe Problematik Verständnis bekunden. Oft bleibt die Frage offen, inwieweit Distanzierungen und Auslassungen eine *Qualité négligeable* bzw. eine noch zuträgliche Vernachlässigung (*benign neglect*) rechtfertigen. Sie stellt sich u. a., wenn durch Anstöße — deren Motive mit der Sache an sich nicht unmittelbar zusammenhängen müssen — bislang Übergangenes, peripher Eingestuftes, ja Unbekanntes ins Rampenlicht gestellt wird.[1] Dies trifft wie für viele weitere Gebiete auch für die Musik und für die Musikwissenschaft zu.

Zu den im obigen Sinne grauen Flecken der kulturellen Landkarte zählen selbst Länder in unserer unmittelbaren Nachbarschaft, unter ihnen die Tschechoslowakei. Namen wie Smetana, Dvořák, Janáček, Martinů mögen zwar bekannt sein, doch weitere hervorragende Komponisten, u. a. so manche ihrer Zeitgenossen, sind im Bewußtsein der europäischen Musiköffentlichkeit nicht verankert. Ausgenommen wenige Spezialisten, ist man über sie kaum informiert, es sei denn, daß wiederholt die immer gleiche Komposition eines sonst kaum registrierten Komponisten, ein Einzelstück eines breitgefächerten Angebots auch gewichtiger Werke, aufgeführt wird.[2]

Das gleiche gilt für die Musikwissenschaft. Bis auf wenige Musikologen, deren Namen irgendwann, meist aufgrund von Spezialstudien oder persönlicher Kontakte, erwähnt werden, sind weiterreichende Kenntnisse über Entwicklungen und den aktuellen Stand der tschechischen und slowakischen Musikwissenschaft äußerst dürftig.[3]

Auch der Name des tschechischen Ästhetikers, Musik-, Theater-, Kunstwissenschaftlers und Komponisten Otakar Zich ist außerhalb seiner Heimat so gut wie unbekannt. Abgesehen von Kurzinformationen in einigen größeren Nachschlagewerken (u. a. MGG, Riemann-MLex., Grove 6, The International Cyclopedia of Music and Musicians 8, Larousse de la Musique) findet sich über Zich in der einschlägigen Literatur nahezu keine Auskunft. Das gleiche trifft, soweit es sich nicht um einige Spezialstudien handelt, auch für die osteuropäische Fachliteratur zu.[4] In der Tschechoslowakei hingegen wird Zich außerordentlich geschätzt. Seinen Namen findet man nicht nur in der ästhetischen, musik-, literatur- und theaterwissenschaftlichen Fachliteratur, sondern auch in vielen Musiker- und Künstlerbiographien und in veröffentlichten Korrespondenzen namhafter Persönlichkeiten insbesondere der Kunstszene. Bereits in den dreißiger Jahren erschienen zahlreiche ihm gewidmete Abhandlungen, und in den letzten zwei Jahrzehnten veröffentlichte man ausführlichere Studien, die Zichs wissenschaftliche Tätigkeit würdigen. Seminare und vornehmlich ein Zich vor wenigen Jahren gewidmetes Symposion („Das wissenschaftliche Vermächtnis von Otakar Zich") unter Beteiligung zahlreicher Referenten zeugen von Zichs Stellenwert in seiner Heimat.[5]

Otakar Zich, geb. 25. 3. 1879 in Králové Městec (Königstadt), gest. 9. 7. 1934 in Ouběnice bei Benešov, studierte an der Prager Karls-Universität Mathematik, Physik, Philosophie und Ästhetik. Seine kompositorische Ausbildung erhielt er von Karel Stecker, einem universell gebildeten Komponisten, Theoretiker und Publizisten. Als Pianist und Cellist war er Autodidakt. Zich war Gymnasiallehrer (Physik und Mathematik) in Domažlice (Taus) und in Prag. Er habilitierte sich 1911 (Ästhetik) an der tschechischen Universität in Prag, wurde 1919 Professor für Ästhetik an der Universität Brünn, ab 1924 an der Karls-Universität in Prag, wo er das ästhetische Seminar gründete. Sein kompositorisches Schaffen umfaßt u. a. Liederzyklen, Chormusik, Kantaten, Melodramen, Opern (Des Malers Einfall, Die Schuld, Die Präziösen), einige Kammermusik- und Orchesterwerke (die dramatische Ouvertüre Konrad Wallenrod). Er verfaßte zahlreiche, auch umfangreiche wissenschaftliche Abhandlungen, weitere Publikationen, u. a. Analysen und Kritiken, die allesamt — wie auch seine universitäre Lehrtätigkeit — ein breites Spektrum an vornehmlich ästhetischen und kunsttheoretischen Gebieten umfaßten.

Zu den wichtigsten musikwissenschaftlichen Publikationen zählen[6]:

Der musikalische Impressionismus (Hudební impresionismus), 1909;
Ästhetik der musikalischen Wahrnehmung (Estetické vnímání hudby), 1910;
Die moderne Oper (Moderní opera), 1914;
Zur Auseinandersetzung um Dvořák (Ke sporu o Dvořáka), 1915;
Smetanas symphonische Dichtungen (Symfonické básně Smetanovy), 1924;
Musikästhetik (Hudební estetika), 1924;
Rhythmische Besonderheiten der tschechoslowakischen Volkstänze (Rytmické zvláštnosti lidových tanců československých), 1929;

Elementare Bedingungen der musikalischen Begabung (Elementární podmínky hudebního nadání), 1930;
Ästhetik der dramatischen Kunst (Estetika dramatického umění), 1931[7];

von den zahlreichen weiteren Veröffentlichungen seien genannt:

Kunst und Kritik (Umění a kritika), 1905;
Zur Psychologie des künstlerischen Schaffens (K psychologii uměleckého tvoření), 1911;
Ästhetische und künstlerische Wertung (Hodnocení estetické a umělecké), 1916;
Über dichterische Typen (O typech básnických), 1918;
Über den Rhythmus der tschechischen Prosa (O rytmu české prózy), 1920;
Substanz der Theaterszene (Podstata divadelní scény), 1923;
Die künstlerische Ethik (Umělecká etika) 1927;
Die dichterische Sprache (Básnická řeč), 1929.

In kritischen Besprechungen befaßte sich Zich u. a. mit Veröffentlichungen von R. Hamann, W. Jerusalem, Ch. Lalo, E. Meumann, P. Mies, P. Moos, R. Müller-Freienfels, H. Siebeck sowie nahezu regelmäßig mit M. Dessoirs *Zeitschrift für Ästhetik und allgemeine Kunstwissenschaft* (in den Jahren 1909–1917).

Zichs Universitätsvorlesungen umfaßten Themen wie:

Theoretische Dramaturgie (Teoretická dramaturgie) WS 1913/14;
Klassifikation der Künste (Klasifikace umění) SS 1916;
Poetik (Poetika) WS 1916/17 (dieses Angebot wurde mit Unterbrechungen bis zum SS 1933 wiederholt);
Ästhetik der bildenden Künste (Estetika výtvarných umění) WS 1917/18 (ebenfalls sporadisch bis inkl. SS 1934);
Kunstkritik (Umelecká kritika) SS 1918;
Tschechische Metrik (Česka metrika) WS 1918/19 (wiederholt aufgegriffen bis inkl. WS 1930/31);
Logik des künstlerischen Denkens (Logika uměleckého myšlení) WS 1933;
Die Ästhetik Smetanas (Estetika Smetanova) SS 1934.[8]

Im Zusammenhang mit Zichs Wirken, insbesondere im Hinblick auf seine Einordnung im nationalen und europäischen Kontext, ist zwischen dem Komponisten einerseits und dem Wissenschaftler, Publizisten und Hochschulpädagogen andererseits zu unterscheiden. Sein musikalisches Schaffen, das größtenteils positiv beurteilt wurde, war wie das einiger Zeitgenossen von romantischem Habitus und im wesentlichen großen Vorbildern, insbesondere B. Smetana, verpflichtet, ohne allerdings dessen Genialität zu erreichen.[9] Von umwälzenden zeitgenössischen Tendenzen blieben seine Kompositionen unberührt.[10] Immerhin zeichnete sich Prag, wo Zich vornehmlich wirkte, durch eine kulturelle und wissenschaftliche Regheit und Vielfalt aus, die — obwohl sui generis — anderen europäischen

Metropolen (Berlin, Paris, Wien usw.) ebenbürtig war. Diese Aktivitäten entwickelten sich Anfang der zwanziger Jahre und erreichten Mitte der dreißiger Jahre trotz komplizierter und oft diffiziler, vorwiegend ökonomischer und eskalierender politischer Spannungen in der — bei gewissen Wechselbeziehungen — national und kulturell zweigeteilten Stadt ihren Höhepunkt. Verantwortlich für diese Entfaltung zeichneten einerseits jene Vertreter der jüngeren tschechischen Intelligenz, die sich nur peripher am Althergebrachten orientierten, vielmehr sich insbesondere an die europäische Avantgarde in Ost und West anlehnten. Sie ist außerhalb der Tschechoslowakei im Sinne der eingangs erwähnten Umstände wenig bekannt.[11] Andererseits waren es deutschsprachige Prager, vornehmlich Literaten, die z. T. ebenfalls auf Traditionen bauten, allerdings mehr auf kosmopolitische, was sich aus dem jüdischen Ursprung der meisten von ihnen ergab. Wie ihre tschechischen Zeitgenossen waren sie für zeitgenössische Tendenzen nicht nur aufgeschlossen, sondern prägten zunächst in allen deutschsprachigen Ländern und allmählich darüber hinaus auch im europäischen Kontext die Moderne maßgeblich mit.

Während auf literarischem Gebiet trotz alsbald großer Namen wie Brod, Kafka, Kisch, Urzidil, Weltsch, Werfel ein Äquilibrium zwischen Tschechen und Deutschen herrschte, traf dies in musikalischen Belangen nur bedingt zu. Die wichtigsten musikalischen Impulse von deutscher Seite kamen vom Verein für Kammermusik, dem Verein für musikalische Privataufführungen (sein Präsident war [1921—1924] A. v. Zemlinsky, der u. a. Schönberg propagierte) sowie vom Neuen Deutschen Theater, das u. a. dank der dramaturgischen Orientierung seines Direktors und Dirigenten G. Szell (1929—1937) Werke von Hindemith, Křenek, Schillings, Schostakowitsch, Schreker, Weill u. a. aufführte (hier wirkten u. a. Dirigenten wie G. Mahler [1885—1886], Leo Blech [1899—1906], A. v. Zemlinsky [1911—1927]). Die seit 1921 existierende Zeitschrift *Der Auftakt* befaßte sich ausschließlich mit zeitgenössischer Musik.[12] Abgesehen von einigen Komponisten und Musikwissenschaftlern (G. Becking [1894—1945], F. Finke [1891—1968], H. Rietsch [1860—1927], E. Schulhoff [1894—1942], P. Nettl [1889—1972], E. Steinhard [1886—nach 1941][13] u. a.) dominierten im Prager Musikleben vorwiegend Tschechen. Neben Persönlichkeiten wie J. B. Foerster (1859—1951), V. Novák (1870—1949), J. Suk (1874—1935), O. Ostrčil (1879—1935) gehörten zur Avantgarde die Brüder Alois (1893—1973) und Karel Hába (1898—1972). Der weitaus bekanntere A. Hába hatte ab 1934 einen Lehrstuhl für Viertel- und Sechsteltonmusik am renommierten Prager Konservatorium inne. Mitgestalter des Prager Musik- und Theaterlebens war ferner E. F. Burian (1904—1959), welcher u. a. eine der ersten ausführlichen europäischen Studien über den Jazz veröffentlichte.[14] Zu nennen ist ferner eine Gruppe junger Komponisten, die sich später im Verein der bildenden Künstler *„Mánes"* zusammenschloß (F. Bartoš [1905—1973], P. Bořkovec [1894—1972], I. Krejčí [1904—1968]), sowie der mit der Avantgarde-Szene *„Befreites Theater"* (Osvobozené divadlo) eng liierte Komponist J. Ježek (1906—1942). Eine tschechische Sektion der Internationalen Gesellschaft für zeitgenössische Musik (ISCM), der Verein für moderne Musik sowie der Verein *„Gegenwart"* (Přítomnost) spielten ebenfalls eine wichtige Rolle. Auch junge slowakische Komponisten, die fast alle in Prag studierten, wurden von aktuellen Tendenzen beeinflußt. So schrieb A. Moyzes (1906–1984) damals einige an den Jazz angelehnte Kompositionen. Zur gleichen Zeit wirkten in Brünn L. Janáček (1854–1928) und u. a. sein hochtalentierter Schüler P. Haas (1899–1944).[15]

Zich war natürlich über das auch herausfordernd vitale Musikleben sowie über die literarische und die Kunstszene Prags bestens unterrichtet. Er verhielt sich ihr gegenüber nichtsdestoweniger zurückhaltend, zumal auch seine kompositorische Ausrichtung eher präservierend angelegt war. Als kreativer Künstler ist er zwar in die tschechische Musikgeschichte integriert, er nimmt aber in ihr keine herausragende Stellung ein.[16]

Die weitgespannte musikwissenschaftliche Tätigkeit Zichs — wir können hier nur einige Aspekte herausgreifen, ganz zu schweigen von weiteren Gebieten, auf die höchstens hingewiesen werden kann — überragt in ihrer Relevanz bei weitem sein kompositorisches Schaffen, wenngleich sich gewisse Berührungspunkte mit Sicherheit befruchtend auswirkten.[17] Um den Musikwissenschaftler Zich einzuordnen, ist ein komparativ-situativer Überblick angebracht.

Zwischen der tschechischen, der österreichischen sowie der deutschen Musikwissenschaft gab es sowohl inhaltlich als auch organisatorisch ähnliche, wenngleich nicht identische Entwicklungen. Während E. Hanslick (1825–1904) 1870 in Wien zum ersten Ordinarius für Musikgeschichte und Ästhetik ernannt wurde, vertrat A. W. Ambros (1816–1876) das Fach Musikgeschichte an der noch ungeteilten Prager Universität bis 1872, d. h. bis zu seinem Abgang nach Wien.[18] Im Jahre 1877 habilitierte sich der Tscheche O. Hostinský (1847–1910) für Ästhetik (Musikästhetik) und Musikgeschichte. Infolge von Kompetenzfragen nach der Teilung der Universität in eine deutsche und eine tschechische (1882) sowie aus pragmatischen Gründen wurde Hostinský 1883 an der tschechischen Universität zum Professor für allgemeine Ästhetik ernannt. Das Fach war im wesentlichen kunstwissenschaftlich orientiert. Bereits vor Hostinský waren an der Karls-Universität Lehrer tätig, die Philosophie — mit integrierter Ästhetik — in tschechischer Sprache lasen, so J. Dastich (1835–1870) und J. Durdík (1837–1902), der als erster Philosophie an der tschechischen Universität vortrug.[19] Abgesehen von Organisations- und Kompetenzbelangen sowie unterschwelligen, meist nationalistisch gefärbten Animositäten gab es zwischen der tschechischen und der deutschen Universität auch inhaltlich-konzeptionelle Gemeinsamkeiten.[20] Sprachbarrieren, vornehmlich seitens der tschechischen Intelligenz — dies bezog sich insgesamt auf die Mittelschicht —, gab es damals keine. Tschechische Wissenschaftler — wie die anderer Länder — lehnten sich über einen langen Zeitraum (bedingt auch durch geopolitische und geschichtliche Bindungen) oft an maßgebliche deutsche geisteswissenschaftliche Schulen und Konzeptionen an und nahmen sie zum Ausgangspunkt eigener Forschungen und Reflexionen.[21]

Hostinský inklinierte insgesamt in Anlehnung an G. T. Fechner (1801—1887) auch zur naturwissenschaftlich und psychologisch orientierten Ästhetik und war u. a. für soziologische Belange aufgeschlossen.[22] Er orientierte sich auch an J. F. Herbarts (1776—1841) Empirismus, stand jedoch dessen Schule, so u. a. auch dem bis zu seiner Übersiedlung nach Wien (1861) in Prag wirkenden R. Zimmermann (1824—1898) ziemlich kritisch gegenüber. Er befürwortete einen eher pragmatisch orientierten Formalismus. Gleichermaßen ergaben sich zwischen ihm und Hanslick zwar vorwiegend Übereinstimmungen, andererseits lehnte er dessen Kritik an R. Wagner entschieden ab. Doch trat er auch für eine zwischen den Positionen vermittelnde Konzeption ein. Insgesamt sprach er sich für die strikte Dichotomie von absoluter und Programmusik aus, verwarf aktuelle folklorolatristische Tendenzen und war Verfechter einer tschechischen, national geprägten Musik auf höchstem Niveau, die er in Smetanas Werken verwirklicht sah.

Hostinský befaßte sich zwar in zahlreichen Publikationen mit literarischen und kunsthistorischen Problemen, der Schwerpunkt seines Wirkens lag aber zweifelsohne auf musikalischem Gebiet. Veröffentlichungen verfaßte er vornehmlich in tschechischer Sprache. In Deutsch erschien u. a. *Das Musikalisch-Schöne und das Gesamtkunstwerk vom Standpunkt der formalen Ästhetik*, Leipzig 1877.[23]

Hostinskýs wissenschaftliche und Lehrtätigkeit war für die weitere Entwicklung der tschechischen und später auch slowakischen Musikwissenschaft und -ästhetik von ausschlaggebender Bedeutung. Die auf eine lange Überlieferung zurückgehende, durch Hostinskýs Persönlichkeit und Tätigkeit eindrucksvoll profilierte Rigorosität sowohl fachspezifischer als auch fachübergreifender Bildung schuf über Generationen hinweg eine Tradition, die bis in die Gegenwart hinein feststellbar ist. Und dies trotz unausweichlicher, durch engere Spezialisierung und — seit nahezu 40 Jahren — unterschiedlich intensive ideologische Einflußnahme bedingter Eingrenzung der in der Tschechoslowakei lebenden Gelehrten. Aus der stattlichen Anzahl bedeutender Wissenschaftler, die diese Tradition repräsentierten, waren bzw. sind es die auch international bekannten P. Demetz (geb. 1922), V. Karbusický (geb. 1925), J. Mukařovský (1891—1975), A. Sychra (1918—1969), J. Volek (geb. 1923), R. Wellek (geb. 1903), T. G. Winner (geb. 1917), die Slowaken O. Elschek (geb. 1931), P. Faltin (1939—1981), T. Straus (geb. 1931) u. a.[24] O. Zich, Hostinskýs Nachfolger an der Karls-Universität, gebührt die gleiche Wertschätzung.

Das wissenschaftliche Werk O. Zichs, das organisch an Hostinský anknüpfte, wurde zum Bindeglied zwischen dem geisteswissenschaftlich-ästhetisch orientierten Gedankengut des späten 19. Jahrhunderts, Tendenzen der Jahrhundertwende und Entwicklungen der ersten Jahrzehnte des 20. Jahrhunderts. Wie seine Vorgänger setzte er sich kreativ mit Ideen wichtiger, auch zeitgenössischer Geistes- und Naturwissenschaftler auseinander. Er ist diesbezüglich durchaus mit anderen hervorragenden europäischen Wissenschaftlern vergleichbar. Allerdings sollte man — wie bei anderen Zeitgenossen auch — bei der Wertung seiner experimentellen psychologischen Forschungsarbeit heutige Maßstäbe ausklammern. Auch einige von ihm verwendete Termini sind aus heutiger Sicht nicht en vogue, obwohl er im Grunde die gleichen Phänomene und Probleme untersuchte bzw. theoretisch reflektierte, die unter anderen Vorzeichen vor und nach ihm wissenschaftliches Interesse herausforderten.

Im folgenden soll kurz auf einige Züge seiner Musikästhetik und — soweit kontextuell erforderlich — auch auf Reflexionen zur allgemeinen Ästhetik hingewiesen werden. Berücksichtigt werden dabei nur einige Arbeiten, insbesondere das Frühwerk *Ästhetik der musikalischen Wahrnehmung* — es nimmt auch im Hinblick auf weitere Beiträge eine Schlüsselstellung ein —, ferner aus Kontinuitätsgründen relevante weitere Studien sowie Aufzeichnungen, vornehmlich zu Universitätsvorlesungen, die vor einigen Jahren von M. Jůzl (geb. 1928) redigiert und interpretiert wurden.[25]

Bei Einsicht und Wertung von Zichs wissenschaftlichem Gesamtwerk — dies sei vorweggenommen — beeindrucken die im wesentlichen über Einflüsse hinaus sich emanzipierenden, stetig sich entwickelnden Gedankengänge sowie Formulierungen, die zwischen konturierter wissenschaftlicher Präzision und nahezu literarischer Bildhaftigkeit oszillieren. Bereits der Untertitel des 1. Teils der *Ästhetik der musikalischen Wahrnehmung*, nämlich *„Psychologische Analyse auf experimenteller Grundlage"*, deutet auf Zichs empirische Ausrichtung hin. Es ging ihm primär um die Untersuchung von Wahrnehmungsphänomenen, allerdings in Verflechtung mit Problemen des Schaffensprozesses.

Wenn Zich sich im wesentlichen an der Programmusik orientierte, war dies auch zeitbedingt. Reflexionen über absolute und Programmusik waren in Fachkreisen an der Tagesordnung, und überdies wirkten die Einflüsse Hostinskýs weiter. Der auch philosophisch und psychologisch geschulte Zich war an der Erforschung dessen interessiert, was als Komplex von Gefühlen, Vorstellungen, gedanklichen Vorgängen durch Musik hervorgerufen wird, er bemühte sich um Erkenntnisse zur Problematik des Musikverstehens. Hierbei konzentrierte er sich sowohl auf ausschließlich musikimmanente, insbesondere „tonliche" Impulse als auch auf den außermusikalischen, „außertonlichen", ideell animativen Bereich bzw. darauf, inwieweit beide Ebenen mit Inhaltlichkeit zusammenhängen. Noch für Zichs Lehrer Hostinský war die absolute Musik diesbezüglich insuffizient. Erst die Verbindung mit der verbalen, poetischen Komponente gewährleistet musikalischen Gehalt und dessen Vermittlung. Zich, der — anders als Hostinský — Vollblutmusiker war, ging es um die eingehendere Untersuchung bzw. Untermauerung der These, daß auch autonome Musik sehr wohl Gefühle, Vorstellungen, Begriffe evozieren kann — womit er zur Auflockerung verhärteter ästhetischer Positionen beitrug — ferner, daß ein relational entsprechender Konnex zwischen inspirativen Vorgängen beim Komponisten und beim Rezipienten herstellbar sei. Um dem Problem auf experimentellem Wege näherzukommen, erarbeitete er für seine Zwecke eine eigene Untersuchungsmethode.[26] Sie scheint aus heutiger Sicht unvollkommen. Doch ist zu bedenken, daß die Nicht-Berücksichtigung zeitbedingter Möglichkeiten und Grenzen pejorative Wertungen ex post immer fraglich erscheinen läßt. Zich stützte sich bei seinen Erhebungen auf zwei Versuchsgruppen bzw. auf deren Reaktionen. Die eine Gruppe bestand aus musikalisch interessierten Durchschnittskonsumenten, die zweite aus geschulten Musikern und Kritikern. Man sollte individuell schriftlich festhalten, welche unmittelbaren Gefühle und Stimmungen die von Zich gezielt gewählten, am Klavier (ohne Gesang) — andere Reproduktionsmöglichkeiten waren in den Jahren 1908/09 nicht vorhanden — im Ausmaß von maximal 50 Takten vorgetragenen Abschnitte aus verschiedenen Opern Smetanas und Wagners hervorrufen. Auch sollte explizit über animativ wirkende musikalische Parameter Auskunft gegeben werden. Ferner sollte über motorische Wirkungen, ihre körperliche Umsetzung (bis zu Atembewegungen) unmittelbar berichtet werden, wobei Zich originäre Klaviermusik von Bach, Beethoven, Fibich, Chopin und Smetana einsetzte. Die Auswertung der Reaktionen sollte aufzeigen, inwieweit man durch nicht-sprachgebundene Musik bestimmte seelische Situationen hervorrufen bzw. charakterisieren kann, welche psychischen Zustände diese Musik bewirkt.

Die Auswertung ergab, daß musikalisch weniger erudierte Personen nahezu ausschließlich über Gefühle und insbesondere über individuelle, d. h. unterschiedliche außermusikalische Vorstellungen berichteten. Das Spektrum der Gefühle war bunt. Allerdings riefen zeitliche Dimensionen (u. a. Tempo) einigermaßen übereinstimmende Gefühlsreaktionen hervor. Bei geschulten Musikern zählten gefühls- und vorstellungsbetonte Aussagen zu den Ausnahmen, woraus Zich schloß, daß die Respondenten mehr auf kognitiv faßbare, musikimmanente Gegebenheiten reagierten. Einige, wenngleich uneinheitliche Hinweise auf musikalische Vorstellungen veranlaßten Zich, Wirkungsanalogien mit dichterischen Metaphern anzunehmen. Er schlußfolgerte ferner, daß bestimmte Vorstellungen auf Parallelen zwischen Musik und gesprochener Sprache (Parole, Speech) zurückzuführen sind, ähnlich wie auch Affinitäten zu Naturklängen ausdrucksstark wirken. Die zweite, auf motorische (physiologische) Symptome ausgerichtete Versuchsreihe brachte im wesentlichen antizipierte Ergebnisse (u. a. Atembeschleunigung bei Crescendo usw.).

Trotz methodologischer und sonstiger Vorbehalte, der diskutablen dispositionellen Gegebenheiten, möglichen Störfaktoren, der relativ bescheidenen Variablen und Evalvationszugängen kann das Vorhaben — auch aus heutiger Sicht — als bemerkenswerte Erkundungsstudie insgesamt positiv gewertet werden. So gelangte Zich zur Feststellung, daß Musik unter gewissen Voraussetzungen bei unterschiedlichen Rezipienten im weitesten Sinne qualitativ kaum identische, doch dynamisch ähnlich gelagerte Vorgänge hervorruft. Die mögliche dynamische Konformität führte er darauf zurück, daß u. U. die musikalische Wahrnehmung schlechthin mit motorischen, körperbezogenen Gefühlsaktivierungen gekoppelt ist. Er erwähnte ferner Verknüpfungen mit der Sprache, die ebenfalls motorische Qualitäten aufweist. Er hob auch Empfindungsabläufe hervor, die vorwiegend von „tonlichen" und „harmonischen" Faktoren bewirkt werden. Diese evozieren in der Regel Gefühlsregungen, die demgemäß primär von Wahrnehmungen motiviert werden, welche auf musiklogische Faktoren zentriert sind. Insgesamt kommt in der Zusammenfassung die ästhetische Differenziertheit hinsichtlich der musikalischen Wahrnehmung zum Ausdruck, wobei, verglichen mit einigen anderen Autoren, Zichs eigenständige, auch auf Ausgleich zwischen eindeutigen Festlegungen hinwirkende Ansätze erkennbar werden.[27]

Der zweite Teil der Abhandlung ist unterschiedlich zum ersten eine auf ausschließlich theoretischen Erwägungen beruhende analytische Auseinandersetzung mit grundlegenden Fragen der Wahrnehmung. Zich ging es um die spezifische Eingrenzung des Ästhetischen, der Attribute, die es zum Phänomen sui generis machen. Es setzt eine — so sinngemäß Zich — vollendete Wahrnehmung voraus, sie bedingt das Musikerlebnis. Die ästhetische Wahrnehmung par excellence orientiert sich vor allem an musikspezifischen Zusammenhängen, außermusikalische (inhaltliche) Elemente werden vorerst ausgeklammert. Sie ist auf tonliche und sonstige strukturimmanente Gegebenheiten, auf reminiszentive Phänomene, gewissermaßen auf ein kreatives Mitvollziehen des musikalischen Ereignisses ausgerichtet.[28]

Bei der musikalischen Wahrnehmung spielen außer explizit sinnlichen Empfindungen, nicht-musikalischen Assoziationen und Gefühlen musikalische Bedeutungsvorstellungen eine wesentliche Rolle. Dieser Begriff, den Zich von J. Volkelt (1848—1930) übernahm und weiter interpretierte, nahm in seiner Ästhetik eine wichtige Stellung ein.[29] Er impliziert, daß Vorstellungen entwickelt werden, die sich an genauer oder nur schemenhaft fixierten Tönen orientieren, je nachdem mit welcher Intensität sie wahrgenommen und im Gedächtnis behalten werden. Dadurch wird das bewußte Eingehen auf den musikalischen Ablauf gewährleistet bzw. gestützt. Musikalischer Gehalt manifestiert sich substantiell durch das Mitvollziehen der sich gegenseitig — auch im zeitlichen Ablauf — bedingenden musikalischen Elemente.[30]

Dieser Zugang beruht vor allem auf dem Verständnis des Kunstobjekts als solchem, seines Aufbaus, formaler Eigenschaften, seiner sinnlich wahrnehmbaren, verflochtenen, bedeutungtragenden Komponenten. Die derart interpretierten Bedeutungsvorstellungen sollten die Ästhetik, gegensätzlich zu philosophisch-spekulativen Konzeptionen, auf eine realere Basis stellen. Allerdings war der kreative Musiker und Philosoph Zich zurückhaltend genug, um die Ausschließlichkeit ästhetisch-psychologischer (insbesondere individualpsychologischer) Zugänge nicht als notwendige Bedingung zu verkünden.

Weitere Abhandlungen, vor allem die Studie *Smetanas symphonische Dichtungen*, der polemische Artikel *Musikästhetik* sowie Vorlesungen an der Karls-Universität[31] bekundeten Ausweitungen in Zichs Reflexionen. So befaßte er sich

u. a. intensiv mit dem sogenannten künstlerischen Denken, das er dem üblichen, sich hauptsächlich in Begriffen vollziehenden Denken nicht gleichsetzte. Das anschauliche, das künstlerische Werk entdeckende, durchdringende Denken führt zum künstlerischen Gefühl. Unterschiedlich zum lediglich mit emotionalen Zuständen verflochtenen ästhetischen Gefühl — das auch vom Schönen in der Natur hervorgerufen wird — ist es vertiefter. Allerdings wird das künstlerische Denken dem schöpferischen Akt nicht voll gerecht. Dieser ist komplexer, zumal sich zu Denkprozessen noch die Gefühls- sowie die motorische Umsetzungskomponente hinzugesellen. Die Unterscheidung zwischen dem ästhetischen und dem höher bewerteten künstlerischen Erlebnis wird auch mit Erläuterungen zum rational durchsetzten musikalisch-logischen Denkprozeß untermauert.[32]

Zich maß dem Verständnis für den Aufbau des Werkes, der dynamischen Form — anders ausgedrückt, dem strukturellen Gefüge und der prozessualen Anordnung der musikalischen Elemente — große Bedeutung zu. Er unterschied zwischen motivischen und dynamischen Formen. Wenn das gestaltende Mittel der motivischen Form die Abwandlung und die wechselnde Wiederkehr ist, so ist es für die dynamische Form die des Kontrasts und der Gradation. Während Riemann, den Zich außerordentlich schätzte, den Begriff „Logik" mit dem „Aufbau der Tonstücke" verband, unterschied Zich zwischen zweierlei Logik.[33] Die eine, absolute bezog er ausschließlich auf musikformative, die zweite auf aussagende, d. h. deklamatorische, tonmalerische, zitative u. ä. Elemente. Den Kern des künstlerischen Denkens bzw. der Logik bilden die Relationen und die Synthese. Relationen ergeben sich selbst in einem einfachen Musikstück aus sämtlichen, im Grunde äußerst komplizierten Formkomponenten. Zich spricht von einer „totalen Form", von einem relativen Zusammenwirken verschiedener Form-Anteile in einem Werk. Die Relativität wird durch den Gewohnheitsfaktor bedingt. Wenn Künstler eingespielte, koexistierende Relationen außer Kraft setzen — und in der Kunst ist dies so üblich —, ergibt sich, solange der Anpassungsprozeß nicht abgeschlossen ist, ein unnatürlicher, gekünstelter Eindruck. Die Synthese bildet durch das Zusammenfügen der erwähnten Form-Anteile zu einer Einheit den Abschluß des künstlerischen Denkens. Sie ist demgemäß ohne vorangegangene Reflexion der relationalen Formkomponenten nicht durchführbar, zumal erst diese das Erfassen, die Verständlichkeit — nun synthetisch — gewährleisten. Die Synthese, verwirklicht durch anschauliches Denken, wird als „anschauliche Form", als Formqualität bezeichnet.

Als Konsequenz des synthetischen künstlerischen Denkens ergeben sich formbildende Kunstprinzipien. Zich unterschied zwischen psychologischen, logischen und ästhetischen Formen mit ihrem jeweils eigenen Prinzipienkatalog. Hinsichtlich ästhetischer Formen betonte er die möglichst variablen Konstellationen bzw. Aufbauprinzipien, u. a. sich verbindende oder ausschließende räumliche und zeitliche Gegebenheiten, ferner Tonhöhendimensionen. Die Tonhöhe hatte für Zich eine der Raum-Zeit-Komponente adäquate, d. h. umfassend wirkende, extensive Qualität.

Obwohl Zich das ordnungsgemäße künstlerische Denken immer wieder hervor-
hob, schloß er die irrationale Komponente keineswegs aus. Letztendlich gewährleistet das Verhältnis von Rationalem und Irrationalem die Synthese. Das die Vernunft Betreffende manifestiert sich durch die Prägung von Begriffen, das Unbere-
chenbare, verstandesmäßig nicht Erfaßbare durch die ausschließlich sinnliche
Wahrnehmung, durch „unverarbeitete" Empfindungen, durch Gefühle, Vorstellungen, Wunschgedanken. Die Kunst hat immer eine sinnliche Basis (die dichterische Sprache ist auch ein klangliches Phänomen), und sie wirkt emotional. Obwohl im Grunde irrational, wird sie durch das anschauliche, das Verständnis der
künstlerischen Form ermöglichende Denken rationalisiert. Künstlerische Formen werden quasi schöpferisch nachvollzogen. Andererseits erweitert — nach
Zich — der Akt des anschaulichen Denkens den Gefühlsambitus noch um eine
weitere, eben aus dem kognitiven Zugang geborene Dimension.

Ähnliche Gedanken äußerte Zich auch an anderer Stelle, vor allem in der Studie
Elementare Bedingungen der musikalischen Begabung.[34] Auch hier betonte er stringent, daß das Musikverständnis nicht nur generell gefühlsfördernd ist, sondern
ein ausgeprägtes formintensives Gefühl hervorruft.

Wie andere Wissenschaftler seiner Zeit befaßte sich Zich auch mit Fragen der
ästhetisch-psychologischen Typologie.[35] Er unterschied zwischen Empfindungs-
und Vorstellungs-Typen. Die ersteren sind vorwiegend auf die Musik selbst konzentriert. Als Komponisten tendieren sie zur absoluten Musik. Die zweiten entwickeln Bedeutungsvorstellungen, die ins Nicht-Musikgebundene hineinreichen,
sie inklinieren mehr zur Programmusik. Im Kapitel „*Psychologisch-musikalische
Typen*" der Studie *Smetanas symphonische Dichtungen* hebt Zich die Prävalenz der
Mischtypen hervor — möglicherweise auch aufgrund eigener Erfahrungen —, obwohl sich noch kurz vor seinem Lebensende als „Dramatiker" bezeichnete.[36]
Zich, der sich von der Musik immer mehr ästhetischen Problemen der Poesie
und des Dramas zuwandte, konzipierte anhand scharfsinniger Analysen auf ähnlicher Grundlage auch eine dichterische Typologie. Er unterschied zwischen
sprachlichen, musikalischen und bildenden Typen — nach jeweiliger Prävalenz
der Wort-, Klang- und sinnlich-anschaulichen (verbalen) Komponente.[37]

Zichs allmählich verstärkte Hinwendung zu werkimmanenten Problemen, zu
Materialbedingungen, Funktionen usw. dürfte auch auf positivistische Einflüsse
und auf den sich verstärkenden Hang zur Systematik zurückzuführen sein.[38] Er
näherte sich zusehends strukturalistischen Positionen, indem er u. a. das Kunstwerk nicht als statisches, sondern als dynamisches, spannungsgeprägtes Gebilde
auffaßte.

In einer der letzten umfangreichen Veröffentlichungen, in der *Ästhetik der dramatischen Kunst*[39], kommt die Konzentration auf die Struktur des Kunstwerkes, d. h.
des Dramas, nahezu voll zum Tragen. (Die Musik ist u. U. eine seiner Komponenten.) Das Drama — schwerpunktmäßig das Schauspiel und das Musiktheater —

ist für Zich eine abbildende, nachahmende, sinngemäß autonom-monovalente Kunstart. Seine literarische Komponente ist nicht dominant, sondern Teil einer Gesamtstruktur, deren kreativ-tragender Hauptpfeiler der Schauspieler ist — konform mit dem Interpreten in der Musik. Dementsprechend ausführlich wird die Schauspielkunst reflektiert. Das facettenreiche, systematisch konzipierte, anspruchsvolle theaterwissenschaftliche Werk, das — wie Zich einleitend feststellt — *„die Theorie und Ästhetik der dramatischen Kunst behandelt"*, ist trotz der heutigen Breite der darstellenden Künste, medialer Entwicklungen und disperser theoretischer Bemühungen von hoher Aktualität. Theaterwissenschaftler, Kritiker, Schauspiel- und Regieadepten aller Länder wären zumindest mit einer ausführlicheren Zusammenfassung in einer der Weltsprachen gut bedient.[40]

Der Einfluß Zichs reicht weit über seine Zeit hinaus. Sein Schüler J. Mukařovský schrieb 1934, daß Zich mit seinen Untersuchungen die strukturelle Ästhetik antizipierte.[41] Er erwähnt in diesem Zusammenhang u. a. auch Zichs Interpretation der Bedeutungsvorstellungen, die das Musikwerk, auch wenn ihm kein konkreter Inhalt zugrunde liegt, zum Bedeutungsträger machen. Zichs Überlegungen seit den zwanziger Jahren legen auch die Vermutung nahe, daß er mit der Gestaltpsychologie des seit 1900 an der Prager Universität lehrenden Ch. von Ehrenfels (1859—1932) vertraut war. Es wäre aufschlußreich, gezielt zu untersuchen, inwieweit die von Ehrenfels reflektierten, für strukturierte Wahrnehmungsabläufe zuständigen Gestaltqualitäten über Zich hinaus die Prager Strukturalisten anregten.[42] Der tschechische Ästhetiker O. Sus (1924—1982) hob in der Studie *Ein Wegbereiter der tschechischen semantischen Theaterwissenschaft (Psychosemantik und Theaterkunst)* u. a. hervor, daß Zich Musik- und Kunstwerke schlechthin als organisierte, strukturierte, spezifisch bedeutungstragende Gebilde deutete.[43] Die Struktur des Werkes — so Sus — wurde zum Träger der vorgestellten dinglichen Bedeutungen, d. h. der Bedeutungsvorstellungen. Auch er bezeichnete Zich als Vorgänger des tschechischen Strukturalismus. J. Doubravová stellte unter Hinweis auf die umfangreichen Studien *Smetanas symphonische Dichtungen* und *Ästhetik der dramatischen Kunst* fest, daß Zich eine bedeutende Rolle in der sogenannten präsemiotischen Phase der tschechischen und slowakischen Ästhetik spielte.[44] Ebenso I. Poledńák unter ausführlicher Bezugnahme auf Zichs *Ästhetik der musikalischen Wahrnehmung* bzw. auf dessen Analysen und Erörterungen musikapperzeptiver Prozesse.[45]

Der phänomenologische, erkenntnistheoretische Ansatz, der u. a. im gegenständlich durchwirkten, auf das Erfassen von Zusammenhängen gestützten „künstlerischen" Erleben zum Ausdruck kommt, weist auch in Richtung der objektzentrierten Ästhetik. Doch aus Zichs Formulierungen lassen sich auch akkommodations-, einfühlungsästhetische, kommunikations- bzw. interaktionstheoretische und im weitesten Sinne anthropologische Ansätze deduzieren.

Zich ist kaum einer konturierteren ästhetischen Richtung zuzuordnen. Zu weit scheint der Bogen von der psychologisch orientierten bis hin zur — ansatzmäßig

— strukturalistischen und semiotischen Ästhetik gespannt. Dies entsprach seiner geistigen Universalität und Beweglichkeit. Am ehesten könnte man ihn — bildlich — als umfassenden Ästhetiker der ersten Hälfte dieses Jahrhunderts bezeichnen, der im europäischen Kontext trotz enger Verknüpfung mit bis in seine Zeit hineinreichenden geistes- und naturwissenschaftlichen Errungenschaften eine überragende, auch zukunftsweisende Stellung eingenommen hatte. Der Tod setzte seinen weiteren Plänen ein Ende.[46] Deren Verwirklichung hätte möglicherweise dazu beigetragen, eine integrale, komparativ-strukturalistische Ästhetik mitzuentwickeln, die vielleicht u. a. auch Facetten zeitgenössischer Kunstarten Rechnung getragen hätte. Es bleibt zu hoffen, daß die Zich-Forschung in der Tschechoslowakei noch intensiviert wird und u. a. auch Zichs Konnexionen zu Prager deutschen Zeitgenossen — und vice versa — näher untersucht werden. Vor allem aber sollte Zich außerhalb seiner Heimat entdeckt und sein Anteil am wissenschaftlichen Geschehen in einem Lande gewürdigt werden, das einen hervorragenden Beitrag zur geistesgeschichtlichen Entwicklung Europas geleistet hat.

Anmerkungen

1 Primär kunstfördernde und marktstrategische Motive sind auch in der sogenannten E-Musik oft schwer auseinanderzuhalten (z. B. die „Entdeckung" kaum beachteter Komponisten wie J. D. Zelenka [1679—1745], A. v. Zemlinsky [1872—1942] u.v.a.).

2 Z. B. die Serenade für Streichorchester von J. Suk (1874—1935), Z. Fibichs (1850—1900) „Poem" aus der Symphonischen Dichtung *Am Abend* u. a.

3 G. Adler (1855—1941), A. W. Ambros (1816—1876), E. Hanslick (1825—1904) stammten zwar aus Böhmen bzw. Mähren, sie waren aber im Grunde Österreicher.

4 O. Zich wird z. B. in folgenden, ins Deutsche übertragenen umfangreichen Veröffentlichungen nicht erwähnt: S. A. Markus: *Musikästhetik.* II. Teil, Leipzig 1977 (Istorija muzykal'noj estetiki, Moskau 1968); M. Kagan: *Vorlesungen zur marxistisch-leninistischen Ästhetik,* Berlin 1975 (Lekcii po marxistsko-leninskoj estetike, Leningrad 1971); desgleichen: S. Bimberg/W. Kaden/E. Lippold/K. Mehner/W. Siegmund-Schultze: *Handbuch der Musikästhetik,* Leipzig 1979. Irena Slawińska befaßt sich u. a. mit Zich in ihrem Beitrag *La sémiologie du théâtre in statu nascendi: Prague 1931 — 1941* In: Roczniki Humanistyczne 25/1, Lublin 1977.

5 Vgl. J. Burjanek: *Otakar Zich,* Brünn/Prag 1966. Im Anhang der Studie ein ausführliches Verzeichnis der Publikationen (auch Universitätsvorlesungen) Zichs sowie der Literatur über Zich seit 1909. R. Pečman (Hrsg.): *Das wissenschaftliche Vermächtnis von Otakar Zich.* Sammelband des Symposions in Prag (16.—18. Mai 1979), Brünn 1981 (Vědecký odkaz Otakara Zicha. Sborník ze sympozia v Praze). Weitere Abhandlungen über Zich s.w.u.

6 Sämtliche Schriften wurden in tschechischer Sprache, vornehmlich in Prag (in Buchform, in Fachzeitschriften, als Separata) veröffentlicht. Die Originaltitel sind jeweils in Klammern angeführt.

7 Den musikwissenschaftlichen Bezug der umfangreichen theaterwissenschaftlichen Studie (409 Seiten) rechtfertigt insbesondere das 8. Kapitel: „*Dramatische Musik. Die schöpferische Tätigkeit des Komponisten*" (Dramatická hudba. Tvorba skladatelova). Vgl. Reprint (analecta slavica), Würzburg 1977.

8 Auszugsweise zitiert nach J. Burjanek (s. o.) und J. Zich (Vorlesungen SS 1933, WS 1934), s.w.u.

9 Zichs Opern wurden im Prager Nationaltheater aufgeführt. Namhafte tschechische Theoretiker werteten seine Werke, so Z. Nejedlý (*Das moderne tschechische Singspiel nach Smetana* [Česká

117

moderní zpěvohra po Smetanovi], Prag 1911), J. Hutter (Besprechungen und Analysen der Opern *Die Schuld, Die Präziösen*), K. B. Jirák (*Liederzyklen Otakar Zichs nach Worten von J. Neruda* [Písňové cykly Otakara Zicha na slova J. Nerudy], Prag 1915).

10 In der Abhandlung *Die Vierteltonmusik* (Čtvrt'tónová hudba; 1925) polemisierte er mit psycho-physiologischen Argumenten gegen diesbezügliche Tendenzen. Zich verehrte G. Mahler. Nach dessen Tod veröffentlichte er einen Nachruf (*Gustav Mahler*, 1911), dessen musikwissenschaftliche und menschliche Dimension bemerkenswert vorausschauend war.

11 Einen Einblick in die komplizierten Entwicklungen im literarischen, literaturtheoretischen, teilweise auch musikalischen Bereich bietet u. a. die Studie von L. Matějka: *Strömungen und Querelen in der Kultur der Tschechoslowakischen Republik* (Proudy a sváry v kultuře Československé republiky I.). In: Proměny, Flushing, N. Y. ᵇ²1985. Vgl. auch G. R. Schroubek: *Prag und die Tschechen in der deutschböhmischen Literatur*. In: Zeitschrift für Volkskunde, Stuttgart 11/1979.

12 Vgl. M. Brod: *Der Prager Kreis*, Frankfurt/M. 1979. Der tschechischen literarischen Szene gehörten K. Biebl, K. Čapek, J. Seifert (Nobelpreis 1984) sowie weitere hervorragende, im Ausland kaum bekannte Schriftsteller und Dichter an. Vgl. auch V. Lébl: *Vítězslav Novák — Leben und Werk* (V. N. — život a dílo), Prag 1964.

13 Das Datum seines Todes — nach 1941 — in einem deutschen Konzentrationslager ist, unterschiedlich zu E. Schulhoff, nicht bekannt.

14 E. F. Burian: *Jazz*, Prag 1927.

15 Trotz seiner kritischen Einstellung gegenüber Janáček dürfte Zich während seiner Tätigkeit in Brünn Kontakte zu ihm gehabt haben. In Janáčeks umfangreicher, in mehreren Bänden veröffentlichter Korrespondenz (Prag, seit 1934) wird Zich kaum erwähnt.

16 In Anbetracht beachtlicher wissenschaftlicher Leistungen wurde das musikalische Werk Zichs insbesondere von einigen marxistisch orientierten Interessenten der fünfziger und sechziger Jahre ziemlich unkritisch adäquat gewürdigt. J. Burjanek (s. o.) geht auf die Problematik kaum ein.

17 Der Musikwissenschaftler und Komponist Jaroslav Zich (geb. 1912), ein Sohn O. Zichs, stellte fest, daß die Hinwendung seines Vaters zur objektzentrierten Ästhetik auch auf dessen kompositorische Tätigkeit zurückgeht. Vgl. O. Zich: *Smetanas symphonische Dichtungen* (s. o.), Vorwort zur 2. Ausgabe, Prag 1949.

18 Der erste deutsche Ordinarius war an der Universität Straßburg tätig (Gustav Jacobsthal, 1897). Mit H. Kretzschmar (Berlin 1904) folgten die Ordinarien an weiteren deutschen Universitäten.

19 Er hielt auch Vorlesungen in Ästhetik. Durdíks an J. F. Herbart orientierte Konzeption ist aus seinem wichtigsten diesbezüglichen Werk, der umfangreichen Studie *Allgemeine Ästhetik* (Všeobecná Aesthetika), Prag 1875, ersichtlich.

20 Vgl. G. R. Schroubek: *Isolation statt Kommunikation*. In: *Die Teilung der Prager Universität 1882 und die intellektuelle Desintegration in den böhmischen Ländern*, München 1984.

21 Davon zeugen auch Hinweise und Marginalien in Zichs *Ästhetik der musikalischen Wahrnehmung* (s. o.). Er zitiert neben englischen und französischen in der Mehrzahl deutsche Quellen.

22 Der an der Universität in Prag wirkende G. A. Lindner (1828—1887) veröffentlichte 1871 die Studie *Ideen zu einer Psychologie der Gesellschaft als Grundlage der Sozialwissenschaft*.

23 Die Studie fand erneut Beachtung, nachdem sie F. Gatz in sein Quellenbuch *Musik-Ästhetik*, Stuttgart 1929, aufgenommen hatte.

24 Zur historischen Entwicklung des Faches Ästhetik, unter Einbeziehung deutscher (bis zur Teilung der Universität), doch bei Ausklammerung im westlichen Ausland wirkender tschechischer Wissenschaftler vgl. M. Jůzl: *Hundert Jahre des Lehrstuhls (Katheders) für Ästhetik an der tschechischen philosophischen Fakultät der Karls-Universität* (Sto let stolice [katedry] estetiky na české filozofické fakultě Univerzity Karlovy). In: estetika 1/1984, Prag. K. Svoboda: *Die tschechische Ästhetik nach Hostinský* (Česká estetika po Hostinském). In: estetika 3/1968, Prag, ursprünglich in Naše věda (Unsere Wissenschaft) XVI, 1935, Prag. Ders.: *Die gegenwärtige tschechische Ästhetik* (Dnešní česká estetika). In: estetika 3/1968, Prag, ursprünglich in Naše věda (Unsere Wissenschaft) XX, 1941, Prag.

25 Vgl. M. Jůzl: *Otakar Zichs Universitätsvorlesungen über das künstlerische Denken* (Univerzitní přednášky Otakara Zicha o uměleckém myšlení). In: estetika 4/1979, Prag. *Musikästhetik.* In: O. Zich: *Ästhetische Wahrnehmung der Musik. Musikästhetik.* (Estetické vnímání hudby. Estetika hudby.) Herausgeber und Verfasser des Vorwortes: M. Jůzl, Prag 1981. Weitere akribisch behandelte Gebiete, u. a. seine Abhandlungen über Volksmusik, vornehmlich die südböhmisch-chodische, bleiben hier ausgeklammert.

26 Zich waren musikbezogene Experimente seiner Zeit bekannt. Positiv bewertete er die teilweise von ihm adaptierte Fragebogenmethode der englischen Kunsthistorikerin und Schriftstellerin Violet Paget (nom de plume: Vernon Lee).

27 Zich stand u. a. der von T. Lipps ([1851—1914] *Ästhetik*, I. Teil, Leipzig und Hamburg 1903) vertretenen Abgrenzung zwischen „vollkommener" bzw. ästhetischer und „unvollkommener" bzw. intellektuell-verstandesmäßiger „Einfühlung" kritisch gegenüber. Das gleiche galt für F. Hausegger (1837—1899), dessen Ausdrucksästhetik (u. a. *Die Musik als Ausdruck,* Wien 1885) Zich skeptisch einschätzte, obwohl sie auf ihn anregend wirkte; desgleichen für die exzessive Hermeneutik. Zich bestritt nie die Relevanz des musikalischen Gehalts. Im Wissen um dessen gefühlsevokative Funktion bemühte er sich, allerdings vergeblich, Gesetzmäßigkeiten zu erkunden. Kritisch analysierte er die „Ausdrucksfähigkeit" der Musik — auch hinsichtlich ihrer Bildhaftigkeit, um letztlich festzustellen, daß sie zwar allgemein konsentive Empfindungen, insgesamt aber disperse Vorstellungen hervorruft.

28 Später differenzierte er zwischen ästhetischem und künstlerischem Gefühl; s.w.u.

29 Vgl. J. Volkelt: *System der Aesthetik* I., München 1905. Ivo Osolsobě weist auf die Komplexität des Begriffs hin. Er erwähnt in diesem Zusammenhang u. a. Zichs Prager Zeitgenossen M. Brod und F. Weltsch, deren Formulierungen „vorbegriffliches Urteil", bzw. „verschwommene Vorstellung" mit Zichs Verständnis der „Bedeutungsvorstellung" koinzidieren (vgl. I. Osolsobě: *Die Semiotik des Semiotikers Otakar Zich* [Sémiotika sémiotika Otakara Zicha]. In: *Das wissenschaftliche Vermächtnis von Otakar Zich,* s. o., ferner M. Brod/F. Weltsch: *Anschauung und Begriff. Grundzüge eines Systems der Begriffsbildung,* Leipzig 1913).

30 Vgl. auch H. Riemann: *Ideen zu einer Lehre von den Tonvorstellungen.* In: Jahrbuch der Musikbibliothek Peters, Leipzig 1914—1917.

31 S. o.

32 Das anschaulich künstlerische Denken beschäftigte Zich kontinuierlich, so u. a. in der Universitätsvorlesung *„Logik des künstlerischen Denkens"* (Logika uměleckého myšlení), SS 1933 (s. o.) und in der Abhandlung *Ästhetische und künstlerische Wertung* (Hodnocení estetické a umělecké), 1916 (s. o.). Vgl. J. Zich: *Die Mitteilungsfähigkeit der Musik* (Sdělovací schopnost hudby). In: Hudební věda (Musikwissenschaft), 1/1965, Prag.

33 Vgl. H. Riemann: *Musikalische Logik,* Leipzig 1873. Ders.: *Handbuch der Kompositionslehre* I. Teil, Berlin 1922.

34 S. o.

35 U. a. W. Dilthey (1833—1911), C. G. Jung (1875—1961), R. Müller-Freienfels (1882—1949), E. Spranger (1882—1963), E. Utitz (1883—1956), der 1934—1939 in Prag lehrte.

36 S. o.

37 Vgl. P. Prazák: *Otakar Zich.* In: *Osobnosti českej hudby II.* (Persönlichkeiten der tschechischen Musik II.), Bratislava 1962.

38 Bedeutende Vertreter des tschechischen Positivismus (Ansätze bei O. Hostinský), Zichs Zeitgenossen, waren u. a. der für experimentelle Methoden der Psychologie eintretende F. Čáda (1865—1918), ferner die Universitätslehrer Zichs, der Philosoph F. Krejčí (1858—1934) und der Soziologe — und erste Staatspräsident der Tschechoslowakei — T. G. Masaryk (1850—1937).

39 S. o.

40 Vgl. D. Steinbeck: *Einleitung in die Theorie und Systematik der Theaterwissenschaft,* Berlin 1970. Im ausführlichen Literaturverzeichnis der (die Musik nahezu ausklammernden) Studie wird Zichs Werk nicht erwähnt.

41 J. Mukařovský: *Otakar Zich.* In: *Studie z estetiky* (Studien aus der Ästhetik), Prag 1966.

42 V. Karbusický bezeichnet v. Ehrenfels als Genius loci des Prager Strukturalismus; vgl. *Die semantische Spezifität der Musik.* In: Russian Literature XII, Special Issue: Jan Mukarovský, Amsterdam 1982.

43 (Průkopník české strukturně sémantické divadelní vědy. [Psychosémantika a divadelní umění]). Vorwort zu Zichs *Ästhetik der dramatischen Kunst,* s. o. Vgl. F. Koppe: *Strukturalismus.* In: *Grundbegriffe der Ästhetik,* Frankfurt/M. 1983. G. C. Lepschy: *Die Schule von Prag.* in: ders.: *Die strukturale Sprachwissenschaft,* München 1969, weiterführend: V. Karbusický: *Erscheinung, Struktur, Funktion.* In: ders.: *Systematische Musikwissenschaft,* München 1979.

44 J. Doubravova: *Musical Semiotics in Czechoslovakia and an Interpersonal Hypothesis of Music.* In: IRASM 1/1984 Zagreb.

45 I. Polednák: *Zum Problem der Apperzeption der Musik.* In: IRASM, 1/1985 Zagreb. Mehrere in der Tschechoslowakei wirkende Wissenschaftler vertreten — dem auch heute immer noch verfemten O. Sus folgend — teils emphatisch (z. B. I. Osolsobě, s. o.), teils distanziert (J. Volek — anläßlich des erwähnten Zich-Symposions in Prag, 1979, s. o.) die gleiche Meinung.

46 Vgl. V. Helfert: *Das wissenschaftliche Vermächtnis des Otakar Zich* (Vědecký odkaz Otakara Zicha). In: Index 6/1934 Brünn.

Debussy, der Impressionismus
und die strukturbildende Kraft des immanenten Klanges

PETER FALTIN (12. 7. 1939 — 4. 4. 1981)

Vorbemerkung der Herausgeber

Der nachfolgende Text stellt die Übersetzung des fünften Kapitels aus Faltins im Westen beinahe unbekannt gebliebener Schrift Funkcía zvuku v hudobnej štruktúre *(Die Funktion des Klanges in der musikalischen Struktur) dar, die selbständig 1966 in Bratislava erschienen ist. Das Buch darf als gleichermaßen „zeitgemäße" wie durchaus als damals auch „unzeitgemäße Betrachtung" gelten, insofern einmal zutreffend die kompositorische Valenz des Klanges und dessen vielfältige gestalterische wie perzeptive Funktionen gesehen wurden, während zweitens die Auseinandersetzung mit diesen Problemen nur noch teilweise mit herkömmlichen musikwissenschaftlichen Methoden wie etwa der Formanalyse betrieben, dafür von Faltin aber ganz andere Ansätze wie vor allem der strukturalistische und der phänomenologische verfolgt wurden.*

Zwar gelangte die von Faltin zu Recht als strukturbildend *eingestufte Funktion des Klanges schon früher in das Blickfeld einiger Musikwissenschaftler — erinnert sei nur an den bekannten Aufsatz von Rudolf von Ficker über* Primäre Klangformen [a] *und an einige Arbeiten von Werner Danckert, der wie von Ficker insonderheit die Musikkulturen Ost- und Südostasiens als in spezifischer Weise „klangorientiert" begriff [b] —, die Erfahrungen mit europäischer Kunstmusik und die hiermit verbundene Priorität diastematischer, kontrapunktischer und akkordischer Sachverhalte haben aber ungeachtet der Diskussionen über „Spaltklang" und „Farbklang" erst spät zu einer Aufarbeitung der im engeren Sinne „klanglichen" Dimension geführt. [c] Gründe hierfür sind ebenso im Fortgang des kompositorischen Schaffens während der fünfziger und sechziger Jahre wie auch in der Entwicklung der elektronischen Musik und ihrer Instrumente sowie umgekehrt der der zugehörigen Meßtechnik zu suchen. Faltin stellt hierbei auf den materiell erzeugten, objektivierten und als solchen auch der akustischen Analyse zugänglichen Klang, nicht nur auf dessen subjektive Erscheinungsform für den Rezipienten ab, wobei indessen Perzeption und Apperzeption klanglicher Momente keineswegs außer Betracht bleiben. Näherhin ist der Klang nicht, wie dies früher oft gesehen wurde, eine gewissermaßen „abgeleitete" Dimension des Tonsatzes aus dessen Melodik und Harmonik, die also diesen insoweit dann auch „subordiniert" wäre; vielmehr vertrat Faltin sehr konsequent den Standpunkt, daß der ‚Klang' nicht allein Mittler ästhetischer Information, sondern häufig — und in neuerer Musik zunehmend — selbst deren Träger sei, er daher auch nicht als bloßer physikalisch erzeugter und psychisch wirksamer „Reiz" zu begreifen sei. Der kompositorisch verselbständigte und in dieser Weise bewußt eingesetzte Klang erfüllt nach Faltin ohne weiteres gestalterische und konstruktive Funktionen: Dem — man könnte dies unschwer am sog. „Sound" heutiger Rock- und Popmusik exemplifizieren — psychoakustisch objektivierbaren Klangreiz korrespondiert ein musikalischer Klangsinn. Dem Prozeß der Verselbständigung der klanglichen Dimension und dessen Voraussetzungen nachzuspüren, war vor allem die Zielsetzung von Faltins Buch, das im übrigen die Erneuerung des Prager ästhetischen Strukturalismus dokumentiert. Diese ging nicht ohne erhebliche Auseinandersetzungen vonstatten, so daß schon die Selbstverständlichkeit, mit der Faltin an Positionen und Resultate der Arbeiten von E. Kurth, H. Mersmann, H. Bergson und E. Mach anknüpft (z. T. eher kritisch, z. T. auch sehr zustimmend), durchaus erstaunt. In Bratislava — wo auch Mukařovský einige Zeit tätig war — wirkte (was für vorliegende Thematik von erheblicher Bedeutung ist) damals bereits der international anerkannte Physiker und Musikologe Miroslav Filip [d], dem Faltin ausweislich einiger Anmerkungen des Buches wesentliche Anregungen und wohl auch Kenntnisse gerade der klanglichen Verfassung der Musik verdankt hat. Faltin war bemüht, zusammen mit Filip und einigen anderen progressiven Musikwissenschaftlern in Bratislava eine Forschungsrichtung zu intensivieren, die strukturell-anthropologische, musikästhetische und -semiotische wie auch ex-*

perimentelle Ansätze und Verfahren einschließen sollte.[e] *Im Rahmen dieser Bemühungen war im übrigen der Wechsel Karbusickys von Prag nach Bratislava geplant; die Zusammenarbeit mit Peter Faltin begann im Jahre 1967.*

Versucht man nun, den Gehalt von Faltins in verschiedener Hinsicht als „Frühwerk" zu bezeichnender Schrift zu gewichten, so wird man die politischen und zumal kulturpolitischen Umstände und Bedingungen der Entstehungszeit ebensowenig außer Betracht lassen dürfen wie etwa das noch „jugendliche" Alter des Verfassers, der hier mit Verve und wahrlich in „Aufbruchsstimmung" einem Thema und einer Konzeption nachging, die in jenen Jahren zweifellos noch wenig beachtet und noch weniger durchgearbeitet waren. Dies erklärt die bisweilen recht „forsch" anmutenden Kombinationen und Schlußfolgerungen, die Faltin später wahrscheinlich viel vorsichtiger formuliert und sicher auch einer experimentellen Überprüfung sowie weitergehender Sicherung durch Fakten unterzogen haben würde.[f] *Zu bedenken ist aber nicht minder, daß Arbeiten zur sog. „offenen" Form in der Musik (dieses Problem hatte Faltin im hier gegenständlichen Buch bereits berührt) auch in der Bundesrepublik Deutschland erst nach Faltins Werk erschienen*[g] *und beispielsweise Faltins These vom inneren Zusammenhang des ästhetischen Impressionismus mit dem erkenntnistheoretischen Empiriokritizismus erst viel später aufgegriffen und dann anhand historischer Belege bestätigt wurde.*[h]

Methodologisch erscheint nicht uninteressant, daß Faltin von den damals üblichen Rekursen auf „dialektische" Erklärungsmuster weitgehend absah und statt dessen oft seine Argumentation auf strukturalistische sowie gestalttheoretische Konzepte gründet; so findet sich wiederholt der Hinweis auf das u. a. schon bei Wolfgang Köhler und später wieder bei F. Klix erörterte Feld von Kräften.[i] *Es erschien gleichermaßen konsequent wie ein wenig unzeitgemäß (prospektiv und retrospektiv), daß Peter Faltin sein erstes Buch — aus dem ein Kapitel hier vornehmlich als Dokument übersetzt vorgelegt wird*[j] *— ausdrücklich „dem musikologischen Werk Ernst Kurths und Hans Mersmanns" gewidmet hat.*

* * *

Ich versuche, etwas Neues in die Musik zu bringen, eine neue Wirklichkeit, etwas, was Dummköpfe den Impressionismus nennen.

Claude Debussy[1]

Die Erscheinungen, die sich in der spätromantischen Struktur der Komposition auf der technischen Basis herauskristallisiert hatten, waren in der darauffolgenden Epoche, zusammen mit dem bisherigen anthropomorphen Sinn für den Klang, die Grundvoraussetzungen einer unausweichlichen qualitativen Veränderung in der Musikstruktur. Neben diesen zwei gewissermaßen materiell-technischen Quellen, welche die Geburt der neuen, unter dem Namen „Impressionismus" bekannten Epoche vorbereitet haben, war es wieder der Entwicklungsprozeß des menschlichen Denkens, der die Rolle des Katalysators übernahm: diesmal in Gestalt der Weltanschauung und des neuen Lebensstils der Gesellschaft gegen Ende des vorigen Jahrhunderts. Von dieser Bedingung hing es ab, wo (in Frankreich und nicht in Deutschland oder Rußland) und wann (gerade in den letzten zwei Jahrzehnten des 19. Jahrhunderts) die technischen Leistungen als eine neues ästhetisch-strukturelles Prinzip kodifiziert werden würden.

Im folgenden werden wir nicht das Problem der Ästhetik des Impressionismus behandeln, denn sie ist nicht Gegenstand dieser Arbeit. Wir werden zunächst versuchen, die Ursachen zu ermitteln, die das Bedürfnis jener quantitativ-qualitativen Transformation hervorgerufen haben. Wenn wir von den zwei erwähnten Voraussetzungen absehen, liegt die Ursache vor allem in der Gesamtsituation des französischen fin de siècle, die sowohl in der Philosophie als auch in der Wissenschaft und Kunst ihren Ausdruck gefunden hat. Wir sind der Meinung, daß die Erklärung dieser Epoche als bloße musikalische Modifikation der zeitgenössischen französischen Malerei jener Zeit nur didaktischen Sinn haben kann (da die Anzeichen des Impressionismus auf einem Bild lapidarer und markanter beobachtbar sind und für die Musik allenfalls als Analogon zum Begreifen dienen können). Sonst aber ist die Behauptung, der musikalische Impressionismus sei aus dem Bestreben einer Geltendmachung der impressionistischen malerischen Palette hervorgegangen, mit Reserve zu nehmen. Ähnlich haben wir schon die Behauptung widerlegt, daß die Rückkehr zur Pentatonik durch die Anregungen der Weltausstellung von 1889 initiiert gewesen sei. All dies kann nur die Bedeutung eines Katalysators oder eines Stimulans haben, nicht aber der Ursache. Die Merkmale der Malerei erklären nämlich nichts auf dem Gebiet der konkreten Musikgestalt. Es wäre naiv, anzunehmen, daß Debussy den „Mosaikcharakter" der Melodik anstrebt, weil Monet die Konturen negiert, oder daß die „Gestaltlosigkeit" der Musik des Impressionismus aus der Forderung Sisleys resultiert, die Komposition zu verwerfen. Wenn wir uns mit dieser sich anbietenden Parallele begnügen, gelangen wir in einen unauflösbaren Streit über die Existenz der impressionistischen Form. In diesem Falle müßten wir nämlich die Absenz der Form in der Musik des Impressionismus feststellen. Jeder Zuhörer spürt jedoch bei Debussy eine sehr bestimmte Form, auch wenn sich diese Form von der klassizistischen unterscheidet. Sie unterscheidet sich eben durch die Verwandlung ihres tektonischen Prinzips. Bei einer oberflächlichen Analogie wird z. B. der Akkord irreführend für den Monetschen „Farbfleck" gehalten, obwohl wir wissen, daß der Kult des Farbflecks erst im Pointilismus Oberhand gewann. In dieser Hinsicht wäre es richtiger, eine Parallele zwischen Debussy und Signac oder Seurat als zwischen Debussy und Degas oder Renoire zu ziehen, die letzten Endes diese Vorstellungen vom Impressionismus nicht erfüllen; denn sie erhalten die Kontur, die Gestalt und die Grundfarben ohne typische Anzeichen des Impressionismus aufrecht.

Es geht uns nun darum, die Erklärung der Prinzipien einer unterschiedlichen Tektonik des Impressionismus in der Musiktheorie zu finden — in den Verwandlungen der Musikstruktur selbst und nicht nur im Wege der Analogie. Für die Entstehung eines neuen Stils mußten stärkere Voraussetzungen als nur die äußere Analogie existieren. Er mußte entstehen als Ergebnis von etwas Übergeordnetem, was sowohl auf die Musik als auch auf die Bildende Kunst gewirkt hat.

Der Impressionismus in der Malerei ist nur eine konkrete Erscheinung einer neuen Kunstanschauung auf der Basis einer bestimmten Kunstgattung. Die „Impressivität" der gesamten französischen Kunst gegen Ende des vergangenen Jahrhunderts ist durch eine neue Beziehung zur Realität bedingt: durch eine neue Philosophie des Menschen im breitesten Sinne, und diese fand ihr Korrelat nicht nur in der Malerei, sondern in allen Kunstbereichen. Sie fand es sogar nicht nur in den Künsten, sondern auch in der Wissenschaft (vgl. die Entstehung psychologischer Orientierungen auf allen Gebieten, bei Stumpf, Lipps, Wundt, Külpe, Meumann u. a.), in der Erkenntnislehre (Mach, Avenarius, Bergson) und in dem gesamten Lebensstil dieser Epoche. In dieser neuen Weltanschauung, in ihren Ursachen und Quellen läßt sich auch die Begründung der konkreten Ausprägung der Kunst dieser Zeit viel überzeugender finden als in oberflächlichen Analogien und Parallelen. Daß gerade die Malerei als ein Modell des Impressionismus gilt, läßt sich dadurch begründen, daß die Malerei exemplarisch zum Kunststilkonzentrat ihrer Zeit geworden ist, ähnlich wie die Musik zuvor zum adäquatesten Ausdruck der Romantik und die Architektur zum Modell der Gotik wurden. Dies schließt jedoch die Existenz anderer Kunstformen im Rahmen des betreffenden Stils keineswegs aus.

1 Die philosophischen und theoretischen Voraussetzungen der Geburt eines neuen Klangideals

Zunächst möchten wir einem Mißverständnis vorbeugen. Wir werden natürlich nicht beweisen wollen, daß Debussy zunächst Machs *Beiträge zur Analyse der Empfindungen* gelesen und erst dann *Pelléas et Melisande* zu komponieren begonnen habe; wir werden vielmehr nach dem prägnantesten Ausdruck des Lebensgefühls des Menschen in jener Zeit suchen, das unausweichlich auch die ästhetische Sphäre beeinflußen und sich als ein neuer Kunststil äußern wird, indem es die Strukturmittel seinen Bedürfnissen unterwirft und sie modifiziert. Hierbei könnte uns entweder eine nun kaum realisierbare soziale Untersuchung des zeitgenössischen Lebensstils helfen, der den Charakter der Kunst geprägt hat, oder eine Suche nach dem Reflex dieses Lebensstils weniger in der Kunst, wo er immer in individueller und schon künstlerisch umgesetzter Form erscheint, sondern eher in der Wissenschaft, die trotz ihres Strebens nach Objektivität die Weltanschauung ihrer Zeit in ausgeprägteren Begriffen, als dies ein Kunstbild tun kann, reflektiert. Es ist paradox, aber für uns sehr wichtig, daß die „impressionistische" Weltanschauung exakt durch einige Ansätze der zeitgenössischen Philosophie ausgedrückt ist. Diese Tatsache allein zeugt von der Widersprüchlichkeit jener Epoche. Die Philosophie erstrebte dieses Zeitgefühl wissenschaftlich zu artikulieren und bildete einige typische Richtungen in den Werken der Empiriokritizisten Ernst Mach (1838–1916), Richard Avenarius (1843–1938) und des Irrationalisten Henri Bergson (1859–1941). Ihre Philosophie ist für uns eine unschätzbare Quelle zur Erkenntnis des Weltbildes jener Zeit.

Diese Philosophie kann man im breitesten Sinne charakterisieren als Überzeugung letztlich der Nicht-Erkennbarkeit (wozu die Krise der Physik jener Jahre beigetragen hat), als eine Überzeugung hinsichtlich der Unausweichlichkeit sinnlicher Erkenntnis als der einzigen Erkenntnisform und den daraus sich ergebenden Kult der Unbestimmtheit.

Der Sinn jedweder Erkenntnis liegt sodann nur im *„momentanen Sinnesreiz".*[2] Alles Bestehende existiert nur in unserem Bewußtsein als ein „Gefühlskomplex", den man unmöglich rational begreifen kann; man kann ihn nur empfinden. Die Nebensächlichkeit des Intellekts scheidet das Rationale aus dem Erkenntnisprozeß aus und ersetzt es durch das Sensuale. Die Beziehung zur Realität wird auf die Akzeptierung der sinnlichen Form der Empfindungen reduziert, die aber nicht eine Widerspiegelung der Realität darstellen, sondern in uns angesiedelt sind, wobei die Realität die Möglichkeit ihrer Wirkung auslöst. Wenn aber in dieser Weise alle Erkenntnis sensualistisch zustandekommt, hat es keinen Sinn, objektive Kausalgesetze zu suchen; die einzige Form ihrer Entdeckung ist die Untersuchung psychischer Prozesse. Infolgedessen hat sich in jener Zeit die Psychologie unvorstellbar entwickelt und allen anderen Disziplinen ihren Stempel aufgedrückt (vgl. die psychologische Ästhetik von Lipps, die Schriften Stumpfs und Kurths). Nach dem Scheitern des Spencerschen Positivismus hat die Philosophie, in aufrichtigem Bestreben, das Sein zu erklären, das Vertrauen ans Objektive, Physikalische und Materielle verloren und orientiert sich an Prozessen, welche im Psychischen ablaufen, um die Grundfragen der Philosophie zu beantworten. [Gerade deshalb kam es zur Ausprägung der sogenannten „Lebensphilosophie".] Indem sie aber die Existenz der objektiven Realität anzweifelt, kehrt sie zu den gefährlichen Positionen des Berkleyschen Idealismus zurück und gipfelt in dem subjektiven Idealismus der Machschen Schule und der Intuitivisten.

Ernst Mach[3] beweist in zwei Arbeiten, die uns interessieren werden (*Mechanik*, 1883, und *Beiträge zur Analyse der Empfindungen*, 1885), daß die Realität für uns nicht objektiv existiert, sondern uns in der Form „sinnlicher Eindrücke" gegeben wird, die sich nie exakt beschreiben lassen. Diese sind unerkennbar, weil sie von der momentanen Konfiguration des Komplexes von Empfindungen (dem Empfindungskonglomerat) abhängen. Diese Konfiguration ist einmalig, individuell, und infolge dessen, daß sie ein Bestandteil unserer psychischen Substanz ist, ist sie objektiv nicht greifbar. Mach spricht zwar nicht von Impressionen bzw. Eindrücken, sondern von Elementen, was man aber aus unserer Sicht für Identisches halten kann. In der Anschauung der Machschen Philosophie hat nur „eine reine Erfahrung", die durch die Tätigkeit des Intellekts ungestört ist und sich ausschließlich in der sensualistischen Sphäre abspielt, den Erkenntniswert. Unsere Welt der Empfindungen ist ein Chaos, das sich durch keine Gesetzmäßigkeit erfassen läßt, weder eine materialistische noch eine idealistische. Sie ist nur ein impressives Empfinden. Dies bedeutet die Negation der Objektivität und somit auch der Leistungen der idealistischen Philosophie (Mach kann begreiflicherweise nicht einmal die Existenz der apriorischen Kategorien Kants anerkennen). Für Mach gibt es nichts außerhalb des unerkennbaren und freien Flusses von sinnlichen Impressionen. Daraus ergibt sich die Betonung des Atomismus von Wahrnehmungen, deren innere Zusammenhänge und Organisation schwer greifbar sind. Bereits in dieser allgemeinen Charakteristik der Denkweise erblicken wir Anzeichen des impressionistischen Musikdenkens, das — wie wir noch sehen werden — in einem ähnlichen tektonischen Prinzip in Erscheinung trat.

Die Gesetzmäßigkeiten der Denkform sind nicht an das Objekt gebunden, sondern an einen anarchischen „Elementenfluß". Die einzige Quelle (im Sinne des ästhetischen Stimulus) sind nach der Ausscheidung des rationalen Denkens und der objektiven Bestimmtheit jene Erscheinungen, die unmittelbare Reize hervorrufen. Diese sind ein bedeutsamer Begriff der zum Solipsismus sich bewegenden Philosophie Machs. In seiner *Mechanik* sagt er: *„Nicht die Dinge (Körper), sondern Farben, Töne, Druck, Raum, Zeit — also was wir die Empfindungen nennen — sind die Elemente der Welt."*[4] Daraus ergibt sich, daß das, was in Wirklichkeit ein Reflex der Realität ist, selbst zur Realität wird. Die Empfindung, die nach Lenin die objektive Realität „photographiert", wird verabsolutiert. Dadurch wird der Unterschied zwischen Materiellem und Geistigem unerfaßbar, weil dieses auch jenes vertritt. *„Die Äußerung des Dinges und das Ding selbst sind identisch; das Ding ist nichts Anderes als ein Zeichen."*[5] Machs Identifizierung der physikalischen und wahrnehmungspsychologischen Seite der Erscheinung ermöglicht in der ästhetischen Applikation eine Ausscheidung des Subjekt-Objekt-Bezugs aus dem Prozeß der künstlerischen Reflexion und ersetzt ihn durch den Begriff eines „Flusses sinnlicher Erscheinungen". Auf ein wichtiges Moment für das Begreifen der Ästhetik des Impressionismus anhand des Werkes E. Machs hat Hamann hingewiesen[6], indem er die Ansicht Machs interpretierte, wonach die Wirkung des Phänomens Farbe ein Beweis der Übereinstimmung zwischen Physikalischem und Psychologischem sei. Das Verkennen von zwei Formen in der Einheit der Existenz einer Erscheinung und ihre vorschnelle Gleichsetzung sind hierbei evident. Für uns ist interessant, daß diese Beweisführung gerade an dem Phänomen der Farbe entfaltet wurde.

Der philosophische Standpunkt, in dem diesmal nicht einmal nach dem Wesen der Erscheinungen gesucht wird, sondern diese von vornherein für unerfaßlich erklärt werden, ist durch den Irrationalismus Henri Bergsons repräsentiert. Seine Philosophie erscheint zwar voll ausgebildet erst später, aber ihre Wurzeln lassen sich in der untersuchten Epoche finden. Bergson betont die unterbewußten Beweggründe und unergründbaren Kräfte, die der Erfaßbarkeit durch die Ratio sich entziehen. Das Wesen der Welt ist das Leben und das Leben ist irrational. Genauso irrational muß ihr Ausdruck sein; für die eklatante und ideale Form dieser irrationalen Haltung hält Bergson gerade die Kunst.[7] Bergson stimmt mit der zeitgenössischen Auffassung darin überein, daß auch er Realität und Erlebnis identifiziert. Das Wesen der Existenz und auch ihrer künstlerischen Darstellung liegt für Bergson im beständigen Wechsel von Emotionen: in den Wandlungen unserer psychischen Zustände. Die Sequenzen von Empfindungen sind für ihn die einzige Realität. Der Kult der Emotionen wird dadurch gesteigert, daß den Erlebnissen ein ontologischer Sinn gegeben wird, so daß sie zum Wesen des Seins werden.

Bei dem Aufbau seines Systems geht Bergson von der Priorität des psychischen Lebens des Subjekts aus und unterscheidet zwei Fähigkeiten des Bewußtseins: Intuition und Intellekt. Mit Hilfe der Intuition dringen wir in das wandelbare Leben ein, und so enthüllen wir sein emotionales Fundament. Auch Bergson sieht die psychischen Prozesse als einen elementaren Fluß an, in den man Organisiertheit nur gewaltsam hineintragen kann, denn sie liegt nicht in seiner Natur. Die psychische Aktivität unterliegt keinen Gesetzen, weil jeder Moment in unserem Leben ein schöpferischer Akt ist, der durch Zufall evoziert wird und unvorhersehbare Zustände auslöst. Das gesamte geistige Leben und vor allem die Kunst ist ein Reich des Indeterminismus, des unmittelbaren psychischen Erfassens der Realität, ohne jedwede Zielbewußtheit und Gesetzmäßigkeit (man vergleiche dies mit den Zügen des Impressionismus). Bergson sagt sogar, daß die Bedingung der Intuition ein totaler Verzicht auf Interessen, ein Ausschluß der zielbewußten Aktivität ist. Er spricht wörtlich von der künstlerischen Intuition, die vermittels des Talents auf Individuelles, Unwiederholbares, Einmaliges und Gesetzfreies abzielt. Talent bedeutet gerade eine Fähigkeit des Verzichts auf praktisches Interesse für die Realität, der Vertiefung in sich selbst (hierin wurzelt der Subjektivismus), und in dieser Sphäre Kunstwerke hervorzubringen, die durch die Ratio nicht erfaßbar sind, Werke, deren Wirkungsbereich die Sinnessphäre unseres Lebens ist (siehe die Züge des Impressionismus).

Wir haben nicht die bekannten Tatsachen über die Repräsentanten der europäischen Philosophie um die Jahrhundertwende nur deshalb erörtert, um eine mechanische Parallele zwischen ihrem System und der Ästhetik oder gar eine Erläuterung der konkreten gestalthaften Struktur des musikalischen Impressionismus zu suchen. Auch wenn einige Formulierungen auffällig den Attributen der impressionistischen Ästhetik ähneln, sind solche Schlüsse als eine Vulgarisierung abzulehnen; man kann mit J. Volek übereinstimmen, der in einem ähnlichen Zusammenhang sagt: „*Unsere Vorüberlegungen zielen darauf ab* [. . .], *daß die impressionistische Musikform mit dem Machismus direkt nichts gemein haben wird* [. . .].*"* [8]

Die Analyse der Philosophie jener Zeit bestätigt jedoch die Prämisse über die Existenz des Kults der Unbestimmtheit, der Sinnlichkeit und der Unergründbarkeit, und dies nicht nur in der Ästhetik, sondern auch im gesamten Lebensstil jener Zeit, wie dies sogar vermittels der Philosophie ausgedrückt wurde. Das 19. Jahrhundert ist ausgeklungen mit einer unterschiedlichen Noetik, mit anderen Erkenntnisprinzipien, die die Lebenshaltung des Menschen bezeichnet haben und auch die Kunst berühren mußten. Sie mußten gerade in der Kunst in Erscheinung treten, da sie, insbesondere die Musik, durch ihren primär sinnlichen Charakter dazu prädestiniert sind, die neue Weltanschauung in der Praxis zu verifizieren und auszudrücken. Wir behaupten also nicht, daß Manet mit der Forderung der *Farbe* aufgetreten sei, weil dies Mach als Prinzip aufgestellt hat; doch Manet ebenso wie Mach sind aus der selben Zeit hervorgegangen und sie drückten sie unabhängig voneinander in der Philosophie wie in der Kunst aus. Die Philosophie hat ihre Prinzipien nicht der Kunst zudiktiert, sondern sie drückte nur die allgemeinsten Prinzipien aus, die auch die Kunst berühren. Vergessen wir nicht, daß gerade der musikalische Impressionismus — und dies ist kein Zufall — keine eigene theoretisch fundierte Ästhetik hat.

Wenn wir nun diesen objektiven „Druck der Zeit" und das technische Inventar in Betracht ziehen, das durch die Krise der romantischen Struktur für die Musik präpariert wurde, ist die Notwendigkeit des Auswegs deutlich: jene neue Stellungnahme durch eine neue Konzeption der zersetzten Elemente zu realisieren. Dies hat gerade Debussy verwirklicht.

Debussy ist — wie Boulez sagt — gerade darin groß, daß er „*als Einziger Wagners Musiksprache zu enthüllen und zu entwickeln, gleichzeitig aber seine Ästhetik wegzuwerfen verstanden hat*".[9] Dieses Faktum bietet einen Ausweg in der Streitfrage an, ob Debussy noch ein Romantiker oder kein Romantiker mehr sei. In seinem Ausgangspunkt ist er gewiß noch ein Romantiker, aber in seiner Ästhetik und ihren Konsequenzen für die Tektonik ist er schon der erste große Avantgardist der europäischen Moderne. Die Wahrheit ist dialektisch, sie liegt irgendwo in der Mitte, weil „*Debussy die Möglichkeit hatte, entweder Wagner zu verleugnen oder zu seinem Nachfolger zu werden; doch da er den mittleren Weg gewählt hat, ist er zum großen Meister geworden*".[10]

Wenn wir nun die Kompliziertheit der Epoche nach dem verlorenen Krieg, nach dem Fall des Zweiten Kaiserreichs und nach den drei Monaten der Pariser Kommune in Betracht ziehen, wenn wir uns bewußt machen, daß dies die Zeit der großen Entdeckungen Pasteurs und Martins ist, daß in dieser Zeit die ersten Romane Zolas und Maupassants erscheinen, daß Monet die Kritik schockiert und die Öffentlichkeit durch die ersten Dichtungen Rimbauds verwirrt ist, und daß Debussy dabei sowohl nach Bayreuth als auch zu Mussorgskij pilgert — dann kommen wir zum Schluß, daß gerade die Krisenatmosphäre der Zeit ein wesentlicher Stimulus für die Entstehung des musikalischen Impressionismus war. Debussy stellte sich hierbei eine anspruchsvolle Aufgabe: der neuen Weltanschauung seiner Zeit in der Musik konkrete Gestalt zu geben, die allgemein formulierten und empfundenen Lebensprinzipien in einer neuen, adäquaten tektonischen Lösung der Struktur geltend zu machen.

Der Impressionismus der Musik äußert sich im Unterschied zu anderen Kunstgattungen nicht nur im verwandelten Bezug zum Objekt. Der impressive Bezug ist der Musik substantiell so eigen, wie expressive Elemente von ihr untrennbar sind. Die Musik wirkt im Rahmen jedes Stils impressiv oder expressiv. Deshalb ging es in der Musik dieser Epoche nicht um Ausdruck einer Reaktion auf den beschreibenden Naturalismus (wie in der Malerei), sondern umgekehrt: Es ging um Entfaltung bestimmter, in der Musik immer vorhandener impressiver Momente, um ihre Verabsolutierung. Dazu konnte es gerade nur durch die Schaffung eines neuen Typs der Struktur kommen; denn nur vermittels dieser Struktur konnte in der Musik die neue Weltanschauung so eindeutig und klar demonstriert werden. Die klassisch-romantische Struktur war Gesetzmäßigkeiten untergeordnet, deren Kennzeichen die kleine dreiteilige Form und die Sonatenform waren. Man mußte als das Korrelat des neuen Empfindens neue Relation in der Struktur finden: neue Prinzipien ihrer Organisation, die noch eine Zeit lang im „traditionellen" Typus des Formschemas wirken werden. Analytische Schwierigkeiten bereitet das Faktum, daß Debussys Werke größtenteils noch in einer mehr oder weniger „klassischen", dreiteiligen oder Variations- bzw. Rondoform geschrieben sind. Und doch ist der Unterschied zwischen der dreiteiligen Form Schumanns und Debussys größer als z. B. der Unterschied bei Beethoven und Šostakovič. Der Impressionismus in der Musik hat ein deutliches, greifbares und konkretes Stilmerkmal in der Einmaligkeit und Unterschiedlichkeit seiner Struktur in Bezug auf bisherige Typen von Strukturen.

Der Veränderung einer Struktur ist nicht nur in ihren Erscheinungsformen (Athematismus, Sonorismus), sondern auch in ihren Quellen zu suchen. Der Träger der klassisch-romantischen Struktur war die funktionale Kadenz, ihr Niederschlag im Werk die motivisch-thematische Arbeit; als formbildende Momente wirkten z. B. die Gradation und das Leitprinzip, deren Ergebnis der dynamische Bogen ist.

Die allgemeinen Attribute der impressionistischen Weltanschauung finden ihren strukturellen Niederschlag. Die Aktivität und Leitrichtung der tektonischen Gestaltung geraten ins Wanken. Ihre Funktion erschöpft sich darin, daß sie das Erklingen des Tons und nicht mehr seine konstruktive Geltendmachung ermöglicht. Sie äußert sich als eine fließende Linie, als freie Sequenz auseinander wachsender, aber nicht einander untergeordneter Einheiten. Typisch für diese Form ist nicht Evolution, sondern Wechsel: Kontraste führen nicht zu Höhepunkten, Gradationen führen nicht zu Konflikten, Bezüge führen nicht zum Ringen. Die Musik fließt durch Selbstbewegung und nicht durch Ausgleich von qualitativen Ebenen, deren Abwesenheit ein substantielles Anzeichen der impressionistischen Struktur ist. Die Kraft, die den Prozeß vorantreibt, ist nicht durch die Richtungstendenz ihrer Bestandteile, sondern durch den Kontrast isolierter Ganzheiten gegeben, die aneinander gereiht werden. Das Ergebnis dieser Konzeption ist eine Verselbständigung von Elementen und ihr Ausbruch aus dem bisherigen Imperativ der Unterordnung. Die Tektonik wird zur Anhäufung von Erscheinungen, die durch ihre Qualität vor allem sinnlich wirken. Das Prinzip der bisherigen Tektonik war ein Komplex von Elementen, die der Konstruktionsvorstellung des Komponisten untergeordnet waren. Für das impressionistische Denken ist hingegen charakteristisch, daß die kompakte Struktur in ein Mosaik von Elementen zerfällt, deren Sinn darin liegt, daß sie selbständige Sinnesreflexe auslösen („Sonderwirkung").

Das impressionistische Bewußtsein geht vom elementaren Eindruck (Einzeleindruck), vom einzelnen isolierten Reiz aus, der ein immer anderer, neuer ist; daher kann sich sein Auftreten im Zeitablauf nicht einem im voraus festgelegten Imperativ eines Schemas unterordnen, sondern man bildet die Form als eine freie Sequenz kontrastierender Details heraus. Ähnlich wie das Bild Seurats in Tausende von Punkten zerfällt, die aber zusammen ein sinnvolles Ganzes ergeben, ist auch die Musikstruktur auf dem Zuordnungsprinzip (und nicht dem Unterordnungsprinzip) aufgebaut und stellt ein Ganzes dar, das in dem Zuhörer trotz der inneren Mannigfaltigkeit eine eindeutige Stimmung hervorruft. Dies ist bei einer Analyse der *Préludes* Debussys leicht zu erweisen.

Dieses Imperativ des „Sinnlichen" gegenüber dem der Konstruktion hat seine Konsequenz auch im Bereich des technischen Inventars der Struktur; dieses ändert sich nicht, aber es ändert sich der Sinn seiner Elemente. Typische Attribute der traditionellen Struktur waren z. B. motivische Arbeit, Verbindung von Akkorden, gewölbte Form. Jetzt hören alle diese und andere Elemente der Tektonik auf, Träger tektonischer Energie zu sein; sie haben im Einklang mit der allgemeinen Forderung des Impressionismus die einzige Sendung: ausschließlich ihr *Klingen* zu sein, ein Klingen, das in seinen sonischen Qualitäten ein Stimulator der Sinnesreflexe ist. Entgegen der Konstruktionslogik, die sich als Gliederung, Motivik, organisches Wachstum usw. äußert, tritt nun die sonische Qualität in den Vordergrund, die durch ihr Wesen dem bisherigen Konstruktionsprinzip widerspricht und ihre sensuelle Einmaligkeit manifestiert.

Die Quelle der sonischen Qualität sind nicht nur die physikalischen Gegebenheiten der Klangfarbe oder des Zusammenklangs, sondern auch „farbig indifferente" Erscheinungen wie Rhythmus, Agogik und fast alle bekannten tektonischen Elemente. Das neue Klangideal hat sie sich untergeordnet (obwohl es selbst bisher der Kadenz untergeordnet war).

Die sonische Qualität als Sinnesattribut ist einmalig, individuell und fügt sich vor allem der Phantasie des Künstlers, die diesmal auf den Klang gerichtet ist. Sogar die Melodik ist dem neuen Klangideal untergeordnet (man kann sie kaum mit der Cantabile-Melodik der Romantik vergleichen). Sie befreit sich von dem Kennzeichen der Entwicklung, des motivischen Wachstums; sie ist nicht den Regeln der motivisch-thematischen Arbeit unterworfen. Sie ist nur durch die individuelle Fähigkeit des Komponisten determiniert, vermittels einer monophonen Linie einen neuen Reiz in dem betreffenden Klangmilieu hervorzurufen.

Debussy: *Préludes* 1. Buch Nr. 6

Die sonische Qualität wirkt, im Hinblick auf den unmittelbaren Charakter der Reaktion, durch die Absolutheit des Klingens von Elementen. Wichtig ist nicht der Bezug eines Elements auf das andere (der die Bedeutung des Elements ändert), sondern die Reizkraft jedes von ihnen. Die Verdrängung von elementaren Bezügen verursachte den Zerfall der traditionellen Tektonik, vor allem ihres Prinzips der motivischen Evolution. Sogar die impressionistische Melodik zerfällt, zum Nachteil der Kantabilität ihrer Linie, in eine Sequenz von „Einzelwirkungen". Man kann dies auch vom gegenteiligen Standpunkt sehen und sagen, daß der Impressionismus eine endlose „Evolution" darstellt, ohne daß er die Identität der Elemente der Evolution einhält; dadurch entschwindet das Bewußtsein ihres Zusammenhangs, und der Evolutionsbegriff verliert seinen Sinn.

Debussy: *Streichquartett,* Anfang

Das Kategorienpaar Identität—Verwandlung ist gerade in dem Pol der Identität so zerstört, daß wir den fortdauernden Musikstrom wahrnehmen, ohne daß uns sein Ausgangspunkt in einer Bezüglichkeit bewußt wird, zu der sich im weiteren Prozeß eine Spannung herausbilden sollte. Hier ist es zu dem vorher angedeuteten Schritt gekommen: Die Bezüglichkeiten haben sich soweit gelöst, daß sie nicht mehr als Bezugsqualitäten zu begreifen sind, da sie zu einer Flut von immer neuen Klängen werden. Das ist der Grund, warum sich in der impressionistischen Tektonik einerseits der traditionelle Formtyp geltend macht (ABA-Form, Variation, Rondoform), aber andererseits ist diese „Form" von ihrem substantiellen Attribut gelöst — der aus der Konstruktion sich ergebenden Spannung. Dies zerstört den Grundsatz der Einheit in Mannigfaltigkeit und ist einer der Gründe, warum die Erscheinung des Impressionismus sich auf eine relativ kurze Zeitstrecke beschränkt hat, warum er durch eine einmalig große Persönlichkeit erschöpft worden ist, und warum sich seine Prinzipien in ihrer orthodoxen Form nicht weiter entfalten konnten.

Die impressionistische Melodik ist keine sich aus Spannung und Richtung ergebende Kraft, sondern ein passiver Klangzustand, der beharrlich fließt, ohne daß er den formbildenden Prozeß gliedert und antreibt. Dadurch verliert sie das Konstruktionsfundament und wird ebenfalls zur freien sonischen Qualität, deren Funktion hauptsächlich in der Ungewöhnlichkeit des Klingens beruht. Darum ist die impressionistische Melodik nicht mehr kantabel. Für sonische Zwecke nutzt sie große Intervallsprünge, die in der Regel ein Aufkommen des neuen Klangideals signalisieren (vgl. Weberns melodische Struktur, die die Wirkung des Abstands von isolierten Tönen ausnutzt). Keime dieser Tendenz sind in der untersuchten Epoche nicht nur bei Debussy zu finden.

Skrjabin: *Präludium* Op. 16 Nr. 1

Wegen des sonischen Zwecks werden auch in einer monophonen Linie „liegende" Töne genutzt — ein für den Interpreten ausdruckhaft undankbares Element der Klavierfaktur —

Debussy: *Préludes* 1. Buch Nr. 9

oder besonders rhythmisierte Figuren,

Debussy: *Préludes* 1. Buch Nr. 7

und nicht zuletzt die allbekannten Passagen und Figurationen mit aktiver Ausnutzung der Dynamik:

Debussy: *Préludes* 1. Buch Nr. 7

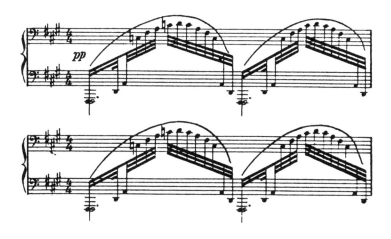

Ähnlich wie die Melodik suchen auch die Faktoren der Bewegung: die Dynamik, Agogik und Instrumentierung nach entsprechend einmaligen und individuell wirkenden Ausdrucksformen. Sie befreien sich von ihrer Rolle eines passiven Trägers der Form und behaupten sich, dank ihrer sinnlichen Attribute, als maximal wirksame Elemente der neuen Struktur.

Die sonische Qualität als Träger des musikalischen Impressionismus prägt nicht nur die tektonischen Elemente, sondern sie unterwirft sich auch die Konzeption der Struktur selbst. Bevor wir also die impressionistische Form im Detail untersuchen, erörtern wir, wie sich die allgemeine Weltanschauung in der Verwandlung der Tektonik äußert, welche Konsequenzen sie hat.

Wir haben bereits gezeigt, daß der ideale Träger der Form die Kadenz ist. Nun ergibt sich das Problem, ob Form auch außerhalb der Kadenz existiert, ob sie unausweichlich an das Vorhandensein der Kadenz gebunden ist. Verfolgen wir zunächst, wie sich der Mangel der Konstruktionskraft in dem Gesamtcharakter der Struktur äußert.

Der Sensualismus unterdrückt die bisherigen Gesetzmäßigkeiten zugunsten einer freien Sequenz von Erscheinungen. Die musikalische Substanz allein wird sich selber zum Sinn. Die sensuelle Reaktion entsteht nämlich nicht aus der Spannung des Ganzen, sondern aus der Qualität der Einzelteile. Die Form ist eine Aneinanderreihung einzelner, musikalisch stimulierter Reize. Impressionistische Form ist keine „Vase" mehr, in die künstlerische Intentionen „hineingegossen" werden. Der so motivierte Verlust der Ganzheitsbetrachtung zugunsten der Details hat die erwähnte Emanzipation von Elementen zur Folge. Die Bevorzugung des psychologischen Details (der Einzelimpression) begünstigt diejenige Menge von Erscheinungen, die bisher dem organisierenden Willen und der Konstruktionskraft untergeordnet waren. Die schöpferische Aneignung der Realität schöpft sich in dieser Zeit in einer suggestiven Vermittlung mit Hilfe physikalischer Reizkraft in Gestalt sinnlicher Reflexe aus. Hier kommen wir von einer anderen Seite zu unserer Ausgangsthese, daß die Sinnlichkeit die Konstruktion eliminiert. Die Logik ist a priori eine Einschränkung der Sinnlichkeit, die sich folgerichtig gegen das Konstruktionsprinzip wehrt.

Das neue tektonische Prinzip der Aneinanderreihung unterscheidet sich von anderen Prinzipien dadurch, daß die Reihung von Einzelteilen nicht den Zweck hat, auf eine andere Weise den gewölbten Bogen der dynamischen Form zu realisieren, die auf den Ausgleich der Spannung vom Ausgangspunkt der Tonika über die Subdominante und Dominante zurück zur Tonika gerichtet ist. Das neue tektonische Prinzip dient der Evozierung der Reize und nicht einem globalen Reiz vermittels einer Menge ihm untergeordneter Elemente. Den tektonischen Typus, der auf der Konstruktionskraft gegründet ist (wie er sich in der europäischen Musik seit der Renaissance entwickelt hat), könnte man veranschaulichen als einen aufgewölbten Bogen mit festem Anfang, dessen Spannung sich gerade durch Entfernen und zugleich Bezugnahme auf den Ausgangspunkt, beruhend auf dem Prinzip der Gerichtetheit zum Zentrum, energetisch steigert.

Das tektonische Prinzip der Aneinanderreihung ist vor allem von dieser Weise der Spannung frei. Sogar ältere Theoretiker haben sich bei der Untersuchung der Musik dieses Typs des Begriffs der „offenen Form" bedient[11], deren Merkmal ein fortdauerndes Fließen ist. Dieses tektonische Prinzip, das wir die spiralenhafte Tektonik nennen werden[12], zeichnet sich im Unterschied zur vorangehenden Bogentektonik dadurch aus, daß sein Dynamismus nicht das Ergebnis einer Lösung der Spannung des Ganzen ist (vgl. Abb. S. 135).

Was diese Struktur vom Chaos unterscheidet, was ihr die spiralenartige Gerichtetheit trotzdem gibt, was verursacht, daß die Richtung jedes Punktes auch konträr

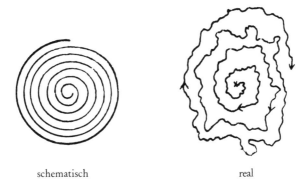

schematisch   real

zur insgesamt resultierenden Bewegungstendenz des Ganzen sein kann, was sie eine ästhetische und formbildende Qualität zu sein berechtigt (wovon uns bloßes
Hören der impressionistischen Musik sofort überzeugt), was aber zugleich die
Ableitung ihrer Prinzipien aus den Positionen der klassisch-romantischen Tektonik unmöglich macht, sind gerade die neuen, andersartigen Kräfte, die einen anderen Charakter und andere Quellen haben. Kurz möchten wir sie beschreiben.

Die Suche nach einer neuen tektonischen Konzeption wurde durch den Blick des
Künstlers auf die Welt erzwungen, die nicht als Ganzes, sondern als Summierung
von Details reflektiert wird. Dieser Zugang führt nicht zur Anti-Form, sondern
zur Lockerung der auf festen Beziehungen gebauten Form zugunsten freier Folgen von Reizen (die entsprechend musikalisch ausgedrückt werden); ihrem Sinn
nach korrespondieren diese mit dem Machschen Begriff des „Empfindungskon-
glomerats". Dessen Elemente lassen sich von dem Strom frei mittragen. Der Maler
sucht nicht ein Sujet in Bezug auf seine Vorstellung im voraus, die er realisieren
möchte; er inspiriert sich momentan, sein Bild wirkt als eine unkorrigierte Skizze
der konkreten Situation. Zu tektonischen Elementen werden gedanklich geschlos-
sene Ganzheiten, die eine relative Selbständigkeit gewinnen, die wiederum dem
Moment der Inspiration entspricht. Ähnlich wird entgegen dem klassischen tektonischen Prinzip, das durch ein kurzes, prägnantes Motiv repräsentiert wurde,
jetzt ein mehrtaktiges nicht-motivisches Ganzes zum strukturtragenden Element
(z. B. Debussys *Préludes* I Nr. 5 und 9). Seine Verselbständigung führt zur Autonomie der Abschnitte, indem zugleich das relativ selbständige Gebilde der älteren
Struktur — die motivische Einheit — eine Bedeutung als Bestandteil des ganzen
Prozesses gewinnt; sie wird auf Vorangegangenes bezogen und gewinnt ihren Sinn
nur in diesem Zusammenhang.

Die dialektische Beziehung von Teilen und Ganzem läßt sich im Typus der Spiralentektonik als ein Paradox charakterisieren: Das Ganze ist Ergebnis einer Zusammenfügung von Teilen, diese sind an sich aber nicht als Teile des Ganzen konzi-
piert. Den Schlüssel dazu finden wir im bekannten Faktum, daß ein künstlerisches Ganzes nicht lediglich eine Materialsumme der Teile ist. Durch ein Beispiel

aus der pointilistischen Malerei läßt sich dies erklären. Seurats Hafenkompositionen setzen sich aus einer Menge von Farbflecken zusammen, aber keiner von ihnen hat einen Sinn als semantische Komponente der Landschaft, die analytisch identifizierbar ist. Der Einzelfleck hat einen Sinn nur als ihr Bestandteil. Er muß in dem Bild sein, aber er selbst muß nicht etwas bedeuten. Wir können nicht sagen, daß dies ein Stück Schiff und jenes ein Stück Meer ist, sondern wir sagen, daß es um tektonisch unbestimmte Flecken geht, die als Details von Schiffen oder Menschen auftreten können, sich aber einem höheren Prinzip nicht unterordnen, sondern nur im Ganzen sinnvoll sind und Bedeutung nur als dessen Bestandteil gewinnen; wenn wir sie vom Ganzen isolieren, können wir nicht sagen, sie seien ein untrennbarer Bestandteil dieses Ganzen. Es ist etwas anderes, bei Rembrandt oder bei Signac zum Detail zu gelangen, ebenso wie ein „Motiv" bei Beethoven und bei Debussy etwas Anderes bedeutet. Für ein impressionistisches Ganzes gilt nicht, daß Struktur Ergebnis eines Entfaltungsprozesses von Elementen ist. Dies hat Konsequenzen auch für die Methode der Werkanalyse auf diesem Gebiet.

Nun wollen wir auf die Tatsache aufmerksam machen, daß der Sensualismus mit seiner Gerichtetheit aufs Detail in der untersuchten Epoche in den Vordergrund rückt. Es ist nicht uninteressant, daß der Impressionismus der einzige Stil ist, wo sich infolge antikonstruktivistischer Grundsätze keine „impressionistische" Architektur entwickelt hat, und daß die Maler solche Sujets nutzten, die keine strenge Komposition erfordern (Naturmotive); wohl auch, daß es in der Poesie nicht um die Pointe geht, sondern um die Wirkung jedes Wortes, das einen bestimmten Sinnesreflex auslösen soll. Der impressionistische Nachdruck auf Sequenzen von Teilen im Sinne des von Nietzsche propagierten Ideals des „Bunten" (und nicht einer Organisation der Teile vom Gesichtspunkt des Ganzen) verneint nicht die Existenz einer Bewußtheit des Ganzen. So gelangen wir zu jener Kompliziertheit des Verhältnisses von Teilen und Ganzem, die Lenin als das Verhältnis von Einzelnem und Allgemeinem analysiert: *Das Einzelne existiert nicht anders als in dem Zusammenhang, der zum Allgemeinen führt. Das Allgemeine existiert nur im Einzelnen, durch das Einzelne. Jedes Einzelne ist (auf die eine oder andere Art) Allgemeines. Alles Allgemeine ist (ein Teilchen oder eine Seite oder das Wesen) des Einzelnen.*"[13] Damit möchten wir nur betonen, daß nicht behauptet wird, daß Debussy beim Komponieren nicht das Ganze vor Augen hatte und frei Eindrücke von Details aneinandergereiht habe; so hatte auch Beethoven nicht nur eine klare Vorstellung von der Gestalt als Ganzem, sondern zgleich auch eine Vorstellung vom Charakter jedes Details. Beide Aspekte müssen in jedem Schaffensprozeß zugegen sein, denn sonst würde eine Aneinanderreihung ad infinitum entstehen — ein Zerfall der Form oder aber eine „vollkommene Form" ohne gute Musik. Die dialektische Natur der Evolution beruht darauf, daß bei gewissen Umständen unter dem Einfluß objektiver Determinanten der eine oder der andere Faktor bevorzugt wird, aber der eine schließt die Wirkung des anderen nicht total aus. Gerade die Bevorzugung des Sinnlichen in der französischen Musik gegen Ende des 19. Jahrhunderts führte gesetzmäßig zum Übergang von der bogenartigen zur spiralenhaftigen Tektonik.[14]

Die Absenz des konstruktivistischen Faktors ist in diesem tektonischen Typus kompensiert durch die Intensivierung der Elemente selbst. Mehr als bis jetzt wird die Wirkungskraft jeder Phase, jedes Tons, jedes Crescendo und jeder Besonderheit der Faktur oder der Instrumentation ausgenutzt. Nicht die konkrete Erscheinung, sondern ihr Eindruck wird zum Sinn dieser Kunst. Der Machsche Ersatz des Realen durch Psychisches fand hier eine einmalige künstlerische Reflexion. Wie der Maler nur die sensuellen Momente der Realität intensiviert (Licht, Luft, Farbe), konzentriert sich der Komponist immer mehr auf die sonischen Qualitäten. Erst wenn wir in dieser Richtung hören, nehmen wir das Kunstwerk adäquat wahr. Debussys großes Orchester dient nicht der Intensivierung des Klanges, sondern einer Multiplizierung ungewöhnlicher Klangkombinationen. Der Sinn der klanglichen Intensivierung des Impressionismus liegt nicht in der Bestrebung um Quantität, sondern in einer Multiplizierung der Klänge, die dann qualitativ neue, bisher ungewöhnliche Beziehungen bilden können. Dieser Prozeß der Intensivierung der sonischen Elemente ist die Haupttendenz des Impressionismus; sie berührte außer der Akkordik und Instrumentation auch die Melodik, Dynamik und das Metrum.

Nach dieser allgemeinen Charakteristik der strukturellen (nicht ästhetischen) Prinzipien des musikalischen Impressionismus versuchen wir nun das folgende Grundproblem zu lösen: Bisher haben wir beweisen wollen, daß die impressionistische Tektonik sich grundsätzlich von der klassisch-romantischen Tektonik unterscheidet. Dabei waren wir der Meinung, daß die Liquidierung dieses tektonischen Typus nicht eine Formlosigkeit der impressionistischen Musik zur Folge hat. Wenn es so ist, müssen wir die elementaren Gesetzmäßigkeiten des neuen tektonischen Typus finden und über seine Konsequenzen nachdenken.

2. Debussys tektonisches Prinzip

Bereits Eimert hat bemerkt: *„Man kann genau sagen, welche Form die Form Debussys nicht mehr ist; viel schwieriger ist zu sagen, welche Form sie ist."*[15] Davon ausgehend stellen wir uns die Frage, was man noch als Form betrachten kann.

Die Tektonik haben wir als die Art einer Organisation der Strukturelemente definiert. Die Form ist sodann ein konkreter Realisator bestimmter allgemeiner Organisationsprinzipien der Struktur. Ihre Existenz setzt unausweichlich die Anwesenheit von a) Material und b) einem organisierenden Prinzip voraus. Die Veränderung des organisierenden Prinzips hat auch eine Veränderung der Handhabung des Klangmaterials zur Folge, das objektiv gegeben und physikalisch eindeutig abgegrenzt ist.

Entscheidende Bedingung der Existenz jeder Form ist solche Art ihrer Organisation, die *Gliederung* ermöglicht. Unter der Gliederung verstehen wir eine Trennung der Teile vom Ganzen, vor allem aber dessen Einheit, die gerade durch die innere Mannigfaltigkeit der Teile erreicht wird; ohne sie würde das Ganze zum amorphen Fließen. Die Form unterscheidet sich vom heterogenen Strom gerade durch die Fähigkeit des Gliederns. Aus psychologischer Sicht bedeutet die Gliederung eine Erfüllung der Voraussetzungen jeder Apperzeption; denn die Aufmerksamkeit und Aufnahmefähigkeit des Einzelnen sinkt rapide, wenn es um ein stabilisiertes und im Inneren undifferenziertes Geschehen geht (und vice versa). Dies fand schon in der Aristotelischen Forderung der Einheit in der Mannigfaltigkeit Ausdruck. Ästhetisches Korrelat dieser prinzipiellen Forderung der Existenz der Kunst sind die allgemein gültigen Kategorien wie Kontrast und Wandel. Ohne sie gibt es keine musikalische Tektonik. Die Geschichte zeigt, daß es gerade die funktionale Harmonie war, die am adäquatesten diese Ansprüche des Psychischen auf Musik erfüllt hat. Liquidierung der Harmonie in klassischer Form bedeutete eine Gefährdung der idealen Quelle der tektonischen Kräfte und sodann der Musikform. Wenn wir aber den Prozeß der künstlerischen Apperzeption weiter analysieren, stellen wir fest, daß die Quelle der Fähigkeit zum Gliedern nicht nur die funktionale Harmonie ist, sondern jede Beziehung, die durch die antithetische Stellung von zwei Elementen ermöglicht ist. Gliederung ist dann Ergebnis einer Wirkung von zwei entgegengerichteten Kräften. Nur solche zwei Erscheinungen können zueinander differenziert auftreten, die gegeneinander und doch in einem Bezug stehen. Wenn wir in der impressionistischen Struktur ein Prinzip finden, das es ermöglicht, Bezüge zwischen bestimmten Elementen zu bilden, dann haben wir das Recht zu behaupten, daß die Musik Debussys (genau wie danach die Musik Schönbergs, Weberns oder Nonos) eine Form hat, auch wenn ihre tektonischen Prinzipien sich von den bisherigen unterscheiden.

Ein Faktor, der Bezüge ermöglicht, ist das Gedächtnis. Die Existenz der Kunst ist bedingt durch die Fähigkeit, Kontraste gegeneinander zu stellen, so daß das Gedächtnis sie als Bestandteil der Einheit, in dem die Elemente ihrer Einheit deutlich werden, begreifen kann. Bei ihrer Absenz verwandelt sich der Bezug in bloße Addition.

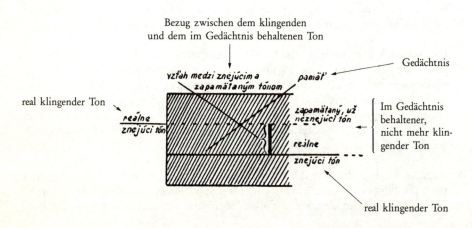

Die Desintegration der Kadenz hatte eine Liquidierung der Elemente zur Folge, die bisher die Bezüge ermöglichten. Dies war vor allem die motivisch-thematische Arbeit. In dem Zyklus von Debussys *Préludes* finden wir einige (I Nr. 2, 8, 10, 11), bei denen wir sagen können, daß die horizontale Linie melodischen Sinn hat. Sonst aber unterzieht sich die Melodie dem Bestreben, auf eine komplexe Weise eine Stimmung hervorzurufen; deshalb verläßt sie ihre Position des Trägers des ästhetischen Sinns der Musik. Sie verwandelt sich in die *Klanglinie*. Hierbei möchten wir auf die „Melodien" in primitiven Kulturen aufmerksam machen, die keine andere Funktion haben, als in der Zeit zu klingen. Das melodische Ideal ordnet sich wiederum dem Klangideal unter.

Wenn es das Beziehungsgeflecht von Akkorden nicht mehr gibt, wenn auch die motivische Entwicklung als Grundträger des Bezugs negiert wird, wenn alles die Aufgabe bekommt, zu klingen und vermittels des Klangs sensuelle Reflexe hervorzurufen, dann ist es notwendig, die Konvention zu brechen, die die Bezüge mit jenen Attributen identifiziert. Die Bezüge sind nun nicht mehr zwischen den Akkorden und Motiven zu suchen, sondern zwischen dem *Klang* der „Akkorde" und „Motive".

Vor der weiteren Analyse müssen wir uns aber einen methodischen Grundsatz bewußt machen: Die Tatsache, daß Debussy auf der einen Seite noch ein Romantiker und auf der anderen schon ein friedlicher Revolutionär ist, hat auch die Doppelgestalt seiner Struktur vorbestimmt. Uns geht es jetzt aber um progressiv wichtige Erscheinungen vom Blickwinkel der weiteren Entwicklung aus; deshalb werden wir genauso, wie wir bei Chopin und Liszt nach den für sie „untypischen" Erscheinungen gesucht haben[16], die dann für Debussy ein Muster geworden sind, nun nach jenen Äußerungen suchen, die zur Basis der weiteren Entwicklung der Musik des 20. Jahrhunderts wurden.

Debussys Form ist durch zwei Dimensionen bestimmt:
a) Klang und Raum;
b) Bewegung und Zeit.

2a) Organisation des Klangs im musikalischen Raum

Dem klanglichen Ablauf der Form wird durch die Beziehungen der Zentren Richtung gegeben. Diese Zentren (Blöcke) ersetzen die bisherigen Elemente der Bezüglichkeit — die funktionalen Akkorde. Es ist hierbei nicht entscheidend, daß Akkorde nicht mehr Träger der Bezüge sind, und daß die Abwesenheit von Harmonie eine Einschränkung der motivischen Evolution zur Folge hat. Entscheidend ist, daß der ganze sonische Prozeß sich auf Ebenen abspielt, die in gegenseitigen Beziehungen und im Bezug auf die Grundebene stehen. Das Prinzip, auf dessen Möglichkeiten wir bereits aufmerksam gemacht haben, wurde zur idealen

Basis für die Existenz der impressionistischen Musik. Die erste Ebene — die Grundebene — bildet das Bewußtsein der Tonart (in den *Préludes* immer durch Vorzeichen gegeben), von dem sich der Prozeß abzulösen strebt und zu dem er immer wiederkehrt. Diese zentrale Grundfläche gibt der Spiralbewegung die Leittendenz und ermöglicht ihre Prozessualität. Im Unterschied zum Prinzip der Kadenz fehlt dieser Form aber der beständige Richtfaktor, der in Gestalt des Leittons in jedem Takt anwesend ist, ein Motor sui generis (die Energie von Funktionen), der die Form eindeutig zum Zielpunkt vorantreibt. Wie später Boulez angemerkt hat[17], hört die Form auf, die kürzeste Verbindungsachse von zwei auf unterschiedlichen Ebenen liegenden Punkten (a) zu sein; sie wird zum freien, von verschiedenen Determinanten (in unserem Falle vom Klangideal) abhängigen Ablauf zwischen ihnen (b). Vom Chaos (c) unterscheidet sich dieses Prinzip dadurch, daß es zwangsläufig irgendwo hinstrebt (Zugegenheit des Zentrums), daß aber sein Streben zum Ziel andersartig ist. Formlosigkeit ist nämlich nur durch völlige Absenz der Leittendenz charakterisiert.

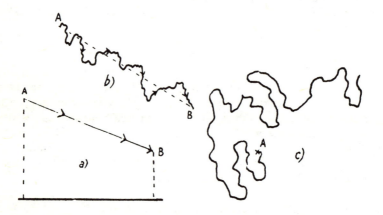

Das *Zentrum* ist entweder explizit ausgedrückt oder latent vorhanden. Zum Zentrum können ein Ton oder ein Zusammenklang werden.

In den *Préludes* I finden wir folgende Typen von Zentren:
1. Ein akkordisches Zentrum in der ganzen Komposition — in den kürzeren Präludien (Nr. 6; Zentrum $\equiv \odot = $ b — d — f).
2. Wechsel von Zentren, wodurch die Form in eine „traditionelle" A-B-A-Form gegliedert wird (Nr. 1; $\odot_1 = $ B; $\odot_2 = $ F; $\odot_3 = $ B; bemerken wir die Quintdistanzen).
3. Oszillation zwischen den Zentren (Nr. 8; $\odot = $ es; ges; as — gleichzeitig).
4. Zentrum ist ein pentatonisches oder ein Ganztongerüst oder fünf oder sechs gleichwertige Töne, zwischen denen es keine Hierarchie gibt, so daß der Ablauf ständig offen bleibt und die Phrasen auf irgendeinem dieser Töne enden (Nr. 2).

Für den Impressionismus sind die Fälle 3 und 4 am typischsten, weil sie das tektonische Prinzip am reinsten ausdrücken: Die impressionistische Form ist ein Gerüst, um das herum ein freies, an unsere Sinne appellierendes Spiel von Klängen fließt.

Dieses „Gerüst" ist das Zentrum in allen seinen Gestalten. Der Kompromiß mit der Tradition ist darin merklich, daß die vom Zentrum abgesteckte Fläche mit den Teilen der kleinen dreiteiligen oder der Rondoform identifiziert wird. Debussys Neuerertum liegt darin, daß im Rahmen dieser Fläche Musik fließt, die von der akkordischen und melodischen Bindung losgelöst ist. Doch es genügt nicht, unsere Beobachtungen durch den Schluß zu befriedigen, daß die Form nur durch die Zentren bestimmt ist. Wir müssen auch die Prozesse erklären, die sich auf der vom Zentrum abgesteckten Fläche abspielen; denn das Wesen dieser Musik ist nicht der Bezug von drei oder vier ausgebreiteten Flächen, sondern es sind die Prozesse, die in ihrem Rahmen ablaufen.

2b) Bewegung und Zeit

Wir haben bereits festgestellt[16], daß die Bewegung bei Liszt und Chopin (vgl. die b-Moll-Sonate) zum entscheidenden Faktor der Tektonik wird. Diese keimenden Phasen sind in der jetzt untersuchten Epoche zum Gipfelpunkt geführt worden; die Bewegung wurde nicht nur eine der wichtigsten Quellen der sonischen Qualität der impressionistischen Struktur, sondern gleichzeitig auch ein Träger des ganzen tektonischen Prozesses. Sie kommt in zwei Modi zur Geltung:

1. Figuration und Passage. Diese sind der einfachste Fall der aktiven Ausnutzung der Bewegung und haben eindeutig koloristische Funktion. Die so konzipierte Form ist durch den Bezug von Zentren gegeben und wird durch die Bewegung des Klanges realisiert (*Préludes* I Nr. 3 und II Nr. 4 und 12). Diese Fälle sind so evident, daß sie ohne Analyse sogar visuell erfaßbar sind.

2. Ablauf im gewöhnlichen Tempo, der für die Existenz der Musik eine unabdingbare Bedingung ist, aber jetzt sich zum spezifischen Sinnesstimulus verwandelt. Die Hauptfunktion dieser Sequenz liegt in ihrem Bewegungswert, also nicht nur in ihrem melodischen oder funktionellen Wert.

Jede impressionistische Wahrnehmung ist eigentlich ein Blick aus einem fortwährend fahrenden Zug. Der Impressionismus ist eine Kunst der unaufhörlichen Abwandlung, die sich in der Bewegung realisiert. Die Bewegung ist substantielle Kategorie der Existenz impressionistischer Musik. Die Bewegung verwandelt sich von einem passiven Träger [musikalischer Ideen] in einen aktiven Faktor der Verwirklichung ihres Sinnes.

Den Schlüssel zur Bedeutung der Bewegungen von Linien gibt uns die Feststellung, daß *„Debussy die Form auf eine Bewegung von Ornamenten und ‚Motiven'* *reduziert, deren geheimnisvolle assoziative Kraft jedweden bisher bekannten formbil-*

denden Akt ersetzt".[18]Alles, was wir bei Debussy mühsam als „Melodie" identifizieren würden, hat den einzigen und vollen Sinn, als Träger des Treibens und der Bewegung zu dienen.

In dem beweglichen Klang ist das Grundprinzip der impressionistischen Tektonik enthalten. Darum sind bei Debussy wirksame „Melodien" und prägnante „Motive" in der Minderzahl; an ihrer Stelle befinden sich Linien, deren Bedeutung ausschließlich in ihrem Fließen liegt. Melodie ohne Motiv bedeutet eigentlich eine Musik ohne Kontur. Die Linie ist hingegen voll inneren Treibens und stellt einen oszillierenden Typus der Arabeske und des Ornaments dar. Diese Faktoren soll man nicht im Sinne des Typus der barock-klassizistischen Ornamentik betrachten. Ihre einzige Parallele ist der melismatisch-ornamentale Typus des gregorianischen Chorals. Das Melisma ist nicht eine „Verzierung der Melodik", sondern schon das Wesen, ein in sich geschlossener Komplex, eine selbständige Größe, deren einzige Bedeutung darin liegt, daß sie „nur" ein klingendes Melisma und nichts anderes ist. So ist Debussys ornamentale Melodik zu betrachten. Wie die Linie des gregorianischen Chorals frei bis zur Finalis fließt, so ruhig fließt auch Debussys Musik, die von bisherigen energetischen Stimuli losgelöst und allein auf den natürlichen Zeitfluß angewiesen ist. Diese Selbstbewegung in der Musikstruktur hat den Charakter einer endlosen Variation; diese ist ein typisches Kennzeichen des Impressionismus. Man kann sie nicht im Sinne einer Variation von Patterns betrachten. Ein Garant des Zusammenhangs dieser Variationslinie ist oftmals ein pentatonisches Gerüst, das auch entfernteste „Variationen" zum gemeinsamen Nenner zusammenführt und als ein Element der Kohärenz der Struktur wirkt. Die endlose Melodik der Struktur Debussys wurde durch die Liquidierung der funktionalen Bindung ermöglicht, die zu durchbrechen bereits (in einer Kompromißform) Wagner gelungen ist.

Eimert bewies ihre Existenz in einer Detailanalyse von *Jeux*.[19] Anhand seines Schemas (S. 102) läßt sich feststellen, daß Debussys „Melodik" eigentlich eine endlose Variation ist, die in solche voneinander deutlich zu unterscheidende Gestalten einmündet, welche zudem an verschiedenen Stellen auftauchen und es deshalb unmöglich machen, sie als eine groß gebaute Variation traditionellen Typs zu betrachten. Eine so konzipierte Form würde nämlich in eine Menge von Abschnitten zerfallen, die der Variation einzelner „Motive" entsprächen. Doch in diesem Fall, wenn die Kohäsionskraft außerhalb der Melodik liegt (bzw. die Melodik von der formbildenden Funktion losgelöst ist), kann man auch die entferntesten Töne als Teile des Ganzen betrachten, denn die Art ihrer Kohäsion ist anders. Sie liegt in der organisierenden Kraft des Zentrums, die nach unserer Systematik den vierten Typus darstellt; um das Zentrum herum entfaltet sich ein freies Spiel in der Zeit ablaufender Klanglinien, die an einen unendlich variierenden und vibrierenden „melodischen" Strom erinnern. Am Beispiel der Analyse Eimerts sieht man, daß die Linie eine großartige Vibration der Intervalle um die zentrale Achse ist. Dies können wir ergänzen in dem Sinne, daß das „Klangspiel" als ein Fließen der horizontalen Linie realisiert wird. Dieses Prinzip schließt automatisch die Möglichkeit der Entwicklung, Gradation, der Wiederkehr von Motiven aus; denn die ganze Form fließt mit der ablaufenden Zeit.

Debussy: *Jeux*

Nun ist ein kleiner Exkurs in die Problematik der Zeit in der Musik notwendig, um die Natur der impressionistischen Tektonik aus dieser für sie prinzipiellen Sicht zu erläutern. Es ist kein Zufall, daß die Theoretiker der neuen Musik (Adorno, Boulez, Ligeti, Stockhausen, Xenakis u. a.) der Zeit eine große Aufmerksamkeit widmen. In unserem Verständnis ist diese Kategorie ein neuer Träger der Tektonik, und zwar in einem höheren Maße als zuvor. Die Zeit war zwar eine entscheidende, nicht aber akzeptierte Selbstverständlichkeit der Existenz der traditionellen Struktur. Die Zeit wurde als eine ewige, unveränderliche und passive Kategorie betrachtet, deshalb haben ihr neuere Theoretiker nicht einmal eine solche Aufmerksamkeit gewidmet wie im Mittelalter.

Wir haben bereits die Wichtigkeit des Metrums, des Rhythmus und der Bewegung als entscheidenden Faktor des inneren Lebens der Struktur betont. Zweifellos kann auch die Dauer der musikalischen Aktion, die jetzt in den Vordergrund rückt, nicht ein passiver Raum sein, in dem sich etwas abspielt. Denn gerade in unserem Falle wird das Wichtigste die Bewegung und ihre Dauer; diese ist eine aktive Äußerung der Zeit. Die Konsequenz eines Bewußtseins von der Bedeutung der Bewegung innerhalb der Struktur ist die Konzeption der irreversiblen Zeit.

Nicht nur, daß die Musik in der Zeit fließt; es fließt auch die Zeit mit der Musik. Unverkennbar macht sich die Relativität der Zeit und des Raumes geltend. Die relativ stabile Zeit setzt sich selbst in Bewegung. Sie wird als aktive Komponente der Struktur bewußt und wird zur Quelle von deren spezifischer Dynamik. Das Prinzip der irreversiblen Zeit hat zur Folge, daß nun die Wiederholung (als eines der Grundprinzipien der bisherigen Tektonik) unmöglich und substanzlos erscheint; denn „das Wiederholte" ist kein Wiederholtes. Der tektonische Strom gleicht den Meereswellen, die stets von neuem entstehen, einander ähnlich und doch immer neu sind. So ist auch die Musikbewegung des Impressionismus zu betrachten. Nicht daß die Bewegung vorher nicht das war; jetzt wird sie aber aktiv bewußt und ausgenutzt (in der Praxis natürlich intuitiv; erst ihre theoretische Begründung machte das Bedürfnis neuer Begriffe aktuell).

Für die impressionistische Struktur ist viel wichtiger die Abwandlung der Bewegung als der „Melodie" (vgl. *Prélude* I Nr. 9). Die impressionistische Form ist eine Bewegung, deren Funktion der ornamentale Ablauf der Linien ist. Die Form ist nicht im voraus gegeben (dies nennt Debussy ironisch die „administrative Form"), sondern sie ereignet sich immer von neuem. Sie ist mehr als bislang dem Moment der Inspiration untergeordnet. Sie hörte auf, eine Erfüllung des Konstruktionsmodells zu sein. Dies um so mehr, da nicht einmal bei Beethoven das Schema der Sonatenform wesentlich ist, sondern der tektonische Prozeß, der in ihrem Rahmen vor sich geht. Jetzt wurde dieses Schema unwesentlich, und in den Vordergrund rückt ihre in der Zeit fließende tektonische Substanz. Wie die Melodie eine individuelle Schaffenstat war (im Rahmen gewisser Gesetzmäßigkeiten), so greift bei Debussy das inspirative Moment bis in die Form hinein (auch wenn er wiederum bestimmte Gesetzmäßigkeiten beachtet). Dieses Faktum formuliert dann theoretisch Busoni[20], wenn er fordert, daß dem Komponisten, bei dem Originalität, Erfindungskraft und Einmaligkeit vorausgesetzt werden, nicht das Recht abgesprochen werde, dies auch auf dem Gebiet der Form geltend zu machen; das neue und unterschiedliche tektonische Prinzip dürfe nicht als „Formlosigkeit" betrachtet werden. Er begreift die Form nicht als Muster, sondern als Prozeß. Wie keine Komposition der anderen ähnelt, so soll auch keine Form mit ihrem inneren Leben einer vorangehenden ähneln. Sie bleibt aber trotzdem eine Form! Dies ist eine natürliche und extreme Konsequenz der Emanzipation von Elementen. Die Form unterliegt genauso den Momenten der Inspiration wie Melodik, Rhythmus, Harmonie, Dynamik, wird aber gleichzeitig an die erwähnten Gesetzmäßigkeiten gebunden. Diese dialektische Einheit des Individuellen und Gesetzmäßigen ist ein Kennzeichen der künstlerischen Qualität. So wie es schwierig ist, die Gesetzmäßigkeiten einer „guten" Melodie zu formulieren (wobei sie auch ohne Begründung sehr wirksam sein kann), so ist es auch in diesem Stadium der Formevolution schwieriger geworden, exakt deren Gesetzmäßigkeiten auszudrücken. Der Moment, wo diese individuell konzipierte Form zum Chaos wird, ist zugleich die Grenzziehung zwischen Künstlerischem und Nicht-Künstlerischem.

Darum ist es bei Debussy völlig zweitrangig geworden, z. B. über die dreiteilige Form zu sprechen, auch wenn sie nicht zu bestreiten ist. Bedeutsamer ist es, vom tektonischen Prozeß zu sprechen. Die Form ist nicht ein relativ statischer Abschnitt, in dem die Zeit fließt (a), sondern sie selbst ist eine Form des Zeitfließens (b):

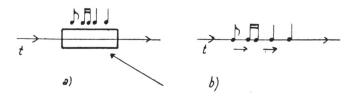

Der Prozeß im Rahmen der Linie ist ein Prozeß des Rhythmisierens der Zeit — „le tempo rhythmé". Auch die Form wird zum Bestandteil der allgemeinen Bewegung, denn dadurch, daß sie aktiv die Zeit ausnutzt, geht *es nicht mehr um Gestalt, sondern um Fließen*.[21] Der benutzte Terminus „Fließen" ist darum ein neuer Begriff, der aus dem Bedürfnis entstanden ist, die impressionistische Struktur zu untersuchen und ihre Dynamik auszudrücken.

Bei der Frage, was die organisierende Kraft der impressionistischen Tektonik sei, sind wir zum Schluß gelangt, daß dies das *Zentrum* ist. Die weitere Frage war, wodurch dem Musikprozeß im Rahmen der durch das Zentrum abgesteckten Fläche der Sinn gegeben wird. In diesem Problemkreis versuchten wir zu einigen Grundprinzipien der Tektonik jener Epoche vorzudringen. Jetzt können wir uns also mit dem in der Einleitung aufgestellten Problem befassen: Wie ist der Charakter der neuen Beziehungen, die für das Dasein dieser Form wesentlich sind?

Wir haben betont, daß der Schwerpunkt der impressionistischen Kunst in der Intention liegt, sich mit dem Detail zu befassen. Dies beweist die einfache Empirie — ein Blick auf das *Prélude* I Nr. 4. Es stellt sich aber die Frage, wie sich diese

Details in das Ganze einfügen, ohne daß sie zersplittern —, wenn zu diesem Zweck nicht mehr die bewährte Technik der hierarchischen Relationen mit ihrem Attribut der Evolution benutzt wird.

Die Unmöglichkeit, ein nicht existentes Motiv zu entfalten, es also auf etwas Vorangehendes zu beziehen, hatte zur Folge, daß der Impressionismus nicht das ideale tektonische Mittel der sogenannten Engbindung (*tesné vazby* nach J. Volek[22]) ausnutzen konnte. Er war auf eine „Freibindung" angewiesen — das Aneinanderreihen. Diese Bindung ist im Unterschied zum Zueinanderstellen (oder: zum additiven Hinzustellen) auch eine tektonische Bindung. Sie wirft aber mehrere Probleme auf; sie ist anspruchsvoller, denn es droht mehr die Gefahr, daß die Form „auseinanderbricht". Debussy nutzt das Prinzip der Aneinanderreihung von Details, indem er ihre unausweichliche Konsequenz, die Offenheit einzelner Abschnitte, geltend macht.

Wenn etwas offen und unabgeschlossen ist, erfordert es Abschließung und „zu-Ende-Führung", und das ist hier die Fortsetzung. Offenheit schafft die tektonische Energie dadurch, daß sie Nachfolgung erfordert: Sie zwingt zur Fortsetzung, zur Bindung, zur spezifischen Beziehung — zur Aneinanderreihung. (Es ist kein Zufall, daß in der Romantik der Trugschluß zum beliebtesten Kompositionsmittel wird.) Dennoch bereitet ein geschlossener Abschnitt (was paradox klingt) gewisse Schwierigkeiten, die Bindung geltend zu machen, da ein geschlossenes Detail seine volle Bedeutung trägt und im Unterschied zum offenen keine organische Fortsetzung erfordert; man muß es binden auf eine andere Weise. Es ist also ein Irrtum, Offenheit mit der tektonischen Unvollkommeheit zu identifizieren; denn sie ist ein vollwertiger Typus der Bindung, wie wir dies zu veranschaulichen versuchen:

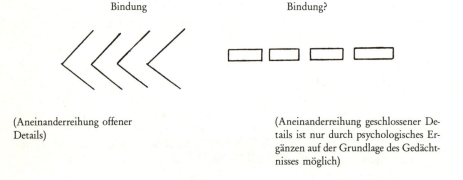

Bindung

Bindung?

(Aneinanderreihung offener
Details)

(Aneinanderreihung geschlossener Details ist nur durch psychologisches Ergänzen auf der Grundlage des Gedächtnisses möglich)

Ein einmaliges Beispiel der Aneinanderreihung von offenen Abschnitten stellt gleich der Anfang des *Préludes* I Nr. 4 dar:

Debussy: *Préludes* I, Nr. 4

Analysieren wir nun dieses Präludium im Hinblick auf die Technik der Aneinanderreihung.

Der erste Takt bleibt offen dadurch,
a) daß er sich motivisch weiter nicht entfaltet;
b) daß danach Pausen folgen und nach ihnen ein neues gedankliches Material kommt;
c) daß er auch „harmonisch" nicht abgeschlossen ist, sondern auf der Dominante stehen bleibt.

Die modifizierte Wiederholung dieses Taktes nach einer nachträglichen Rückkehr zur Tonika im 2. Takt bleibt wieder offen,
a) da nach ihm ein ganz neues Material unterschiedlichen Charakters folgt;
b) da er auf der VI. Stufe erstarrte (*cis* ist als Quinte von *fis* zu betrachten und nicht als tonische Terz, gerade in bezug auf die vorangehende außertonale Subdominante).

Die fallende Quarte (die man als Inversion des charakteristischen Aufwärtsschritts im 1. und 2. Takt betrachten kann) erweitert sich in einem neuen Klangmilieu (Halbtonverschiebung außertonaler Dominantseptakkorde von *b* zu *h* bis zum Dominantseptakkord auf *a* im 4. Takt) um aufsteigende kleine Terz, die eine Erwartung der motivischen Evolution ähnlich der erwähnten Quarte weckt, aber gleich auf dem ersten Achtelwert des 5. Taktes verlassen wird, so daß auch dieser zweite Abschnitt offen bleibt. Danach folgt eine neue, ausgesprochen sonische Phrase (sie folgt dem gebrochenen verminderten Septakkord [!], der jedoch bei Debussy sonische Bedeutung hat), und diese Phrase wird wieder nach dem Abfließen des Taktes verlassen; das in ihr realisierte Detail bleibt offen.

Unsere Untersuchungen können wir wie folgt abschließen: Die Tektonik des Impressionismus ist von der Tektonik der vorangehenden Zeit verschieden. Sie ist aber nicht formlos, weil in ihr eine Anwesenheit von Beziehungen als unabdingbare Voraussetzung der Existenz der Form festzustellen ist; sie gewinnt dadurch die Fähigkeit zum Gliedern. Zur formbildenden Organisation werden in der Tektonik des Impressionismus benutzt:

1. Anstelle der Beziehungen von Quintakkorden der funktionalen Harmonie — Beziehungen von Flächen, die durch Zentren abgesteckt sind.
2. Anstelle der Technik der motivischen Entwicklung — Aneinanderreihung von offenen Abschnitten.
3. Anstelle der ästhetisch wirksamen Melodik — sinnlich wirkende Bewegung von Klanglinien.

Die impressionistische Tektonik tendiert stark zum Typus der „Klangmusik", woraus sich auch ihre spezifische formale Gestaltung ergibt. Ligeti sagt über den gegenseitigen Bezug der Elemente in diesem Formtypus, die Teile seien hier „[. . .] *Steinen ähnlich, die ohne Mörtel zu einer Wand zusammengefügt sind".*[23] Daraus ergibt sich, daß die Feststellung einer Labilität der impressionistischen Tektonik nicht als etwas Negatives ausfallen soll. Trotz der unaufhörlichen Oszillation und inneren Vibration der rotierenden Spirale ist sie eine Tektonik, und zwar gerade durch ihre Subtilität, Flüchtigkeit, Labilität und Unbestimmtheit. Wenn diese Form so fest und eindeutig sein sollte, wie sie sich die Theoretiker gewünscht haben möchten, so würde sie aufhören, impressionistisch zu sein. Der Charakter dieses Stils mußte auch die Tektonik prägen, darum hätte es keinen Sinn, in ihr das zu suchen, was es in ihr nicht geben kann.

2c) Die Gründe des Zerfalls der Struktur des Impressionismus

Der Charakter der Gegebenheiten, die die Gestalt der Tektonik bei Debussy bestimmt haben, hatte zur Folge, daß ihre Möglichkeiten von *einem* Komponisten fast vollständig ausgeschöpft worden sind. Es war nicht mehr möglich, diese Tektonik weiterzuentwickeln, ohne daß sie zerfallen würde; es war nicht möglich, die Form weiterhin als etwas Individuelles zu konzipieren, ohne Anwesenheit der Konstruktionsgesetzmäßigkeiten, und sie dabei weiterhin nur auf sinnliche Wirkung zu stützen, deren Möglichkeiten nicht unbegrenzt sind; denn der Moment des Nachlassens der Aufmerksamkeit stellt sich rasch ein, und man gewinnt den Eindruck der Gleichförmigkeit und Ähnlichkeit dieser Musik.

Debussy war der einzige große Impressionist nicht deshalb, weil seine Nachfolger weniger genial wären als er, sondern deshalb, weil er als erster die objektiv beschränkten Möglichkeiten dieses tektonischen Prinzips maximal ausgenutzt hat. Seine weitere „Entfaltung" konnte nur zum Epigonentum oder zum Chaos führen. Selbst Debussy erreichte den Gipfel der Möglichkeit einer Umsetzung dieser Prinzipien schon in der Zeit der Komposition seiner *Jeux* (1913), und spätestens dann suchte er offenbar nach einem Kompromiß zwischen der neuen und der traditionellen Tektonik (vgl. die klassizierenden Tendenzen in seinem Schaffen seit der *Sonate für Viola* bis zur *Sonate für Violine und Klavier*).

Der Mangel an Konzentriertheit der Form wird kompensiert durch eine Anlehnung an die Realität, an den Stoff, an das Sujet, und führt zur Erneuerung der romantischen Leitidee der Programmusik. Debussy realisierte dies zunächst durch die Bindung an ein Motiv der bildenden Kunst, das aber nicht das Sujet bedeutete. Bereits die *Préludes* sind quasi Monetsche Bilder (*Feuilles mortes*, *La Cathédrale engloutie*, Voiles), manche à la Degas (*Danseuses de Delphes*, *Ondine*) oder à la Renoire (*La fille aux cheveux de lin*), Bilder, die in Tönen ausgedrückt sind. Komponisten, die nach impressionistischen Prinzipien schaffen wollten und ihre „Mängel" durch Bindung an ein literarisches Programm kompensieren möchten, gelangten in der Regel zum Naturalismus und zur Deskription. Um die Jahrhundertwende beginnt in einigermaßen anderen Zusammenhängen eine große Renaissance der symphonischen Dichtung. Diese versucht dann auf ihre Art die unlösbaren Beschränktheiten des zeitgebundenen Stadiums der Entwicklung der Form zu „lösen".

Der progressive Strom der europäischen Musik knüpfte an den Impressionismus auf dem Gipfel seiner Entwicklung an: im Schaffen Bartóks, Stravinskijs, Szymanowskis u. a., die ihre einmalige Stellung ausgenutzt haben (sie waren nicht so durch die romantische Tradition vorbelastet, die das Schaffen Mahlers, Regers, Strauss' u. a. zu unlösbaren Widersprüchen geführt hat), und sie haben die umwälzenden Impulse Debussys produktiv verarbeitet. Sie ahmten ihn nicht nach, sondern absorbierten die Züge seiner Progressivität und schufen im Einklang mit ihrer Zeit eine individuelle, aktuelle Musiksprache. Diese Generation, die besonders in ihren frühen Werken an Debussy anknüpfte, verwarf die Tradition der deutschen Romantik und schuf einen organischen Übergang der Musik des 19. Jahrhunderts zur Musik des 20. Jahrhunderts.

Anmerkungen

a) Vgl. R. v. Ficker, *Primäre Klangformen,* in: Jahrbuch Peters 36, 1929, S. 21—34. Diese Schrift war Faltin bekannt; sie wird auch von ihm zitiert.

b) W. Danckert, *Musikwissenschaft und Kulturkreislehre* (Typoskript ca. 1935, überwiegend aufgegangen in Werner Danckerts Buch *Tonreich und Symbolzahl,* Bonn 1966; ders., *Ostasiatische Musikästhetik,* in: Ostasiatische Zeitschr. 17, 1931, S. 63—69; ders., *Älteste Musikstile und Kulturschichten in Ozeanien und Indonesien,* in: Zeitschrift für Ethnologie 77, 1952, S. 198—213.

c) Vgl. H. Rösing, *Die Bedeutung der Klangfarbe in traditioneller und elektronischer Musik,* München 1972; P. Nitsche, *Klangfarbe und Schwingungsform,* München 1978.

d) Vgl. Musicologica Slovaca VI, Bratislava 1978 (Gedenkschrift M. Filip [1932—1973]).

e) Vgl. P. Faltin, *Predmet, hranice, moznosti a ciele psychológie hudby a jej postavenie v systéme muzikologických disciplín* (Gegenstand, Grenzen, Möglichkeiten und Ziele der Musikpsychologie und ihre Stellung im System der musikologischen Disziplinen), in: Musicol. Slovaca I, Nr. 2, 1969, S. 137—186, sowie ders., *Filozofická antropológia ako metodické východisko estetiky* (Die philosophische Anthropologie als methodischer Ausgangspunkt der Ästhetik), in: Musicol. Slovaca II, 1970, S. 3—15.

f) Vgl. P. Faltin, *Zur Psychologie des ästhetischen Urteils,* in: Mf 31, 1978, S. 135—160, sowie ders., *Musikalische Syntax,* in: AfMw 34, 1977, S. 1—19; ders. *Phänomenologie der musikalischen Form,* Wiesbaden 1979.

g) Vgl. u. a. K. Boehmer, *Zur Theorie der offenen Form in der neuen Musik,* Darmstadt 1967.

h) Vgl. M. Diersch, *Empiriokritizismus und Impressionismus. Über Beziehungen zwischen Philosophie, Ästhetik und Literatur um 1900 in Wien,* Berlin 1977; laut Diersch (S. 7) war es Hermann Bahr, der 1904 die Lehre Ernst Machs als die *„Philosophie des Impressionismus"* bezeichnet hat.

i) Vgl. W. Koehler, *The Task of Gestalt Psychology,* Princeton/New York 1969, und F. Klix, *Information und Verhalten,* Bern/Stuttgart 1971.

j) Übersetzung und Publikation erfolgen mit Zustimmung der Hinterbliebenen von Peter Faltin, der allzu früh der Musikwissenschaft entrissen wurde; aus seinem wissenschaftlichen Nachlaß erscheint das unvollendet gebliebene Werk *Bedeutung ästhetischer Zeichen,* das auf umfangreichen Studien u. a. zu Wittgenstein basiert. Vorliegende Übersetzung aus dem Slowakischen wurde auf Bitte der Hrsg. von Vladimir Karbusicky besorgt und von A. Schneider geringfügig überarbeitet.

1 W. Danckert, *Claude Debussy,* Berlin 1950, S. 27.

2 R. Hamann/J. Hermand, *Impressionismus,* Berlin 1960, S. 206.

3 An dieser Stelle interpretieren wir die Ansichten Machs ohne kritische Stellungnahme, die der Leser z. B. in der Schrift Lenins *Materialismus und Empiriokritizismus* finden kann.

4 E. Mach, *Mechanik,* ³1886, S. 473.

5 Zitiert nach J. Volek, *Novodobé harmonické systémy z hlediska vedecké filosofie* (Die neuzeitlichen harmonischen Systeme aus der Sicht der wissenschaftlichen Philosophie), Prag 1961, S. 204.

6 Hamann (wie Anm. 2), S. 209.

7 H. Bergson, *L'évolution créatrice,* Paris 1907 (dt. 1912, tsch. Prag 1919).

8 Volekt (wie Anm. 5) S. 178.

9 P. Boulez *Skazone kadzielnice* (Verdorbene Weihrauchsgefäße), in: Ruch muzyczny 1962, Nr. 6, S. 5. [Deutsch: *Die Korruption in den Weihrauchfässern,* in: P. Boulez: *Anhaltspunkte, Essays,* Stuttgart—Zürich 1975, ²Kassel etc. — München 1979, S. 9—16.]

10 S. Jarociński, *Estetyka Debussyego,* in: Muzyka 1959, Nr. 3, S. 3.

11 H. Mersmann, *Angewandte Musikästhetik,* Berlin 1926, S. 317.

12 Den Autor des vorliegenden Textes hat im Herbst 1962 Prof. Jarociński bei einer Konsultation auf diesen Terminus aufmerksam geamcht. Jarociński befaßt sich mit diesem Problem tiefer in einer vorbereiteten Monographie über den musikalischen Impressionismus. [Stefan Jarocińskis Buch

über Debussy erschien polnisch 1966, in einer französischen Fassung mit einer Vorrede von Vladimir Jankélévitch in Paris 1970: *Debussy. Impressionisme et symbolisme.*]

13 V. I. Lenin, *Aus dem philosophischen Nachlaß. Exzerpte und Randglossen,* Berlin 1949, S. 287 (tsch. Prag 1954, S. 321).

14 Auch die Spiralentektonik weist, wie wir sehen werden, spezifische Dynamik auf; deshalb finden wir jene Ansichten unrichtig, die ihr Wesen im statischen Charakter suchen. Dieses „Statische" haben wir in dem Kapitel über die Musik der primitiven Kulturen begründet [Faltin meint das Kapitel seines Buches *Der Klang in den primitiven Kulturen*, S. 69—99]; man sollte es nicht im negativen Sinne betrachten. Das „Statische" ist kein Mangel, sondern ein Attribut dieses Typs der Tektonik.

15 H. Eimert, *Debussys ‚Jeux',* in: Die Reihe V, Wien 1959, S. 27.

16 [Faltin bezieht sich auf seine Untersuchungen im vorrangehenden Kapitel seines Buches.]

17 P. Boulez, *Zu meiner Sonate III,* in: Darmstädter Beiträge zur Neuen Musik III, Mainz 1960, S. 27.

18 Eimert, *Debussys ‚Jeux',* S. 6.

19 Ebd., S. 7.

20 F. Busoni, *Entwurf einer neuen Ästhetik der Tonkunst,* Berlin 1907, S. 18.

21 B. Schäffer, *‚Jeux' Debussyego,* in: Ruch muzyczny 1962, Nr. 16, S. 14.

22 Den Begriff der Engbindung (*„tesná vazba"*) definierte und analysierte J. Volek in seiner Schrift (Anm. 5) 1961.

23 G. Ligeti, *Über die Harmonik in Weberns erster Kantate,* in: Darmstädter Beiträge zur Neuen Musik III, Mainz 1960, S. 59.

Tonsystem und Intonation

ALBRECHT SCHNEIDER

I

Vorliegender Beitrag befaßt sich mit verschiedenen Aspekten der Wechselwirkungen zwischen Musiktheorie, Akustik und Musikpsychologie; da die Thematik Phänomene außereuropäischer Musik einschließt und insoweit Sachverhalte der europäischen Kunst- und Volksmusik sowie Betrachtungsweisen der bei uns herrschenden Musiklehre übergreift, werden in gewissem Maße auch Methoden und Ergebnisse der Vergleichenden Musikwissenschaft und Musikethnologie zu berücksichtigen sein.

Zunächst erscheint eine begriffliche Klärung des Terminus *Intonation* im hier erforderlichen Rahmen angezeigt, da dieser mehrere und merklich voneinander abweichende Bedeutungen besitzt. Erstens steht Intonation allgemein für das richtige Anstimmen eines Gesangs bzw. das Einregeln und Abstimmen von Instrumenten, zweitens meinte lat. *intonatio* bekanntlich auch eine Satzbezeichnung, die selbst vornehmlich auf den melodischen Verlauf abstellt; musikpsychologisch wird häufig mit Intonation ein ganz bestimmtes Moment der Tonqualität bzw. Tonigkeit (vgl. Wellek 1963) verbunden, nämlich das möglichst genaue Treffen und quasistationäre Festhalten einer intendierten und im musikalischen Zusammenhang sinnvollen Tonhöhe, die mit gewissen Einschränkungen auch als elementare Qualität des musikalischen Hörens (dazu unten S. 180) aufgefaßt werden mag. Es versteht sich, daß Tonhöhe nicht umstandslos mit der physikalisch definierten Frequenz eines Tons[1] identifiziert und gleichgesetzt werden darf. In der Linguistik und näherhin der Phonemik wird indessen der Begriff der Intonation bisweilen als *„Stimmführung minus (Ton + Akzent)"* definiert (Vermeer 1972, S. 192), so daß Intonation hier zusammen mit dem Akzent und dem Ton zu den suprasegmentalen Phonemen bzw. Prosodemen rechnet. Mithin ist der linguistische Intonationsbegriff zugleich unter dem Aspekt der Sinngebung bei Lautfolgen relevant, die also in einen Tonhöhenverlauf gebracht und durch Akzente usw. gegliedert werden müssen. Ein besonderes Problem stellt die vor allem von Boris Assafjew vorgetragene Intonationslehre dar, insofern hier der Terminus Intonation insbesondere für die Rezeption von Musik verwandt, kaum aber scharf definiert wurde: Assafjew selbst versteht hierunter das *„Erfassen der Musik als klingender Bewegung in der intonatorisch-dynamischen Genese der sie organisierenden Kräfte"* (Assafjew 1976, S. 210). Der Rekurs auf allerlei „Kräfte", wie man sie ansonsten in der Musikpsychologie und -theorie von Ernst Kurth oder anderen westlichen Autoren findet, verrät unschwer, daß die Assafjewsche Intonationslehre in mancherlei Hinsicht der Gestaltpsychologie verwandt ist, wie auch der Begriff der Intonation in Osteuropa nicht selten mit dem der althergebrachten ‚Gestalt' übersetzt bzw. ineinsgesetzt wurde.[2] Eine weit strengere Definition auf semiotischer Basis hat allerdings Kluge gegeben, der *„eine musikalische Intonation (als) eine Klasse musikalischer Zeichen hinsichtlich äquivalenter Struktur und äquivalenten gedanklichen Abbilds eines Hörers"* bestimmt (Kluge 1964, S. 93) und demgegenüber den Begriff der Gestalt für *„eine Äquivalenzklasse von musikalischen Zeichen hinsichtlich ihrer Struktur und des (identischen) gedanklichen Abbilds des Komponisten im Zeitpunkt der Komposition (wirkliches Abbild)"* reserviert wissen will. Demnach wäre hier ‚Intonation' eine Kategorie der musikalischen Hörerfahrung, Gestalt hingegen auf den Prozeß des musikalischen Hervorbringens und näherhin der Komposition bezogen.

II

Das Intonationsproblem hat augenscheinlich bereits in der Antike eine erhebliche Rolle gespielt, zumal wo es um die Darstellung von Tonbeziehungen im enharmonischen Tongeschlecht ging (vgl. Vogel 1963). Man findet Hinweise auf verschiedene Aspekte der musikalischen Intonation (Gestaltung des Tonhöhenverlaufs, richtige Darstellung von Intervallgrößen, Grenzen dieser Fähigkeiten bei der Stimme usw.) bei Aristoxenos und später wieder bei Ptolemaios[3]; die dort getroffenen Bemerkungen (vgl. z. B. Arist. harm. 27,15 und 28,10 sowie Ptol. harm. I, 14ff.) widersprechen im übrigen der Annahme, Quartenteilungen und dergleichen seien in der Antike Gegenstand bloßer theoretischer Spekulation gewesen. Auszugehen ist vielmehr von einer Musikpraxis, die auf bestimmten festen Tonstufen, Rahmenintervallen und wechselnden Ausfüllungen vor allem der Tetrachorde basiert hat; diese Traditionen sind bis ins Mittelalter zu verfolgen, sie fanden ihren Niederschlag auch in der arabischen Musiktheorie (vgl. Vogel 1975, S. 160—223, und Manik 1969, S. 63ff., 88ff.) und können teilweise durch musikethnologische Befunde wenn nicht bestätigt, so doch zumindest (modellhaft) anschaulich gemacht werden.

Was nun das Verhältnis von Tonsystemen zu konkreten Intonationsmustern anlangt, so ist vielfach die Meinung vertreten worden, tonsystemliche Ordnungen seien spätere Rationalisierungen längst bestehender Praktiken: Von der tatsächlich erklingenden Musik werde dann im Wege der Analyse das Tonsystem gewissermaßen „abgezogen", während die Praxis dies ohnehin meist nur näherungsweise verwirkliche; die Relativität solcher Systemkonstruktionen werde zudem gerade durch Messungen der Intonationsbreiten von Tonschritten offensichtlich.

Das Problem kann und sollte sowohl unter systematischen wie unter historisch-genetischen Gesichtspunkten angegangen werden; es wäre dann festzustellen, daß jedwede Rationalisierung doch nur dort Platz greifen kann, wo rein objektiv mittels gewisser Ordnungskriterien ein beliebiger Tonvorrat gegliedert und so für die musikalische Praxis nutzbar gemacht wurde. Die „Strukturen" erscheinen — wie Lévi-Strauss dies ja wiederholt postuliert hat[4] — insoweit vorgängig gegenüber der Mannigfaltigkeit der jeweiligen Praxis, so daß insbesondere unter Berücksichtigung außereuropäischer Musik (im weitesten Sinne musiktheoretische) Rationalisierungen offenbar lediglich Tatsachen bewußt machen und sprachlich benennen, die für Musik schlechthin konstitutiv sowie Bestandstück bestimmter Musikkulturen sind (vgl. hierzu Zemp 1971, 1978 und 1979; Blacking 1973; Feld 1981; Phra Chen Duriyanga 1982). In vergleichender Betrachtung kann dann *„Musik als ein Ausleseprozeß in der Richtung stabilisierter Klänge zum Zwecke der Verarbeitung von Klanggestalten"* (Graf 1963, S. 494) aufgefaßt werden; dabei ist ohne weiteres einzuräumen, daß uns die Genese von Tonsystemen, die hier zunächst als Bestand (oft hierarchisch) gegliederter Tonrelationen begriffen seien, ungeachtet zahlreicher Beobachtungen und daran geknüpfter Hypothesen (vgl. z. B. Heinitz 1931; Collaer 1954; Danckert 1966; Sachs 1962) keineswegs vollständig bekannt ist. Man kann aber die Entstehung und bestimmte Ausprägung von Tonsystemen z. T. durch humanbiologisch-neurologische und z. T. durch kulturelle Faktoren zu erklären versuchen (vgl. Graf 1970); im übrigen ist es zumindest möglich, die empirische Vielfalt von Tonsystemen und Gebrauchsleitern zu klassifizieren (vgl. Barbour 1949) sowie eine Hierarchie von Ordnungsprinzipien zu bilden, die vom Gesamt-Tonvorrat bzw. der Materialleiter über die Skalenstufenzahl bis zum Modus und schließlich zur nach der absoluten Lage fixierten Tonart reicht (Reinhard 1975).

Schließlich bleibt anzumerken, daß — historisch gesehen — die frühen Reflexionen über Musik in den alten Hochkulturen, d. h. Rationalisierungen im vorbezeichneten Sinne, merkliche Übereinstimmungen zeigen (hierzu Graf 1969) und die explizite Formulierung von ‚Theorie', die dann auch zur tonsystematischen Ordnung Stellung nimmt, jedenfalls in babylonischer Zeit erfolgt ist (Wulstan/Gurney 1968). Nach den Quellen wird vor allem ein enger Zusammenhang zwischen Instrumentalstimmungen und der Herausbildung von Tonsystemen erkennbar, allerdings durchaus nicht im neuzeitlichen Verstande, wo es — im Anschluß an Riemann — heißt, vom (letzlich nur intentional vorgestellten) Tonsystem sei *„die Stimmung als akustische Außenseite zu unterscheiden"*.[5] Die Kontrastierung von Akustik und Musik, auf die unten noch näher einzugehen sein wird, kann weder für die Frühzeit noch für außereuropäische Musikkulturen bestätigt werden; offenkundig geschah die empirische Erkundung der Tonbeziehungen oft genug am Instrument (Kanon, Tanbūr oder Monochord) und stellt diese gewissermaßen „experimentelle" Arbeit selbst einen Akt der Rationalisierung dar, der mit musikalischer Praxis einhergehen konnte und ihr wohl von jeher parallel lief.[6] Dies ist am Beispiel der arabischen Musiktheorie unschwer unter Beweis zu stellen; es genügt hier der Hinweis auf Safi al-Din und auf dessen „Ausbeutung" des Schismas im Tetrachord c—d—fes—f (vgl. Manik 1969, S. 88ff.) sowie auf eine der Lautenstimmungen des Avicenna (vgl. Vogel 1975, S. 213ff.). Was in theoretischer Darstellung zunächst abstrakt oder gar spekulativ anmuten mag, hatte gleichwohl Bedeutung für die Musikausübung.[7]

Es ist hier grundsätzlich zu bedenken, daß in der Musik der Antike, des Nahen und Mittleren Ostens wie auch in der Indiens Konzepte hinsichtlich der Gestaltung des melodischen Verlaufs sowie mit Rücksicht auf das Verhältnis einer melodischen Linie zu verschiedenen Bordunformen vorherrschend waren bzw. immer noch wirksam sind, die von der Musikanschauung West- und Mitteleuropas etwa der letzten zweihundert Jahre ganz merklich abweichen (vgl. u. a. Lachmann 1935; Wellesz 1961; Gerson-Kiwi 1967, 1972 und 1975; Powers 1970, bes. S. 4ff., 45f.). Zwar lassen sich anhand der Quellen zur Musik des europäischen Mittelalters gewisse historisch-genetische Beziehungen herstellen (s. Gerson-Kiwi 1972), auch knüpft die Musik dieses Jahrhunderts bisweilen an außereuropäische Traditionen an, die wesentlich auf ungleichstufigen Tonsystemen und Leiterbildungen, modal organisierten Skalen und der Arbeit mit Melodiemodellen und ihren Variationen bzw. Permutationen basieren (vgl. auch Hickmann 1957); die entscheidende Differenz bildet indessen die in westlicher Musik der Neuzeit übliche gleichstufige Temperierung, die einerseits unzweifelhaft ein hohes Maß der Rationalisierung darstellt, insoweit zugleich der musikalischen Komposition und Aufführungspraxis Erleichterungen verschafft und doch andererseits zur Einebnung der vormals viel differenzierteren Tonhöhenorganisation und somit zu einer musikalisch wenig vorteilhaften Verarmung geführt hat. Egon Wellesz, selbst Musikwissenschaftler und Komponist, kam zu dem Schluß: *„Das* Wohltemperierte Klavier *bedeutet keinen unbedingten Gewinn. Es hat das Ohr für die feinen Tonhöhenunterschiede zwischen einem gis und as z. B. nachlässig gemacht."*[8] Und Erich Moritz von Hornbostel, der sich eingehend mit der Genese und Systematik von Skalen und Tonsystemen befaßt hat[9], sprach in seiner Untersuchung über die vielfältigen Beziehungen von *Melodie und Skala* über die drei Hauptstützen westlicher Kunstmusik — gemeint sind Notenschrift, Harmonie und Klavier — davon, daß in Europa eine übergroße Abhängigkeit der Musik von der Notation wie vom Klavier und seiner Temperierung eingetreten sei; der Preis für diese keineswegs positiv gewertete Entwicklung: *„Mit der Temperatur ist die Geschichte der Skala notwendig beendet"* (v. Hornbostel 1913, S. 13f.). Die gleichstufige Temperierung, die hier als rationales Konstrukt — und als solches war sie über Jahrhunderte Gegenstand musiktheoretischer Spekulation, bekanntlich nicht allein in Europa[10] — begriffen wird, ist definitionsgemäß kein Tonsystem, sondern eine dann auch praktisch nutzbare Stimmung, nämlich als *„Regelung der für die musikalische Praxis unvermeidlichen Abweichungen von der akustischen Reinheit der Intervalle".*[11] Gerade wegen dieser Funktion fand die gleichstufige Temperatur ihre Anhänger, zumal im Bereich der Tasteninstrumente, konnte sich aber allem Anschein nach erst im 19. Jahrhundert durchsetzen, da sie zwangsläufig herrschenden Vorstellungen zur Tonartencharakteristik und der Affektenlehre des 18. Jahrhunderts (vgl. Dammann 1967) zuwiderlief (hierzu Kelletat 1982, bes. S. 68ff.). Die gleichstufige Temperatur, die mit einigem Recht als *„verwaschene Pythagoreik"* (Kelletat 1982, S. 64) gekennzeichnet werden kann, bedeutete im Ergebnis trotz (oder gerade wegen) der mit ihr verbundenen Vereinfachungen einen Rückschritt, insofern der seit Odington und zumal seit Ramos de Pareja zu beobachtende Übergang zu einem erweiterten, aus Quinten (3/2) und Terzen (5/4) bestehenden

Relationsgefüge[12] zwar nicht musiktheoretisch, wohl aber hinsichtlich der Stimmungs- und Intonationspraxis zurückgenommen wurde; der ganze Vorgang kann paradigmatisch an den diversen Äußerungen Riemanns studiert werden, die dieser in Arbeiten aus den Jahren 1872/73 bis zu den „Ideen" von 1915 zum Problem gemacht hat (s. hierzu auch unten, S. 182ff.).

Betrachtet man nun die musiktheoretische Diskussion des 19. Jahrhunderts, so ist eine Reihe verschiedener und von der Methodik wie der Zielsetzung konträrer Ansätze auszumachen; zu erwähnen wären u. a. einerseits konservative oder gar regressive Tendenzen, die entschieden auf Diatonik und der ihr am ehesten zuzuordnenden ‚Stufenlehre' basieren, andererseits Anstrengungen zur Duchsetzung des sog. Harmonischen Dualismus, der — in Anlehnung an Hegel — entwickelte „dialektische" Harmonie- bzw. Theoriebegriff Hauptmanns (vgl. Vogel 1966; Rummenhöller 1963 und 1967), die Ausbildung und Begründung der musikalischen Funktionstheorie von Weber bis Riemann (vgl. Imig 1970), nicht zuletzt die Beiträge der Akustik, Sinnesphysiologie (Helmholtz 1863/1896) und der sog. *Psychophysik* (Fechner 1862/1907; Wundt 1873) zur Grundlegung der Musikwissenschaft bzw. zu den Grundlagen des Musikhörens und -erlebens; hierher dürfte auch Stumpfs *Tonpsychologie* (Stumpf 1883/1890) rechnen, obgleich Stumpf (1883, S. 53ff.) gegen die Fechnersche Richtung der Psychophysik gewisse Einwände erhob und sich zeitweilig zur phänomenologischen Psychologie Brentanos bekannt hat.

Vorstehende Bemerkungen haben mit unserem Thema unmittelbar zu tun; sie berühren die Hintergründe und methodologischen Voraussetzungen, ohne deren Kenntnis manches im Umkreis der Diskussion um die (theoretische und/oder tatsächliche) Geltung von Tonsystemen und empirisch beobachteten Intonationsmustern schwer verständlich bleiben dürfte. Zu verweisen wäre in diesem Zusammenhang selbst auf ein scheinbar fern liegendes Gebiet neuerer ‚Geistesgeschichte', nämlich den gelehrten Streit um den Antagonismus von ‚Natur' und ‚Geist', der seit etwa 1800 mehr als je zuvor die Köpfe befaßt und seinen Niederschlag bis in die musikästhetische und -theoretische Literatur gefunden hat (vgl. Schneider 1976 und 1984); an Stelle vieler anderer Werke sei hier ausdrücklich auf Schönbergs *Harmonielehre* (Schönberg 1911/1966; vgl. auch Rexroth 1971) verwiesen, die einen Eindruck vermittelt, wie sehr der von der sog. *Kulturphilosophie* Rickertscher und Windelbandscher Prägung aufgegriffene Gedanke, ‚Geist' (resp. Kunst und/oder Kultur allgemein) gegen ‚Natur' (was immer diese meinen mochte) zu setzen, damals im Schwange gewesen sein muß.[13] Der mit Verve durchgehaltene, hingegen nur selten kompetent reflektierte ‚Natur' ./. ‚Geist'-Antagonismus ist — was zunächst merkwürdig klingen mag und den Betroffenen kaum bewußt sein dürfte — ein nicht zu unterschätzendes Antriebsmoment auch für manche Ansätze der Intonationsmessungen (s. unten); er wird schließlich dort manifest, wo die gleichstufige Temperatur nicht bloß als technischer *Fortschritt*, sondern gleich als ein *„mächtiger Sieg des Geistes über die Natur"* gefeiert wird (Stuckenschmidt 1960, S. 78).

III

Um die Ausgangssituation der zahllosen, zumal in diesem Jahrhundert durchgeführten Intonationsmessungen und der daran geknüpften, oft sehr weitreichenden Folgerungen hinsichtlich Musiktheorie und Musikpraxis zutreffend zu erkennen, ist nun noch auf zwei Punkte zu verweisen: erstens auf Helmholtzens vornehmlich physiologisch begründete Hörtheorie (Helmholtz 1857, 1863), die ihrerseits auf den Entdeckungen des Histologen A. Corti sowie auf dem Fourier-Theorem fußte, zweitens auf die Anfänge der Vergleichenden Musikwissenschaft, die — abgesehen von verschiedenen einschlägigen Beiträgen von Forschungsreisenden — ziemlich genau in die Jahre 1867 bis etwa 1890 zu datieren sind (vgl. Schneider 1976). Der Helmholtzschen Hörtheorie wurde wohl wegen ihres physiologischen Fundaments unterstellt, sie prätendiere, die europäische, auf Konsonanz, Harmonie und auf den Tonbeziehungen der natürlich-harmonischen Stimmung[14] basierende Musik als allein „natürlich" auszuweisen; zwar eignet der Helmholtzschen Argumentation eine Stringenz, die offensichtlich aus der naturwissenschaftlichen Begründung seiner theoretischen Ansätze folgt[15], Helmholtz hat jedoch zu keiner Zeit behauptet, es gebe quasi als Konsequenz der „Natürlichkeit" der Gehörswahrnehmung auch nur ein dieser adäquates und somit „natürliches" Tonsystem. Ganz im Gegenteil ließ Helmholtz hier zuvörderst den „nationalen Geschmack" neben anderen Faktoren wirksam werden (vgl. Helmholtz 1863, ³1870, S. 401f.).

Im Jahre 1885 erschien ein längerer Aufsatz von Alexander John Ellis *On the Scales of various nations* (Ellis 1885), der einige Berühmtheit, wenn nicht den Rang kanonischer Schriften erlangt hat; man beruft sich bis heute auf diese — wie ich an anderer Stelle ausführlich gezeigt habe (Schneider 1976, S. 74f., 101ff.) — methodisch in jeder Hinsicht anfechtbare und in ihren Ergebnissen nicht minder zweifelhafte Arbeit, wo es insbesondere darum geht, geltend zu machen, *„daß Tonskalen nicht physiologisch, sondern kulturell bedingt sind"* (Baumann 1976, S. 29, und 1984, S. 54). Helmholtz, gegen den Ellis immer wieder gekehrt worden ist, so als könnten einige zufällig gewonnene Instrumentenmessungen eine in sich konsistente Hörtheorie entkräften[16], hat niemals vermeint, daß die Skalenbildung eine Funktion der ‚Natur' sei. Es heißt (und man hätte das jederzeit nachlesen können) vielmehr bei Helmholtz zu diesem Punkt: *„Ich habe mich bemüht* [. . .] *nachzuweisen, daß die Konstruktion der Tonleitern und des Harmoniegewebes ein Produkt künstlerischer Erfindung, und keineswegs durch den natürlichen Bau oder die natürliche Thätigkeit unseres Ohres unmittelbar gegeben sei, wie man es wohl bisher zu behaupten pflegte"* (Helmholtz 1863, ³1870, S. 568). Was bei der Gegenüberstellung der Helmholtzschen Hörtheorie und der Meßergebnisse von Ellis wirksam wird und zum Vorschein kommt, ist offensichtlich der vorbezeichnete ‚Natur' ./. ‚Kultur'-Antagonismus; Ellis' berühmtes Fazit, wonach *„the musical scale is not one, not ‚natural' nor even founded necessarily on the laws of the constitution of musical sound, so beautifully worked out by Helmholtz, but very diverse, very artificial, and very capricious"* (Ellis 1885, S. 526), spricht eine an sich triviale Tatsache aus, nämlich die faktische Verschiedenheit von Leiterbildungen in verschiedenen Musikkulturen der Erde. Dieser Umstand war den Fachleuten, die schon einmal mit arabischer oder indischer Musik in Berührung gekommen waren, ohne weiteres geläufig. Ellis allerdings behauptete darüber hinaus, gleichstufig temperierte Leitern in Außereuropa entdeckt bzw. an von dort stammenden Instrumenten gemessen zu haben[17], so bei den Arabern und im Gamelan Slendro bzw. Gamelan Pelog. Bleibt hier nur noch anzumerken, daß Ellis offenbar „*totally tone-deaf*" war (J. Kunst, *Ethnomusicology*, Den Haag 1974, S. 2), seine Messungen methodisch zumindest teilweise Methodenartefakte darstellen (vgl. auch unten, S. 159ff.) und seine Interpretationen durch die Quellen — z. B. den Musiktraktat des Mikhāil Meshāka, aus dem Ellis ein temperiertes Vierteltonsystem gleichgroßer Intervalle herauslesen wollte — gerade nicht bestätigt werden.[18]

Obwohl bei vernünftiger Prüfung der Ergebnisse und Deutungen von Ellis größte Skepsis und Zurückhaltung am Platz gewesen wäre, nannte Stumpf dessen Abhandlung „*bewunderungswürdig*", von Hornbostel befand sie „*für alle Späteren vorbildlich*" (vgl. Schneider 1976, S. 101—111). Insonderheit Ellis' Ansicht über die vermeintlich gleichstufig temperierten Leitern in Außereuropa wurde offenbar gleichermaßen als Tatsache wie als Sensation empfunden, die alle bisherigen Auffassungen und Theorien von Grund auf in Frage stellte: „*Nichts kann die selbst unter den Psychologen noch verbreitete Meinung, als sei unser Tonsystem das einzig mögliche, überzeugender widerlegen, als die Existenz dieser Leitern*" (Stumpf/von Hornbostel 1910, S. 259). Und Riemann sah sich gerade durch die Befunde der Vergleichenden Musikwissenschaft hinsichtlich dieser merkwürdigen Leitern gedrängt, *an die Stelle einer Lehre von den Tonempfindungen eine Lehre von den Tonvorstellungen zur Fundamentierung der Musiktheorie und Musikästhetik zu fordern*".[19]

Die von Ellis 1885 veröffentlichte Abhandlung machte die gleichstufige Temperatur, die noch Schönberg viel später als bloßen Notbehelf bezeichnet hat (Schönberg 1911; [7]1966, S. 22, 380), gewissermaßen hoffähig; zumal sie bei (vermeintlichen) „Naturvölkern" beobachtet worden war, kam ihr ganz folgerichtig der gleiche Rang von „Natürlichkeit" zu, der auch der schon nach der Terminologie als „natürlich-harmonisch" apostrophierten Stimmung eignen sollte. Die Grenzen von „Natürlichkeit" und „Künstlichkeit" waren mithin durch bloße Vermessung javanischer und siamesischer Stab- und Klangplattenspiele aufgehoben, die „*im Laufe von Jahrtausenden langsam gewordenen Fundamente der Musiktheorie*" — wie Riemann (1916, S. VI) meinte — hierdurch erschüttert. So schlicht erscheint „*The Structure of scientific revolutions*" (Kuhn 1962) im vorliegenden Fall.

Im Anschluß an Ellis widmete sich in Deutschland Carl Stumpf der Tonometrie; er bestätigte aufgrund von Instrumentenmessungen die von Ellis postulierte gleichstufig temperierte Leiter bei den Siamesen, allerdings mit erheblichen Toleranzen. Auch wußte Stumpf für die Entstehung einer Skala bzw. eines ganzen

Tonsystems auf der rechnerischen Basis von $\sqrt[7]{2}$ keine Erklärung, er verwies u. a. auf das Weber-Fechner-Theorem der Psychophysik und nannte ansonsten diverse Möglichkeiten psychologischer Deutung wie *„Vergleichung von besonderen ‚Übergangsempfindungen' oder von ‚Komplexqualitäten' oder von ‚Kohärenzgraden' oder wie immer"* (Stumpf/von Hornbostel 1910, S. 260).

Stumpfs Mitarbeiter Abraham und von Hornbostel suchten die Ergebnisse von Ellis — diese seien *„Muster von Genauigkeit und Kritik"* (Abraham/von Hornbostel 1904, S. 228) — und die von Stumpf zu bestätigen; sie postulierten gleichfalls für das siamesische Tonsystem die Teilung der Oktave *„in sieben geometrisch gleiche Stufen"*, diese Stimmung sei auch musikalisch intendiert, hieran sei *„absolut kein Zweifel"* (sic). Unter Rückgriff auf bekannte Lehrstücke der Psychophysik vermuteten sie, daß *„die aufeinanderfolgenden, geometrisch gleichen Tonstufen sich für die Siamesen in der Empfindung als gleiche Tonabstände darstellen"* (Abraham/von Hornbostel 1904, S. 228). In einem Kongreßreferat zog von Hornbostel dann das Resumée der tonometrischen und psychologischen Arbeiten: *„Die bisher wichtigsten Ergebnisse der Tonometrie sind die Auffindung von Distanzleitern und irrationalen Intervallen"* (von Hornbostel 1906, S. 57).

An die Beschreibung von (vermeintlich gleichstufig temperierten) Distanzleitern schlossen Abraham und von Hornbostel später eine grundsätzliche Betrachtung der Tondistanz an, die als „entwicklungsgeschichtlich" älter als prägnante Intervalle sowie als quantitative Größe gegenüber den qualitativ bestimmten festen Tonschritten (Intervallen) interpretiert wurde; aus Versuchen mit — musikalisch allerdings ganz unüblichen — Tondistanzen folgerten Abraham und von Hornbostel, daß die Aneinanderreihung von Distanzen bzw. die Teilung eines Intervalls in (ungefähr) gleich große Schritte *„zu den temperierten 7- und 5-stufigen Leitern der Siamesen und Javanen geführt"* habe (Abraham/von Hornbostel 1925, S. 239). Unter methodischen Gesichtspunkten betrachtet, waren diese Schlußfolgerungen hochgradig spekulativ, zumal bereits die Gleichstufigkeit für das siamesische Tonsystem durch „Extrapolation" und Mittelwertsbildungen bloß hochgerechnet und entgegen der kräftig tönenden Versicherungen keineswegs bewiesen war, daß eine solche gleichstufige Temperierung musikalisch i n t e n d i e r t (s. o.) sei.[20] Gleichwohl meinte man noch bis vor kurzem, durch die Arbeiten von Ellis, Stumpf und von Hornbostel seien *„die temperierten Leitern als gleichberechtigt, gleichwertig und unabhängig neben die durch Konsonanz erklärten reinen Skalen"* getreten und sei so *„der charakteristische Dualismus der modernen Tonpsychologie"* entstanden (Husmann 1961, S. 184). Wie sich im Detail zeigen läßt (vgl. Schneider 1976, S. 72ff., 101—176), gründet dieser sog. „Dualismus" — der nicht mit dem musiktheoretischen M. Hauptmanns und A. von Oettingens zu verwechseln ist — auf einer Reihe tiefgreifender Mißverständnisse, z. T. willkürlicher Annahmen und spekulativer Deutungen (s. auch Barbour 1963; Hood 1966) von Meßdaten, die zum erheblichen Teil als solche aus heutiger Sicht kritischer Nachprüfung kaum standhalten dürften.

Hier ist zu bedenken, daß die allermeisten vermessenen Instrumente Idiophone waren, bei denen Klangstäbe oder -platten angeschlagen werden; es ist bekannt, daß solcherart angeschlagene Platten oder Stäbe sehr komplizierte Schwingungen ausführen.[21] Da bei gedämpften Eigenschwingungen der Einschwingvorgang unmittelbar in den Abklingvorgang übergeht, entfällt der für ein sicheres Tonhöhenurteil erforderliche quasistationäre Abschnitt; Tonhöhenmessungen mit dem ,unbewaffneten' Ohr oder mittels der Vergleichsmethode, bei der angeschlagene Klangplatten und dergleichen mit einem Referenzton (z. B. dem eines Sinusgenerators) verglichen bzw. die mutmaßliche Tonhöhe der schwingenden Platte durch Abgleichen mit einem Generator mit gleitender Frequenz ermittelt werden soll, sind schon deshalb sehr schwierig. Hinzu kommt der Umstand, daß bei schwingenden Platten, Stäben und ähnlichen Körpern Spektren gemessen werden, die einmal ganz deutlich inharmonisch zur Grundschwingung gelagerte Teiltöne aufweisen (bei solchen Spektren sind die Frequenzen der Teiltöne folglich nicht ganzzahlige Vielfache der Frequenz der tiefsten spektralen Komponente), weiter tritt offenbar noch häufiger als bei harmonischen Spektren (vgl. auch Meyer 1963) eine Verteilung der spektralen Energie in Erscheinung, bei der die Amplitudenmaxima (höherer) Teiltöne merklich größere Werte erreichen als die jeweiligen „Grundtöne" (der Ausdruck „Grundton" dürfte im Umkreis der Analyse harmonischer Spektren geprägt worden sein; bei mehr oder minder inharmonischen Spektren könnte er u. U. falsche Vorstellungen auch in wahrnehmungspsychologischer Hinsicht hervorrufen). Als Beispiel sei hier auf spektrale Registrierungen von Xylophon-Tönen mittels FFT-Analysen (Fast Fourier Transformations) verwiesen[22], die den geschilderten Sachverhalt deutlich machen: Zunächst werden in Tabelle 1 Meßwerte von acht sukzessiven Klangplatten eines von den Mande (Mandingo, W-Afrika) stammenden Xylophons mitgeteilt:

Tabelle 1

Xylophon-Ton Nr.															
1 Hz	dB	2 Hz	dB	3 Hz	dB	4 Hz	dB	5 Hz	dB	6 Hz	dB	7 Hz	dB	8 Hz	dB
162,5	86,0	175,0	86,8	200,0	89,4	212,5	93,5	250,0	91,3	275,0	92,2	300,0	96,8	325,0	94,4
175,0	83,5	187,5	86,5	212,5	85,3	225,0	93,2	1000,0	101,2	287,5	82,4	1150,0	94,4	337,5	93,8
287,5	71,3	850,0	81,1	887,5	99,9	687,5	70,6	2000,0	83,2	1037,5	85,2	1137,5	94,0	1175,0	94,5
600,0	72,9	1800,0	83,9	1687,5	96,2	962,5	88,0	2012,5	90,6	1975,0	100,0	2187,5	88,9	1187,5	92,0
687,5	75,0	1862,5	94,3	1700,0	92,6	1987,5	96,7	2025,0	89,0			2200,0	88,2	2162,5	96,8
700,0	81,9	1875,0	91,7	1825,0	91,6	2000,0	92,7	3087,5	72,4			2262,5	90,9	2175,0	98,3
712,5	80,0	2650,0	73,5	1887,5	90,6	2387,0	70,9	4012,5	66,7						
1475,0	100,0	2662,5	70,0	2600,0	89,5	3000,0	69,9								
1487,5	100,5	4212,5	63,7	4387,5	72,7	3925,0	67,2								
2237,5	73,5	4225,0	63,9												
2250,0	74,7														
3387,5	67,7														
3400,0	66,1														

Zur Auswertung der Daten scheinen folgende Bemerkungen angebracht: Da spektrale Darstellungen ohnehin gewisse Idealisierungen beinhalten[23], sind in etlichen Fällen zwei dicht beieinander liegende Frequenzwerte für Teiltöne angegeben, die dann auch nahezu die gleiche Stärke der Amplitude zeigen. Ungeachtet der hier gegebenen Grenzen der Meßgenauigkeit wird aber zumindest bei Bestimmung der Centwerte der einzelnen Teiltonabstände die relative oder sogar stark ausgeprägte Inharmonizität der Spektren ohne weiteres erkennbar, vor allem kann immer wieder beobachtet werden, daß bestimmte Teiltöne zueinander nicht im Abstand einer Oktave (= 1200 Cent) stehen, daß vielmehr dieser Wert mehr oder minder unterschritten wird. Ein typischer Fall ist in Ton Nr. 7 zu sehen, wo die Teiltöne folgende Centabstände bzw. -distanzen aufweisen:

Teilton	A	B	C	D
Hz	300	1137,5 bzw. 1150	2187,5 bzw. 2200,0	2262,5
Cent	2307 bzw. 2326	1123 1113 1132 1142	58 bzw. 48,5	

Es ergibt sich aus dem Spektrogramm (Abb. 1), daß die übrigen Teiltöne gegenüber diesen vier Hauptgipfeln nur geringe Amplituden zeigen und für die Klangbildung nur eine untergeordnete Rolle spielen dürften; der Tonhöheneindruck wird — obwohl hier im Unterschied zu anderen gemessenen Platten der „Grundton" geringfügig stärker ausgebildet ist als die Komponente B (s. Tabelle 1 und graph. Darstellung) — ganz entscheidend durch den Abstand der spektralen Komponenten verdeckt, denn dieser liegt zwischen A und B unter dem Wert der Doppeloktave, zwischen B und C unter dem Wert der Oktave. Lediglich die Teiltöne B und D stehen in etwa im Abstand einer Oktave, allerdings macht sich dann hier wieder die stark ausgeprägte und zu D ungefähr im Abstand eines Vierteltons stehende Komponente C als „Störfaktor" bemerkbar.

Bedenkt man nun, daß — wie bereits beschrieben — ein quasistationärer Abschnitt fehlt und solcherart erzeugte Töne bei einer durchschnittlichen Zeit des Erklingens von 0,2 bis 0,5 Sekunden zudem die untere Grenze der zur sicheren Tonhöhenidentifizierung erforderlichen Verweildauer[24] resp. Darbietungsdauer gerade noch einhalten (bei Versuchen mit solchen Tönen zeigt sich immer wieder, daß zur Abgabe von Tonhöhenurteilen mehrmalige Darbietung der Proben unerläßlich ist), so muß die Genauigkeit, mit der frühere Forscher die Tonhöhen solcher Instrumente angegeben und aus den teils mit der Hilfe von Stimmgabeln, teils unter Beiziehung anderer Hilfsmittel (Appunnscher Tonmesser usw.) gewonnenen Daten hinsichtlich Skalen und Tonsystemen Schlüsse gezogen haben, allerdings erstaunen. Dies um so mehr, als in der Regel die *Grund*frequenzen, die häu-

Abbildung 1

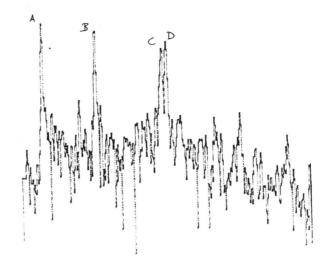

Abbildung 2

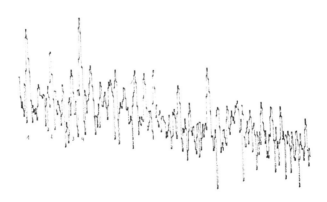

Abbildung 3

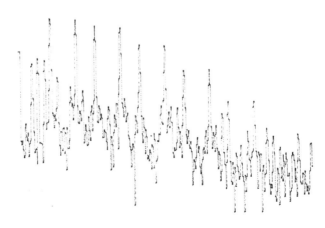

fig gerade nicht deutlich herauszuhören sind, bis auf Stellen hinter dem Komma angegeben wurden.[25] Zwar *kann* unter günstigen Umständen, d. h. bei starker Amplitude des „Grundtons" und bei einem Spektrum, das ansonsten weder zu dicht noch in seinen Komponenten zu inharmonisch gelagert ist, eine Tonhöhenidentifizierung über die Grundfrequenz erfolgen, die Tonhöhenurteile werden gleichwohl aber durch die übrigen Teiltöne und die übrigen genannten Faktoren erheblich beeinflußt. Als Beispiel sei auf das Spektrum eines analysierten und wiederholt in Hörversuchen benutzten Xylophon-Tons verwiesen; das Instrument stammt — was hier nebensächlich ist — aus Ostafrika, der achte Ton (vom tiefsten aus gerechnet) klingt langsamer ab als fast alle übrigen (ca. 0,5 sec.) und dürfte daher ohnehin leichter zu identifizieren sein. Das Spektrogramm (Abb. 2) zeigt, daß der „Grundton" deutlich ausgeprägt und die zweitstärkste spektrale Komponente im Amplitudenspektrum überhaupt ist; der Meßwert beträgt für diesen Teilton 325 Hz ± 6 Hz. Der Xylophon-Ton, dessen Meßdaten hier mitgeteilt werden (Tabelle 2), wurde von einigen Vpn auch mit „ungefähr e^1" ($e^1 \triangleq$ 339 Hz) angegeben, während andere kein Tonhöhenurteil abgeben wollten oder darauf hinwiesen, noch mindestens einen weiteren (Teil-)Ton aus dem — akustisch betrachtet — komplexen Klang herauszuhören; hinsichtlich dieser Komponente(n) wurden auch Vermutungen zur Tonhöhe bzw. Tonnamen und Lagen geäußert, es gab aber kein sicheres Urteil, bei dem der (s. Abb. 2) im Spektrum am stärksten ausgebildete Teilton exakt identifiziert und als (näherungsweise) c^4 benannt worden wäre.

Tabelle 2: Xylophon (Ostafrika), Ton Nr. 8:

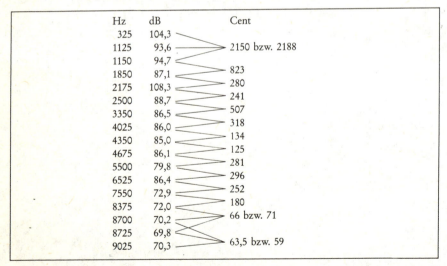

Hz	dB	Cent
325	104,3	
1125	93,6	2150 bzw. 2188
1150	94,7	
1850	87,1	823
2175	108,3	280
2500	88,7	241
3350	86,5	507
4025	86,0	318
4350	85,0	134
4675	86,1	125
5500	79,8	281
6525	86,4	296
7550	72,9	252
8375	72,0	180
8700	70,2	66 bzw. 71
8725	69,8	
9025	70,3	63,5 bzw. 59

Die hier berührte Problematik der Tonhöhenwahrnehmung und -identifizierung begegnet in durchaus vergleichbarer Form auch bei Metallophonen aus Südostasien (bei den dort gleichfalls vorkommenden Xylophonen ohnehin), insonderheit den Instrumenten des Gamelan in Java und auf Bali (vgl. Hood 1966; McPhee 1966); da diese ebenso wie Idiophone aus dem früheren Siam (vgl. Stumpf 1901) der Ausgangspunkt der musikethnologischen Tonometrie und der Spekulationen über Tonsysteme und *„gleichstufig temperierte Leitern”* (s. o.) waren, dürften zwecks Überprüfung der damals angestellten Messungen und Interpretationen Kontrollen mit modernem Equipment durchaus sinnvoll sein; hierzu gehört dann allerdings auch notwendigerweise die Klärung der Frage, welche Komponenten und Faktoren bei der Tonhöhenwahrnehmung von Gongspielen und dergleichen wirksam werden.[26] Es zeigt sich nämlich, daß auch ansonsten geschulte Vpn bei Klängen, die näherungsweise in ihrer spektralen Zusammensetzung und von der subjektiv wahrgenommenen „Klangfarbe” (zu diesem Terminus und „Parameter” vgl. Wellek 1963, S. 44ff.; Rösing 1972; Nitsche 1978) her denen von Röhrenglocken entsprechen, in ihrem Tonhöhenurteil sehr unsicher werden und solcherart dargebotene Töne weit häufiger als etwa Geigen- oder Klaviertöne nicht sicher zu identifizieren vermögen. Daß es sich dabei keinesfalls allein um ein Problem der ungewohnten „Klangfarbe” handelt, zeigen Versuche mit Absoluthörern. Das gleiche Ergebnis kann im übrigen bei synthetisch hergestellten Klängen beobachtet werden, in deren Spektrum bestimmte Teiltöne harmonische Verhältnisse vergleichbar dem Aufbau von Glockenspektren (vgl. Bruhn 1980) bilden. Die bei der Darbietung solcher Töne bzw. Klänge (s. Abb. 3) festgestellten Unsicherheiten des Tonhöhenurteils und die insoweit zu konstatierende „Mehrdeutigkeit” der Tonhöhe stimmen im wesentlichen mit Ergebnissen überein, die Seewann & Terhardt für die Beurteilung echter Glockenklänge von Kirchenglocken publiziert haben.[27] Ist aber bei solchen Tönen bzw. Klängen selbst für geschulte Hörer eine Beurteilung der Tonhöhe ungewöhnlich schwierig und die Fehlerquote dementsprechend hoch, so dürfte nicht zuletzt wegen dieser Befunde eine gewisse Skepsis gegenüber manchen vor allem an Metallophonen gewonnenen Daten und daraus abgeleiteten Schlußfolgerungen hinsichtlich „exotischer” Skalenbildung und Tonsysteme angezeigt sein.[28]

IV

Nachdem Ellis die Verschiedenheit der Skalen in aller Welt postuliert und diesen Befund paradoxerweise gerade durch Verweis auf das Vorkommen vermeintlich gleichstufiger Temperierungen analog zur europäischen Methode der Oktavteilung (allerdings mit verschiedener Stufenzahl) unterstrichen hatte, wurde die Suche nach psychologischen Faktoren zur Erklärung solch merkwürdiger Systeme wie Slendro und Pelog aufgenommen, im übrigen von Stumpf und M. Meyer die Frage nach den „Reinheitsgefühlen” bei der Darbietung konsonanter Intervalle untersucht und aufgrund empirischer Daten konstatiert, daß viele Vpn einerseits Verstimmungen von Intervallen auch bei relativ geringen Abweichungen bemerkten, andererseits Vpn insbesondere gegenüber dem Wert 5/4 merklich vergrößerte Terzen bevorzugten, zumal bei aufsteigender Tonbewegung (Stumpf/Meyer 1898, bes. S. 390ff.). Stumpf gab für die auch bei Oktave und Quinte beobachtete Überdehnung einmal „ästhetische Bedürfnisse”, dann — und hiermit eine weit eher plausible Erklärung bietend — die Tendenz zur Überzeichnung der ‚Gestalt' zwecks Hervorhebung des „Gemeinten" an.[29] Daher würden letztlich *alle Umstände, die das Ausdrucksbedürfnis in dieser Hinsicht modificiren, auch die Intonation modificiren"* (Stumpf 1898, S. 397). Die nämliche Deutung findet sich im Ergebnis auch in neueren Studien zu den Abhängigkeiten der musikalischen Intonation vom Höreindruck (s. Fricke 1968; Biock 1975), auf die noch einzugehen sein wird.

Stumpfs vor allem an Oktaven (s. hierzu auch Sundberg/Lindquist 1973 sowie mit signifikant abweichenden Ergebnissen Corso 1954) in Laboratoriumsversuchen beobachtete Tendenz zur Vergrößerung von Intervallen wurde durch Messungen von Otto Abraham an der früheren k.u.k. österreichischen und nun deutschen Nationalhymne im wesentlichen bestätigt; Abraham (1914 und 1923) bemerkte für sämtliche 54 Tonschritte des von ca. 25 Vpn gesungenen Liedes *„enorme Differenzen zwischen den temperiert ausgerechneten Centswerten und den gesungenen und tonometrisch gefundenen Intervallgrößen"* (Abraham 1923, S. 2); diese Abweichungen — deren Meßwerte leider nicht im einzelnen mitgeteilt wurden — seien jedenfalls weit größer als die Differenzen zwischen gleichstufiger Temperierung und reiner Stimmung, weshalb — und diese Schlußfolgerung mag ob ihrer Radikalität einigermaßen befremdlich wirken — nach Meinung Abrahams *„Musiktheorie, ja selbst eine durch feste Instrumentalstimmung in die Praxis übertragene Theorie, nicht imstande ist, die Stimmung der freien Musik nennenswert zu beeinflussen".* Dies zeige gleichermaßen die asiatische Musikpraxis (gemeint: Musik der Chinesen, Japaner, Inder, Araber), die von der sehr differenzierten Musiktheorie *„ganz erheblich verschieden ist".[30]* Es würde hier zu weit führen, Abrahams Messungen und vor allem die daran geknüpften musikpsychologischen Bemerkungen im einzelnen zu diskutieren; nach dem Befund, der indessen augenscheinlich aus der Sicht eines Klavierspielers interpretiert wird (Abraham selbst besaß Absolutes Gehör; er wies dann auf einen später auch von Bachem erwähnten Umstand hin, nämlich daß solche Personen gehörte Töne durchweg auf die Stufen des Tonsystems bzw. die Tasten der Klaviatur mit ihren entsprechenden Tonnamen beziehen und somit im Ergebnis ein sehr eingeschränktes Diskriminierungsvermögen haben, das über einen Halbton nicht hinausgeht[31]), scheinen Tonsysteme, die kleinere Schritte als den eines Halbtons nutzen, von vornherein illusorisch, denn Abraham gab gerade für die kleine Sekunde eine Streuung von nicht weniger als 272 Cents (sic!) an.

Um so erstaunlichere Ergebnisse brachte die Dissertation von Kreichgauer ans Licht, die mit der Intonation von Vierteltonintervallen befaßt war; zwar wurden hier — wie zu erwarten — temperierte Vierteltonintervalle nur ausnahmsweise getroffen, dafür aber hielten sich die Abweichungen von der natürlich-harmonischen Vierteltonskala in Grenzen und waren die beobachteten Schwankungen insgesamt viel geringer als die von Abraham genannten Werte bei Sängern. Kreichgauer hatte allerdings einen erstklassigen Musiker als Vpn (Cellist beim Havemann-Quartett), während Abraham auch absolut unmusikalische Personen singen ließt und so zwangsläufig gravierende Detonationen in Kauf nahm. Kreichgauer konnte im übrigen die Tendenz zur regelmäßigen Vergrößerung von Intervallschritten (zumal bei aufwärts führenden Intervallen) nicht bestätigen; nach seinen Messungen hielten sich Vergrößerungen und Verkleinerungen in etwa die Waage. Die Intonation hängt augenscheinlich u. a. von der Lage und von der Bewegungsrichtung ab (Kreichgauer 1932, vgl. S. 17ff., 21ff., 28ff.), was auch die Untersuchungen von Corso (1954) bestätigt haben, die aber zugleich deutlich machen, daß es — im Unterschied zu den Annahmen der sog. „mel-Skala"[32] — keine eindeutige Beziehung von Lage und Oktavgröße gibt.

Kreichgauer ließ neben der Vierteltonskala auch diatonische Melodien frei intonieren und beobachtete dabei gleichfalls Abweichungen von der gleichstufigen Temperatur (vgl. Kreichgauer 1932, S. 28ff.). Ähnlich stellte Nickerson fest: „The departure of solo and ensemble performances from equi-tempered intonation particularly on thirds and sixths where theoretical differences are at a maximum indicate that the ‚conditioning' effect of continued exposure to equi-tempered intonation of the modern keyboard apparently has little effect upon musical performance freed from the keyboard" (Nickerson 1949, S. 594). Als Untersuchungsmaterial diente hier Haydns Kaiserquartett, aus dem ein Abschnitt sowohl solo wie im Ensemble vorzutragen war. Die solistischen Darbietungen entsprachen bei verschiedenen Intervallen näherungsweise den Werten der pythagoreischen Stimmung (bzw. dem pythagoreischen Tonsystem), sie wurden im Ensemblespiel durchweg enger genommen, aber bei weitem nicht in dem Maße, wie es die Normen des natürlich-harmonischen Systems und der ihm angepaßten Stimmung verlangen würden. Nickerson meinte daher, „that the harmonic demands of modern music are very secondary to whatever pattern of forces shapes the intonation of melodic line". Eine Tendenz zur pythagoreischen Intonation hatte zuvor schon Greene (1937a/b) bei seiner Untersuchung von Solo-Geigern ermittelt.[33]

Dem gleichen Problem war sodann eine Studie von James Mason gewidmet, der aber die Intonation im Bläserquintett als Ansatzpunkt nahm und ein Profi-Ensemble mit einem aus Musikstudenten gebildeten verglich. Der stroboskopisch gewonnene Befund gab erneut erhebliche Abweichungen von den drei Stimmungssystemen (pythagoreisch, natürlich-harmonisch, gleichstufig temperiert) zu erkennen, auch ist die Streuung zwischen der Intonation bei solistischer und Darbietung im Ensemble eher unspezifisch (die Flöte nahm beispielsweise die große Terz solistisch mit nur 378 Cent, im Ensemble hingegen mit 404 Cent, Oboe und Fagott hingegen überschritten solistisch noch merklich den pythagoreischen Wert von 408 Cent, nahmen aber im Ensemble die Terzen sehr viel enger, vgl. Mason 1960, S. 34); es wurde aber außerdem deutlich, daß die Instrumentalisten — die hier eine Transkription von Ravels Pavane pour une infante défunte zu spielen hatten — generell eine Tendenz zum „Hochtreiben" auch der eingangs festgelegten Stimmtonhöhe von 440 Hz an den Tag legten und insgesamt wohl mehr auf die klangliche Brillanz des einzelnen Instruments als auf eine genaue Intonation bestimmter Tonrelationen geachtet haben.

Die Untersuchungen von Greene, Nickerson, Mason sowie weiteren Forschern (zu erwähnen wären hier Korssunski/Garbusow, die die ersten 12 Takte des *Air* aus J. S. Bachs Orchestersuite D-Dur [BWV 1068] anhand der Violinintonation der Geiger Elman und Cimbalist analysierten[34]) scheinen indessen unter methodischem Blickwinkel nicht völlig beweiskräftig, insofern eine musiktheoretische Analyse der eingespielten Musikproben — soweit zu erkennen — unterblieben ist und im übrigen vielfach die tatsächlich realisierten Intonationsmuster durch Mittelwertsbildungen anhand der gemessenen Frequenzdistanzen nicht mehr auf gewisse Regelmäßigkeiten hin betrachtet werden können. Ganz offenkundig hat man den qualitativen Aspekt der Intonation zu Gunsten des quantitativen vernachlässigt und dabei grundsätzlich verkannt, daß die Realisierung von Musik in der konkreten Darbietung von mehreren Faktoren abhängig ist. So haben Fricke und Schüler (Fricke 1968; Biock 1975; Enders 1981) wiederholt auf die „Kontextabhängigkeit" der Intonation verwiesen; es liegt auf der Hand, daß dieser „Kontext" ganz wesentlich durch die komponierten und in der konkreten Darbietung zu realisierenden Tonrelationen und nicht etwa durch abstrakte Frequenz- bzw. Centdistanzen konstituiert wird.[35] Hieraus folgt aber, daß dem ausübenden Musiker die durch konkrete Intonation darzustellenden Tonbeziehungen grundsätzlich wie im jeweils zu spielenden Werk bekannt sein müssen; eine befriedigende Intonationspraxis kann daher ohne musiktheoretische Unterstützung nicht erwartet werden, zumal die Notation — worauf unten zurückzukommen ist — nicht selten ein hohes Maß an Mehrdeutigkeit aufweist.

Wie notwendig theoretische Unterweisung ist, zeigt die auch sonst aufschlußreiche Arbeit von Charles Shackford, der eigens für seine Versuche mit Streichtrios geeignete Stücke schrieb und diese von drei qualifizierten Ensembles einspielen ließ; die Auswertung wurde jedoch durch den Gebrauch eines starken Vibratos, das dann zwangsläufig mit Frequenzmodulationen einhergeht, sehr erschwert. Shackford berichtete *„the use of vibrato on almost every note"* (Shackford 1961, S. 167) und beschrieb damit eine Praxis, die insbesondere bei Geigern, Sängern und Flötisten (vgl. u. a. Sacerdote 1957, Sundberg 1978 und Gärtner 1980) zu beobachten und nicht zuletzt durch mangelnde theoretische Kenntnisse und daraus folgender Intonationsunsicherheit zu erklären ist.[36]

Shackford ließ seine Stücke ohne Gebrauch der leeren Saiten — die nach Meinel (1957, S. 190) gerade der Grund für eine näherungsweise „pythagoreische" Intonation auf der Geige sind[37], jedenfalls bei melodischen Fortschreitungen — spielen und nahm den Ausführenden so allerdings wichtige und gewohnte Hilfsmittel der Intervallgestaltung; daß die Intonation dann aber — wie Fricke (1968, S. 118) zu Recht bemerkt — vom kontrollierenden Hören abhängt, zeigt sich beim Ensemblespiel, wo beispielsweise zu weit genommene Terzen 5/4 bei ausgehaltenen Tönen doch nachträglich verkleinert und insoweit korrigiert wurden. Gleichwohl ergab sich auch hier für alle gemessenen Intervalle eine Streubreite, die je nach Intervall von einigen wenigen Cents bis zur Größe von etwa einem Viertelton reicht; die statistischen Mittelwerte geben die aus der Literatur bekannte Vergrößerung der Intervalle zu erkennen (vgl. Shackford 1961), die sich somit am ehesten als „systematischer Fehler" herauszukristallisieren scheint, gleichviel, welches Tonsystem bzw. welche Stimmung man zu Grunde legt.[38] Wiederholt beobachtet wurde auch das von Mason geschilderte „Hochtreiben" nicht nur einzelner Töne (was zur exakten Intonation häufig erforderlich und als Ausgleichsvorgang zu werten ist) bei Blasinstrumenten, sondern des Tonhöhenniveaus insgesamt.[39]

Hierfür mögen z. T. physikalische Faktoren wie Erwärmung der Instrumente, z. T. physiologische Akkomodationserscheinungen verantwortlich sein; in Betracht zu ziehen sind aber auch Absenkungen und Anhebungen des Tonhöhenniveaus, wie sie gerade durch eine i. S. der natürlich-harmonischen Stimmung richtige Intonation eintreten können.[40] So ist nach experimentellen Befunden vor allem von Sängern bekannt, daß diese sehr wohl in der Lage sind, Kommadifferenzen zu realisieren (vgl. Mehner 1966), und daß umgekehrt in bestimmten Vokalensembles Schwebungen durch Korrekturvorgänge „ausgebügelt" werden (s. Hagerman/Sundberg 1980). Es ist daher zumal im mehrstimmigen Satz durchaus mit einer Veränderung des Tonhöhenniveaus zu rechnen.

V

Die experimentelle Erfassung von Intonationsmustern und deren Bewertung setzt gewisse apparative Techniken voraus, vor allem dann, wenn eine Musikprobe nicht unmittelbar meßtechnisch analysiert, sondern zuvor auf Magnetband oder andere geeignete Träger abgespeichert werden muß. Von den seit Metfessel (1928) erprobten Verfahren haben sich einige in der Praxis besonders bewährt, so die stroboskopische Messung, die Aufzeichnung eines Schallvorgangs auf Film, Suchtonanalyse (vgl. u. a. Dahlback 1958; Filip 1978, der eine Reihe gebräuchlicher Methoden erörtert), Aussieben der Grundwelle komplexer Klänge und deren oszillographische Darstellung zwecks Ausmessens der Periodendauer und Ausrechnens der zugehörigen Frequenz (Sirker, 1973), was manuell oder unter Einsatz eines Rechners (vgl. Tjernlund/Sundberg/Fransson 1972) erfolgen kann. Da die Erfassung der Grundwelle allerdings bei einer Vielzahl musikalischer Signale nicht unproblematisch ist — schon bei der Violine liegen die tiefsten Töne der G-Saite oft ca. 20—25 dB unter dem stärksten Teilton des Spektrums (Meyer 1972, S. 60f.), bei anderen Instrumentalklängen aus dem Bereich der außereuropäischen Musik können Grundwellen bis zur Unkenntlichkeit verdeckt sein oder ganz fehlen —, hat Miroslav Filip schon in den sechziger Jahren ein auf *envelope periodicity detection* basierendes Verfahren entwickelt (Filip 1969), das auch zur Grundidee eines Melographen wurde, mit dem vorwiegend Proben aus dem Bereich der Volksmusik untersucht sind (vgl. Elschek 1979).

Die ersten Melographen, die nach ihrer Funktion genau besehen Tonhöhenschreiber zwecks Darstellung des Verlaufs einer ausgefilterten Grundfrequenz waren[41], sollten vornehmlich als Transkriptionshilfe in der Musikethnologie eingesetzt werden; es zeigte sich jedoch, daß die bloße Registrierung eines Grundfre-quenzverlaufs mit Rücksicht auf die oftmals klanglich durchgestalteten Musik-proben wenig aussagekräftig ist und durch Analyse des spektralen Gehalts — wie zum Beispiel beim Melographen C von Charles Seeger der Fall (vgl. Hood 1971) — ergänzt werden muß. Die auf dem Suchtonverfahren basierende Sonagraphie stellt insofern einen günstigeren Ansatz dar (vgl. Graf 1967), obwohl man hier nur Proben von relativ kurzer Dauer — bei dem von mir benutzten Kay-Sonagraphen 7030 A waren dies je nach Abtastbreite 4,8 bzw. 9,6 Sekunden (für Bereiche von 40—4000 bzw. von 20—2000 Hz) — untersuchen kann. Ungeachtet einiger Kritikpunkte, die den Sonagraphen möglicherweise für gewisse Anwen-dungen wenig geeignet erscheinen lassen mögen (vgl. Szöke/Filip 1972, die aller-dings auf bioakustische Probleme abstellen), ist er auch für die Darstellung von Tonhöhenverläufen (vgl. Pisani & Sacerdote 1969) zu gebrauchen, insbesondere dann, wenn die Sonagraphie durch Messungen mittels anderer Verfahren ergänzt wird.[42]

Es erweist sich im übrigen wegen der durch die Beziehung von Einschwingzeit und Durchlaßbreite vorgegebenen Charakteristik als sinnvoll, aufgespielte Signale mehrfach und mit unterschiedlichen Filtern zu analysieren. Beim Sonagraphen (vgl. hierzu Graf 1967) ist die Relation von Filterbandbreite und Einschwingzeit reziprok; die Einschwingzeit entspricht der eines Tiefpasses, dessen Grenzfre-quenz halb so groß ist wie die Bandbreite (Küpfmüller 1974, S. 72f.). Für die Ein-schwingzeit τ gilt dann $\tau = \frac{2\pi}{\Delta\omega} = \frac{1}{\Delta f}$. Demnach bedeutet beim Sonagraphen grö-ßere zeitliche Auflösung weniger genaue Frequenzbestimmung, während umge-kehrt eine genaue Frequenzanalyse durch Einbuße an zeitlicher Auflösung erkauft werden muß. Letzteres ist zum Teil dadurch kompensierbar, daß Musik-proben in entsprechende Segmente zerlegt, analysiert und die gewonnenen Sona-gramme aneinandergesetzt werden; auf diese Weise können auch längere Musik-stücke fortlaufend untersucht werden.

Der Sonagraph wahrt somit eher den „Kontext" der Musik; es ist ohne weiteres möglich, den Sonagrammen Noten beizugeben, so daß Tonhöhenverläufe und spektrale Vorgänge (sowie in relativer Darstellung auch der Amplitudenverlauf) einer parallelen Betrachtung zugänglich werden. Bei harmonischen Klängen bie-tet der Sonagraph schließlich noch einen weiteren Vorteil, nämlich durch die Tat-sache, daß man die Frequenz des n-ten Obertons ausmessen und im linearen Fre-quenzmaßstab so die n-fache Genauigkeit beim Grundton erreichen kann (Lot-termoser 1976/77, S. 140); der Sonagraph wird dann auf einige wenige Cents genau, was im vorliegenden Fall auch durch digitale Kontrollmessungen bestätigt wurde.[43]

Zur Verdeutlichung konkreter Intonationsprobleme wurden verschiedene Musik-proben untersucht, u. a. Ausschnitte aus Bachs *Partita* h-moll (BWV 1002) für So-lovioline, hier in einer Einspielung mit Emil Telmanyi (Decca LXT 2951), der ei-nen von dem dänischen Geigenbauer Knud Vestergaard konstruierten Bogen mit konvexgewölbter Stange und einer besonderen Spannungsregulierung benutzte, die den raschen Wechsel zwischen einstimmigem Spiel und drei- oder vierstimmigen Akkorden gestattet. Daß die simultan ausgeführten vollgriffigen Akkorde der *Partita* außerordentliche Anforderungen an Spieltechnik und Intonationssicherheit stellen, ist offenkundig. Aus dem Sonagramm 1 (= Abb. 4) geht hervor, daß zwar eine geringfügige Frequenzschwankung (die aus verschiedenen Gründen unvermeidlich ist, s. unten bei VI, S. 178ff.) bei einzelnen Tönen auftritt, ein bei Geigern sonst unschwer zu messendes Vibrato aufgrund akkordischer Spielweise und wegen Telemanyis Anstrengungen hinsichtlich größtmöglicher Intonationsgenauigkeit aber allenfalls bei Durchgangstönen in geringem Umfang beobachtet werden kann; insonderheit die Mehrklänge erweisen sich (auch nach Überprüfung nach dem in Anm. 42 genannten Verfahren) als sehr frequenzstabil, was u. a. am spektralen Gehalt bzw. der spektralen Dichte und dem Schwärzungsgrad der aufgezeichneten spektralen Komponenten in Folge von Resonanzerregungen zu erkennen ist (vgl. Sonagramm 2 = Abb. 5).

In Fortführung der Untersuchungen Kreichgauers wurde sodann Vierteltonmusik untersucht, und zwar die *Fantasie* für Violine solo op. 9a (1921) von A. Hába in einer Interpretation mit Antonin Novák (Panton 11 0364 H). Dieses Werk stellt naturgemäß in den Passagen, in denen Vierteltonschritte in größerer Anzahl aufeinanderfolgen, Intonationsprobleme schon bei mittlerem Tempo. Vom Spieler wird hier verlangt, im Grunde Frequenzdistanzen zu treffen, die sich aus der theoretischen Ableitung des Vierteltonsystems ergeben; dessen Schrittgrößen sind als $\sqrt[24]{2} \triangleq 50$ Cents normiert, allerdings als solche kaum vorstellbar, weshalb der Interpret sich möglicherweise an den Griffweiten im Fingersatz oder an anderen Bezugspunkten orientieren wird. Schon die sonagraphische Aufzeichnung (Sonagramme 3/4 = Abb. 6/7) macht die Intonationsprobleme deutlich, denen der Geiger hier durch Gebrauch des Portamento beizukommen sucht; bei ausgehaltenen Tönen hingegen wird wieder ein Vibrato sichtbar, dessen Frequenzhub bei etlichen Tönen in Cents umgerechnet einen Wert erreicht, der den des im 24-Ton-System konstitutiven Vierteltons übersteigt. Die Intonation ist somit zu ungenau, um die Tonschritte und die mit ihnen angestrebten Distanzen klar hervortreten zu lassen. Im von Hába gleichfalls kompositorisch genutzten gleichstufigen Fünftel- und Sechsteltonsystem (vgl. S. Schneider 1975) führen dann notwendigerweise kleinste Ungenauigkeiten der Intonation zu einer Beschädigung des Werkes, nicht bloß zur Mehrdeutigkeit: Wer in differenzierten Tonsystemen komponiert, erstrebt offenbar auch eine adäquate Realisierung durch den ausübenden Künstler. Dieser ist daher gehalten, eine möglichst exakte Intonation unter Vermeidung exzessiven Vibratos und dergleichen zu praktizieren.[44] Dies gilt insonderheit für die Arbeit in kleinen Ensembles wie etwa im Streichquartett; denn während bei großen Orchestern z. B. bei den Streichern auch im Unisono ein chorischer Effekt häufig zu beobachten ist, der eine gewisse Bandbreite einnimmt, fallen im Streichquartett größere Intonationsschwankungen viel eher ins Gewicht, vor allem bei „stehenden" Akkorden. Unter diesem Aspekt wurde die Aufzeichnung eines studentischen Quartetts untersucht, das

Beethovens op. 95 eingespielt hatte, insbesondere die Takte 34—39 und 186—192 aus dem 2. Satz sowie die Anfangstakte des 3. Satzes. Die Ausführenden waren zuvor hinsichtlich der Intonation nicht sonderlich instruiert worden, lediglich auf sparsamen Gebrauch des bei Streichern so beliebten Vibratos wurde hingewiesen. Einen kleineren Teil der Ausführung zeigt Sonagramm 5 (= Abb. 8), aus dem jedenfalls hervorgeht, daß die Intonation auf die Erzielung eindeutiger Tonhöhen, d. h. auf die Darstellung kompositorisch vorgegebener Tonbeziehungen gerichtet ist. Die Intonation dieses Streichquartetts wurde ebenso wie die Interpretation der *Fantasie* Hábas mit Hilfe eines digital arbeitenden Signal Processors Spectral Dynamics 360 untersucht; gespeichert und analysiert wurden jeweils Ausschnitte von 40 ms (Abb. 9)[45], innerhalb derer sich ohne weiteres geringe Schwankungen der Periodendauer nachweisen lassen. Eine im physikalischen Sinne eindeutige Frequenz kommt daher streng genommen solcherart gemessenen Tönen nicht zu: Filip, der sich mit der hier deutlich werdenden Unschärferelation befaßt hat, sprach daher ganz folgerichtig von der „Augenblicksfrequenz" (*„momentálnu frekvenciu"*, vgl. Filip 1970, S. 77), die als Reziprokwert jeder einzelnen Periode zu bestimmen wäre. Dieser würde sodann theoretisch in der Wahrnehmung eine „Augenblickstonhöhe" korrelieren, jedoch sind hier die Grenzen der Auflösungsgenauigkeit des Gehörs (vgl. Winckel 1960, S. 99f.; Zwicker 1982) erreicht; auch für das Hören bleibt eine Unschärferelation einzukalkulieren (s. Majernik/Kaluzný 1979), obwohl zumal bei geschulten Vpn immer wieder erstaunliche Leistungen z. B. hinsichtlich der Unterschiedsschwelle für Tonhöhen usw. berichtet werden.

Abbildung 4: Johann Sebastian Bach, *Partita* h-moll, T. 3f.

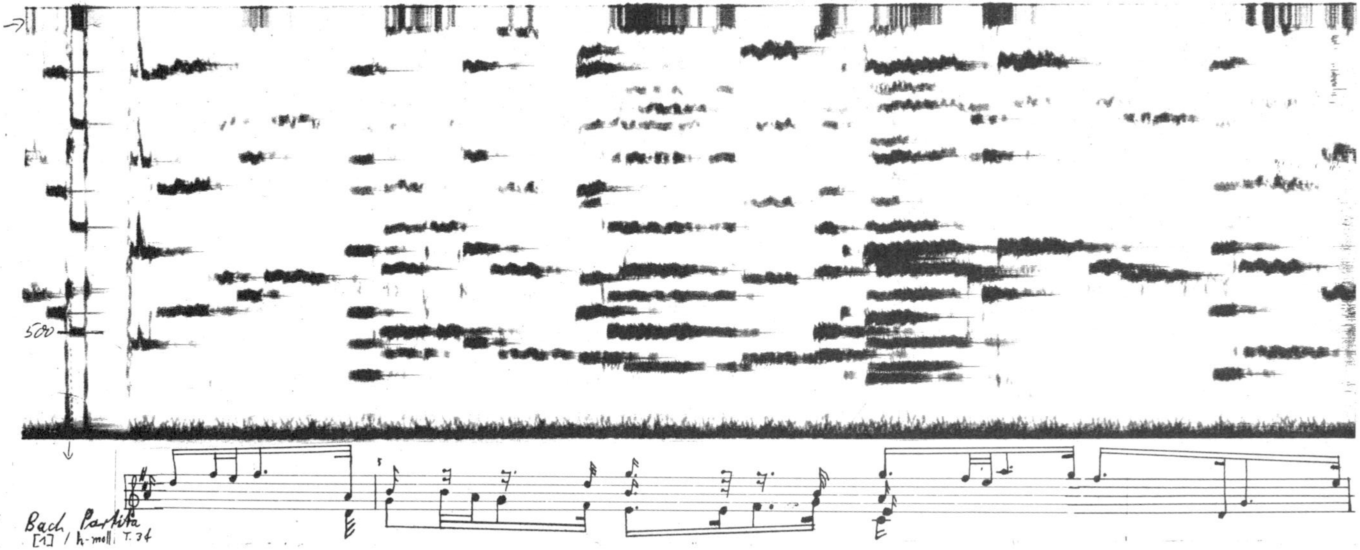

Abbildung 5: Johann Sebastian Bach, *Partita* h-moll

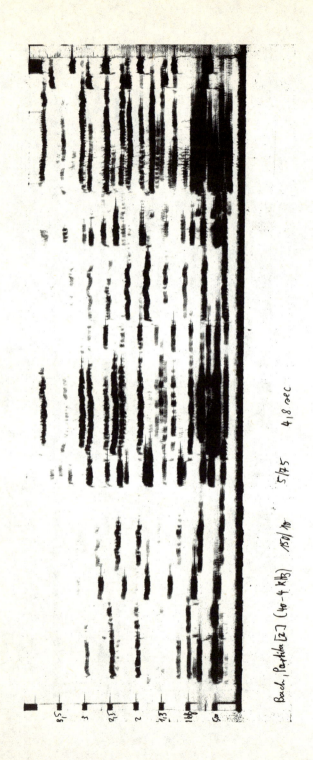

Abbildung 6: Alois Hába, *Fantasie*

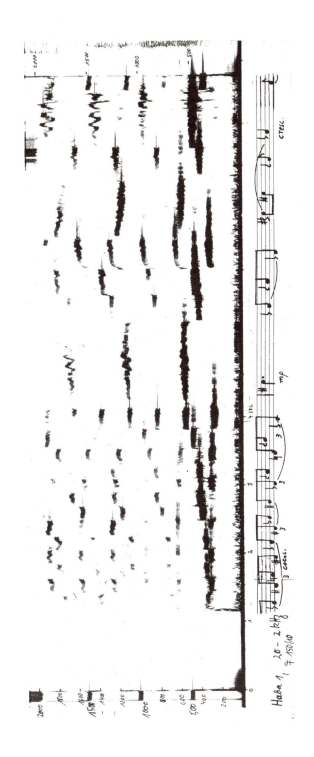

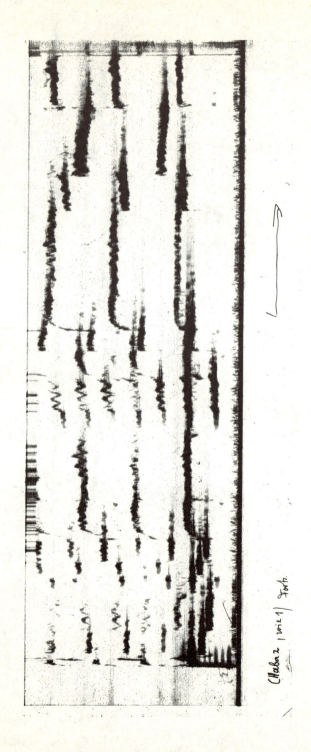

Abbildung 7: Alois Hába, *Fantasie*

176

Abbildung 8: Ludwig van Beethoven, *Streichquartett op. 95, 3. Satz*

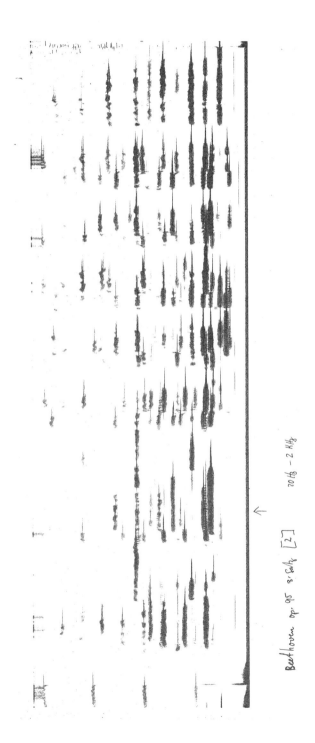

Abbildung 9: Ludwig van Beethoven, *Streichquartett op. 95*, 3. Satz, 1. Phrase, letzter Ton

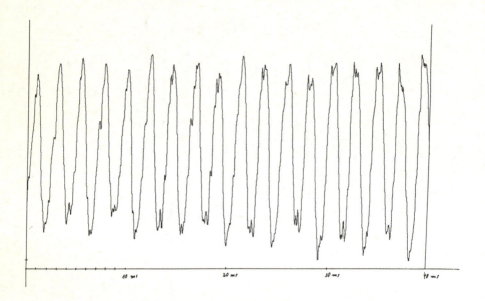

VI

Unter Hinweis auf die Arbeit von Ellis sowie die Intonationsmessungen von Greene, Nickerson etc. einerseits und bestimmte Hörversuche andererseits ist in den vergangenen Jahren die Geltung theoretischer Systeme, insonderheit des natürlich-harmonischen, auf Quinten und Terzen basierenden (bzw. auch unter Einschluß der Septime 7/4, vgl. hierzu Vogel 1975), zumindest für die musikalische Praxis in Zweifel gezogen oder sogar völlig in Abrede gestellt worden; solche Systeme seien *„nicht geeignet, die in der Praxis tatsächlich vorliegenden und für optimal gehaltenen Intonationen zu beschreiben"* (Fricke 1970, S. 400). Andernorts war Fricke jedoch der Überzeugung, daß *„die Beschreibung des Tonmaterials mittels einfacher Proportionen des einen oder anderen theoretischen Systems als eine ,Näherungslösung' für die Norm der tatsächlichen Intonationen angesehen werden muß"* (Fricke 1968, S. 223). Dies würde bedeuten, daß Tonsysteme bloß deskriptiv und Intonationsmuster die „Norm" seien, denen jene sich anzumessen hätten. Tatsächlich verhält es sich eher umgekehrt: Theoretische Systeme bilden Regelwerke; sie fungieren insoweit als „Handlungsanweisung" für die Praxis, von der eine mathematisch-exakte Umsetzung nicht zu erwarten ist. Die Auffindung gewisser, aber eben nicht beliebiger Streubreiten der Intonation liegt also nahe; sie können erstens auf der Basis biokybernetischer Befunde der Wahrnehmung erklärt wer-

178

den (vgl. Keidel 1969; Klix 1971; Pribram 1971), zweitens durch hier einwirkende physikalische Faktoren, zu denen u. a. das komplizierte Schwingungsverhalten von Saiten generell (vgl. Lieber 1975), der zu nicht unerheblichen Frequenzschwankungen führende Mechanismus des Anstreichens derselben (Cremer 1974) und die durch Ventil- wie durch Mensurfehler bedingten Intonationsmängel bei Blechblasinstrumenten (s. Vogel 1960; W. Krüger 1963) gehören, drittens wegen der auf dem Boden der Gestaltpsychologie (vgl. auch Reinecke 1962, S. 42ff.) zu erklärenden Tendenz, bestimmte strukturbildende Intervalle und melodische Fortschreitungen je nach „Kontext" zu verkleinern oder zu vergrößern, um so musikalische ‚Gestalten' besonders „deutlich" werden zu lassen. Das Intonationsverhalten des Musikers dürfte hierbei durch Vorwissen, den Notentext, den Gehöreindruck insgesamt, dieser speziell wieder durch instrumentenspezifische Resonanzen, Schwebungen, spektrale Verteilungen und deren Veränderung in Abhängigkeit von der Dauer erklingender Töne bzw. Klänge geleitet werden. Es verdient angemerkt zu werden, daß sich hinsichtlich des Einflusses der „Klangfarbe" auf die Intonation und den Tonhöheneindruck publizierte Ergebnisse eher widersprechen, als daß eine klare Gewichtung zu erkennen wäre[46], wie überhaupt das Intonationsverhalten noch weiterer Versuche vor allem im unmittelbar musikalischen Bereich bedarf. Es liegt auf der Hand, daß auch eine musiktheoretische Unterweisung das Intonationsgeschehen merklich beeinflussen kann; so sollten in einem Versuch von Madsen Vpn Tonschritte möglichst „in tune" zur gleichstufigen Temperierung singen (Madsen 1966), was eine Instruktion voraussetzt. Umgekehrt würde die Intonation eines Streichquartetts in natürlich-harmonischer Stimmung gewisse Vorkenntnisse über Intervallgrößen in diesem System bei den Ausübenden erforderlich machen; empirische Messungen, die meist auf der Basis von „Mittelwerten"[47] und nicht ohne Befriedigung vermerken, daß letztlich keines der theoretischen Systeme exakt erreicht worden ist, schweigen sich über die Problematik insoweit aus und verkennen m. E. grundsätzlich, daß die Umsetzung theoretischer Systeme in die musikalische Praxis gerade wegen der Wechselwirkung physikalisch-akustischer und psychologischer Faktoren, die dann bei der Intonation wirksam werden, nicht ohne Hilfestellung vonstatten gehen kann. So ist — worauf schon hingewiesen wurde — eine eingehende harmonische Analyse in tonaler Musik und ggf. die Anbringung von Intonationszeichen erforderlich, falls tatsächlich (zumindest näherungsweise) in natürlich-harmonischer Stimmung gespielt werden soll (vgl. Vogel 1975; 1984). Und in außereuropäischer Musik müssen Interpreten durch mündliche Unterweisung sowie auch durch Studium theoretischer Grundlagen gleichfalls die angemessene Realisierung z. B. der Rāgas in Indien erlernen (vgl. Viswanathan 1977); auch hier stellt sich das Intonationsproblem und tritt noch viel mehr als bei uns in Erscheinung, weil außereuropäische Tonsysteme und daraus abgeleitete Skalen nicht selten in den mikrotonalen Bereich vorstoßen, wie u. a. an melismatischen Passagen und der Aufgliederung des Tonraums in je nach ‚Modus' feste und bewegliche Tonstufen zu erkennen ist.[48] Die Realisierung solcher Musik setzt allerdings nicht nur intensive Übung, sondern das von Dräger seinerzeit betonte „kontrollierende Ohr" (Dräger 1962, S. 29) zwecks Feinregulierung der Intonationsmuster voraus.

Was nun die Leistungen des Gehörs anlangt, ist eine gewisse Diskrepanz zwischen dem psychophysikalischen bzw. psychoakustischen Befund, der für das Hören von Tonhöhenunterschieden sehr geringe Toleranzen und mithin eine im mittleren Bereich hervorragende Frequenzauflösung zeigt (vgl. Stevens/Davis 1949; Winckel 1960; Zwicker 1982), sowie der zuerst wohl von Stumpf postulierten, von Abraham/von Hornbostel aufgegriffenen und von Garbusow (1951) erneut als Theorie formulierten „Zonennatur" des Hörens offenkundig. Stumpf war schon bei der Darstellung seiner später relativierten bzw. zurückgenommenen Verschmelzungstheorie der Überzeugung, Verschmelzung und Konsonanzempfinden hingen nicht von der physikalischen Tonhöhe unmittelbar ab, sondern von der — wie er es nannte — *physiologischen Tonhöhe"*, die er mit noch unbekannten neuronalen Vorgängen in Verbindung brachte (Stumpf 1911, S. 325ff.). Hierdurch verschiebe sich der *„subjektive Reinheitspunkt"* (vgl. auch Stumpf/Meyer 1898), d. h. ein Intervall muß dann, um als optimal zu erscheinen, entweder vergößert oder gegenüber dem Tonverhältnis verkleinert werden. Insofern möglicherweise mehrere Vpn unterschiedliche Intervallgrößen bevorzugen, ergäbe sich hier bereits der erwähnte „Zonencharakter", dem musiktheoretisch das Konzept der sog. *Tonbreite* entspricht, das bereits in der Antike diskutiert wurde und in der damaligen Musikpraxis eine durchaus andere Bedeutung als in der mit zahllosen „Alterationen" operierenden neuzeitlichen Musiklehre hatte (vgl. Vogel 1963, S. 39f.). Die aus mehr oder minder musikalischen Hörversuchen berichteten Befunde, wonach Vpn Abweichungen bei Intonationsmustern von theoretischen Normen bis zu einem Wert von ± 60 Cents hingenommen hätten — dies sei die Toleranzbreite, *„innerhalb derer die tatsächlich erklingende Intonation unter geeigneten Bedingungen noch auf den intendierten Tonort bezogen werden können"* (Enders 1981, S. 186) —, sind nur auf der Basis der althergebrachten und musiktheoretisch wie praktisch obsoleten „Stufenlehre" Wiener Provenienz (vgl. Vogel 1966 und 1975) sowie im Hinblick auf Hörerfahrungen am Klavier zu erklären; ein solches Maß an „Zurechthören" setzt das Denken in „Tonstufen" (deren musikpsychologische Rechtfertigung wenn nicht Apotheose findet sich bei Albersheim 1979) und die Gewöhnung an die gleichstufige Temperierung mit der durch sie hervorgerufenen Mehrdeutigkeit tonaler Relationen voraus. Wo klar aufeinander beziehbare Töne bzw. Intervallstrukturen nicht gegeben sind, wie beispielsweise häufig in dodekaphoner Musik, spielt die Frage der Intonationsgenauigkeit schließlich keine Rolle mehr und bilden — wie Enders nicht ohne Humor formuliert — selbst *„die temperierten 12 Halbtonstufen [. . .] ein unnötig feines Tonhöhenraster"* (Enders 1981, S. 196f.).

In der musikpsychologischen Literatur findet das Phänomen des „Zurechthörens", das auch über an sich merkliche Detonationen wohltuend hinweggehe, immer wieder Beachtung. Das „Zurechthören" impliziert allerdings eine Norm oder Konfiguration, auf die hin zurecht gehört werden kann. Selbst bei Versuchen mit gleitenden Tonhöhen und Frequenzdistanzen hat es sich gezeigt, daß *„ganzzahlige Schwingungsverhältnisse bei binauraler Darbietung in der Wahrnehmung bevorzugt werden"* (Reinecke 1964, S. 108), d. h. es gibt augenscheinlich eine Präferenz des

Hörens für kleine ganzzahlige Tonverhältnisse, wie auch neurophysiologische Untersuchungen von Keidel und Mitarbeitern (Keidel 1975, S. 193ff.) unter Beweis stellen. Ist es aber so, daß bei Säugetieren (die Untersuchungen fanden aus naheliegenden Gründen im Tierversuch statt; der Befund dürfte jedoch grundsätzlich auf die menschliche Hörbahn übertragbar sein) ein *„zentralnervöser harmonischer Analysator existiert, der auf die von Pythagoras seinerzeit schon postulierten ganzzahligen Vielfachen eines Grundtons mit besonders starker Erregung anspricht"* (Keidel 1976, S. 227), dann wird man das Konsonanzphänomen jedenfalls nicht mehr auf bloße Konvention, einen Lernvorgang oder ähnliche Faktoren zurückführen dürfen. Konsonanz erscheint somit nicht etwa als „historisch bedingt", sondern als durch neurophysiologische Strukturen und Funktionen vorgeprägt; bisweilen (vgl. Hesse 1972, S. 149) wird daher die Konsonanz direkt zu den *Naturgesetzen* gerechnet. Der neurophysiologische Befund widerspricht jedenfalls der — wie nähere Prüfung ergibt — auf gewissen „Annahmen" beruhenden Meinung, das menschliche Gehör kenne *„den Unterschied zwischen nichtharmonischen und harmonischen Klängen von Natur aus nicht".*[49]

Es könnte auch letztlich dahinstehen, ob dieses Vermögen strukturell vorgegeben oder aber Ergebnis eines dann allerdings interindividuell wohl ganz gleichförmigen Lernprozesses (der zudem schon sehr früh in der onto- wie in der phylogenetischen Entwicklung anzusetzen wäre) ist (vgl. auch Zwicker, in: Keidel/Neff 1975, S. 430); zweifelhaft hingegen erscheint aber die im Ansatz auf Stumpf zurückgehende Kontrastierung von sensorischer Konsonanz und „musikalischer Harmonie", wenn dann letztere mit der *„Realisierung subjektiv korrekter Tonhöhendistanzen"* (Terhardt 1976/77, S. 135; Sperrung: A. S.) identifiziert und aus der Gegenüberstellung von sensorischer Konsonanz und subjektiver „Harmonie" auch noch gefolgert wird, *„daß es eine feste, theoretisch ideale Intonation der Intervalle nicht gibt"* (ebd.). Bevor in einem letzten Kapitel auf den Status theoretischer Systeme und die subjektiven Intonationsmustern und Hörvorgängen wohl zu Grunde liegenden ‚Tonvorstellungen' eingegangen wird, sei ausdrücklich klargestellt, daß ausweislich neuerer empirischer Untersuchungen von Meyer (1979) das Tonauflösungsvermögen zumal bei selbst intonierenden Musikern sowie analytisch geschulten Hörern wie Tonmeistern außerordentlich differenziert wie auch interindividuell hochsignifikant übereinstimmend ist. Wenn beispielsweise in der Testgruppe der Tonmeister noch 100 % aller Vpn ein „Intervall" von 7 Cents, 57 % dieser Gruppe noch ein solches von 4 Cents und immerhin 29 % sogar den Minimalschritt von 2 Cents erkannt haben (Meyer 1979, S. 193) und gleichfalls experimentell erwiesen wird, daß *„die Tonhöhenauflösung bei den Streichern am besten ist, also den Spielern von Instrumenten, bei denen die Tonhöhe bei jedem Ton kontrolliert und ggf. korrigiert werden muß"* (Meyer 1979, S. 194), kann es um die Genauigkeit der Intonation bzw. auch um die Feststellung objektiv falscher Intonationsmuster wohl nicht ganz so schlecht bestellt sein, wie es nach Versuchen mit „gespreizten" Sinustönen und Sägezahnschwingungen den Anschein hat. Den besten Beweis liefern im übrigen diejenigen, die mit dem Problem der Inharmonizität täglich fertig werden müssen: Klavierstimmer können sich, um eine einigermaßen gleichstufige Temperierung zu realisieren, auf ihr Stimmgerät nicht einmal verlassen, sondern müssen mit dem Gehör die Intonation in kleinsten Schritten abgleichen, weil das Klavier sonst *„völlig falsch"* (Cordier 1981, S. 171ff.; vgl. auch Kent 1971) klingen würde.[50]

VII

Die Kontrastierung physikalischer und physiologischer Tonhöhen, akustischer Konsonanz und akkordischer Konkordanz, wobei jene *„eine Sache der direkten sinnlichen Wahrnehmung"* und diese *„eine Sache der Auffassung des beziehenden Denkens"* sei, hat Carl Stumpf durchgeführt (Stumpf 1911, S. 341). Seine Distinktion leuchtet unmittelbar ein; allerdings ist nicht zu verkennen, daß seine Konzeption von musikalischen Erfahrungen am Klavier — wo *„ja ohnedies alle Quinten gleich unrein sind"* (a.a.O., S. 343) — sowie musiktheoretisch im wesentlichen von der Diatonik und ihrer Stufenlehre ausgeht. Wiederholt ist bei Stumpf von „leitereigenen Tönen" und darauf errichteten Dreiklängen, dann zwangsläufig von „Alterationen" und schließlich von verschiedenen „Auffassungen" der Akkorde die Rede, wobei diese aber nur peripher als phänomenal verschiedene Gebilde vorgestellt, vielmehr zutreffend als akustisch wie psychologisch mehrdeutig *„gerade durch den Gebrauch der temperierten Instrumente"* ausgewiesen werden.[51] Die von Stumpf geübte Unterscheidung, die den *Wohlklang* der Sinnesempfindung und die *Wohlgefälligkeit* der *„intellektuellen Betätigung des Hörenden"* zuwies (Stumpf 1911, S. 352), hat mancherlei Parallelen in der Musiktheorie Hugo Riemanns (zu dieser u. a. Seidel 1966; Imig 1970; Vogel 1975). In seiner Abhandlung über *Ideen zu einer „Lehre von den Tonvorstellungen"*, die teils in Abkehr von den Konzeptionen Helmholtzens und Stumpfs (vgl. Riemann 1914/15, S. 1f.), teils wohl auch als Reflex auf die oben berichteten Thesen von Ellis (Riemann 1916, S. VI) entstand, wird völlig zu Recht auf die *„logische Aktivität des Hörens"* hingewiesen, zugleich aber der in seinen Konsequenzen gerade für die Musikpraxis außerhalb des Klaviers (von dem Riemann aber wohl ausging; siehe hierzu Becking 1919/1975) unglückliche Schluß gezogen, daß es allein auf die *„Vorstellung der Tonverhältnisse"* und nicht auch auf deren adäquate akustische Umsetzung ankomme: *„Einen Fis-Dur- oder Ges-Dur-Akkord, die in unserer temperierten Stimmung identisch sind, als das eine oder andere zu qualifizieren, ist lediglich Sache der Vorstellung und nicht abhängig von einer verschiedenen Intonation"* (Riemann 1914/15, S. 14). Über die Verfassung und Leistungsfähigkeit dieser „Vorstellung" machte Riemann eine Reihe von Aussagen, die selbst z. T. spekulativen Charakters sind, sich bisweilen auch zu widersprechen scheinen[52], die aber klar die Abwendung von der „wirklich erklingenden Musik" hin zu einer Betrachtungsweise zu erkennen geben, in der hermeneutische und kompositionstechnische Gesichtspunkte ebenso eine Rolle spielen wie „denkpsychologische" und schließlich auch pädagogische; Riemann wollte insonderheit durch das Studium musikalischer Werke erkunden, *„welche Kategorien die lebendig arbeitende Tonphantasie leiten"* und schon die *„Tonphantasie"* des Komponisten bei der Werkschöpfung geleitet haben. Die Verbindung zwischen Komponist und Hörer wird über die Instanz des *„seelischen Erlebens"* und im Akt des *„Nacherlebens"* dessen, *„was gottbegnadete Künstler vorerlebt haben"*, hergestellt (Riemann 1914/15, S. 2, 5 und 10f.). Auch wenn dieses seelische Erleben keineswegs nur ein Vorgang des zuständlichen Bewußtseins, vielmehr von der analytischen Leistung des Hörers abhängig ist, kann eine gewisse Nachbarschaft dieses *„Nacherlebens"* zum „Innewerden" der Diltheyschen Hermeneutik (vgl. Schneider 1984) schwerlich übersehen werden; da Riemann indessen *„zum innersten Wesen der Musik"* vorzudringen und — in Überbietung seiner früheren, auf musikalische Logik und Syntax zielenden musiktheoretischen Werke — gar eine neue *Philosophie der Musik* entwerfen wollte, mischen sich hier hermeneutische und phänomenologische Aspekte und Absichten.[53] Der im Kern phänomenologische Ansatz führte Riemann offenbar auch zu einer Reduktion (die aber keinesfalls mit der transzendental-phänomenologischen Husserls verwechselt werden darf), die auf das Postulat der *„Bevorzugung einfacherer Verhältnisse vor komplizierteren"* schon in der V o r s t e l l u n g hinausläuft (Riemann 1914/15, S. 7). Es ist ein bekannter Befund der Wahrnehmungspsychologie, daß zumal im „Kontext" real erklingender Musik nicht zu stark verstimmte Instrumente und von der Intonation her mißlungene Tonschritte und Intervalle „zurechtgehört" werden. Riemann verkündete nun allerdings das *„Prinzip möglichster Ökonomie der Tonvorstellungen"*, dem sich *„die effektiven Intonationen"* unterzuordnen hätten, *„und zwar stets und überall im Sinne einer Zentralisation, Vereinfachung der Tonbeziehungen"* (a.a.O., S. 7 und 9). Die „Ökonomie des Hörens", die auffällig mit Wertheimers *„Gesetz der Tendenz zum Zustandekommen einfacher Gestalten"* bzw. mit dem *„Gesetz zur Prägnanz der Gestalt"* übereinstimmt[54], wurde von Riemann einerseits mit den Tonverhältnissen der Reinen Stimmung verknüpft (Riemann 1916, S. 26), andererseits war Riemann der Ansicht, daß die im Zusammenhang weitreichender Modulationen erforderlichen differenzierteren Intonationsmuster durch die in jedem Falle vereinfachende Vorstellung aufgehoben und unwirksam würden. Wie diese durchaus widersprüchlichen Aussagen miteinander in Einklang zu bringen seien, wollte Riemann in einer späteren Studie am Lehrstück der *„enharmonischen Identifikation"* explizieren; zu dieser Studie ist es — was zu bedauern bleibt — nicht mehr gekommen.

Die ,Ideen' Riemanns mögen als Ausgangspunkt von Überlegungen zur musikalischen Syntax unter Einbeziehung des „Sinngehalts" der Musik hilfreich gewesen sein[55], sie haben durch ihren Rigorismus hinsichtlich der Entgegensetzung von Akustik und Musik, Tonvorstellung und Intonation im Ergebnis in der Tat einen Zustand geschaffen, bei dem *„sich die Musiktheorie in einen Gegensatz zur wirklich erklingenden Musik stellte"* (Vogel 1975, S. 401). Es ist hier nicht der Ort, auf die Inkohärenzen in Riemanns System, das zeitweilig den Rang eines „natürlichen" beansprucht hat[56], näher einzugehen; jedenfalls war die von Riemann zuletzt betriebene Dichotomie der Musik in seelisch verankerte „Tonvorstellungen" und demgegenüber scheinbar unwichtige Intonationen real erklingender Töne weder aus theoretischen Erwägungen zwingend noch ist sie wirklich streng durchgeführt.[57]

In verschiedener Hinsicht eine Variante zu Riemann stellt das Bemühen dar, zwischen einer noch naturhaft-vormusikalischen „akustischen Außenseite" und der demgegenüber allein relevanten „musikalischen Innenseite" zu unterscheiden.[58] Der Ansatz, der sich auf Husserl und Ingarden beruft und Musik insbesondere als *„Bewußtseinstatsache"* (Dahlhaus 1982, S. 3) sowie als *„geschichtliches Phänomen"* ausweisen will, zielt jedoch genau besehen nicht einmal näherungsweise auf eine Theorie der Musik (die als „Phantom" verworfen und allenfalls als „Dogmatik" historischer Zeitstile zugelassen wird), sondern allein auf K o m p o s i - t i o n und mithin auf die Analyse und nachträgliche Explikation musikalischer W e r k e . Insoweit besteht Übereinstimmung mit Riemann, der gleichfalls von der ‚Opusmusik' aus seine theoretische Konzeption entwickelt, wenigstens am Rande aber auch noch die „Idiotismen" der „exotischen" wie der europäischen Volksmusik in Betracht gezogen hatte.[59] Schon die Berufung auf Ingarden geht jedoch fehl, da dieser seine ursprünglich allein auf das musikalische Kunstwerk begrenzte und — was aus phänomenologischer Sicht begreiflich ist — vornehmlich auf die Bestimmung des intentionalen Gegenstandes gerichtete Betrachtungsweise jedenfalls später erheblich modifiziert, wenn nicht sogar im Kern widerrufen hat: Er mußte erkennen, daß *„Kunstwerke keine rein intentionalen Gegenstände sind",* da sie eben nicht allein aus schöpferischen Akten hervorgehen, sondern eine als N a t u r vorgegebene, dingliche oder sonst physische Seinsgrundlage haben.[60] Gerade die ‚Natur' aber soll um jeden Preis aus der Theorie der Musik herausgehalten werden, die sich längst zur *„musikalischen Handwerkslehre"* (vgl. Rohwer 1967) einerseits, zur Analyse „kompositionstechnischer Mittel" andererseits verflüchtigt hat. Hierzu leisten Intonationsmessungen, die ganz unbefangen erhebliche Abweichungen von der zwölfstufigen Temperatur registrieren, diese gleichwohl als Norm jedweder Musik ausweisen und die gravierenden Abweichungen der Intonation mit der „Zonennatur" des Gehörs erklären, unfreiwilligen Hilfsdienst, indem sie suggerieren, alles in der Musik sei subjektiv und das Musikhören sei es erst recht.[61] Eine Theorie der Musik, die noch im entferntesten an ‚Natur' — und wäre es auch nur die auf sachlogische Strukturen abstellende ‚Natur der Sache'[62] — partizipierte, wird als Verblendung hingestellt und durch den Hinweis auf das „kompositorische Bewußtsein" und die an Werken zu beobachtenden „geschichtlichen Veränderungen" (die nie geleugnet wurden und völlig unstreitig sind) zu konterkarieren versucht. Wer dabei glaubt, die als Paradigma des *„Naturalismus"* in der Musik verdächtige *„reine Stimmung"* (vgl. Dahlhaus 1976) durch Hinweis auf die *„reine Phänomenologie"* Husserlscher Prägung ausmanövrieren zu können (vgl. Dahlhaus 1982, S. 12f.), sei an Adornos grundsätzliche Kritik *dieser* Phänomenologie, ihrer Beweggründe und eines zuletzt im Irrationalismus sich verlierenden Idealismus erinnert.[63]

Die sog. „reine Stimmung" (der Ausdruck „rein" ist durch die Waschmittelwerbung korrumpiert und sollte preisgegeben werden) ist nicht das Gegenstück zur „adäquaten" (vgl. Dahlhaus 1982), sondern das intonationsmäßige Korrelat zu einem aus bestimmten Tonrelationen aufgebauten Tonsystem. Bloß ist dieses im allgemeinen nicht *eine abhängige Variable der Komposition und die Stimmung wiederum eine Variable des Tonsystem*[64], vielmehr ein auf dem Boden empirischer Tatsachen geschaffenes rationales Konstrukt, dessen theoretische Stringenz und heuristische Brauchbarkeit kaum von der Frage abhängen, ob Komponisten hiervon extensiven Gebrauch machen. Zu verweisen ist beispielsweise auf das von Christiaan Huygens berechnete Tonsystem, das über 31 gleich große Intervalle zu je 38,7 Cents verfügt; praktisch genutzt wurde das System erst in diesem Jahrhundert, Komponisten von Rang wie Henk Badings haben eigens Werke im 31-Ton-System geschrieben (vgl. A. D. Fokker 1975; S. Schneider 1975). Das genannte Tonsystem ist erkennbar *keine* „abhängige Variable der Komposition", die sich umgekehrt ihm anmessen und zugleich seine spezifischen Möglichkeiten nutzen muß; diese liegen hier in den Terzen 5/4 und in den Septimen 7/4, von denen die im 31-Ton-System geschriebenen Werke ganz folgerichtig Gebrauch machen, während die „unter sich schwebende" Quinte von nur 696,7 Cents (analog der mitteltönigen) ob ihrer deutlich heraushörbaren Schwebungen tunlichst vermieden wird.

Die „natürlich-harmonische" Stimmung kann als Versuch begriffen werden, Tonbeziehungen des auf kleinen ganzzahligen Tonverhältnissen aufbauenden Tonsystems akustisch umzusetzen und exakt zu intonieren; insoweit ist sie *„ein bloßes Intonationssystem"* (Dahlhaus 1976, S. 116) und daher danach zu beurteilen, ob und wieweit sie ein tonsystematisch vorgegebenes *„Relationsgefüge adäquat abbildet"* (Dahlhaus 1975, S. 225). Das der natürlich-harmonischen Stimmung zu Grunde liegende Tonsystem ist der zugehörigen Stimmung und Intonation aber nicht nur in logischem Betracht vorgeordnet, sondern gerade dadurch gekennzeichnet, daß die Konstitution dieses Systems sich keineswegs auf zahlhafte Fundierung allein gründet.[65] Der normative Anspruch des natürlich-harmonischen Systems, das in seiner bestimmten Ausprägung ein rationales Konstrukt (nicht anders als andere Systeme auch) darstellt, folgt aus dem bislang unwiderlegten Sachverhalt, daß es mit einer Reihe physikalischer, sinnesphysiologischer und auch psychologischer Tatsachen, ja sogar mit emotionalen Befunden (vgl. Makeig 1982) in guter Näherung übereinstimmt. Das natürlich-harmonische System unterscheidet sich insoweit grundsätzlich von der durch „Autonomsetzung" am grünen Tisch verfügten Erhöhung der gleichstufigen Temperatur zu einem eigenständigen Tonsystem, es gewinnt zugleich normativen Charakter im Sinne der ‚Natur der Sache', die es expliziert und selbst vorstellen will. Gegen diesen als illegitim gegenüber dem schöpferischen Geist verworfenen Anspruch wendet sich, wer auf das „kompositionsgeschichtliche Bewußtsein" einerseits, die Abhängigkeit der Tonsysteme von den Kompositionen andererseits (so als sei die gleichstufige Temperierung eine „abhängige Variable" dodekaphoner Musik und nicht deren elementare Voraussetzung!), schließlich darauf pocht, es käme nicht darauf an, ob ein Akkord in natürlich-harmonischer Stimmung oder aber in temperierter intoniert würde, denn dies *„ändere nichts an der Identität der Tonstruktur, die der Notentext festhält"* (Dahlhaus 1982, S. 13). Der Notentext ist aber keineswegs so eindeutig hinsichtlich der „Tonstruktur", wie es hier erscheinen könnte; zudem hat beispielsweise Schönberg aus Gründen der Lesbarkeit und der Leichtigkeit des Vortrags den Grundsatz des *„einfachen Notenbildes"* (Schönberg ⁷1966, S. 181f., Anm.) gefordert und dabei bewußt eine Vereinfachung tatsächlich weit komplizierterer „Tonvorstellungen" im Kauf genommen.

Das Notenbild ist mithin vielfach mehrdeutig (vom Klavier abgesehen) und bedarf z. B. für die Orchesterintonation eingehender Analyse (vgl. Vogel 1984). In diesem Zusammenhang ist noch auf zwei für unser Thema erhebliche Sachverhalte zu verweisen: Erstens hat Ingarden phänomenologisch klargestellt, daß das Musikwerk gerade nicht mit der Partitur zusammenfällt, sondern *„Leerstellen"* enthält, die mit musikalischen Mitteln ausgefüllt werden müssen (Ingarden 1962), zweitens erscheint es dann auch verfehlt, M u s i k auf den Bereich der Komposition oder gar den Status einer „Bewußtseinstatsache" (derer es viele gibt) zu reduzieren. Gattungstheoretisch ist für Musik nicht der Sachverhalt der Komposition, vielmehr das Moment der R e p r o d u k t i o n (Nachtsheim 1981) konstitutiv; sie ist es auch für das musikalische Hören und eine ihm angemessene, insoweit „adäquate" Stimmung und Intonation. Hoffnungen, das menschliche Gehör werde sich sozusagen den *„fortschreitenden Tendenzen des (zwölftönigen) Materials"* anbequemen oder sich gar unter der Einwirkung elektronischer Musik physiologisch „entwickeln" (wie Hermann Heiss dies aus naheliegenden Gründen postuliert oder zumindest gewünscht hat⁶⁶), sind aus wissenschaftlicher Sicht eher abseitig (vgl. auch Mölling 1974) und werden durch die globale Akzeptanz westlicher Popmusik, die ja faktisch nicht mit der gleichstufigen Temperatur zusammenfällt (Kramarz 1983), täglich desavouiert. Es ist zu fragen, warum es einen so raschen und vollständigen Einbruch der auf meist einfachen harmonischen Progressionen beruhenden Popmusik im weltweiten Maßstab gibt und wie diese konkret von Menschen verschiedenster Kulturen apperzipiert wird.⁶⁷

Die Konstruktion von vermeintlichen „Paradigmen", wobei dann ‚Natur' *„repräsentiert durch ein Tonsystem",* und ‚Kunst', *„verwirklicht in einer Komposition"* (Dahlhaus 1982, S. 3), einander gegenübergestellt und letztlich gegeneinander ausgespielt werden, erscheint als verspäteter Nachtrag zum Rickertschen Streit um ‚Natur' und ‚Kultur'. Man braucht nur auf das Phänomen der Skordaturen zu verweisen (vgl. H. Krüger 1958), um zu erkennen, daß ‚Tonsystem' und ‚Komposition' nicht die Gegensätze waren, zu denen sie hier stilisiert werden. Und wenn die Stimmung selbst als *„intentionales Moment"* (Dahlhaus 1975, S. 225) einbekannt wird, verlieren solche Antithesen ihren Sinn. Die Frage der Tonsysteme und der ihnen angemessenen Intonationsmuster ist keine des bloßen Geschmacks; sie stellt sich auch keineswegs nur im Hinblick auf die Musik der Vergangenheit und ihre angemessene Reproduktion (vgl. u. a. McClure 1948, Boyden 1951), sondern als Problem der systematischen Musiktheorie, der Akustik, Musikpsychologie und nicht zuletzt mit Rücksicht auf die Komposition neuer Musik. Auf der Basis der Mikroelektronik und Informationstechnologie sind heute leistungsfähige Instrumente, die differenziertere Tonsysteme und Stimmungen realisieren können, mit wenig Aufwand herstellbar (vgl. Ganter/Henkel/Wille 1984). Und eine Kompositionspraxis, die von Synthesizern und Computern ebenso Gebrauch macht wie von mathematischen Modellen und psychologischen Einsichten (vgl. z. B. Wessel 1979), ist über die Antithese von ‚Natur' und ‚Kunst' längst hinaus.

Anmerkungen

1 Der musikalische Ton ist bekanntlich akustisch betrachtet bereits ein ‚Klang', da er Harmonische enthält; hingegen wird unter ‚Ton' gewöhnlich nur der generatorerzeugte Sinuston verstanden. In dieser Arbeit steht ‚Ton' für den musikalischen Ton, ‚Klang' für eine Mehrzahl von simultan erzeugten und wahrnehmbaren Tönen; soweit Sinustöne in Betracht zu ziehen sind, wird dies ausdrücklich vermerkt. Zum Begriff und zur Erscheinungsbreite der Qualität der ‚Tonhöhe' vgl. Albersheim 1939; Bachem 1950; Francès 1958; Hesse 1972; von Hornbostel 1926; Houtsma 1971; Meyer-Eppler 1957; Plomp 1976; Reinecke 1964; Stevens/Davis 1948; Schouten 1940; Terhardt 1971; Wellek 1963; Zwicker 1982.

2 Eine teils kritische, teils affirmative Diskussion der Assafjewschen Intonationslehre findet man im *Handbuch der Musikästhetik*, ed. S. Bimberg et al., Leipzig, S. 54ff., 82ff., sowie bei J. Jiranek, *Assafjews Intonationslehre und ihre Perspektiven*, in: *De Musica Disputationes Pragenses 1*, Prag 1972, S. 13—45.

3 Vgl. Aristoxenus, *Die harmonischen Fragmente*, ed. P. Marquard, Berlin 1868, 3,5; 12,11; 19,19ff.; 20,15f., 27,15ff., sowie I. Düring, *Die Harmonielehre des Klaudios Ptolemaios*, in: Göteborgs Högskolas Arsskrift 36, 1930, Nr. 1, bes. S. 109ff.; ders., *Ptolemaios und Porphyrios über die Musik*, ebd., 40, 1934, Nr. 1, S. 26ff., 41ff., 47ff., 57ff.

4 Vgl. Cl. Lévi-Strauss, *Social Structure*, in: A. Kroeber (Ed.), *Anthropology today*, Chicago/New York 1953, S. 525, und ders., *Das Ende des Totemismus*, Frankfurt/M. 1965, S. 117.

5 C. Dahlhaus, Art. *Tonsystem*, in: Riemann-Musiklexikon, Sachteil, Mainz ¹²1967, S. 970.

6 Vgl. hierzu mit vielen Nachweisen A. Szabó, *Die frühgriechische Proportionslehre im Spiegel ihrer Terminologie*, in: Archive for the history of exact science 2, 1965, S. 197—270. Vgl. auch bei A. Schneider 1984, S. 199ff., 289f.

7 Daß die Theorie keineswegs fern aller Praxis war, zeigt beispielsweise auch die bekannte Stelle aus den *Problemata* des (Pseudo-) Aristoteles XIX, 20 zur Verschiebung der Mese und der dann eintretenden Verstimmung der gesamten Melodie. — Bei vielen arabischen Musiktraktaten, die z. T. überhaupt nicht in westliche Sprachen übersetzt sind, wird immer wieder deutlich, daß die Theoretiker sehr wohl die vokale und Instrumentalpraxis minutiös kannten; Lachmann (1935, S. 4) sprach mit Rücksicht auf die Musik Außereuropas insoweit von *„praktischer Musiktheorie"* im Unterschied zur bloß spekulativen.

8 E. Wellesz, *Fragen und Aufgaben musikalischer Orientforschung*, in: Österr. Monatsschr. für den Orient 40, 1914, S. 333. — Wellesz war augenscheinlich der (damals noch herrschenden) Meinung, das *Wohltemperierte Klavier* meine ein g l e i c h s t u f i g temperiertes; diese Deutung ist jedoch irrig, worauf u. a. Barbour (1947) und Kelletat (1981) hingewiesen haben.

9 Vgl. von Hornbostel 1913; 1927; Abraham/von Hornbostel 1925. Weitere Arbeiten von Hornbo-
stels zum Thema Skalen, Tonsysteme, Tonometrie usw. sind kritisch (z. B. hinsichtlich des sog.
„Blasquintenzirkels" und ähnlicher Konstrukte) besprochen in Schneider 1976, S. 101ff., 112ff.,
151ff.

10 Dem widerspricht nicht die empirische Erkundung einer (nahezu) gleichstufigen Temperatur über
die Lautenbünde mittels der Relation 17:18 bei V. Galilei u. a.; vgl. hierzu J. M. Barbour, *A geome-
trical Approximation to the roots of numbers*, in: Am. Mathematical Monthly 64, 1957, S. 1ff. —
Zu den rechnerischen Bemühungen um eine gleichstufige Temperatur in China s. J. Needham/K.
G. Robinson, in: J. Needham (Ed.), *Science and Civilisation in China*, Vol. IV, Part 1, Cambridge
1962, S. 212ff., sowie die Bemerkungen von F. A. Kuttner, in: Ethnomusicology 19, 1975, S.
163—206. — Zum indischen 22stufigen Tonsystem, das entgegen mancherlei Vermutungen nicht
gleichstufig temperiert war oder ist, s. Kolinski 1961; Powers 1970; Prajnananda 1962.

11 C. Dahlhaus, Art. *Temperatur*, in: Riemann-Musiklexikon, 1967, S. 943.

12 Vgl. Vogel 1975, S. 219ff. Wie dort (S. 221f.) näher ausgeführt wird, schließen *„pythagoreische Stimmung und reine Terz (5/4) einander nicht aus"*, weil bei einer Quintenkette von mehr als acht Tönen
notwendigerweise reine Terzen auftreten. Vgl. auch Barbour 1951/1972, S. 89ff.

13 Vgl. z. B. Schönberg [7]1966, S. 108f. — Schönbergs Haltung ist durch eine gewisse Ambivalenz hinsichtlich des Verhältnisses von ‚Natur' und Kunst geprägt, da er einerseits die naturwissenschaftliche Fundierung von Musik und Musiktheorie gerade für deren ‚Fortschritt' in Anspruch zu nehmen gedachte (vgl. u. a. Schönberg [7]1966, S. 473, Anm.) und gleichzeitig als Künstler selbstredend
die Eigenständigkeit künstlerischer Produktion betonte. — Zur Überspitzung des als Problem der
systematischen Philosophie keineswegs zweifelhaften Natur ./. Geist-Antagonismus durch die sog.
„Kulturphilosophie" s. auch R. Goll, *Der Evolutionismus*, München 1972, S. 97, der zutreffend aus-
führt, daß die Ansätze von Windelband und Rickert *„nur im Zusammenhang der Autonomiebestre-
bungen und des ‚Kulturkampfes' um eine hegemoniale Stellung der verschiedensten Wissensgebiete, Organisationen und ‚Lebenssphären' des ausgehenden 19. Jahrhunderts zu begreifen"* sind.

14 Vgl. Vogel 1975, S. 176, 205ff. sowie 150ff. — auf die Frage, ob es sich bei der natürlich-harmonischen Stimmung, die bisweilen auch „reine" Stimmung genannt wird, nur um eine Stimmenan-
weisung oder aber um ein Tonsystem (oder um die Koinzidenz beider) handelt, wird unten einzugehen sein; vgl. auch die kritischen Ausführungen von Dahlhaus 1982.

15 Hierauf verweist zu Recht auch H. P. Reinecke, *Über Zusammenhänge zwischen naturwissenschaftlicher und musikalischer Theoriebildung*, in: *Über Musiktheorie*, ed. F. Zaminer, Köln 1970, S. 64f.,
für den *Das Konzept Hermann von Helmholtz'* [. . .] *quasi den Kulminationspunkt der Abbildung
klassisch-physikalischer Modellbildung darstellt* [. . .]".

16 Es handelt sich gewissermaßen um den klassischen Fall einer μετάβασις εἰς ἄλλο γένος; Helmholtz' Hörtheorie ist aus ganz anderen Gründen, nämlich physiologischen wie wahrnehmungspsychologischen, angreiflich, nicht zuletzt wegen des Rückgriffs auf das Fourier-Theorem und insbesondere wegen der sog. „Phasenregel", die zwischenzeitlich empirisch widerlegt wurde; vgl. Meyer-
Eppler 1957, S. 211f.; Schneider 1982.

17 Vgl. Ellis 1885, S. 487f., 505ff., 510ff., 526. — Diejenigen, die Ellis zum *„father of ethno-musicology"*
(J. Kunst) und zum Anwalt des *„Kulturbedingten"* stilisieren, sollten vielleicht einmal nachlesen,
was Ellis (1885, S. 509) über javanischen Tanz und Musik ausgesagt hat: *„The music was used as an
accompaniment to dancing, or rather posturing, by performers of both sexes, who were supposed to con-
vey a story in dumb show. There was occasional singing, but the singing voice was so dreadfully, and
apparently intentionally, unmusical, that it could not enter into our examination."*

18 Hierzu auch die unveröffentl. Magisterschrift von G. Braune, *Übersetzung und Kommentierung einer arabischen Musikhandschrift aus dem 18. Jahrhundert*, Hamburg 1983.

19 H. Riemann, *Folkloristische Tonalitätsstudien* I, Leipzig 1916, S. VI; vgl. dort den längeren Abschnitt über die Ergebnisse der Vergleichenden Musikwissenschaft, die Riemann offenbar wesentlich auch zum Konzept der Tonvorstellungen gedrängt oder ihn zumindest hierin bestärkt haben.

20 Es handelt sich um eine *petitio principii*: Man ging von der gleichstufigen Temperierung aus und

war dann bemüht, geeignete empirische Daten durch Messung und „Mittelwerte" beizubringen, was seinerzeit schon Bukofzer und Handschin (vgl. 1948, S. 72ff.) kritisiert haben. — Zu den „entwicklungsgeschichtlichen" Fragen der Vorgängigkeit der Helligkeitsdimension gegenüber der Tonigkeit, wie sie Abraham/von Hornbostel (1925, S. 249) behaupteten, s. auch Wellek 1963, S. 49ff.

21 Hier sind vor allem Biegeschwingungen, also transversale neben den Longitudinalschwingungen zu beachten; vgl. Skudrzyk 1954, S. 340ff. und Trendelenburg ³1961, S. 76ff.

22 Für freundliche Unterstützung danke ich Herrn Dr. Lohse (Hamburger Museum für Völkerkunde), Herrn Dipl.-Ing. Stoltz (Phonetisches Institut der Univ. Hamburg) sowie den Studenten der Musikwissenschaft I. Moeller und W. Pape. In der Regel wurden von den aufgezeichneten Tönen mehrere Spektren mit einem B & K 2031 gemessen; die Auflösung beträgt je nach Breite des analysierten Bandes (0—5 kHz bzw. 0—10 kHz) 12,5 bzw. 25 Hz.

23 Vgl. Skudrzyk 1954, S. 60ff., und K. Küpfmüller ⁴1974.

24 Die Angaben schwanken hierzu beträchtlich, da Daten unter verschiedenen Bedingungen gewonnen wurden; vgl. v. Békésy 1960; Winckel 1960; Stevens/Davis (1948, S. 101) gaben als Wert für die Tonhöhenidentifizierung in der mittleren Lage 0,01 sec. als ausreichend an, allerdings bezogen sie sich hierbei auf Messungen mit Sinustönen. Die Verhältnisse sind bei angeschlagenen Idiophonen viel komplizierter, und die zur Tonhöhenidentifizierung erforderliche Darbietungsdauer ist offenbar generell abhängig von der Signalstruktur. Für eine mittlere erforderliche Darbietungsdauer von etw 0,2—0,5 sec. sprechen auch Beobachtungen, die E. Jost bei der Identifikation von instrumentalen Klangfarben gewonnen hat; dort war bei 0,6 sec. ein Grenzwert der übertragenen Information erreicht, d. h. eine solche Darbietungsdauer genügt offenbar für die perfekte Identifizierung von Klangfarben, vgl. Jost 1969.

25 Zu diesem Problem vgl. Wachsmann 1967, S. 583ff., der u. a. Sansen und Xylophone mit Hilfe eines Stroboskops vermessen, bei den Sansen jedoch bewußt die Werte der tiefsten Töne bei der Angabe von Skalen außer Acht gelassen hat „*because they are difficult to identify by ear, if one relies on the fundamental*". Wachsmann fand im übrigen Skalen, die mit gewissen Toleranzen tatsächlich einer gleichstufigen Temperatur nahe kommen; solche Skalen beschrieb für drei Xylophone der Malinke auch G. Rouget, *Sur les Xylophones équiheptatonique des Malinke,* in: Revue de musicologie 55, 1969, S. 47—74. — Dieser Befund ist erstaunlich; nachdem sich die javanischen und balinesischen Skalen, die einst als ‚Paradigma' gleichstufiger Temperierung außerhalb Europas galten, als n i c h t gleichstufig erwiesen haben (vgl. Hood 1954 und 1966; Barbour 1963; McPhee 1966), sollte dem Problem in Afrika gezielt nachgegangen werden. Es kommt allerdings darauf an, Skalen im Kontext der Musik und zudem deren perzeptive und kognitive Grundlagen zu untersuchen (vgl. Kubik 1968; 1977), während reine Grundfrequenzmessungen an Instrumentalklängen und der Vergleich von in Cents umgerechneten Frequenzdistanzen gerade bei Xylophonen und Sansen zu musikalisch irrelevanten Interpretationen über die „gemeinte Tonhöhe" führen können.

26 Hierzu schon Schouten 1940 sowie unter besonderer Berücksichtigung der Glockenschlagtöne Pfundner 1970 und Bruhn 1980; vgl. auch Houtsma 1971, bes. S. 155f.

27 Vgl. Seewann/Terhardt 1980, die für ihre Messungen die aus der Psychophysik bekannten Methoden des Paarvergleichs und der Frequenzabgleichung (der Ton eines Sinusgenerators soll so eingestellt werden, daß dessen Frequenz der Tonhöhe des Testsignals entspricht) benutzten; gegen das Verfahren der Frequenzabgleichung müssen schon wegen des hier benutzten Testmaterials (Glockentöne) durchgreifende Bedenken geltend gemacht werden. — Für ein kleines Experiment mit synthetisch hergestellten Klängen wurden sechs Töne (c¹ — fis¹ — b¹ — e¹ — a — d¹) auf Band aufgenommen und den Vpn mit ca. 40 dB über Studiomonitore dargeboten; die Dauer der Reize betrug vom Klangeinsatz bis zum Ausklingen ca. 3,5—4 sec., die Pause zwischen den Tönen war jeweils 2 sec.

28 Zu verweisen ist aber auf einen Beitrag von Mieczyslaw Kolinski (1965), der über Experimente mit Metallophonen in einem Seminar unter der Leitung von E. M. von Hornbostel aus dem Jahre 1930 berichtet.

29 Stumpf hat hier den Begriff der *Gestalt* zwar nicht benutzt, im Ergebnis aber Sachverhalte geschil-

dert und Deutungen gegeben, die übereinstimmend auch von der Gestalt- bzw. Ganzheitspsychologie berichtet wurden; vgl. z. B. Krüeger 1903, S. 36, und von Hornbostel 1926, S. 722; Wellek 1963.

30 Abraham 1923, S. 3; diese Äußerungen sind sachlich unhaltbar und stehen auch im Widerspruch zur „asiatischen" Musikpraxis Siams und Javas, an der Abraham/von Hornbostel (1904) ja die These der exakt gleichstufigen Temperierung exemplifizieren wollten. Wäre aber die Musikpraxis so ungeregelt, wie Abraham sie sah, hätten auch die Gamelan-Instrumente usw. erhebliche Abweichungen ad libitum zeigen müssen. Die Argumentation ist mithin untriftig und — worauf Handschin 1948, S. 109ff., hinwies — durch einen eigentümlichen ‚Aristoxenismus' geprägt, der einseitig auf das Moment der *Tonhelligkeit* bzw. der *Tondistanz* abstellte (vgl. Schneider 1976, S. 151).

31 S. hierzu O. Abraham 1901/02 und 1923 sowie Bachem 1955. — Erscheinungsformen und Wirkungsweisen des Absoluten Gehörs finden sich eingehend erörtert in einer Hamburger Dissertation von Eva-Marie Heyde: *Was ist „Absolutes Hören"? Eine musikpsychologische Untersuchung* (1986).

32 Auf dieses Konstrukt der Psychophysik (Stevens/Volkmann 1940) kann ich hier aus Raumgründen nicht näher eingehen; zur Kritik vgl. aber Pikler 1966; Hesse 1971, S. 158.

33 Auf die meisten älteren Untersuchungen, ihre Methoden und Ergebnisse geht Fricke (1968) ein.

34 Der Befund ist kurz mitgeteilt in Mostrass 1961, S. 149; auf Garbusows Begriff des „Zonencharakters" komme ich unten (S. 180) zu sprechen.

35 Versuche mit g l e i t e n d e n Tonhöhen, wie sie seinerzeit Reinecke (1964), Lichthorn (1962) und Daenicke (1968) durchgeführt und publiziert haben, sind daher wohl zur Abklärung isolierter Fragen der sog. ‚Psychoakustik' (die den älteren Anstz der *Psychophysik* vielerorts im Wort, aber keineswegs auch in konzeptioneller Hinsicht abgelöst hat), nur mit Einschränkungen in musikalischer Hinsicht relevant (vgl. auch Daenicke 1968, S. 49). Mit gleitenden Tonhöhen operierte auch Fricke (1968, S. 125ff.) bei seinen Untersuchungen, wofür er Gründe angab, die vor allem die Methodik psychologischer Experimente (vgl. hierzu z. B. Maschewsky 1977; Henning/Muthig 1979) betreffen. Damit wird aber zugleich der „Laboratoriumscharakter" dieser Versuche deutlich, zumal bekannt ist, daß die Urteile der Vpn bezüglich der optimalen Intervallgröße hier durch die „Voreiltendenz" (vgl. Reinecke 1964, S. 105f.; Fricke 1968, S. 126ff.) beeinflußt werden. Ein erheblich besseres Verfahren benutzte Höchel (1966), der die Vpn selbst zu Rahmentönen (z. B. Quinte d^2 — a^2) die Terz fis^2 einstellen bzw. geforderte Töne auf der Blockflöte mit ihrem weiten Ziehbereich zu Bezugstönen intonieren ließ.

36 Vgl. auch Jahn 1931. Symptomatisch scheint mir zu sein, daß in einem Lehrbuch des Violinspiels, das schon vom Titel her auf die *„Intervall-Analyse als Grundlage der Grifftechnik im Violinspiel"* (Hendriks 1979) abstellt, eine musiktheoretische Fundierung unterbleibt und die relevanten Intonationsprobleme gleichfalls kaum erörtert werden, so als ließen sich diese durch Fingerfertigkeit allein aus der Welt schaffen.

37 Meinel führt hierzu aus, daß die Saiten G—D—A—E gewöhnlich in reinen Quinten 3:2 eingestimmt werden und der Geiger sich immer wieder an den leeren Saiten orientiert; vgl. Meinel 1957.

38 Dies bestätigen auch Messungen von Lottermoser/Meyer (1960) an gesungenen Schlußakkorden von Oratorienchören; die Terzen 4/5 waren erheblich zu groß, hier aber auch die Terzen 6/5 zu eng genommen.

39 Nach Messungen von Lottermoser/von Braunmühl (1955), die das Orchester des SWF Baden-Baden bei einer Darbietung der *Tragischen Ouvertüre* von Brahms aufzeichneten und einmal die Einhaltung des Stimmtons von a^1 = 440 Hz, dann die Veränderungen bei ausgehaltenen Tönen untersuchten. Der Ansatz dieser Arbeit ist indessen insoweit untriftig, wie offenbar erwartet wurde, daß im Orchester jedes zu intonierende a^1 exakt dem F r e q u e n z wert von 440 Hz zu entsprechen habe; dies kann bei harmonisch richtiger Intonation gerade nicht der Fall sein, weil ein a als Terz über f nicht tonhöhengleich mit einem a als Quinte über d ist.

40 Hier wird gern das berühmte Beispiel von Max Planck zitiert (Planck 1893), ein Chorsatz, dessen Realisierung in natürlich-harmonischer Stimmung zu einem Absinken um fünf Kommata führen

muß; das Stück wurde von einem Ensemble entgegen der Erwartung Plancks — der für den Chorgesang temperierte Stimmung für angemessen hielt — richtig intoniert, eine elektronische Realisierung, die Meinel herstellen ließ, offenbar *als natürlich empfunden*" (Meinel 1955, S. 286). Zu dem hier auftretenden Problem der „liegenbleibenden Töne" usw. vgl. Vogel 1975, S. 426ff.

41 Vgl. Elschek 1979; zur Tonhöhenschreibung auch Pisani 1971; Lottermoser 1976/77.

42 Hierzu Goydke 1976/77. Die von uns sonagraphierten Musikproben wurden z. T. nach dem auch von Sirker (1973) beschriebenen Verfahren genauer analysiert; hierzu diente ein B & K-Frequenzanalysator 2107 und ein Tektronix 549 Storage Oscilloscope, dem die ausgesiebte Grundwelle zugeführt und durch externe Triggerung zum Stillstand gebracht wurde. Der Nachteil dieses hinsichtlich der Frequenzgenauigkeit sehr guten Verfahrens ist darin zu sehen, daß selbst aus „stehenden" Tönen jeweils nur kleine Ausschnitte gemessen werden und somit sehr viele (und zeitraubende) Messungen erforderlich sind. Die vom Sonagraphen gelieferten Spektralanalysen sind in Stichproben durch solche mit einem Rohde & Schwarz-Spektrographen FNA (BN 48301) kontrolliert worden. — Die Sonagraphien entstanden schon 1978 in der Kommission für Schallforschung der Österreichischen Akademie der Wissenschaften mit freundlicher Unterstützung ihres damaligen Leiters, Prof. Walter Graf (†). Die digitalen Messungen führte dort Herr Dr. W. Deutsch durch, dem ich für seine Hilfe sehr zu Dank verpflichtet bin, ebenso Herrn Dr. Stock (Institut für Kommunikationswissenschaft und Phonetik der Universität Bonn), der mich wiederholt beraten und apparativ unterstützt hat.

43 Zu digitalen Meßverfahren im hier relevanten Bereich vgl. auch Bariaux et al. 1975; Wogram/Ramm 1979; Deutsch 1982.

44 Die hier bei der Intonation auf der Violine gemessenen Frequenzhübe sind klein gegenüber dem Vibrato, wie es bei Sängern schon früher registriert wurde (Seashore 1935) und jederzeit leicht zu messen ist; Größenordnungen von $\pm$ 25 Cent (d. h. eine Bandbreite von etwa einem Viertelton) werden dabei ohne weiteres erreicht, häufig sogar überschritten.

45 Es handelt sich dabei lediglich um Stichproben; gemessen wurden jeweils Zeitfunktion, Grundfrequenz und Spektrum. Das Verfahren war FFT.

46 Nach den Beobachtungen von Greer (1970) bei der Intonation von Blechbläsern ist dieser Einfluß nicht hochsignifikant; die Bläser hatten weit größere Probleme, zu einem Sinusgenerator, der Tonschritte in gleichstufiger Temperierung produzierte, „in tune" zu spielen. Nach Biock (1975, S. 151f.) ist der Einfluß der „Klangfarbe" auf die Beurteilung von Intonationen im Hörversuch jedenfalls ausgeprägt, während Warnke (1976, S. 58, 46, u. ö.) bei Versuchen zur Tonhöhenwahrnehmung zwischen den aus Instrumentenklängen gewonnenen Reizen bzw. deren Beurteilung keine signifikanten Abweichungen feststellen konnte.

47 Man hat beispielsweise Tonschritte durchweg arithmetisch gemittelt und so die Differenz zwischen den beiden Ganztönen, die mit einiger Wahrscheinlichkeit von etlichen Musikern beachtet und sogar meßtechnisch erfaßt worden ist, nachträglich durch eine inadäquate Statistik beseitigt. Der Fehler vieler Untersuchungen ist, daß sie allein die Abweichungen von Intonationsmustern von der gleichstufigen Temperierung betrachten, alle Meßwerte wie gehabt mitteln und dann an solcherart gefundene Ergebnisse nicht selten sehr weitreichende Schlußfolgerungen knüpfen, vgl. z. B. Greer 1970 sowie Fransson/Sundberg/Tjernlund 1974. Inadäquat dürfte es auch sein, die europäische gleichstufige Temperierung als „Bezugsrahmen" für die akustische Untersuchung eines ägyptischen Nay-Solos zu nehmen (E. Jost, in: Studia instrumentorum musicae popularis II, 1972, S. 113), weil diese Musik selbstverständlich in einem völlig anderen Tonsystem abläuft, dem statistisch (vgl. hierzu A. Simon, *Studien zur ägyptischen Volksmusik,* Hamburg 1970, S. 148ff.) schwerlich beizukommen ist: Ein Ton s y s t e m ist per definitionem ein Gefüge hierarchisch gegliederter Tonrelationen und nicht etwa ein Ensemble statistisch gemittelter Frequenzdistanzen. Daß für die betreffende Musik bzw. einen bestimmten Modus konstitutive Tonschritte mit ziemlich konstanter Intonation auch eingehalten werden, ergaben Messungen von Simon (1970, S. 153) zum Dreivierteltonschritt im Modus Bayātī.

48 Dieser Sachverhalt entspricht weitgehend dem aus der Antike bekannten Phänomen der *Hestotes* und *Kinoumenoi* (vgl. M. Vogel, *Die Enharmonik der Griechen*, Bd. I, Düsseldorf 1963, S. 28ff., 40). Zum Gebrauch des Vibratos in außereuropäischer Musik s. Födermayr 1971, S. 130ff., und Deva 1959.

49 So Terhardt 1972, S. 196, der zuvor (Terhardt 1969/70, S. 350) eben diesen Sachverhalt als A n - n a h m e ausgewiesen bzw. deklariert hatte, was *„man sinnvollerweise anzunehmen hat".* Zu weiteren Annahmen hinsichtlich der *„pitch intervals between the audible harmonics of complex tones"* s. Terhardt 1972, S. 623, der dort aus Suppositionen sofort Schlußfolgerungen bzw. Kausalketten ableitet (*„This assumption implies . . ."*). Die Neigung zu empirisch nicht verifizierten Verallgemeinerungen und methodologisch schwer haltbaren Deduktionen zeigt sich auch an anderer Stelle, wo es bei der m. E. vorschnellen Generalisierung von an gleichstufig temperierten Skalen gewonnenen Ergebnissen heißt: „[. . .] *the determining psychoacoustic principles* [gemeint ist vor allem das Phänomen der sog. „gestreckten" Oktave] *are of course* [?!] *involved in the intonation of e v e r y musical scale. Therefore* [sic] *it must be concluded that even just or pythagorean intonation cannot be considered as ideal"* (Terhardt/Zick 1975, S. 273). Diese Konklusion ist aber nur eine Hypothese, die erst zu prüfen und gegebenenfalls zu beweisen wäre. Eine auf solchen Hypothesen aufbauende weitere Schlußfolgerung erscheint daher unzulässig; sie lautet lapidar: *„Eine feste Intonation, die als ‚theoretisches Ideal' anzustreben wäre, gibt es nicht"* (Terhardt 1976/77, S. 136). Auf die Konsonanztheorie Terhardts, in der Konsonanz insbesondere durch die Abwesenheit von Rauhigkeit definiert wird, kann hier aus Raumgründen nicht eingegangen werden; zum Problem der Konsonanz s. auch Hutchinson/Knopoff 1978.

50 Vgl. auch J. Sommer, in: *Dokumentation Europiano-Kongreß* Berlin 1965, S. 187—199 und Vogel 1975, S. 250f.

51 Stumpf 1911, S. 343. Bei Stumpf spielt zwar die phänomenologische Betrachtung immer eine gewisse Rolle, sie steht hier aber hinter der sinnesphysiologischen und psychologischen zurück; es bleibt zu bedauern, daß die Bände 3 und 4 der *Tonpsychologie,* in denen Stumpf auf Fragen von Konsonanz und Dissonanz, Intervallempfinden und auch auf die Probleme der Intonation einzugehen gedachte (hierzu schon Bd. I, 1883, S. 163), nie das Licht der Welt erblickt haben ! — Zur Kritik der „Stufenlehre" und zu „leitereigenen Tönen" usw. vgl. Vogel 1975.

52 So war Riemann der Überzeugung, *„daß wir durchaus im Sinne der reinen Stimmung die Tonhöhenverhältnisse vorstellen"* (1916, S. 26), zugleich sagte er aber, daß unserem *„Hörorgan* [. . .] *die absolut reinen Intonationen gar nicht Bedürfnissache sind"* (1915/16, S. 18); hiermit wird deutlich, daß für Riemann die reine Stimmung eine Art „regulative Idee" darstellte, auf deren Durchsetzung in der Praxis es ihm dann um 1915 nicht mehr ankam.

53 Riemann (1914/15, S. 2) sagte selbst, daß er endgültig erst durch *„intensive Beschäftigung mit dem ‚letzten Beethoven' "* zu seinen Ideen gelangt sei, also durch musikalische Analyse und einen „verstehenden" Ansatz; in der genannten Arbeit kommen aber auch pädagogische Aspekte des Gesangsunterrichts zur Sprache, während die fortwährende Erörterung der *„Kardinalfrage: Was stellen wir vor?"* auf das Gebiet der Phänomenologie verweist. Mit Husserl teilt Riemann hier die Ablehnung der experimentellen Psychologie zu Gunsten der auf das seelische Erleben gerichteten *„originären Psychologie"* (so Husserl in seinem Logos-Aufsatz von 1910/11, S. 303). Das Konzept der „Vorstellungen" findet sich im übrigen in der auch so benannten *Denkpsychologie* von Richard Hönigswald.

54 Vgl. F. Sander, *Experimentelle Ergebnisse der Gestaltpsychologie,* in: Bericht über den 10. Kongreß für experimentelle Psychologie Bonn 1927, Jena 1928, S. 52, sowie M. Wertheimer, *Über Gestalttheorie,* in: Philosophische Zeitschrift für Forschung und Aussprache 1, 1927, S. 39—60.

55 Vgl. P. Faltin, *Musikalische Syntax,* in: Archiv für Musikwissenschaft 34, 1977, S. 5. Die dort stillschweigend gezogene Analogie zwischen Sprache — die zumal als konkretes „Sprechen" (vgl. Saussure, Coseriu etc.) der Grammatik vorausliege — und Musik hält so kritischer Nachprüfung nicht stand; auf das in Wahrheit viel kompliziertere Verhältnis von Sprechen, Grammatik und Syntax, wie es u. a. Chomsky wiederholt erörtert hat, kann hier nur verwiesen werden.

56 Von dem es *per definitionem* immer nur e i n e s geben kann; zur Kritik von Riemann s. auch Dahlhaus 1970, S. 51f.; zu Riemann sonst Seidel 1966; Imig 1970 und Vogel 1975.

57 So mußte Riemann, dessen „Tonvorstellungen" ganz offensichtlich aus der Analyse der Werke Bachs und Beethovens erwachsen waren, einräumen, daß er Schwierigkeiten habe, *„ein komplizierter gearbeitetes modernes Tonstück gleich beim erstmaligen Hören zu verstehen",* was er auf den Umstand zurückführte, darauf angewiesen zu sein, hier *„durch Apperzeption der erklingenden Einzelintonationen den Gesamtverlauf zu begreifen".* Eine Kritik Stumpfs und Riemanns, die beide vom temperierten Klavier ausgingen und daher zwangsläufig mit „Auffassungskonsonanzen" und „Auffassungsdissonanzen" arbeiten mußten, bietet schon Hohenemser (1915).

58 C. Dahlhaus 1968; 1975; 1976; 1982.

59 *Neue Beiträge zu einer Lehre von den Tonvorstellungen,* in: Jb. Peters 23, 1916, S. 2f., und *Folkloristische Tonalitätsstudien* I, 1916.

60 Vgl. R. Ingarden 1962, S. 51ff., und ders., *Erlebnis, Kunstwerk und Wert,* Tübingen 1969, S. 217. Zu Ingarden auch Schneider 1984, S. 14ff.

61 Was hier vor allem zum Vorschein kommt, ist die Attitüde eines unreflektierten Positivismus, der gerade durch „exakte Messung" glaubt, über die als normativ und hinderlich empfundene ‚Natur' hinwegzukönnen; Walter Wiora hat seinerzeit zu Recht klargestellt, daß bezüglich der Musik nur die ‚Natur der Sache', keine substanzhafte im Sinne der „Wesensschau" in Betracht zu ziehen ist (Wiora 1962/63). — Auf den Begriff der Natur kann ich hier nicht näher eingehen (dies soll in Bd. II zu Schneider 1984 geschehen), zur „Archäologie" des Begriffs vgl. man A. Pellicer, *Natura,* Paris 1966.

62 Symptomatisch für die hier aufscheinende methodologische Verengung im Fahrwasser des Neukantianismus sind die Bemühungen, die Carl Dahlhaus (1970) anstellt, Musiktheorie von ‚Natur' zu expurgieren und für ‚Geschichte' freizumachen; so wird aus dem Zwang der Argumentation sogar die berühmte ‚Natur der Sache' zu einem *„peripheren Hilfsbegriff in der Rechtswissenschaft"* (Dahlhaus 1970, S. 52), die ‚Natur' hingegen wohl mit der substanzhaften φύσις identifiziert, was für Musik als relationales Systemgefüge aber gerade nicht paßt. Selbstredend ist auch die ‚Natur der Sache' kein *„peripherer Hilfsbegriff",* sondern ein grundlegendes Konzept der Rechtstheorie und Naturrechtslehre von der Antike bis zur Gegenwart; vgl. hierzu G. Sprenger, *Naturrecht und Natur der Sache,* Berlin 1976 m. w. Lit.

63 Th. W. Adorno, *Zur Metakritik der Erkenntnistheorie. Studien über Husserl und die phänomenologischen Antinomien,* Stuttgart 1956, wo (z. B. S. 185) der phänomenologische Ansatz u. a. *„als Reaktion auf die psychologistische Kausalbetrachtung"* ausgewiesen und der Weg beleuchtet wird, auf dem „*Phänomenologie selbst von Intention zur Intention ihren Objekten vergebens nachjagt"* (S. 227).

64 C. Dahlhaus 1982, S. 14, der sich hier auf von Hornbostel (1913) berufen will; die Konstruktion zielt darauf ab, die Komposition als vom Werkschöpfer frei zu manipulierende „unabhängige Variable" zu setzen, mit der die „abhängige Variable" Tonsystem dann wohl „kovariieren" soll.

65 Es ist in der Tat ein Vorurteil, zu glauben, daß in Zahlenproportionen „das Wesen der Musik" begründet sei (vgl. Dahlhaus 1982, S. 2); gegen die substanzhafte Auffassung der Zahl wandte sich schon Aristoteles (*Metaphysik* 1090a u. ö.). Die „Wesensfrage" ist dort, wo es um Funktionen und Relationen geht, wie bei Tonsystemen, falsch gestellt.

66 H. Heiss, *Die elektronische Musik und der Hörer,* in: *Der Wandel des musikalischen Hörens,* Berlin 1962, S. 41—47, und hierzu W. Dömling, in: Hamburger Jahrbuch der Musikwissenschaft 1, 1974, S. 181f.

67 Es sind kürzlich in Australien erstmalig Versuche dahingehend angestellt worden, daß „Exoten" (in diesem Falle Aborigines) mit „westlicher" Musik konfrontiert und dabei systematisch auf ihre Reaktionen hin beobachtet wurden; vgl. Clynes/Nettheim 1982.

Literaturverzeichnis

Abraham, O.: *Das absolute Tonbewußtsein,* in Sammelbände der Intern. Musikges. 3, 1901/02, S. 1—86.

ders.: Diskussionsbeitrag, in: Bericht über den 6. Kongreß für experimentelle Psychologie Göttingen 1914, Leipzig 1914, S. 135f.

ders.: *Tonometrische Untersuchungen an einem deutschen Volkslied,* in: Psychologische Forschung 4, 1923, S. 1—22.

ders./Hornbostel, E. M. v.: *Über die Bedeutung des Phonographen für vergleichende Musikwissenchaft,* in: Zeitschr. für Ethnol. 36, 1904, S. 222—231.

dies.: *Zur Psychologie der Tondistanz,* in: Zeitschr. für Psychol. 98, 1925, S. 233—249.

Albersheim, G.: *Zur Psychologie der Ton- und Klangeigenschaften,* Straßburg 1939.

ders.: *Zur Musikpsychologie,* Wilhelmshaven ²1979.

Assafjew, B.: *Die musikalische Form als Prozeß,* Berlin/DDR 1976.

Bachem, A.: *Tone height and tone chroma as two different pitch qualities,* in: Acta psychol. 7, 1950, S. 80—88.

ders.: *Absolute Pitch,* in: Journ. Acoust. Soc. Am. 27, 1955, S. 1180—1185.

Barbour, J. M.: *Bach and the art of temperament,* in: Musical Quarterly 33, 1947, S. 64—89.

ders.: *Musical scales and their classification,* in: Journ. Acoust. Soc. Am. 21. 1949, S. 586—589.

ders.: *Tuning and Temperament,* East Lansing 1955 (Repr. N. Y. 1972).

ders.: *Mißverständnisse über die Stimmung des javanischen Gamelans,* in: Musikforschung 16, 1963, S. 315—323.

Bariaux, A. et al.: *A Method for spectral analysis of musical sounds, description and performances,* in: Acustica 32, 1975, S. 307ff.

Baumann, M. P.: *Musikfolklore und Musikfolklorismus,* Winterthur 1976.

ders.: *Das Eigene und das Fremde,* in: Fs. E. Klusen, Bonn 1985, S. 47—59.

Becking, G.: *Hören und Analysieren. Zu H. Riemanns Analyse von Beethovens Klaviersonaten (1919),* in: Gustav Becking zum Gedächtnis, ed. W. Kramolisch, Tutzing 1975, S. 169ff.

Békésy, G. v.: *Experiments in Hearing,* New York 1960.

Biock, H. R.: *Zur Intonationsbeurteilung kontextbezogener sukzessiver Intervalle,* Regensburg 1975.

Blacking, J.: *How musical is man?* Seattle/London 1973.

Boyden, D.: *Prelleur, Geminiani, and just intonation,* in: Journ. Am. Mus. Soc. 4, 1951, S. 202—219.

Bruhn, G.: *Über die Hörbarkeit von Glockenschlagtönen. Untersuchungen zum Residualproblem,* Regensburg 1980.

Clynes, N./Nettheim, N.: *The living quality of music. Neurobiologic patterns of communicating feeling,* in: M. Clynes (Ed.), *Music, mind, and brain,* New York/London 1982, S. 47—82.

Collaer, P.: *Les Phénomènes primitifs de l'invention musicale,* in: Acta Oto-Rhinolaryngologica Belgica 8, 1954, S. 9—15.

Cordier, S.: *Stimmung des Klaviers und Inharmonizität,* in: Musikinstrument 30, 1981, S. 171—174.

Corso, J. F.: *Scale position and performed melodic octaves,* in: Journ. of Psychol. 37, 1954, S. 297—305.

Cremer, L.: *Der Einfluß des „Bogendrucks" auf die selbsterregten Schwingungen der gestrichenen Saite,* in: Acustica 30, 1974, S. 119—136.

Daenicke, W.: *Bewertung von Intervallbeobachtungen an Hand der Frequenzdistanz,* in: Jb. Staatl. Inst. Musikforsch. 1968, S. 29—64.

Dahlback, K.: *New Methods in vocal folk music research,* Oslo 1958.

Dahlhaus, C.: *Die reine Stimmung als musikalisches Problem,* in: Fs. til Olav Gurvin, Oslo 1968, S. 49ff.

ders.: *Hermann von Helmholtz und der Wissenschaftscharakter der Musiktheorie,* in: Über Musiktheorie, ed. F. Zaminer, Köln 1970, S. 49—58.

ders.: *Relationes harmonicae,* in: Archiv für Musikwissenschaft 32, 1975, S. 208—227.

ders.: *Neue Musik und „reine Stimmung",* in: Melos/NZfM 135, 1976, S. 115—117.

ders.: *„Reine" oder adäquate Stimmung,* in: Archiv für Musikwissenschaft 32, 1982, S. 1—18.

Dammann, R.: *Der Musikbegriff des deutschen Barock,* Köln 1967.

194

Danckert, W.: *Tonreich und Symbolzahl,* Bonn 1966.

Deutsch, W.: *Methods of digital signal-processing for exp. musicological research,* Paper pres. at the Summer workshop on Psychoacoustics of music, Jablonna, Warschau 1982.

Deva, B. C.: *The Vibrato in Indian music,* in: Acustica 9, 1959, S. 175—180.

Dräger, H. H.: *Die Verbindlichkeit der mathematischen Intervall-Defintion,* in: Musikal. Zeitfragen 10, 1962, S. 27—33.

Ellis, A. J.: *On the Scales of various nations,* in: Journ. of the Soc. of arts 33, 1885, S. 485—527.

Elschek, O.: *Melographische Interpretationscharakteristika von Flötenmusik,* in: Studia instr. mus. pop. VI, Stockholm 1979, S. 43—58.

Enders, B.: *Studien zur Durchhörbarkeit und Intonationsbeurteilung von Akkorden,* Regensburg 1981.

Fechner, G. Th.: *Elemente der Psychophysik* (1862), Leipzig ³1907.

Feld, St.: *„Flow like a waterfall": the metaphors of Kaluli musical theory,* in: Yearbook for trad. music 13, 1981, S. 22—47.

Filip, M.: *Envelope periodicity detection,* in: Journ. Acoust. Soc. Am. 45, 1969, S. 719—732.

ders.: *Frekevencné merania a tónová sústava,* in: Nové cesty hudby (2), Praha 1970, S. 50—85.

ders.: *Acoustic measurements as auxiliary methods in ethnomusicology,* in: Musicol. Slovaca 7, 1978, S. 77—87.

Födermayr, F.: *Zur gesanglichen Stimmgebung in der außereuropäischen Musik,* Bd. 1/2, Wien 1971.

Fokker, A. D.: *New Music with 31 Notes,* Bonn 1975.

Francès, R.: *La Perception de la musique,* Paris 1958.

Fransson, F./Sundberg, J./Tjernlund, P.: *The Scale in played music,* in: Svensk Tidskrift för Musikforskning 56, 1974, S. 49—54.

Fricke, J. P.: *Intonation und musikalisches Hören.* Hab.-Schr. Köln 1968.

ders.: *Die Relativität optimaler Intervallgrößen,* in: Kongreßbericht Int. musikwiss. Kgr. Bonn 1970, Kassel 1973, S. 397—400.

Gärtner, J.: *Das Vibrato unter besonderer Berücksichtigung der Verhältnisse bei Flötisten,* Regensburg ²1980.

Ganter, B./Henkel, H./Wille, R.: *Mutabor. Ein rechnergesteuertes Musikinstrument zur Untersuchung von Stimmungen,* TH Darmstadt, FB Mathematik, 1984, Reprint Nr. 863.

Garbusow, N.: *Wnutrisornv intonaziony sluch i metody ego raswitija,* Leningrad/Moskau 1951.

Gerson-Kiwi, E.: *Der Sinn des Sinnlosen in der Interpolation sakraler Gesänge,* in: Fs. W. Wiora, Kassel 1967, S. 520—528.

dies.: *Drone and Dyaphonia Basilica,* in: Yearbook of the International Folk Music Council 4, 1972, S. 9—22.

dies.: *Zur Musiktradition der Samaritaner,* in : Baessler-Archiv N. F. 23, 1975 (= Fs. K. Reinhard), S. 139—144.

Graf, W.: *Zur rationalen Deutung des Hörbereichs als geisteswissenschaftliches Problem,* in: Fs. P. Schebesta, Wien 1963, S. 477—498.

ders.: *Zur sonagraphischen Untersuchung von Sprache und Musik,* in: Grazer und Münchener balkanologische Untersuchungen, München 1967, S. 40—55.

ders.: *Zu den west-östlichen Parallelen in den frühen Reflexionen über Musik,* in: Essays in Ethnomusicology (Fs. Lee Hye-Ku), Seoul 1969, S. 301—338.

ders.: *Einige Gedanken zu einer allgemeinen Theorie der Tonsysteme, bes. unter Berücksichtigung „primitiver" Musik,* in: Speculum musicae artis, Fs. H. Husmann, München 1970, S. 159—170.

Goydke, H.: *Darstellung des Tonhöhenverlaufs,* in: Acustica 36, 1976/77, S. 223—227.

Greene, P. C.: *Violin Performance with reference to tempered, natural and pythagorean intonation,* in: Univ. of Iowa Studies in the psychol. of music, Vol. 4, 1937a, S. 232—251.

ders.: *Violin Intonation,* in: Journ. Acoust. Soc. Am. 9, 1937b, S. 43—44.

Greer, R. D.: *The Effect of timbre on brass-wind intonation,* in: E. Gordon (Ed.), *Exp. Research in the psychol. of music* (= Studies in the psychol. of music, Vol. VI), Iowa City 1970, S. 65—94.

Hagerman, B./Sundberg, J.: *Fundamental frequency adjustment in barbershop singing,* in: Quart. Pro-

195

gress and Status Report, Royal Inst. of Technology, Stockholm, April 1980, S. 28—42.

Handschin, J.: *Der Toncharakter,* Zürich 1948.

Heinitz, W.: *Strukturprobleme in primitiver Musik,* Hamburg 1931.

Helmholtz, H. v.: *Über die physiologischen Ursachen der musikalischen Harmonien* (Vortrag, Bonn 1857), ed. F. Krafft, München 1971.

ders.: *Die Lehre von den Tonempfindungen,* Braunschweig 1863, ³1870, ⁵1896.

Hendriks, M.: *Intervallanalyse als Grundlage der Grifftechnik im Violinspiel,* Hamburg 1979.

Henning, H. J./Muthig, K.: *Grundlagen konstruktiver Versuchsplanung,* München 1979.

Hesse, H. P.: *Die Wahrnehmung von Tonhöhe und Klangfarbe als Problem der Hörtheorie,* Köln 1971.

Hickmann, H.: *Die Rolle des Vorderen Orients in der abendländischen Musikgeschichte,* in: Cahiers d'histoire égyptienne 9, 1957, S. 19—37.

Höchel, L.: *Zur Entwicklung des Intonationsgehörs im Bereich der Mehrstimmigkeit,* in: Bericht über den Intern. musikwiss. Kongreß Leipzig 1966, Leipzig/Kassel 1970, S. 529—535.

Hohenemser, R., *Über Konkordanz und Diskordanz,* in: Zeitschr. f. Psychol. 72, 1915, S. 373—382.

Hood, M.: *The nuclear theme as determinant of Patet in Javanese Music,* Groningen 1954.

ders.: *Slendro and Pelog redefined,* in: Selected Reports in Ethnomusicology I, L. A. 1966, S. 28—48 (mit einem Beitrag von Max Harrell).

ders.: *The Ethnomusicologist,* New York 1971.

Hornbostel. E. M. v.: *Über den gegenwärtigen Stand der Vergleichenden Musikwissenschaft,* in: Kongreßber. 2. Kgr. der IGMw Basel 1906, Leipzig 1907, S. 56—60.

ders.: *Melodie und Skala,* in: Jb. Peters 19 für 1912, Leipzig 1913, S. 11—23.

ders.: *Psychologie der Gehörserscheinungen,* in: Handbuch der normalen und pathol. Physiol., Bd XI, 1, Berlin 1926, S. 701—730.

ders.: *Musikalische Tonsysteme,* in: Handbuch der Physik, Bd VIII, Berlin 1927, S. 425—449.

Houtsma, A. J.: *What determines musical pitch?* In: Journal of Music theory 15, 1971, S. 138—157.

Husmann, H.: *Grundlagen der antiken und orientalischen Musikkultur,* Berlin 1961.

Hutchinson, W./Knopoff, L.: *The acoustic component of western consonance,* in: Interface 7, 1978, S. 1—29.

Imig, R.: *Systeme der Funktionsbezeichnung in den Harmonielehren seit Hugo Riemann,* Düsseldorf 1970.

Ingarden, R.: *Untersuchungen zur Ontologie der Kunst,* Tübingen 1962.

Jahn, A.: *Besonderheiten der Intonation auf der Violine,* in: 52. Jahresbericht der Staatl. akad. Hochschule in Berlin 1931, S. 22ff.

Jost, E.: *Über den Einfluß der Darbietungsdauer auf die Identifikation von instrumentalen Klangfarben,* in: Jb. Staatl. Inst. für Musikforsch. 1969, Berlin 1970, S. 83—92.

Keidel, W. D.: *Informationsphysiologische Aspekte des Hörens,* in: Studium generale 22, 1969, S. 49—82.

ders. (Ed.): *Physiologie des Gehörs. Akustische Informationsverarbeitung,* Stuttgart 1975.

ders.: *Der Harmoniebegriff des Pythagoras aus sinnesphysiologischer Sicht,* in: Musik und Zahl, ed. G. Schnitzler, Bonn 1976, S. 201—231.

Keidel, W. D./Neff, W. D. (Eds.): *Handbook of Sensory Physiology,* Vol. V, Berlin/Heidelberg/N. Y. 1974—1976.

Kelletat, H.: *Zur musikalischen Temperatur,* Bd. 1/2, Kassel 1981/82.

Kent, E. L.: *Der Einfluß der Inharmonizität auf die Stimmpraxis,* in: H. Junghanns (Ed.), *Der Piano- und Flügelbau,* Frankfurt/M. ⁴1971, S. 100—110.

Klix, F.: *Information und Verhalten,* Bern/Stuttgart 1971.

Kluge, R.: *Definition der Begriffe Gestalt und Intonation,* in: Beitr. zur Musikwiss, 6, 1964, S. 85—100.

Kolinski, M.: *The Origin of the Indian 22-tone-system,* in: Studies in ethnomusicology I, New York 1961, S. 3—18.

ders.: *Gestalt hearing of musical intervals,* in: The Commonwealth of music (= Fs. C. Sachs), ed. G. Reese, N.Y. 1965, S. 368—374.

Kramarz, V.: *Harmonieanalyse von Rockmusik,* Mainz 1983.

196

Kreichgauer, A.: *Über Maßbestimmungen freier Intonationen*, Phil. Diss. Berlin 1932.

Krüger, F.: *Das Bewußtsein der Konsonanz*, Hab.-Schr. Leipzig 1903.

Krüeger, H.: *Die Verstimmung (scordatura, discordatura) auf Saiten-Instrumenten in Beziehung zur klanglichen Einrichtung der Instrumente und zum Tonsystem . . .*, in: Bericht über den 7. Intern. musikwiss. Kongreß Köln 1958, Kassel 1959, S. 172—174.

Krüger, W.: *Zur Stimmung der Metallblasinstrumente*, in: Wiss. Zeitschr. der TH Karl-Marx-Stadt 5, 1963, S. 195—198.

Kubik, G.: *Mehrstimmigkeit und Tonsysteme in Zentral- und Ostafrika*, in: SB. Österr. Akad. d. Wiss., Phil.-hist. Kl. Bd. 254, 1968, 4. Abhdl.

ders.: *Perzeptorische und kognitive Grundlagen der Musikgestaltung in Schwarzafrika*, in: Musicol. Austriaca 1, 1977, S. 35—90.

Lachmann, R.: *Musiksysteme und Musikauffassung*, in: Zeitschr. für Vgl. Musikwiss. 3. 1935, S. 1—23.

Lichthorn, H. G.: *Zur Psychologie des Intervallhörens*, Diss. Hamburg 1962.

Lieber, E.: *Moderne Theorien über die Physik der schwingenden Saite und ihre Bedeutung für die musikalische Akustik*, in: Acustica 33, 1975, S. 324—335.

Lottermoser, W.: *Frequenzschwankungen bei musikalischen Klängen*, in: Acustica 36, 1976/77, S. 138—146.

ders./Braunmühl, H. J. v.: *Beitrag zur Stimmtonfrage*, in: Acustica 5, 1955, S. 92—97.

ders./Meyer, J.: *Frequenzmessungen an gesungenen Akkorden*, in: Acustica 10, 1960, S. 181—184.

McClure, A. R.: *Studies in keyboard temperaments*, in: Galpin-Soc. Journ. 1, 1948, S. 28—40.

McPhee, C.: *Music in Bali*, New Haven/London 1966.

Madsen, C. K.: *The effect of scale direction on pitch acuity in solo vocal performance*, in: Journ. Res. music educ. 14, 1966, S. 266—275.

Majernik, V./Kaluzný, J.: *On the auditory uncertainty relations*, in: Acustica 43, 1979, S. 132—146.

Makeig, S.: *Affective vs. analytic perception of musical intervals*, in: M. Clynes (Ed.): *Music, Mind, and brain*, London 1982, S. 227—250.

Manik, L.: *Das arabische Tonsystem im Mittelalter*, Leiden 1969.

Maschewsky, W.: *Das Experiment in der Psychologie*, Frankfurt/M. 1977.

Mason, J. A.: *Comparison of solo and ensemble performance with reference to pythagorean, just and equitempered intonation*, in: Journ. Res. music educ. 8, 1960, S. 31—38.

Mehner, K.: *Untersuchungen zur Intonation im Simultanterzbereich beim einstimmigen Singen*, Diss. päd. Humboldt-Univ. Berlin 1965.

ders.: *Kommauntersuchungen beim einstimmigen begleiteten Singen*, in: Bericht über den Int. musikwiss. Kongreß Leipzig 1966, Leipzig/Kassel 1970, S. 524—528.

Meinel, H.: *Musikinstrumentenstimmungen und Tonsysteme*, in: Acustica 7, 1957, S. 185—190.

ders.: *Zum Einfluß der Tonsysteme auf den Normstimmton*, in: Acustica 5, 1955, S. 284—288.

Metfessel, M.: *Phonophotography in Folk music*, Chapel Hill/N. C. 1928.

Meyer, J.: *Die Deutung von Klangspektren*, in: Musikinstrument 12, 1963, H. 9.

ders.: *Akustik und musikalische Aufführungspraxis*, Frankfurt/M. 1972.

ders.: *Zur Tonhöhenempfindung bei musikalischen Klängen in Abhängigkeit vom Grad der Gehörschulung*, in: Acustica 42, 1979, S. 189—204.

Meyer-Eppler, W.: *Die dreifache Tonhöhenqualität*, in: Fs. J. Schmidt-Görg, Bonn 1957, S. 202—212.

Mölling, E.: *Harmonie und Tonalität aus audiologischer Sicht*, in: Mitteilungsblatt HNO BV 24, 1974, S. 103—133.

Mostrass, K. G.: *Die Intonation auf der Violine*, Leipzig 1961.

Nachtsheim, St.: *Die musikalische Reproduktion*, Bonn 1981.

Nickerson, J. F.: *Intonation of solo and ensemble performance of the same melody*, in: Journ. Acoust. Soc. Am. 21, 1949, S. 593—595.

Nitsche, P.: *Klangfarbe und Schwingungsform*, München 1978.

Pfundner, J.: *Klanguntersuchungen mit dem Sonagraph*, in: *Musik als Gestalt und Erlebnis*, Fs. W. Graf, Wien/Köln 1970, S. 147—152.

Phra Chen Duriyanga: *Siamese music in theory and practice as compared with that of the west* ..., in: Asian music XIII/2, 1982, S. 55—90.

Pikler, A. G.: *Mels and musical intervals*, in: Journ. Music theory 10, 1966, S. 288—298.

Pisani, R. U.: *A melody detector*, in: Acustica 25, 1971, S. 179—182.

ders./Sacerdote, G. G.: *Experimental Determination of musical intervals*, in: Acustica 21, 1969, S. 26—29.

Planck, M.: *Die natürliche Stimmung in der modernen Vokalmusik*, in: Vierteljahrsschr. für Musikwiss. 9, 1893, S. 418—440.

Plomp, R.: *Aspects of tone sensation, a psychological study*, London/New York 1976.

Powers, H.: *A historical and comparative Approach to the classification of ragas (with an appendix on ancient Indian tunings)*, in: Selected Reports in ethnomus. I, No. 3, L. A., 1970, S. 2—78.

Prajnanananda, S.: *What are the Jātis as described in Bharata's Nātyas'astra*, in: Journ. Music Acad. Madras 33, 1962, S. 121—126.

Pribram, K.: *Languages of the brain*, Englewood Cliffs/N. J. 1971.

Reinecke, H. P.: *Über die Eigengesetzlichkeit des musikalischen Hörens und die Grenzen der naturwissenschaftlichen Akustik*, in: Musikal. Zeitfragen 10, 1962, S. 34—44.

ders.: *Experimentelle Beiträge zur Psychologie des musikalischen Hörens*, Hamburg 1964.

Reinhard, K.: *Zur Systematik von Tonsystemen und Gebrauchsleitern*, in: Die Musikforschung 28, 1975, S. 173—188.

Rexroth, D.: *Arnold Schönberg als Theoretiker der tonalen Harmonik*, Phil. Diss. Bonn 1971.

Riemann, H.: *Ideen zu einer „Lehre von den Tonvorstellungen"*, in: Jb. Peters 21/22, 1914/15, S. 1—26.

ders.: *Neue Beiträge zu einer Lehre von den Tonvorstellungen*, in: Jb. Peters 23, 1916a, S. 1—15.

ders.: *Folkloristische Tonalitätsstudien I*, Leipzig 1916b.

Rösing, H.: *Die Bedeutung der Klangfarbe in traditioneller und elektronischer Musik*, München 1972.

Rummenhöller, P.: *Moritz Hauptmann als Theoretiker*, Wiesbaden 1963.

ders.: *Musiktheoretisches Denken im 19. Jahrhundert*, Regensburg 1967.

Sacerdote, G.: *Researches in the singing voice*, in: Acustica 7, 1957, S. 45—52.

Sachs, C.: *The Wellsprings of music*, Den Haag 1962.

Schneider, A.: *Musikwissenschaft und Kulturkreislehre*, Bonn 1976.

ders.: *Sound, Effekt, Musikerlebnis*, in: Musikinstrument 32, 1982, S. 1283—1285.

ders.: *Analogie und Rekonstruktion*, Bd. I, Bonn 1984.

Schneider, S.: *Mikrotöne in der Musik des 20. Jahrhunderts*, Bonn 1975.

Schönberg, A.: *Harmonielehre*, Wien 1911, ⁷1966.

Schouten, J.: *The Perception of pitch*, in: Philips Tech. Rev. 5, 1940, S. 286—294.

Seashore, H.: *An objective Analysis of artistic singing*, in: Univ. of Iowa Studies in the psychol. of music 4, 1935, S. 12—157.

Seewann, M./Terhardt, E.: *Messungen der wahrgenommenen Tonhöhe von Glocken*, in: Fortschritte der Akustik (DAGA '80), München 1980, S. 635—638.

Seidel, E.: *Die Harmonielehre Hugo Riemanns*, in: Vogel, M. (Ed.): Beiträge zur Musiktheorie des 19. Jahrhunderts, Regensburg 1966, S. 39—92.

Shackford, Ch.: *Some aspects of perception I/II*, in: Journ. of Music theory 5, 1961, S. 162—202; 6, 1962, S. 66—90, 295—303.

Sirker, U.: *Objektive Frequenzmessung und subjektive Tonhöhenempfindung bei Musikinstrumentenklängen*, in: Svensk Tidskrift för Musikforskning 55, 1973, S., 47—58.

Skudrzyk, E.: *Die Grundlagen der Akustik*, Wien 1954.

Stevens, S. S./Davies, H.: *Hearing*, Nwe York ³1948.

ders./Volkman S.: *The Relation of pitch to frequency: a revised scale*, in: Am. Journ. Psychol. 53, 1940, S. 329—353.

Stuckenschmidt, H. H.: *Rezension von Fr. Blume, „Was ist Musik" (1959)*, in: Die Musikforschung 13, 1960, S. 77—78.

Stumpf, C.: *Tonpsychologie I/II*, Leipzig 1883/1890.

ders.: *Tonsystem und Musik der Siamesen*, in: Beitr. zur Akustik und Musikwiss. 3, 1901, S. 69—138.

ders.: *Konsonanz und Konkordanz*, in: Zeitschr. f. Psychol. 58, 1911, S. 321—355.

ders./Meyer, M.: *Maassbestimmungen über die Reinheit consonanter Intervalle*, in: Zeitschr. f. Psychol. 18, 1898, S. 321—404.

ders./Hornbostel, E. M. v.: *Über die Bedeutung ethnologischer Untersuchungen für die Psychologie und Ästhetik der Tonkunst*, in: Bericht über den 4. Kongreß f. exp. Psychol. Innsbruck 1910, Leipzig, S. 256—269.

Sundberg, J.: *Effects of the vibrato and the „singing format" on pitch*, in: Musicol. Slovaca 6, 1978, S. 51—69.

ders./Lindquist, J.: *Musical Octaves and pitch*, in: Journ. Acoust. Soc. Am. 54, 1973, S. 920—929.

Szöke, P./Filip, M.: *Inadequacy of sound spectrography to the study of intonation in bioacoustics*, in: Zbornik filoz. Fak. Univ. Komenského 23, Bratislava 1972, S. 121—144.

Terhardt, E.: *Oktavspreizung und Tonhöhenverschiebung bei Sinustönen*, in: Acustica 22, 1969/70, S. 345—351.

ders.: *Die Tonhöhe harmonischer Klänge und das Oktavintervall*, in: Acustica 24, 1971a, S. 126—136.

ders.: *Pitch shifts of harmonics, an explanation of the octave enlargement phenomenon*, in: 7th Int. Cgr. on acoustics, Budapest 1971b, Vol. 3, S. 621—624.

ders.: *Zur Tonhöhenwahrnehmung von Klängen I/II*, in: Acustica 26, 1972, S. 173—199.

ders.: *Ein psychoakustisch begründetes Konzept der musikalischen Konsonanz*, in: Acustica 36, 1976/77, S. 121—137.

ders./Zick, M.: *Evaluation of the tempered tone scale in normal, stretched, and contracted intonation*, in: Acustica 32, 1972/73, S. 268—274.

Tjernlund, P./Sundberg, J./Fransson, F.: *Eine statistische Methode für Grundfrequenzmessungen an schwedischen Kernspaltflöten*, in: Studia instr. mus. pop. II, Stockholm 1972, S. 77—96.

Trendelenburg, F.: *Einführung in die Akustik*, Berlin/Göttingen ³1961.

Vermeer, H. J.: *Allgemeine Sprachwissenschaft*, Freiburg/Br. 1972.

Viswanathan, T.: *The Analysis of Raga alapana in South Indian music*, in: Asian music IX/1, 1977, S. 13—71.

Vogel, M.: *Die Intonation der Blechbläser*, Düsseldorf 1960.

ders.: *Die Enharmonik der Griechen*, Bd. I, Düsseldorf 1963.

ders. (Ed.): *Beiträge zur Musiktheorie des 19. Jahrhunderts*, Regensburg 1966.

ders.: *Die Lehre von den Tonbeziehungen*, Bonn 1975.

ders.: *Anleitung zur harmonischen Analyse und zu reiner Intonation*, Bonn 1984.

Wachsmann, K.: *Pen-equidistance and accurate pitch: a problem from the source of the Nile*, in: Fs. W. Wiora, Kassel 1967, S. 583—592.

Warnke, K.: *Experimentelle Untersuchung zur Tonhöhenwahrnehmung*, Köln 1976.

Wellek, A.: *Musikpsychologie und Musikästhetik*, Frankfurt/M. 1963.

Wellesz, E.: *A History of Byzantine Music and Hymnography*, Oxford ²1961.

Wessel, D.: *Timbre Space as a musical control structure*, in: Computer music Journal 3, 1979, S. 45—52.

Winckel, F.: *Phänomene des musikalischen Hörens*, Berlin/Wunsiedel 1960.

Wiora, W.: *Die Natur der Musik und die Musik der Naturvölker* (1962/63), in: ders.: *Historische und Systematische Musikwissenschaft*. Tutzing 1972, S. 109—129.

Wogram, K./Ramm, G.: *Ein Echtzeit-Stimmungsmeßgerät für musikalische Klänge*, in: Musikinstrument 28, 1979, S. 529ff., 704ff., 809ff.

Wulstan, D.: *The Tuning of the Babylonian harp*, in: Iraq 30, 1968, S. 215—228 (vgl. dort auch den Beitrag von O. R. Gurney, S. 229—233).

Wundt, W.: *Grundzüge der physiologischen Psychologie*, T. 1/2, Leipzig 1873/74.

Zemp, H.: *Musique Dan*. Paris/La Haye. 1971.

ders.: *„Are' Are classification of musical types and instruments*, in: Ethnomusicology 22, 1978, S. 37—67.

ders.: *Aspects of „Are' Are musical theory*, in: Ethnomusicology 23, 1979, S. 6—48.

Zwicker, E.: *Psychoakustik*, Berlin/Heidelberg/New York 1982.

Erfahrungen mit Bünden bei der Geige

MARTIN VOGEL

Den meisten, die eine Geige zur Hand nehmen, fällt es schwer, die Tonhöhen exakt zu treffen. Sie spielen unrein. Viele leiden darunter, sehr viele leiden, denn jeder dieser Geiger hat ja dann noch seine freiwilligen und unfreiwilligen Zuhörer. Geigenschüler brauchen meist vier bis fünf Jahre, bis es erträglich klingt. Viele — eigentlich müßte man wieder sagen: die meisten — steigen vorher aus. Einem relativ großen Aufwand an Zeit, Geld und gutem Willen stehen unverhältnismäßig wenige Erfolgsfälle gegenüber. Würde man an den Geigenunterricht die statistische Sonde anlegen, käme man zu einer absolut negativen Bilanz. Wer aber will es schon wissen!

Intonationsprobleme sind lösbar, man muß sie nur angehen. Diesem Angehen fühlt man sich indessen enthoben in der Annahme, daß ein genügend starkes Vibrato die Intonationsmängel kaschieren werde. Wer diese Position bezieht, läßt unberücksichtigt, daß gar nicht alle Geigentöne mit einem Vibrato ausgestattet werden können. Da sind die leeren Saiten, da sind die Flageolett-Töne, die bei einem permanenten Vibrato aus dem Vortragsstil herausfallen. Da sind schließlich die Doppel- und Dreifachgriffe, bei denen sich das Vibrato aus ästhetischen Gründen verbietet, an denen sich andererseits besonders klar erweist, ob der Geiger die Intonation beherrscht oder nicht.

Das Vibrato verführt zum Pfuschen und läßt den Geiger in den wirklich schwierigen Situationen dann im Stich. Das Jahrbuch der Berliner Musikhochschule für 1931 erkannte dieses *„Vibrato in Permanenz"* als den bequemen Versuch, *„sich um die Probleme einer feineren Intonation zu drücken".*[1] Das ist allemal die schlechteste Reaktion: sich vor den Problemen zu drücken. Der Geiger sollte die Intonationsprobleme beherzt angehen. Gerade bei schwierigen Stellen sollte er sich des Vibratos zunächst ganz enthalten. Klingt diese Stelle dann schließlich sauber, kann er ja das Vibrato wieder hineinnehmen — wenn er es dann noch will. Für meine Ohren klingt das vibratolose Spiel ungleich besser. Früher dachte und fühlte man so wie ich. Die älteren Geigenschulen von Joseph Joachim bis Leopold von Auer verpönten das Vibrato und bekämpften es bei ihren Schülern.[2]

Es ist in der Tat schwer, auf der Geige sauber zu spielen. Es war immer schwer. Eben fiel der Name des großen Joachim. Er kannte die Problematik. Er wußte, wann in der Skala der große Ganzton 8:9 und wann der kleine Ganzton 9:10 zu setzen ist, und baute auf diesem Wissen dann auch seinen Unterricht auf. Als der Orgelbauer Oskar Walcker im Verein mit Shohe Tanaka 1893 ein Demonstrationsharmonium in reiner Stimmung auf den Markt brachte, war Joachim unter den sechs (!) Bestellern.[3]

Drei Jahre zuvor hatte sich Joachim in London einen entsetzlichen Verriß einge-
handelt. Er spielte damals Bachs C-Dur-Sonate für Solovioline (BWV 1005), und
zu seinen Zuhörern gehörte George Bernard Shaw, damals einer der Musikkriti-
ker der Londoner Szene. Shaw sagte frei heraus, was er an jenem Dienstag, den
28. Februar 1890, hörte: *„Joachim kratzte frenetisch seinen Bach — produzierte Töne, nach denen der Versuch, Muskatnuß auf einer Schuhsohle zu reiben, sich wie eine
Äolsharfe angehört hätte. Die Noten, die zwar genügend musikalisch waren und deren Höhe man so ziemlich unterscheiden konnte, waren unrein. Es war fürchterlich,
verdammenswert. Wäre es ein unbekannter Spieler gewesen, der das Werk eines unbekannten Komponisten spielte, er wäre nicht mit dem Leben davongekommen! Aber
wir alle — ich selbst eingeschlossen — waren interessiert und begeistert. Die ehrenvolle
künstlerische Laufbahn Joachims und die Größe Bachs hatten uns so hypnotisiert, daß
wir ein greuliches Geräusch für Sphärenmusik hielten.“*⁴

Wenn Joachim ein unbekannter Spieler gewesen wäre: Joachim war einer der be-
rühmtesten Geiger seiner Zeit, *„gleich ausgezeichnet als Quartettspieler wie als Kon-
zertspieler“.*⁵ Zudem war er der führende Geigenpädagoge. Seine Berufung nach
Berlin bedeutete, daß nun *„die hohe Schule des Violinspiels von Leipzig nach Berlin
verlegt war“.*⁶ In Berlin übernahm er 1868 die Leitung der Musikhochschule; nach
der Reorganisation des schnell wachsenden Instituts wurde er Vorsitzender des
Direktoriums; in der Akademie der Künste avancierte er zum zweiten Vorsitzen-
den. In London, wo er jedes Jahr von Neujahr bis Ostern gastierte, stand er ebenfalls in höchstem Ansehen. Die Universitäten von Oxford, Cambridge, Glasgow
verliehen ihm den Ehrendoktortitel.

Ob heute jemand besser, sauberer geigt als der große Joachim, läßt sich nicht ausmachen, dazu fehlt die Vergleichsmöglichkeit. Wer es aber von sich meint, kann
es ja an Bachs C-Dur-Fuge (BWV 1005) beweisen. Stößt er dabei auf einen Kritiker wie Shaw, der nicht vor lauter Verehrung und Hypnose die Ohren ver-
schließt, wird ihm wahrscheinlich die gleiche Beurteilung zuteil: *„The notes which
were musical enough to have any discernible pitch at all were mostly out of tune“.*⁷

Joachims Scheitern an Bach dient mir hier als Hinweis, daß nicht nur die Anfän-
ger ihre liebe Not mit der Intonation haben. Es zieht sich hinauf bis zur Weltspit-
ze. Im Grunde gibt es kein Ausweichen vor dem Problem. Man muß sich ihm
stellen.

Joachim hatte (später) ein Reinharmonium zur Hand, an dem er sich die Intonation eines schwierigen Stückes zurechtlegen konnte. Gemessen an dem, was heute
eine gute Geige kostet, wären die Kosten eines solchen Demonstrationsinstru-
ments relativ klein, aber wer baut einem heute noch solch ein Instrument! Der
Harmoniumbau ist so gut wie ausgestorben, und eine elektronische Sonderanfer-
tigung würde doch recht teuer werden. Man könnte aber — und das wäre für den
Geiger das einzig Angemessene — aus der Geige ein Demonstrationsinstrument
machen, indem man das Griffbrett mit Bünden ausstattet. Von einem solchen
Unternehmen handelt dieser Beitrag.

202

Wie Joachim sehr wohl wußte, hat der Geiger beim Tonleiterspiel die Abfolge von großem und kleinem Ganzton zu beachten. Versteht man — was für ein Spiel mit Doppelgriffen und gebrochenen Akkorden notwendig ist — die Skala als eine Abfolge von Tönen der Tonika, Subdominante und Dominante,

C-Dur

c $8:9$ d $9:10$ e $15:16$ f $8:9$ g $9:10$ a $8:9$ h $15:16$ c'

F-Dur

f $8:9$ g $9:10$ a $15:16$ b $8:9$ c' $9:10$ d' $8:9$ e' $15:16$ f'

gliedert sich das untere Tetrachord in $(8:9)$ x $(9:10)$ x $(15:16)$, das obere Tetrachord in $(9:10)$ x $(8:9)$ x $(15:16)$. Das bedeutet aber für den Tonraum c—f, daß er in C-Dur anders unterteilt werden muß als in F-Dur. Es genügt also nicht, auf einer bestimmten Stufe einen bestimmten Ganzton in die Bünde zu legen. Auf jeder Stufe müssen beide Ganztöne zur Verfügung stehen, sonst gibt es kein Modulieren in die Ober- oder Unterquinte.

Ähnlich steht es bei den Terz-Tönen. In C-Dur verlangt die Zwischendominante der Tonikaparallele (e-Dur) ein gis, die Mollsubdominante hingegen ein as. Auch bei der Terzverwandtschaft ist also mit einfachen Bünden nichts getan. Für ein Demonstrationsinstrument, an dem beispielsweise der „Viertelton" zwischen gis und as demonstriert werden könnte, bedürfte es der Doppelbünde, getrennter Bünde für gis und as, aber auch für 9/8 d und 10/9 d.

Meine ersten Erfahrungen mit Doppelbünden gewann ich an der Gitarre, die ja ohnehin mit Bünden gespielt wird und sich nun über die Doppelbünde auf die Intervalle der reinen Stimmung umstellen läßt. Welche Tonräume des theoretisch unbegrenzten Tonfeldes diese Doppelbünde aufschließen, habe ich in meiner Schrift *Die enharmonische Gitarre* gezeigt.[8] Um gleich das Maximum an Aufwand und Wirkung zu nennen: Drei mit der enharmonischen Gitarre ausgerüstete Spieler könnten — im Rahmen des üblichen Ambitus — die gesamte tonale Musik in reinen Quinten 2:3, reinen Terzen 4:5 und reinen Septimen 4:7 aufführen, mit einer Genauigkeit von Bruchteilen eines Kommas. Ein Komma ist etwa der vierte Teil eines Halbtons.

Die gesamte tonale Musik in höchster Reinheit! Das ist sehr viel. Damit wird der jahrhundertealte Menschheitstraum Wirklichkeit, in reiner Stimmung zu musizieren.

Was man nun aber mit Gitarren erreichen kann, könnten auch die Streichinstrumente leisten. Ein Streichtrio, erst recht ein Streichquartett, könnte bis in die letzten Ausläufer der „Romantischen Harmonik" hinein die reine Stimmung realisieren. Ein Schubert-Quartett, ein Brahms, ein Reger in reiner Stimmung! Unter Einschluß der seit vier Jahrhunderten diskutierten Intervalle der Primzahl Sieben![9]

Die Bünde wurden von mir so bemessen, daß auf jeder Saite ein bestimmter Ausschnitt des Tonnetzes zur Verfügung steht. Für die d-Saite ist es der Ausschnitt

Diagramm 1

			dis	ais	eis			–2
	a	e	h	fis	cis	gis		–1
		c	g	d	a	e		0
	a̅s	e̅s	b̅	f̅	c̅	g̅		+1
		c̿es	g̿es	d̿es				+2

Reiht man diese Töne der Tonhöhe nach auf, erhält man folgende Grifftabelle:

Diagramm 2

0	1	2	3	4	5	6	7	8	9	10	11
d	dis/e̅s	e/e	eis/f̅	fis/g̅es	g/g̅	gis/a̅s	a/a	ais/b̅	h/c̿es	c/c̅	cis/d̿es

Auf jeder Saite liegt nun also ein Pulk von 23 Tönen. Stimmt man wie üblich die Geige in Quinten, verschiebt sich von Saite zu Saite dieser 23tönige Pulk um eine Quinte nach links oder rechts. Bei der Quint-Stimmung g d' a' e'' steht ein relativ breites Tonband

Diagramm 3

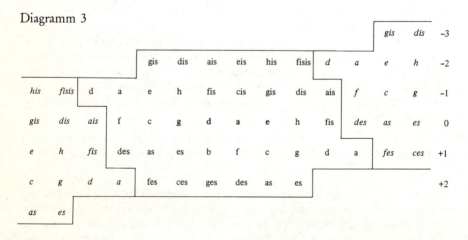

in Fettdruck: die Tonorte der leeren Saiten
kursiv: die über die schismatische Gleichsetzung gewonnenen Töne

zur Verfügung, das sich nun über die schismatische Gleichsetzung (f $\overset{\sim}{=}$ e͟i͟s, fis $\overset{\sim}{=}$ g͞e͞s) nach links und rechts praktisch unbegrenzt fortsetzt.

Da zudem die übermäßige Sexte 128:225 (c—a͟i͟s) der Naturseptime 4:7 (c—b-) sehr nahe kommt, liefert die zweite Terzenreihe die Sept-Töne. Somit vermag also schon das einzelne Streichinstrument einen großen Ausschnitt des theoretisch unbegrenzten Tonfeldes abzudecken. Stimmt man schließlich das zweite Instrument um ein Komma tiefer oder höher (auf g͟ d͟ a͟ e͟ oder g͞ d͞ a͞ e͞), vergrößert sich das Tonfeld noch beträchtlich. Mit einem dritten Instrument sind schließlich alle anfallenden Tonhöhen abgedeckt, mit einer Genauigkeit von Bruchteilen eines Kommas.

Nun ist das Griffbrett der Geige mit einer schwingenden Länge von ca. 380 mm wesentlich kürzer als das der Gitarre mit einer Länge von ca. 630 mm. Bei dem auf S. 206 abgebildeten Instrument, das Helmut Bleffert mir baute[10], reichen die Bünde daher nur bis zum 6. Doppelbund. Beim Cello mit ca. 690 mm könnte man aber durchaus bis zur Oktave, ja sogar bis zur None hochgehen.

In der Höhe greift also der Geiger wie bisher bundfrei ab. Das scheint den Geiger gegenüber dem Gitarristen zu benachteiligen. In dieser Beschränkung liegt aber auch ein Vorteil. Während der Gitarrist in gewöhnlicher Spielart nur *die* Tonhöhen bringen kann, die in den Bünden liegen, kann der Geiger Töne, die durch die Bünde nicht abgedeckt sind, in der Höhe, über die höheren Lagen, abgreifen. Er muß sie nur zu orten wissen. Aber dieses Orten ist über die Bünde jetzt einfacher bzw. überhaupt erst möglich. Ein g͞e͞s'' auf der a-Saite ließe sich z. B. über das b͞'' der e-Saite justieren. Auf die simultane Terz g͞e͞s''—b͞'' reagiert das Ohr sehr empfindlich. Man erkennt die Reinheit der Terz (Quarte, Quinte etc.) daran, daß die Schwebungen aufhören und sich andererseits die Differenztöne einstellen.

Bei dem abgebildeten Instrument ergibt sich ein Justieren der frei abgegriffenen hohen Töne dann auch über die Aliquot-Saiten, mit denen dieses Instrument zusätzlich ausgerüstet ist. Wie an der Anzahl der Wirbel ersichtlich ist, hat das von Helmut Bleffert gebaute Instrument sechs unter dem Griffbrett geführte mitschwingende Saiten, die durch den Steg geteilt werden, so daß insgesamt zwölf Saitenlängen mitschwingen. Stimmt man diese Längen auf die Haupttöne der jeweils geforderten Tonart, ergibt sich eine weitere Stabilisierung der Intonation. Der Geiger spielt in ein Resonanzsystem hinein. Trifft er die genaue Tonhöhe, wird sein Ton reicher, voller. Aber nicht von der Wirksamkeit der Aliquotsaiten soll hier die Rede sein, auch nicht von den sonstigen Besonderheiten des abgebildeten Instruments, von seiner Form und von der Führung des Steges durch die Decke bis zum Boden. Hier geht es allein um die Bünde, um die Ausrüstung der üblichen Geige, der Bratsche und des Cellos mit enharmonischen Doppelbünden.

Jean Vincent Kisselbach hat die Bundgeige im Anfängerunterricht erprobt. Das Ergebnis: Der Satz klingt sogleich merklich sauberer. Der konsequente Einsatz

der Bundgeige im Unterricht würde dazu führen, daß der Schüler von der ersten Stunde an sauber intoniert, ja daß ein Kind, das mit einer solchen Geige (oder Gitarre) groß wird, überhaupt nur ein Musizieren in reinen Intervallen kennenlernt.

Dem dilettierenden Laien, der zu seinem Vergnügen (*col diletto*) musiziert, bietet sich über die Bundgeige die Möglichkeit, den Berufsgeiger auf dem entscheidenden Sektor — für den Rang eines Ensembles ist die Intonation entscheidend — zu überflügeln. Da es dem Dilettanten an Ausdruck, Delikatesse, an Musikalität oftmals nicht gebricht, ist ihm der Berufsmusiker dann vielleicht nur noch in der Geläufigkeit überlegen.

Der professionelle Geiger hat mit der Bundgeige ein Demonstrationsinstrument an der Hand, an dem er sich die Intonation eines Musikstücks, an dem er sich insbesondere die schwierigen Stellen zurechtlegen kann. Gegenüber Joachims Reinharmonium hat die Bundgeige den Vorteil, daß sich an ihr ja auch sogleich die Fingersätze und die Bogenführung erproben lassen.

Der Klärung schwieriger Situationen müßte allerdings die Analyse voraufgehen. Der volle Reichtum der reinen Stimmung erschließt sich nur dem, der sich in der harmonischen Analyse auskennt.[11] Unerläßlich ist diese Analyse dann auch für das Streichquartett, das ein großes Werk des 19./20. Jahrhunderts in reiner Stimmung aufführen will. Hier muß jeder wissen, was er spielt, zumindest müßte er seine Griffe (Bünde) kennen.

Gleiches gilt dann auch für die Komposition von Werken, die den ungeheuren Reichtum der reinen Stimmung, insbesondere der neu gewonnenen Siebener-Intervalle nutzen will. Hier wäre es unerläßlich, daß der Komponist oder sein Arrangeur den Musikern ihre Griffe in die Noten schreibt.

Für ältere Werke genügt es nach unseren Erfahrungen, das Instrument — hier die Geige — mit der Tonart des Stückes in Einklang zu bringen. Das braucht nicht unbedingt zu Skordaturen zu führen, die ein Umdenken, ein Transponieren nötig machen. Für ein Stück in C-Dur würde es unter Umständen — mit diesen „Umständen" sind die Ausweichungen und Modulationen innerhalb des Stückes gemeint — schon genügen, die e-Saite von e" nach e" (also um ein Terzkomma) tiefer zu stimmen, für ein F-Dur dann noch die a-Saite nach a', ja vielleicht noch die d-Saite nach d. Wer sich in Harmonielehre auskennt, vermag diese Frage bei einem ersten Durchspiel zu klären. Er sieht also darauf, daß die Stimmung seiner Geige (ihrer vier Saiten) mit der Tonart des Musikstücks übereinstimmt, und spielt dann das Stück ein-, zweimal durch. Stößt er dabei auf Stellen, die falsch klingen, müßte er diese Stellen nacharbeiten, müßte er notfalls in die höheren Lagen gehen. Das meint also, daß es, bei älterer Literatur zumindest, nicht unbedingt erforderlich ist, sich Bund für Bund in die Noten zu schreiben, sondern daß man sich auf sein Gehör verläßt — das von Stunde zu Stunde empfindlicher reagiert — und nun nur noch *die* Takte, Akkorde, Intervalle markiert, die problematisch sind.

Eben für das Spiel der älteren Meister würde es genügen, daß sich der Spieler der Bundgeige die eine Grundregel einprägte, die diesen alten Meistern damals geläufig war: Kreuz-Töne müssen in der Regel tief, b-Töne müssen hoch genommen werden.[12] Der heutige Geiger macht es meist umgekehrt, entsprechend unsauber klingt sein Spiel.

Jean Vincent Kisselbach ging dieser Tage mit mir an dem Bonner Reinharmonium, das ein Spiel in reinen Quinten, Terzen und Septimen erlaubt[13], Bachs C-Dur-Fuge (BWV 1005) durch. Er spielte auf der Bundgeige (siehe Abbildung S. 206). Das schwere Stück von 354 Takten, für das wir die e-Saite nach e̲" herabgestimmt hatten, klang sofort, schon bei diesem ersten Durchgang im ganzen sauber. Untrügliches Kennzeichen: Es stellten sich die Differenztöne ein. „Im ganzen sauber": Das will sagen, daß die Haupttöne der Tonart standen, und daß es jetzt nur noch darauf ankäme, die harmonischen Ausweichungen auszufeilen. Unter dem Eindruck dieses Erlebnisses, das einer Offenbarung gleichkam, erklärte mir Jean Vincent Kisselbach spontan, daß er bei nächst bester Gelegenheit Bachs Solostücke im Konzertsaal unbedingt auf der Bundgeige spielen werde und daß er darauf gespannt sei, wie das Publikum auf dieses völlig neue Hörerlebnis reagieren werde.

Anmerkungen

1 A. Jahn. *Besonderheiten der Intonation auf der Violine,* in: 52. Jahresbericht der Staatlichen Akademischen Hochschule für Musik in Berlin, Berlin 1931, S. 22f.

2 *„Only the most sparing use of the vibrato is desirable; the too generous employment of the device defeats the purpose for which you use it. The excessive vibrato is a habit for which I have no tolerance, and I always fight against it when I observe it in my pupils"* (L. v. Auer, *Violin Playing As I Teach It,* New York 1921; 1960, S. 22).

3 Herr Werner Walcker-Mayer gestattete mir freundlicherweise Einblick in die Geschäftspapiere.

4 G. B. Shaw, *Music in London 1888–89,* London 1950, S. 317; M. Rostal in seiner Ausgabe von BWV 1001–1006, Edition Peters Nr. 9852.

5 H. Riemann, *Musik-Lexikon,* Berlin ⁹1919, S. 546.

6 Ebd.

7 Vgl. Anmerkung 4.

8 M. Vogel, *Die enharmonische Gitarre,* Bonn 1986.

9 Ders., *Die Zahl Sieben in der spekulativen Musiktheorie,* phil. Diss. Bonn 1955.

10 Instrumentenbau Helmut Bleffert, 5541 Winterscheid, Hauptstraße 27.

11 M. Vogel, *Anleitung zur harmonischen Analyse und zu reiner Intonation,* Bonn 1984.

12 *„Auf dem Clavier sind Gis und As, Des und Cis, Fis und Ges u. s. f. eins. Das machet die Temperatur. Nach dem richtigen Verhältnisse aber sind alle die durch das (b) erniedrigten Töne um ein Komma höher als die durch das (♯) erhöheten Noten. Z. E. Des ist höher als Cis; As höher als Gis, Ges höher als Fis, u. s. w. Hier muß das gute Gehör Richter seyn: Und es wäre freilich gut, wenn man die Lehrlinge zu dem Klangmesser (Monochordon) führete"* (L. Mozart, *Versuch einer gründlichen Violinschule,* Augsburg 1756, Neudruck Wien [1922], S. 66f.).

13 M. Vogel, *Die Zukunft der Musik,* Düsseldorf 1968, S. 71ff.; ders., *Die Lehre von den Tonbeziehungen,* Bonn 1975, S. 330ff.

Über den Motivbegriff in der Musikwissenschaft

CONSTANTIN FLOROS

I. Vorbemerkungen

Seit ihrer Grundlegung durch Alexander Baumgarten ist es ein Anliegen der Ästhetik, sowohl die Gemeinsamkeiten als auch die Unterschiede zwischen den schönen Künsten zu erforschen. Überblickt man eine Reihe repräsentativer Meinungen, so wird man finden, daß das Interesse der meisten Denker darauf gerichtet ist, das Spezifische jeder Kunst zu ergründen, anders formuliert, die Grenzen zwischen den einzelnen Künsten abzustecken. Freilich hat es auch nicht an Versuchen gefehlt, das einigende Band zwischen den Künsten sichtbar zu machen, die Affinitäten zwischen ihnen zu beleuchten. Zu den Grundgedanken romantischer Kunsttheorie, wie sie die Brüder Schlegel, Jean Paul und E. Th. A. Hoffmann entwickelten, gehören die Auffassungen, daß die Poesie Inbegriff jeder Kunst sei und daß Musik und Poesie, die „romantischsten" Künste, eng miteinander verwandt seien. Robert Schumann, den man zu den Romantikern wird zählen dürfen, prägte den Satz *„Die Ästhetik der einen Kunst ist die der andern"*[1] und erregte damit den Unmut Eduard Hanslicks.[2]

Die Thematologie ist ein Gegenstand, an dem man das Verhältnis zwischen den Künsten besonders gut studieren kann. Zählen doch die Termini „Motiv", „Thema", „Sujet" und „Stoff" zu den Begriffen, die in fast allen Künsten eine wichtige Rolle spielen. Als besonders eng und aufschlußreich erweisen sich in dieser Hinsicht die Beziehungen zwischen der Musik und der Literatur, weil es zwischen ihnen zur gegenseitigen Befruchtung und zu einem Austauschprozeß kam. Die Leitmotivtechnik Richard Wagners erregte die Aufmerksamkeit vieler Schriftsteller und wurde auch in der Literatur heimisch. Umgekehrt drangen zumal im 19. Jahrhundert literarische Ideen in die Musik ein. Sie beeinflußten die Konzeptionen führender Komponisten und trugen wesentlich zur Verbreitung des Musikdramas und der Programmusik bei. Man muß diesen Sachverhalt stets in Betracht ziehen, wenn man Erörterungen über den Motivbegriff in der Musik anstellt.

Der Terminus „Motiv" wird im musikanalytischen und im musikwissenschaftlichen Schrifttum so oft verwendet, daß es wirklich verwunderlich wäre, wenn er in einer einheitlichen Auffassung begegnen würde. Sichtet man eine größere Anzahl an Definitionen, so kristallisieren sich drei Bedeutungsvarianten heraus, nämlich:

— Motiv erstens als die Hauptidee einer Komposition — eine Auffassung, die Jean-Jacques Rousseau vertrat,
— Motiv zweitens als Bauelement einer Komposition, d. h. als kleinstes Einheitsglied ohne bestimmte Semantik und

— Motiv drittens im Sinne von Leitmotiv und von charakteristischem Motiv, d. h. als eine musikalische Gestalt, der eine bestimmte außermusikalische Semantik beigegeben ist.

Fassen wird diese drei Bedeutungsvarianten des Begriffs näher ins Auge.

II. Das Motiv als Hauptidee und als Bauelement einer Komposition

Wesentliche Informationen über die Motivauffassung im 18. Jahrhundert verdanken wir dem *Dictionnaire de musique* von Jean-Jacques Rousseau, einem Buch, das in erster Auflage 1767 und in zweiter Auflage 1781 erschien. In dem einschlägigen Artikel[3] berichtet Rousseau, daß der Terminus „Motiv" italienischer Herkunft sei und zu seiner Zeit fast ausschließlich im technischen Sinne von Komponisten gebraucht wurde. Einige Dezennien später scheint sich die Situation geändert zu haben, denn Goethe verwendet schon in den neunziger Jahren das Wort in einer Bedeutung, an die später die Literaturwissenschaft anknüpfen konnte. Unter einem Motiv versteht Rousseau in erster Linie die ursprüngliche und Hauptidee, durch die ein Komponist sein Sujet bestimmt und seinen Plan festlegt. Dabei hat er das Moment des Antriebs und des Bewegungsanstoßes im Sinn, denn er sagt ausdrücklich, das Motiv gebe dem Komponisten die Feder in die Hand, damit er diese Sache und nicht eine andere zu Papier bringe. In diesem Sinne müsse das Motiv im Geiste des Komponisten stets gegenwärtig sein, und er müsse es derart behandeln, daß es auch im Geiste der Zuhörer gegenwärtig bleibe. Neben dieser Begriffsauffassung gebe es auch besondere Motive, die die Modulation, die Verflechtungen und die harmonische Textur bestimmten.

Im 19. Jahrhundert wurde der Terminus „Motiv" zu einem Grundbegriff deutscher Kompositionslehren[4], verlor jedoch dabei die allgemeine Bedeutung, die er bei Rousseau hatte. Zwar sprechen auch deutsche Theoretiker im Zusammenhang mit einem Motiv vielfach vom Keim, Trieb und Bewegungsanstoß einer Komposition[5], sie beziehen jedoch den Terminus auf die Melodie und verstehen darunter nicht mehr die Hauptidee einer Komposition, sondern ein wichtiges Bauelement, genauer gesagt: den Bestandteil eines musikalischen Themas. Das Motiv wird als *„Keim thematischen Gestaltens"*[6], als *„kleinstes Glied"*[7] und als *„kleine Einheit"*[8] einer Komposition definiert. Diese Bedeutung des Terminus ist die konventionellste und am weitesten verbreitete. Sie begegnet in fast allen musikalischen Formenlehren bis heute. Viele Autoren suchen den Umfang der Motive näher zu bestimmen, das Verhältnis von Motiv und Thema zu umreißen und die Behandlungsmöglichkeiten der Motive zu exemplifizieren.[9] Besondere Bedeutung in diesem Zusammenhang kommt der sogenannten motivisch-thematischen Arbeit zu, einer Technik, die zuerst in den Werken Haydns, Mozarts und vor allem Beethovens einen hohen Standard erreichte. Gemeint ist das Verfahren, die Motive eines Satzes in den Durchführungspartien aufzugreifen, zu verarbeiten, zu variieren, abzuspalten, zu entwickeln, in neuen Beleuchtungen erscheinen zu lassen, gegenüberzustellen und miteinander kontrapunktisch zu verflechten. Der ausgesprochen dynamische Charakter der Durchführungsteile in der Musik des 18. bis 20. Jahrhunderts resultiert folgerichtig aus der Energetik, die musikalischen Motiven innewohnt.

Die energetische Funktion musikalischer Motive legt einen Vergleich mit der Eigenart literarischer Motive nahe, die mitunter gleichfalls als stoffliche bzw. strukturelle Einheiten angesprochen werden.[10] Führt man einen solchen Vergleich durch, so treten sogleich mindestens zwei gravierende Unterschiede zutage. Im Gegensatz zur literaturwissenschaftlichen Verwendung des Terminus werden in der traditionellen musikalischen Formenlehre nahezu alle Bausteine einer Komposition Motive genannt, ungeachtet der Frage, wie profiliert und charakteristisch sie sind. Bedenkt man nun, daß den großen Werken der klassisch-romantischen Musik, etwa den Symphonien und Sonaten, eine Fülle kontrastierender Themen und Motive zugrunde liegt, so hat diese Gepflogenheit eine relative Unschärfe des Begriffs zur Folge. Nur selten bauen neuere Komponisten umfangreiche Sätze auf wenigen Motiven oder gar auf einem einzigen Motiv auf, wie dies Beethoven im Kopfsatz seiner Fünften Symphonie getan hat. Ein zweiter Unterschied: In der sogenannten absoluten Musik und auch in solcher Musik, die für absolut gehalten wird, haben die Motive keine Semantik im Sinne der Wortsemantik, wenngleich ihnen stets ein Ausdrucksgehalt innewohnt. So verglich denn auch Hugo Riemann[11] die musikalischen Motive mit *„mimischen Gesten"* und definierte: *„Ein Motiv ist also ein Melodiebruchstück, das für sich eine kleinste Einheit von selbständiger Ausdrucksbedeutung bildet, die einzelne Geste des musikalischen Ausdrucks."*

III. Zur Sprachähnlichkeit der Musik

Die Feststellung, daß eine Klasse von Motiven einer ausgeprägten Semantik im Sinne der Wortsemantik entbehrt, führt uns zur wichtigen Frage nach dem Verhältnis von Musik und Sprache. Die Meinungen darüber gehen weit auseinander. Während viele Forscher die Musik als eine Art Sprache auffassen und von ihrer Sprachähnlichkeit und ihrem sprachhaften Charakter reden[12], halten andere jeden Vergleich mit der Sprache für verfehlt.[13] Der Dissens resultiert sowohl aus der Komplexität des Problems selbst als auch aus den divergierenden ästhetischen Positionen, die die einzelnen Autoren einnehmen.

Redet man von der Sprachähnlichkeit der Musik, so sollte man nicht vergessen zu präzisieren, welche Art Musik man meint. In dieser Hinsicht bestehen nämlich überaus signifikante Unterschiede. So wird die einstimmige liturgische Musik des Mittelalters, der gregorianische Choral, zu Recht als eine Art von Textaussprache definiert. Als solche unterscheidet sich diese Musik grundsätzlich etwa von der konzertanten Musik des Barock, die man wohl als Spiel auffassen kann. Auf sie paßt einigermaßen Eduard Hanslicks Aperçu vom Inhalt der Musik als von

„tönend bewegter Form". Die konzertante Musik des 18. und 19. Jahrhunderts ist aber ganz anders beschaffen als die Ausdrucksmusik eines Wagner, Bruckner und Mahler. Ihr wird man sprachhaften Charakter wohl attestieren müssen.

Im 18. und zumal im 19. Jahrhundert galt die Musik vielfach als Sprache des Gefühls, des Herzens, der Seele. Für Robert Schumann war poetische Musik — wie für Hegel — *„Seelensprache"*.[14] Um die Musik von der Dichtung abzugrenzen, griffen viele zu der Formel, wonach der Ton das Gefühl affiziere, wogegen das Wort sich primär an den Verstand wende. Die Formel enthält einen richtigen Kern, und doch trift sie nicht ganz zu. Zwar ist die starke emotive Wirkung der Musik, ihre Fähigkeit, Gefühle zu erregen, seit dem Altertum bekannt und unbestreitbar. Daneben darf man jedoch nicht übersehen, daß sie als Struktur sich an den Verstand wendet und auch die Vorstellung anspricht.

Die Musik besitzt — wie bereits Franz Liszt treffend bemerkte — ihre eigene Grammatik, Logik, Syntax und Rhetorik sowie ein Vokabular, das ständiger Wandlung unterworfen ist. Das ist der Bereich, der Vergleiche mit der Sprache ermöglicht. Bezeichnenderweise orientierte sich die Theorie der mittelalterlichen Musik zu einem wesentlichen Teil an der Grammatik. Die Terminologie der neueren musikalischen Formenlehre ist weitgehend der Syntax entlehnt; so sprechen wir von Sätzen und Halbsätzen, von Phrasen und Perioden. Und gleichfalls sprechen wir von musikalischer Logik. Darunter verstehen wir die Kunst, musikalische Gedanken folgerichtig zu entwickeln. Johannes Brahms zum Beispiel wurde und wird als Meister strenger musikalischer Logik gerühmt.

Ein wichtiger Punkt, in dem sich die Musik von der Sprache unterscheidet, ist die Semantik. Im Gegensatz zur Sprache, die über eine geschärfte Semantik verfügt, ist die Musik von Hause aus semantisch vage. Gleichwohl haben viele Komponisten zu allen Zeiten es verstanden, ihre Musik zu semantisieren. Das gelang ihnen durch Zitate, durch Anspielungen auf eigene und auf fremde Werke, durch musikalisch-rhetorische Figuren und vor allem durch Leitmotive und „charakteristische" Motive. Da diese beiden Gruppen von Motiven für die interdisziplinäre Forschung besondere Relevanz besitzen, werden sie im Mittelpunkt der folgenden Ausführungen stehen.

IV. Zur Funktion des Leitmotivs bei Richard Wagner

Die Leitmotivtechnik Richard Wagners ist ein Verfahren gewesen, welches das Musikdrama des ausgehenden 19. und 20. Jahrhunderts entscheidend beeinflußte und überdies in die Literatur Eingang fand.[15] Gleichwohl herrschen über sein Wesen immer noch verheerende Mißverständnisse. Die spöttischen Bemerkungen Claude Debussys und Igor Strawinskys zeugen von tiefer Verständnislosigkeit. Es will scheinen, als hätte erst Thomas Mann die wahren Intentionen Wagners erkannt. In seinen Essays finden wir jedenfalls die tiefsten Einsichten in das Wesen des Leitmotivs. Thomas Mann, der bekannte, von Wagner unheimlich viel gelernt zu haben, bewunderte in ihm nicht nur den *„leidenschaftlichen Theatraliker"*, Mythiker und Psychologen, sondern auch einen großen Epiker. Der *Ring des Nibelungen* ist nach Mann ein *„szenisches Epos"*, ein Werk, das seine Großartigkeit dem *„epischen Kunstgeist"* verdankt, und zugleich ein Werk, in dem Wagners *„thematisch-motivische Gewebstechnik"* Triumphe feiert. Sinn dieser Technik sei es, geistvoll-tiefsinnige Beziehungen herzustellen und das *„Themen-Gewebe"* nicht nur über eine Szene und über ein Drama, sondern über die ganze Tetralogie sich ausbreiten zu lassen.

Wagner selbst hatte schon 1851 in seinem Aufsatz *Eine Mitteilung an meine Freunde* die Grundzüge seines Verfahrens erläutert.[16] Seine Ausführungen fanden indes nicht immer die nötige Beachtung. In diesem Aufsatz schildert er, wie er von den traditionellen Opernformen wegkam und zu Formungen gelangte, die der Natur seiner Stoffe und der für sie erforderlichen Darstellungsweise angemessen waren. Dabei gibt er deutlich zu verstehen, daß seine Leitmotivtechnik (er gebraucht diesen Terminus selbst nicht) primär ein literarisches Verfahren war. Während der Arbeit am *Tannhäuser* und noch entschiedener am *Lohengrin* sei er zur Einsicht gekommen, daß in einer der entscheidenden Szenen des Dramas keine *„Stimmung"* angeschlagen werden durfte, *„die nicht in einem wichtigen Bezuge zu den Stimmungen der anderen Szenen stand"*. Dementsprechend galt es, ein *„Gewebe"* von musikalischen Hauptthemen zu bilden, das sich *„in innigster Beziehung zur dichterischen Absicht"* über das ganze Drama ausbreitete.

Der *Ring des Nibelungen* nun ist das erste Werk Wagners, in dem die Leitmotivtechnik konsequent durchgeführt ist. Wagner legte der Tetralogie eine größere Anzahl von Leitmotiven zugrunde, die exponiert, fortgesponnen, verändert, neu gruppiert, neu beleuchtet, miteinander kombiniert und symphonisch verarbeitet werden. Dabei gibt es Motive, die in allen vier Teilen des Bühnenfestspiels wiederkehren, und andere wiederum, die nur einzelnen Dramen vorbehalten sind.

Unterzieht man die Motive einer semantischen Untersuchung, so kann man feststellen, daß sie Verschiedenartiges bezeichnen: Personen, Urelemente, Gegenstände, Empfindungen, Affekte, Leidenschaften, Naturzustände, Ideen. In Korrespondenz zu den Verwicklungen des Nibelungenmythos, den Wagner zu einer Welttragödie gestaltete, umfassen sie den ganzen Kosmos des Seienden, nahezu das Universum der deutschen Mythologie.

Bedenkt man, daß literarische Motive oft situationsmäßige Elemente und Handlungsansätze bilden, so kann man sich über die vielen Motive bei Wagner wundern, die konkrete Personen und Gegenstände bezeichnen. Man versteht indessen seine Intentionen besser, wenn man erst erkannt hat, daß selbst diesen Motiven stets Seelisches und Symbolisches anhaftet. Das Siegfriedmotiv zum Beispiel symbolisiert nicht nur die Person Siegfrieds, sondern auch die Idee des Heldentums, das Heroische. Das Ringmotiv ist ein Sinnbild für Macht und Machtstreben. Das Schwertmotiv konnotiert Schutz und Sieg usf.

Wie kaum ein anderer Komponist des 19. Jahrhunderts hat Wagner die Musik psychologisiert und semantisiert. Überaus hilfreich für ein tieferes Verständnis seiner Leitmotivtechnik sind seine Ausführungen in seinem Buch *Oper und Drama*, speziell im dritten Teil, wo er auf das Verhältnis von Dichtkunst und Tonkunst eingeht.[17] Angelpunkt seiner Erörterungen ist das Verhältnis von Wort- und Tonsprache, von Gedanke und Empfindung, von „Versmelodie" und Orchester. Dabei unterscheidet er drei Stationen des dramatischen Ausdrucks: die Ahnung, die Vergegenwärtigung und die Erinnerung. Von Vergegenwärtigung spricht Wagner, wenn der Darsteller einen Gedanken mitteilt und der latent in diesem enthaltenen Empfindung durch die gesungene Melodie Ausdruck verleiht. Greift das Orchester zu einem späteren Zeitpunkt des Dramas diese Melodie (das heißt: ein bestimmtes Motiv) auf, so erinnert sich der Hörer an jenen Gedanken; dadurch erhält die Musik außermusikalische Bedeutung. In anderen Fällen wiederum nimmt das Orchester eine gedanklich noch nicht ausgesprochene Stimmung vorweg. Wagner spricht dann von „Ahnung". Die Musik des *Ring* ist voller solcher Erinnerungen und Ahnungen, voller Anspielungen auf Künftiges und Dagewesenes. Das Leitmotiv erfüllt sowohl eine erinnernde als auch eine wahrsagerische Funktion.

Vergegenwärtigung und Erinnerung lassen sich wohl am besten am Beispiel des Fluchmotivs verdeutlichen. Der Fluchgedanke gehört zu jenen Motiven, die sich gleich roten Fäden durch die ganze Tetralogie ziehen. Zuerst wird er in der vierten *Rheingold*-Szene ausgesprochen. Wotan und Loge haben Alberich mit List gefangengenommen. Um seine Freiheit zu erlangen, muß Alberich alles hergeben, was er hat: den Hort, die Tarnkappe und auch den Ring. Seine erste Tat, als Loge ihm die Bande löst, ist, den Ring zu verfluchen: *„Wie durch Fluch er mir geriet, verflucht sei dieser Ring"*, ruft er bei Paukentremolo zu den Tönen des Fluchmotivs aus.

Nur ein wenig später werden wir mit einer ähnlichen Situation konfrontiert: Um Freia zu befreien, müssen jetzt die Götter den Riesen den Hort, die Tarnkappe und auch den Ring überlassen. Im Streit um den Ring erschlägt Fafner seinen Bruder Fasolt. Da tönt im Orchester (als erste Erinnerung an Alberichs Fluch) das Fluchmotiv, und Wotan — im Tiefsten erschüttert — kommentiert: *„Furchtbar nun erfind' ich des Fluches Kraft!"*

Dem Fluch Alberichs entgeht keiner der Besitzer des Rings: weder Fafner noch Siegfried. Im Streit um den Ring fällt Gunther, und selbst Hagen wird zum Opfer des Fluches seines Vaters. Erst nachdem der Ring durch Brünnhildes Feuertod in den Besitz der Rheintöchter zurückgelangt, verliert der Fluch seine Macht: Ein Fragment des Fluchmotivs klingt im Orchester auf, dann verstummt der Fluch für immer.

Tiefe Einblicke in das Wesen und die psychologische Funktion der Leitmotivik gewähren vor allem doppelbödige Aussagen bei Wagner. Gemeint sind Fälle, wo die Aussage des Darstellers semantisch mit jener des Orchesters nicht übereinzustimmen scheint. Zur Veranschaulichung des Sachverhalts gebrauchte Ernst Bloch[18] das Bild von einem Ablauf der Ereignisse in zwei Stockwerken: In manchen Fällen spricht und handelt der gesungene Text oben — so meinte Bloch — durchaus nicht dort, wo das Leitmotiv der Musik im unteren Stockwerk spricht und handelt.

Ein aufschlußreiches Beispiel für diesen Sachverhalt finden wir im zweiten *Siegfried*-Aufzug, und zwar in der zweiten Szene. Um Siegfried das Fürchten zu lehren, führt ihn Mime an die Höhle Fafners. Mimes eindringliche Schilderung der Gefährlichkeit des Drachen macht auf den jungen Helden gar keinen Eindruck. Im Orchester dominieren Fafnermotive — man muß sagen: logischerweise, denn Fafner ist der Gegenstand des Gesprächs. An zwei Stellen klingt allerdings im Orchester überraschenderweise das Motiv der schlummernden Brünnhilde auf — überraschenderweise, denn die auf dem Felsen schlafende und vom Feuermeer umgebene Walküre steht in keinem direkten Zusammenhang mit dem Thema des Gesprächs. Erst wenn man genauer auf den Sinn der Worte achtet, erkennt man, daß Wagner hier so etwas wie eine Psychoanalyse des Leitmotivs leistet: Mimes Worte beziehen sich auf die Furcht, die der Wurm einzujagen vermag. Dadurch aber, daß das Orchester diese Worte mit dem Motiv Brünnhildes untermalt, leuchtet die Musik ins Unbewußte und deckt auf, daß Siegfried sich nur vor der Liebe fürchtet. Thomas Mann hatte sicherlich Recht, als er einmal bemerkte, als Psychologe berühre sich Wagner mit Sigmund Freud, ja, er stimme mit ihm in merkwürdigster, „intuitiver" Weise überein.

Fluch und Untergang gehören im *Ring* zusammen. Vom Fluch Alberichs sind auch die Götter betroffen. Weil sie unfrei, furchtsam und ohnmächtig geworden sind, müssen sie untergehen. Der Gedanke vom herbeigesehnten, ja gewollten Ende durchzieht leitmotivisch die Tetralogie. Im *Rheingold* exponiert, wird er in der *Walküre* und im *Siegfried* konsequent weiterentwickelt und in der *Götterdämmerung* zu Ende geführt. Zur plastischen Darstellung des Gedankens setzt Wagner vier Leitmotive ein: das Motiv der Nornen, die ja Schicksalsgöttinnen sind, das Motiv der Götterdämmerung, das Motiv der Zerstörung und das Ringmotiv. Sie alle tönen bereits in der vierten *Rheingold*-Szene auf, als Erda — die allwissende Seherin und Mutter der Nornen — auftaucht, Wotan vor dem Fluch des Rings warnt und das Ende der Götter prophezeit. Der Untergang der Götter ist bereits im ersten Teil der Tetralogie vorprogrammiert.

V. „Charakteristische" Motive in der symphonischen Musik

Plastizität, psychologische Funktion und Symbolträchtigkeit sind Eigenschaften der Wagnerschen Leitmotive, jedoch nicht nur ihrer. Gleichzeitig mit Wagner und teilweise schon vor ihm haben viele Komponisten in der symphonischen Musik mit „charakteristischen" Motiven gearbeitet, die dieselben Eigenschaften aufweisen.[19] Das Phänomen erscheint weniger verwunderlich, wenn man sich vergegenwärtigt, daß das Ideal einer Vereinigung oder gar Verschmelzung von Musik und Poesie zu den Leitgedanken des 19. Jahrhunderts gehörte. Die musikalischen Konzeptionen mehrerer Komponisten entzündeten sich an der Literatur. Robert Schumann arbeitete an der Poetisierung der Instrumentalmusik, Hector Berlioz — der Schöpfer der dramatischen Symphonie — orientierte sich am Drama, und Franz Liszt schwebte das Ideal einer musikalischen Epik nach dem Muster der modernen „philosophischen" Epopöe Goethes und Byrons vor.

Einen der frühesten und wohl auch aufschlußreichsten Fälle für das Auftreten eines „charakteristischen" Motivs in der Programmusik stellt die *Symphonie fantastique* von Hector Berlioz aus dem Jahre 1830 dar. Eine profilierte längere Melodie bildet den Hauptgedanken des Werkes und kehrt nach Art eines Leitfadens in allen fünf Sätzen wieder. Berlioz erläuterte sie programmatisch als den „melodischen Reflex" des Bildes der Geliebten, das einen jungen Künstler unausgesetzt verfolge. Dabei sprach er ausdrücklich von einer *Idée fixe*, einem Terminus, der bekanntlich dem Vokabular der Psychiatrie entlehnt ist. Die Idee der Besessenheit drückt in der Tat weiten Partien der *Symphonie fantastique* das Gepräge auf. Sie beherrscht nicht nur den Kopfsatz, sondern tönt auch in den anderen Sätzen auf, die den jungen Künstler in wechselnder Umgebung zeigen: mitten auf einem Ball, in einer Szene auf dem Lande, während des Marsches zum Schafott und schließlich in einer geträumten unheimlich-grotesken Szene, in der die *Idée fixe* ihren ursprünglichen teils leidenschaftlichen, teils vornehm-schüchternen Charakter verliert und in einer erstaunlichen Metamorphose als grell instrumentiertes triviales Tanzthema erscheint: Das Bild der Geliebten weicht hier dem Bild einer hexenhaften Dirne. Mit der *Idée fixe* der *Symphonie fantastique* erschloß Berlioz der Musik eine tiefenpsychologische Dimension, die vielen seiner Zeitgenossen unheimlich bleiben mußte.

Berlioz' *Idée fixe* dürfte auf Peter Tschaikowsky einen starken Eindruck gemacht haben. Dessen 1888 entstandene *Fünfte Symphonie* dokumentiert nämlich, wie er Berlioz' Verfahren adaptierte und originell abwandelte. Die Symphonie wird mit einem rhythmisch prägnanten Thema eröffnet, das in allen Sätzen des Werkes wiederkehrt und sich dadurch als Leitthema erweist. Tschaikowsky verlieh ihm jedoch nicht die Semantik eines Liebesmotivs, sondern die eines Schicksalsgedankens. In Skizzen umschrieb er den Sinn der Introduktion mit den Worten: „*Vollständige Beugung vor dem Schicksal, oder, was dasselbe ist, vor dem unergründlichen Walten der Vorsehung.*" Auch die *Vierte Symphonie* Tschaikowskys ist übrigens eine Schicksalssymphonie. In einem Brief verglich er das Schicksal mit einem Damoklesschwert, das über dem Haupte des Menschen schwebt und dessen Streben nach Glück vereitelt.

Das Schicksal, der Kampf, die Liebe, der Tod, die Ewigkeit, die Sehnsucht nach Erlösung, die postume Rehabilitierung der Verkannten und Unterdrückten, der postume Triumph großer Menschen und Ideen — das sind die großen Sujets in der Musik des 19. Jahrhunderts. Als Bausteine zu ihrer Darstellung und als vorantreibende Elemente fungieren die Leitmotive und die charakteristischen Motive. Besondere Beachtung unter ihnen verdienen zwei Urmotive bei Liszt, weil sie in seinem Schaffen eine zentrale Rolle spielen und auch bei anderen Komponisten rekurrieren. Gemeint sind das *„tonische Symbol des Kreuzes"* (eine gregorianische Wendung, die aus drei Tönen besteht) und der Tritonus, seit dem Mittelalter das Sinnbild des Satanischen in der Musik. Die beiden Urmotive stehen als polare Gegensätze an der Spitze der Lisztschen Symbolhierarchie und charakterisieren die Polarität zweier unvereinbarer Prinzipien, die man mit den Begriffspaaren Heil und Unheil, Gut und Böse nur annähernd beschreiben kann. Liszt verstand den Crucifixus und im weiteren Sinn das Kreuz als Metaphern für das „göttliche Licht", die „Erlösung" und die „höchste Seligkeit", während ihm Satan der Inbegriff für die Finsternis, den Tod, die Verneinung und den Zweifel war.

Entsprechend den vielen Bedeutungsvarianten, die der Crucifixus für Liszt hatte, versinnbildlicht das *„tonische Symbol des Kreuzes"* in seiner Musik mehrere Konnotationen des Heilsgedankens: den Heiligen Geist, den Frieden im Herrn, die Kreuzesstätte Jesu Christi, den Willen Gottes. Noch weiter ist das semantische Feld des negativen Pols. Liszt verwendet den Tritonus als Symbol des Unheils im weitesten Sinne, das heißt: als Emblem Luzifers, Mephistos und der Hölle überhaupt, als Symbol des Tartarus, der Verwünschung, der Kühnheit und des Leidens, des Leids und des Todes, der Trauer und Klage, als Sinnbild für das Gespenstische, Schauerliche, Ungeheuerliche, als Symbol des Rasens, des Zweifels, des Grabes und des bösen Omens.

Liszts kunsttheoretische, religiöse und philosophische Ideen haben auf seine Zeitgenossen eine mächtige Wirkung ausgeübt. Etliche seiner Kernmotive erregten die Aufmerksamkeit mehrerer seiner Komponistenkollegen, die sie in ihr Schaffen übernahmen. Die Übertragung erfolgt in einer Weise, daß man von Migration und Rekursivität wohl sprechen kann. So setzte Anton Bruckner das Lisztsche *„tonische Symbol des Kreuzes"* in seinen Symphonien und in seiner geistlichen Musik etlichemal mit religiöser Semantik ein. Peter Tchaikowsky nahm es in den Kopfsatz seiner *Pathétique* auf. Richard Wagner bildete aus ihm und aus einem weiteren Motiv (dem Dresdner Amen) eines der wichtigsten Motive im *Parsifal*: das Gralsmotiv. Und Gustav Mahler baute das Finale seiner *Ersten Symphonie* teilweise auf Motiven auf, die er der *Dante-Symphonie* Liszts und dem *Parsifal* Wagners entlehnte. Bezeichnenderweise trägt der Satz im Autograph die Überschrift: *„Dall' Inferno al Paradiso"*.

Überhaupt ist Gustav Mahler ein philosophierender Komponist gewesen. Wie jüngere Forschungen ergaben, machte er die persönlichen, weltanschaulichen und religiösen Fragen, die ihn bewegten, zu Sujets seiner Symphonien. Seine Programme verliehen zentralen Inhalten seiner Weltanschauung Ausdruck. So ist die Idee der Transzendenz, die Idee der Überwindung des Elends und Leids philosophischer Grundgedanke der *Ersten Symphonie*. Das Sujet der *Zweiten Symphonie* darf man als eschatologisch bezeichnen: Mahler hat durch die programmatische Konzeption des Werkes und durch Einbeziehung poetischer Texte mit den Mitteln der Musik eine Antwort zu geben versucht auf all die Fragen, um die sein Denken kreiste: die Fragen nach dem Sinn des Lebens und des Todes und nach dem endzeitlichen Zustand des Menschen und der Welt. Der Glaube, zu dem er sich dabei bekannte, ist ein sehr persönlich gefärbtes Credo an die Unsterblichkeit. Ein kosmologisches Sujet liegt dann der *Dritten Symphonie* zugrunde, die aus dem Boden der Mahlerschen Liebesphilosophie erwächst. Ein eschatologisches Sujet hat übrigens auch die *Vierte Symphonie*, bei deren Konzeption Meditationen über das „Leben nach dem Tode" Pate gestanden haben. Zentrale Sujets Mahlers sind die Idee des Durchbruchs, die Polarität zwischen Inferno und Paradiso, die Idee der als Caritas verstandenen ewigen Liebe und vor allem die Idee der Fortdauer der Existenz nach dem Tode — ein Goethescher Gedanke, der Mahler mächtig anzog und den er in seinen Werken immer aufs neue behandelte.

Zur symphonischen Darstellung dieser geistigen Welt bedient sich Mahler einer großen Anzahl charakteristischer Motive, die in einzelnen Symphonien oder sogar in seinem ganzen Schaffen wiederkehren, anders ausgedrückt: die er intra- oder intertextuell verwendet. Einige dieser Motive entlehnte er — wie angedeutet — Werken von Liszt und Wagner sowie anderer Komponisten. Die meisten Motive freilich erfand er selbst. Dabei stattete er sie mit einer außermusikalischen Semantik aus, die in den meisten Fällen mit Hilfe verschiedener Methoden eruierbar ist. Interessanterweise gebrauchte Mahler die Begriffe „Motiv" und „Symbol" synonym. So äußerte er in einem Gespräch mit seiner Freundin Natalie Bauer-Lechner: *„Alle Verständigung zwischen dem Komponisten und dem Hörer beruht auf einer Konvention: daß der letztere dieses oder jenes Motiv oder musikalisches Symbol, oder wie man es sonst nennen mag, als den Ausdruck für diesen oder jenen Gedanken oder eigentlichen geistigen Inhalt gelten läßt."* Und im Anschluß daran beklagte er sich darüber, daß die Menschen auf seine Tonsprache noch nicht eingegangen seien.

Besondere Beachtung verdient, daß als charakteristische Motive bei Mahler nicht nur melodische Gestalten fungieren, sondern auch Harmonien, Akkorde, Rhythmen und bestimmte Idiophone. So kehren eine bestimmte Akkordfolge und ein prägnanter Rhythmus in drei Sätzen der *Sechsten Symphonie* als Fatalitätssymbole immer wieder, und sie sind es auch, die am Ende des Finales, einer grauenhaften Vision des Untergangs, das letzte Wort behalten. Nicht minder relevant ist die klangsymbolische und leitmotivische Verwendung mancher Idiophone bei Mahler. So symbolisiert das Tamtam vielfach den Todesbereich; die Glocken versinnbildlichen die Ewigkeit; das Glockenspiel dient in vielen Fällen als Klangrequisit der *musica angelica,* und die Herdenglocken charakterisieren — nach Mahlers eigener Erläuterung — ein *„verhallendes Erdengeräusch",* das der *„auf höchstem Gipfel im Angesicht der Ewigkeit"* Stehende vernimmt.

VI. *Folgerungen*

Fassen wir die bisherigen Beobachtungen zusammen und berücksichtigen wir dabei die wichtige Frage nach der Vergleichbarkeit des musikalischen und des literarischen Motivbegriffs, so gelangen wir zu den folgenden Ergebnissen:

1. Versucht man die verschiedenen Definitionen des musikalischen Motivbegriffs auf eine Formel zu bringen, so ließe sich das Motiv als eine stoffliche Einheit auffassen, die eine energetische Kraft hat und als vorantreibendes Element wirkt.

2. Als besonders wichtig erweist sich die Unterscheidung zwischen musikalischen Motiven ohne Semantik und solchen mit außermusikalischer Bedeutung. Letztere lassen sich am besten mit literarischen Motiven vergleichen. Leitmotive und charakteristische Motive erschließen der Musik eine Dimension, die ihr von Haus aus nicht eigen ist: die Dimension des Meinens. Dadurch wird Musik der Sprache ähnlich. Die Musik des 19. Jahrhunderts steckt zu einem wesentlichen Teil voller Intentionen.

3. Rekurrenz und Migration sind Erscheinungen, die sich auch beim Studium der musikalischen Leitmotive und der charakteristischen Motive beobachten lassen. Bestimmte Kernmotive kehren im Schaffen einzelner Komponisten wieder, und sie „wandern", in gleicher oder veränderter Gestalt, in Werke anderer Komponisten. Leitmotive und charakteristische Motive erfüllen im Musikdrama und in der symphonischen Musik des 19. Jahrhunderts vielfach eine psychologische Funktion, und sie dienen als Bausteine zur Darstellung von Sujets von allgemeiner menschlicher Relevanz.

4. Als charakteristische Motive fungieren in der Musik nicht nur melodische Gestalten, sondern auch Akkordfolgen, prägnante Rhythmen und idiophonische Klangsymbole. Ungezählte Beispiele dafür lassen sich aus der Musik des 19. und auch des 20. Jahrhunderts anführen.

5. In der Literaturwissenschaft wird oft zwischen primären und sekundären Motiven unterschieden oder zwischen Kern-, Rahmen- und Füllmotiven. Ähnliche Unterscheidungen lassen sich auch im musikalischen Bereich treffen. Auch für die Erscheinung der Verknüpfung mehrerer literarischer Motive gibt es in der Musik ungezählte Parallelbeispiele, ja, man kann sagen, daß die Gegenüberstellung und Kombination der Leitmotive und der charakteristischen Motive im Musikdrama und in der symphonischen Musik die Regel bildet. So erwächst die Dy-

namik der Musik im Finale der *Ersten Symphonie* von Gustav Mahler aus dem Widerstreit zwischen den Inferno- und den Paradiso-Motiven, und ähnlich verhält es sich im Finale der *Zweiten Symphonie* von Mahler, wo Dies irae- und Auferstehungsmotive miteinander konfrontiert werden.

6. Manche Literaturwissenschaftler sondern scharf die literarischen Leitmotive von den „echten" Motiven. Nach Elisabeth Frenzel[20] sind Leitmotive *„keine Bestandteile des Inhalts, keine echten Motive, sie sind auch keineswegs ,leitend', sondern stilistische, tektonische, gliedernde Elemente, die eine Art musikalischen Effekt haben und einem Refrain gleichen".* Eine ähnliche scharfe Unterscheidung zwischen Leitmotiven und charakteristischen Motiven läßt sich in der Musik nicht treffen. Beide Motivgruppen weisen annähernd die gleichen Eigenschaften auf. Allenfalls ließe sich sagen, daß musikdramatische Leitmotive im Gegensatz zu den charakteristischen Motiven mitunter etwas Plakatives haben.

7. Manche Literaturwissenschaftler räumen ein, daß viele Motive Symbolkraft haben, warnen jedoch vor einer Identifizierung der Begriffe „Motiv" und „Symbol".[21] Unbestreitbar ist, daß zumal in der Lyrik symbolische Motive vorkommen und daß viele musikalische Leitmotive und charakteristische Motive Symbolcharakter haben. Überhaupt will es scheinen, als tendiere die Musik noch stärker zur symbolischen Gestaltung als die Literatur.

Anmerkungen

1 Robert Schumann: *Gesammelte Schriften über Musik und Musiker,* hrsg. von Martin Kreisig, Band I, Leipzig ⁵1914, S. 26.
2 Eduard Hanslick: *Vom Musikalisch-Schönen. Ein Beitrag zur Revision der Ästhetik der Tonkunst,* Leipzig ¹²1918, S. 3.
3 Jean-Jacques Rousseau: *Dictionnaire de musique,* Genf ²1781, Band I, S. 500f.
4 Siehe etwa J. C. Lobe: *Lehrbuch der musikalischen Komposition,* Erster Band, Leipzig ²1858, S. 11. Vgl. dazu Hugo Riemann: *Was ist ein Motiv?* in: Präludien und Studien, Band I, Leipzig o. J. [1895], S. 137—149.
5 Adolf Bernhard Marx: *Die Lehre von der musikalischen Komposition.* Neu bearbeitet von Hugo Riemann, Band I, Leipzig ⁹1887, S. 32.
6 Hans Heinrich Eggebrecht (Hrsg.): *Riemann Musiklexikon. Sachteil,* Artikel *Thema,* Mainz 1967, S. 950.
7 Ebd., Artikel *Motiv,* S. 591.
8 Hans Pfitzner: *Die neue Ästhetik der musikalischen Impotenz,* München 1920, S. 58f.
9 Vgl. dazu Hugo Leichtentritt: *Musikalische Formenlehre,* Leipzig ²1920, S. 235—237.
10 Gero von Wilpert: *Sachwörterbuch der Literatur,* Stuttgart ⁵1969, S. 498; Elisabeth Frenzel: *Stoff-, Motiv- und Symbolforschung,* Stuttgart ⁴1978, S. 29. Vgl. auch Willy Krogmann, Artikel *Motiv,* in: *Reallexikon der deutschen Literaturgeschichte,* hrsg. von Werner Kohlschmidt und Wolfgang Mohr, Zweiter Band, Berlin 1965, S. 427—432.
11 Hugo Riemann: *System der musikalischen Rhythmik und Metrik,* Leipzig 1903, S. 14.

12 Theodor W. Adorno: *Fragment über Musik und Sprache,* in: ders.: *Quasi una fantasia.* Musikalische Schriften II, Frankfurt/M. 1963, S. 9—16; Klaus Wolfgang Niemöller: *Der sprachhafte Charakter der Musik* (Rheinisch-Westfälische Akademie der Wissenschaften. Geisteswissenschaften. Vorträge. G 244), Opladen 1980, S. 52—56.

13 Roland Harweg: *Noch einmal: Sprache und Musik,* in: Poetica 1967, Nr. 1, S. 556—566.

14 Dazu Constantin Floros: *Schumanns musikalische Poetik,* in: Musik-Konzepte. Sonderband Robert Schumann I, München 1981, S., 90—104.

15 Der vorliegende Abschnitt über Richard Wagner stützt sich auf meinen Aufsatz: *Der „Beziehungs-zauber" der Musik im „Ring des Nibelungen" von Richard Wagner,* in: Neue Zeitschrift für Musik 144, 1983, Heft 7/8, S. 8—14.

16 Richard Wagner: *Sämtliche Schriften und Dichtungen,* 6. Aufl. Leipzig o. J., Band IV, S. 322.

17 Ebd., Band IV, S. 186—192.

18 Ernst Bloch: *Paradoxa und Pastorale bei Wagner,* in: ders.: *Zur Philosophie der Musik,* Frankfurt/M. 1974, S. 246.

19 Die vorliegenden Erörterungen über „charakteristische" Motive basieren vorwiegend auf den For-schungsergebnissen meines Buches *Gustav Mahler. Band II: Mahler und die symphonische Musik des 19. Jahrhunderts in neuer Deutung,* Wiesbaden 1977. Von „charakteristischen Motiven" sprach übrigens Franz Liszt bereits im Jahre 1855. Siehe seinen Brief an Franz Brendel vom 18. März 1855.

20 Elisabeth Frenzel: *Stoff-, Motiv- und Symbolforschung,* S. 34.

21 Frenzel, ebd., S. 30.

Rhythmische Komplexität in Bachs Musik —
eine Herausforderung an die Musiktheorie gestern und heute

PETER PETERSEN

I

Der erste Biograph Johann Sebastian Bachs, Johann Nikolaus Forkel, hat zu einer Zeit, als man unter dem Namen Bach noch eher an Carl Philipp Emanuel denn an Johann Sebastian dachte, mit Wärme und Bewunderung von dem *„Reichthum an Kunstausdrücken"* in Bachs Musik geschwärmt, welcher geradezu unerschöpflich erscheine, sofern man an dem polyphonen Satz auch *„die unendliche Mannigfaltigkeit der Rhythmen"* wahrnehme.[1] Den Akzent auf die rhythmische Vielgestaltigkeit von Bachs Musik legt auch ein Zeuge unserer Zeit, der Komponist Hans Werner Henze, der bei Entgegennahme des Bach-Preises der Freien und Hansestadt Hamburg im Herbst 1983 u. a. ausführte: *„Stellen wir uns einmal einen mehrstimmigen Satz Bachscher Instrumental- und Vokalmusik vor, der nur auf Perkussionsinstrumenten ohne feste Tonhöhen ausgeführt würde: Wir hörten nur die kontrapunktisch gegeneinander arbeitenden Rhythmen, keine Harmonie, keine Melodie. Die Energien, die Elastizität, das Pulsierende, das ganz und gar Durchwirkte und Durchdachte einer solchen Struktur würde uns da allerdings in seiner ganzen psychischen Gewalt überraschend und eklatant vor Ohren und Augen treten!"*[2]

Einem solchen aus dem lebendigen Umgang mit Bachs Musik gewonnenen Wissen um deren rhythmische Komplexität sollte eigentlich der Erkenntnisstand der musikwissenschaftlichen Rhythmusforschung mindestens entsprechen. Können Hörer und Musiker nicht von unserer Disziplin erwarten, daß das Erlebnis rhythmischer Komplexität, das sich bei jeder Begegnung mit Bachs Musik neu einstellt, durch die wissenschaftliche Analyse der rhythmischen Strukturen in Bachs Musik und der Hörprozese bei empirischen oder vorgestellten Rezipienten eine rationale Begründung erfährt? Ehrlicherweise müssen wir aber eingestehen, daß wir noch weit entfernt davon sind, dies zu leisten. Der publizistische Anschein läßt allerdings einen guten methodischen und inhaltlichen Wissensstand erwarten. Denn immerhin gibt es bereits eine umfangreiche ‚Tertiärliteratur', die also nicht von der Rhythmik und Metrik selbst, sondern von den diesbezüglichen Theorien der Vergangenheit handelt.[3] Da diese Theorien aber in der Regel hinter der vitalen Kunstpraxis ihrer Zeit zurückgeblieben sind, werden durch solche Meta-Arbeiten die trockenen und lebensfernen Systematiken über Klangfüße und Taktarten eher zementiert, als daß der Abstand zwischen den Rhythmuslehren und der tatsächlich komponierten Musik sich verringerte. Neben solchen Schriften des referierenden Typs gibt es die Arbeiten des philosophischen Genres. Der Rekurs auf die großen Theorien über Begriff und Erleben von „Zeit" im allgemeinen soll Aufschlüsse über die musikalische Zeitqualität im besonderen erbringen.

Der Erfolg dürfte allerdings eher gering einzustufen sein, wenn die Bemühungen in solche Statuten münden wie diese, daß *„das zeitliche Erleben"* in der Musik *„auch vom Tempo"* abhänge, welches *„weder zu langsam [. . .] noch zu schnell"* sein dürfe.[4] Auch die experimentalpsychologischen Untersuchungen über die Wirkung bestimmter Rhythmen auf Versuchspersonen sind weniger ergiebig, als die schönen Polaritätsprofile vermuten lassen. Um nämlich die schnell anwachsende Datenfülle überhaupt verfügbar halten zu können, muß das ‚musikalische' Reizmaterial auf wenige rhythmische Schemata beschränkt werden; diese Formeln können aber nicht für Musik stehen.[5] Schließlich wendet man sich auch der lebendigen Musizierpraxis zu und stellt z. B. fest — mit Hilfe von hochempfindlichen Geräten zur graphischen Fixierung von ein- und mehrstimmiger Musik —, daß stakkatierte Viertelnoten in einem Klavierstück unter der Hand des Pianisten zu einer Folge ungleicher Dauern (in Millisekunden gemessen) werden. Nur: Wieviele Viertelnoten enthält das Stück? Wieviele Stücke mit stakkatierten Viertelnoten gibt es? Und wieviele Pianisten werden noch Viertelnoten unterschiedlicher Dauer hervorbringen?[6]

Trotz der hier nur angedeuteten immensen Schwierigkeiten, denen sich die musikalische Rhythmusforschung gegenüber sieht, muß der Versuch der Beschreibung und Bestimmung komplexer Rhythmik immer wieder unternommen werden, auch wenn er nur zu einer Annäherung an ‚Wunder' wie Bachs Musik führt. Einen solchen vorsichtigen Versuch will ich im folgenden unternehmen. Dabei dient mir die Musik Bachs zwar nur als Paradigma für die Demonstration und Diskussion eines methodischen Konzepts; indessen möchte ich glauben, daß eventuelle Fortschritte in Richtung auf die wissenschaftliche Bestimmung der rhythmischen Komplexität in Bachs Musik der allgemeinen Erforschung des Rhythmus in aller Musik (jedenfalls der ‚ersten' Welt) zugute kommen würde. Wer Bachs Musik versteht, dem dürfte die meiste Musik unseres Kulturkreises prinzipiell zugänglich sein.

Die für diese Überlegungen herangezogenen Begriffe „Komplexität" und „Rhythmus" erfordern noch einige allgemeine Bemerkungen, bevor zur Analyse von Musikausschnitten selbst und sodann zur Kritik einiger rhythmustheoretischer Ansätze vorgeschritten wird. Komplexität bedeutet Vielgestaltigkeit, Beziehungsreichtum, Zusammenhang von Verschiedenem. Komplexität ist somit auch ein Kriterium für Kunst, wobei der Umkehrsatz, daß, was komplex ist, auch Kunst sei, natürlich nicht gelten kann. Die verbreitete Vorstellung, daß Kunst die verdichtete Wiedergabe von Wirklichkeitserfahrung sei, trifft im Wesentlichen zu. In diesem Sinne bedeuten Dichte und Komplexität nahezu dasselbe. Dies heißt nicht, daß in einem Kunstwerk Komplexität gleichmäßig durchgehalten werden müßte, um das Niveau von Kunst zu gewährleisten. Vielemehr ist — besonders in den Zeitkünsten — der Wechsel von dicht und locker Gefügtem, von komplexen und simplexen Ereignisfolgen unerläßlich, um Eintönigkeit auf welchem Niveau auch immer zu vermeiden. Was für sich genommen einfach ist, kann eine abgestimmte Funktion in einem vielgestaltigen Gesamtkonzept erfüllen.

Komplexität ist zwar ein Merkmal von Kunst. Da aber Kunstäußerungen stets kommunikativen Charakter haben, muß das Komplexe nicht notwendig an den Kunstwerken in Erscheinung treten; vielmehr kann gelten, daß eine kommunikative Situation, in der sich Kunst verwirklicht, als ganze durch Komplexität ausgezeichnet ist. Das Komplexe kann sich also auch auf seiten der empfangenden Teilnehmer an der künstlerischen Kommunikation erweisen. Die jüngste Musik- und Kunstgeschichte hat uns hier die absoluten Grenzfälle geliefert. Das Stück *4'33"* von John Cage weist auf der Kompositionsseite eine Null-Komplexität auf: Der Pianist (oder ein beliebiger anderer Instrumentalist) erzeugt während der 4 Minuten und 33 Sekunden dauernden Aktion nicht einen Ton. Auf seiten der Rezipienten werden dagegen Energien freigesetzt, die — von Zorn und Heiterkeit wechselnd bestimmt — insgesamt ein hochkomplexes Kunstereignis erbringen. Ein solcher Extremfall kann nur einmal pro Musikgeschichte passieren. Diese ist im übrigen in ihren hervorragenden Kunsterzeugnissen meist durch Komplexität auf der Werkseite ausgezeichnet.

Zu bestimmen, was musikalischer Rhythmus ist, wird sich heute wohl kaum jemand trauen.[7] Den Gegenstand, auf den sich der Begriff bezieht, sinnvoll einzugrenzen, ist deshalb der alleinige Zweck dieser Vorbemerkungen. Sicher ist, daß musikalische Zeit und musikalischer Rhythmus nicht gleichzusetzen sind, wenngleich Rhythmus stets zu Zeiterfahrung führt. Doch für längere musikalische Zeitabläufe gibt es den Begriff der Form, der wohl ein zu Teilen kognitiv gesteuertes Erleben von Musik impliziert. Andererseits schlägt bekanntlich bei extrem kleinen Zeiteinheiten (16 Hz) die Wahrnehmung gegliederter Zeit in die einer stationären Tonhöhe um. Der musikalische Rhythmus bezieht sich somit auf eine nicht scharf einzugrenzende und doch von jedem gewußte Zeitdimension mittlerer Größe. Dieser mittlere Zeitrahmen ist derselbe, der dem Menschen seine eigene Körperlichkeit zur Erfahrung bringt, d. h. alle willkürlichen und unwillkürlichen Bewegungen seiner Organe vom Herzschlag bis zur Motorik der Gliedmaßen gehören in die Dimension der rhythmischen Zeit. Es ist daher nur ,natürlich', daß der musikalische Rhythmus immer wieder in Analogie zur Bewegung von Körpern gestellt worden ist, und ebenso ,natürlich' ist es, daß die Qualität des Rhythmischen regelmäßige und unregelmäßige, periodische und aperiodische Dauernfolgen einschließt. Der in der Umgangssprache verbreitete Begriff des Rhythmischen, der einschränkend nur auf periodische Erscheinungen bezogen wird, gilt nicht für die Musik; diese läßt — auch bei taktgebundener Musik — periodische und aperiodische Zeitstrukturen nebeneinander bestehen.

II

Am Beispiel von Ausschnitten zweier Klavierstücke von Bach sollen jetzt Möglichkeiten der Analyse und Darstellung musikalischer Rhythmik aufgezeigt und erprobt werden. Als Beispiele wählen wir die jeweils ersten acht Takte der A-Dur-Fuge und des a-Moll-Präludiums aus dem ersten Teil des *Wohltemperierten Kla-*

viers (siehe den Notentext auf S. 230/231). Die beiden Fragmente eignen sich deshalb gut für unser Vorhaben, weil sie einerseits im konträren Verhältnis von Komplexität und Simplexität zueinander stehen und andererseits durch die gleiche Taktart 9/8 ein für die Rhythmik relevantes Tertium comparationis besitzen. Steht also das Ergebnis des Vergleichs infolge einfacher Evidenz schon fest — die Fuge ist das rhythmisch komplexere, das Präludium das rhythmisch einfachere Stück —, so kann der Sinn der Analyse darin gesehen werden, dieses grobe, wenngleich richtige Urteil zu begründen und mit möglichst präzisen Daten über die strukturalen Sachverhalte zu stützen.

Ich gehe dabei so vor, daß die rhythmische Struktur als ganze, also die Rhythmik dieser beiden Passagen, sukzessiv ermittelt wird, indem die einzelnen Rhythmen, die von den Stimmen des Satzes und von anderen Komponenten des Tongefüges abgeleitet werden können, in ein Zeitfeld eingetragen werden, das dann zum Ausgangspunkt weiterer Erörterungen wird. Jeder einzelne Rhythmus besteht aus Dauern, jede Dauer bezieht sich auf Eintritt oder Austritt, auf Wechsel oder Wiederkehr von Klängen oder Klangqualitäten. Dies bedeutet, daß jede Melodie oder Klangfolge die Ableitung mehrerer Rhythmen zuläßt bzw. mehrere Rhythmen in sich trägt. An einem winzigen Beispiel sei dieser grundlegende Sachverhalt zuvor noch erläutert.

Im Ritornellthema des ersten Satzes des *Fünften Brandenburgischen Konzerts* von Bach erklingt folgende wohlbekannte Tonfolge:

Was ist der Rhythmus dieser Melodie? Diese Frage wäre falsch gestellt, weil sie nur mit dem Hinweis auf mehrere Rhythmen beantwortet werden könnte. Denn der Rhythmus der Anschläge ist dieser:

der Rhythmus der Tonhöhenwechsel ist dieser:

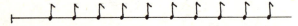

der Rhythmus der Tonhöhenakzente (Scheiteltöne) ist dieser:

226

Etwas später im Satz erscheint die von den Violinen exponierte Melodie in einer von der Soloflöte vorgetragenen Variante mit folgender Gestalt:

Es ist evident, daß diese Achtelfassung der Form jenes Rhythmus entspricht, den wir aus der ursprünglichen Fassung durch Beachtung der Tonhöhenwechsel eruiert haben; niemand kann leugnen, daß dieser Rhythmus in der Folge von Sechzehntelattacken mitenthalten und auch wirksam ist. Andererseits bringt die Flöten-Variante durch die Artikulationsbögen einen weiteren Rhythmus hervor, der die Viertelwerte gleichmäßig markiert. Die Viertelwerte resultieren aus der Folge von längeren und kürzeren Achteln, denn die Artikulationsformen ,angebunden' und ,angestoßen' bewirken notwendig, daß einige Achtel einen Bruchteil ihres Wertes an eine irrational kurze Pause verlieren.

Schon an diesem unscheinbaren Beispiel konnte eine ganze Reihe rhythmuskonstituierender Komponenten zusammengetragen werden. Die subtil unterschiedenen rhythmischen Diagramme der beiden Melodievarianten seien noch einmal nebeneinandergestellt:

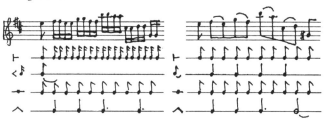

Es ist klar, daß nicht alle diese Komponenten für jedes Beispiel rhythmisch relevant sind, wie sich auch denken läßt, daß ganz andere Klang- und Satzkomponenten Rhythmen aufscheinen lassen können. Bei der schon angekündigten Analyse der beiden Bach-Stücke beschränken wir uns auf folgende Komponenten: Anschläge, relative Tonlängen und Scheiteltöne der einzelnen Stimmen und Wechsel der harmonischen Funktionen sowie Folge der harmonischen Akzente des mehrstimmigen Satzes. Dazu kommt der Akzentstufentakt, der mit Hugo Riemann[8] als mehrschichtiges rhythmisches Gebilde aufgefaßt und in das rhythmische Diagramm auf folgende Weise einbezogen wird:

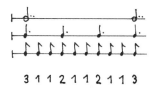

3 1 1 2 1 1 2 1 1 3

Um den Takt nicht von vornherein als dominante Perspektive einzuführen —
dies entspräche weder der Intention des Komponisten noch der Hörerfahrung außerhalb unseres ‚wohltemperierten' Klavierunterrichts[9] —, empfiehlt sich eine
neutrale Notation, bei der nicht nur die Taktstriche, sondern auch die Balken ent-
fallen. (Dies ist selbstverständlich keine Empfehlung für irgendwelche obskuren
Editionen; die Umschrift erfüllt lediglich heuristische Zwecke).

Wir kommen jetzt zur rhythmischen Analyse der ersten bzw. führenden Stim-
men unserer beiden Beispiele. Unter dem neutralisierten Notat der ersten vier
Takte werden die Rhythmen der Anschläge, der relativen Tonlängen und der
Scheiteltöne verzeichnet.

Fuge

Präludium

Sowohl die einzeln abgeleiteten Rhythmen als auch deren Relation zueinander
lassen charakteristische Merkmale jeder Melodie und signifikante Unterschiede
zwischen ihnen erkennen. Zu den charakteristischen Merkmalen der Fugenmelodie gehört, daß weder in der Folge von kurzen und längeren Notenwerten noch
in der Folge der meist durch eine steigende Quarte angesprungenen Scheiteltöne
regelmäßige Zeitintervalle auftreten. Der Rhythmus, der aus den Werten, die größer als 1 ♪ sind, besteht, hat die Dauernfolge (in ♪) 14+7+5+6+2+2, und der
Rhythmus, den die Scheiteltöne hervorbringen, hat die Dauernfolge 5+2+
2+2+2+5+2+5+5+8. Demgegenüber prägt im Präludium schon der Rhythmus
der Anschläge eine deutliche Periodizität in neun hier ganz gleichmäßig zu denkenden Achteln aus. Der Rhythmus aus den Werten, die größer als 1 ♪ sind, und
der Rhythmus der Scheiteltöne sind zwar gegenüber dem Anschlagsrhythmus
versetzt, verlaufen in sich aber ebenfalls periodisch, und zwar in konstanter Ab-

weichung von den Neunachteleinheiten der durch die Sechzehntel skandierten Melodie. Nur der vierte Takt schert aus dieser Regelmäßigkeit aus, indem er den relativ schweren Wert (♪) an die Stelle setzt, wo vorher die relativ leichten Werte (♪♪) plaziert und infolgedessen auch bereits erwartet waren. Bezogen auf die Rhythmik der isolierten Einzelstimmen kann also festgehalten werden, daß die Fugenmelodie durchgängig aperiodisch gestaltet und dabei durch versetzte Akzente zusätzlich verstört ist, daß die Hauptstimme des Präludiums dagegen eine periodische Rhythmik zeitigt, die nur einmal einer reizvollen Unregelmäßigkeit unterzogen wird.

Ein kurzer Blick auf die Harmonik der beiden Vergleichsstücke genügt, um einen höchst signifikanten Unterschied auszumachen: In der Fuge haben wir äußerst schnelle Harmoniewechsel, im Präludium sehr langsame. Der „harmonische Rhythmus"[10] der Fuge verläuft in der Regel im Achteltempo. Betrachtet man aber die Stellen, wo die harmonischen Funktionen zwei oder drei Achtel lang gleich bleiben (siehe Notentext und Diagramm unten S. 230f.), so zeigt sich die Bindung des „harmonischen Rhythmus" an den Akzentstufentakt. In allen Fällen geht die Dehnung der Harmonie mit einer Haupt- oder Nebenzählzeit konform (vgl. T. 3/3, T. 4/1u.2, T. 6/1u.2, T. 7/3, T. 8/1, T. 8/2u.3 in hemiolischer Rhythmisierung). Gleiches gilt für alle Vorhalte, die hier im Sinne der harmonischen Akzentsetzung beachtet werden müssen.

Im Präludium wechseln die Funktionen von Takt zu Takt (mit Ausnahme des jeweils letzten Achtels in T. 4 und T. 8). Andererseits gibt es hier durch Orgelpunktbildungen freie Dissonanzen und eine Verwischung der harmonischen Funktionen. Die linke Hand der Takt 1—4 kann im Sinne t—s—s—t verstanden werden, die rechte Hand zeigt dagegen für dieselben Takte $t-D_7^9-D_7^9-t$. Allein die Spitzentöne f^2 bzw,. gis^2 führen zu dem Eindruck, daß derselbe Zwitterklang einmal subdominantisch, das andere Mal dominantisch klingt (welch letzteres in T. 7 eindeutig ist). Die funktionsharmonische Zweideutigkeit beeinträchtigt indessen nicht den an den Takt gebundenen harmonischen Hauptrhythmus, der über die Dauern von 9 Achteln geht.

Wir kommen jetzt zur Einrichtung der vollständigen rhythmischen Diagramme der Vergleichsstücke (siehe S. 230f.). Die Teildiagramme der einzelnen Stimmen, der Rhythmus der Harmoniewechsel und der harmonischen Akzente[11] sowie der Akzentstufentakt werden in die Zeitfelder von je 74 Achteln eingetragen (bei teils vereinfachter Notierung der Werte). Schon dieser partiturähnliche Teil des Diagramms bietet ein gutes Abbild der unterschiedlichen Rhythmik der beiden Werkausschnitte. So zeigen sich beim Präludium deutlich vertikale Fluchten infolge des Zusammentreffens mehrerer rhythmischer Impulse aus den einzelnen Teilsystemen. Demgegenüber läßt das Diagramm der Fugenexposition eher an eine Zufallsverteilung der Dauernwerte denken.

Bach, WK I, Fuga 19, T. 1—9. Notentext und Rhythmisches Diagramm

Bach, WK I, Präludium 20, T. 1—9. Notentext und Rhythmisches Diagramm

Die zuunterst angefügte Wertigkeitsreihe zieht die Summe der pro Achtelposition des Zeitfeldes ermittelten rhythmischen Impulse und bietet zudem eine graphische Umsetzung dieser Wertigkeitsreihe. Das Wertigkeitsprofil bildet in gewisser Weise die rhythmische Komplexität der Musik ab. Es kann einer gesonderten und vergleichenden Betrachtung unterzogen werden. Beachten wir zunächst die höherwertigen Positionen, die 9, 8 oder 7 Impulse auf sich vereinigen. Man erkennt, daß im Präludium diese hohen Profilsäulen deutlich periodisch angeordnet sind (im Abstand von 9 Achteln), während im Diagramm der Fuge vom Einsatz der dritten Stimme an eine ziemlich irreguläre Profilsilhouette gebildet ist. Liest man im Fugendiagramm etwa die siebenwertigen Positionen von links nach rechts (ab T. 4), so kommt diese Dauernfolge heraus: 3+4+2+2+1+1+3+2+5+1+3+2+1+2+1+3+3+3+3. Selbst auf diesem hohen Level, bei dem immerhin sieben rhythmische Impulse verschiedener Herkunft zusammentreffen, zeigt sich also noch eine weitgehend aperiodische Struktur, die erst gegen Schluß des Abschnitts, der durch einen Ganzschluß in der Tonika mit voraufgehender erweiterter Kadenz auch harmonisch stabilisiert erscheint, in das ternäre Metrum des Taktes eingepaßt wird.

Ein anderes Indiz für die höhere oder niedrigere rhythmische Komplexität ist die Wertigkeit der leichten Zählzeiten (♩) bzw. der Unterzählzeiten (♪). Das rhythmische Profil der Fuge weist hier in den Takten 4—7 eine erstaunliche Dichte auf. Nicht selten erreichen die superleichten Achtel eine Wertigkeit von 6 oder 7, einmal sogar 8 Impulsen. Und mehrmals sind die Werte der Zählzeiten geringer als die der benachbarten Achtel. Im Übergang von T. 7 zu 8 ist sogar einmal die Nebenzählzeit mit dem Wert 8 stärker gewichtet als die nachfolgende Hauptzählzeit mit dem Wert 7. Alle diese Anzeichen für hochgradige rhythmische Komplexität fehlen im Diagramm des Präludiums. Nur in Takt 6 und 7 ist die metrische Binnenstruktur des 9/8-Taktes durch höherwertige Achtel leicht eingeebnet, worin sich die im Vergleich zum ersten Halbsatz bewegter gestaltete Nebenstimme niederschlägt.

Schließlich erlauben die rhythmischen Diagramme auch einen Einblick in die wechselnden Dichteverhältnisse der beiden Achttakter und somit in das Gestaltungskonzept der eröffnenden Sätze. Das Präludium erweist sich in dieser Hinsicht als weitgehend statisch (analog der Orgelpunkttechnik), die Fuge bildet deutlich unterscheidbare Phasen aus. In einer ersten längeren Phase (T. 1—6) nimmt die rhythmische Komplexität zu, in einer zweiten schließenden Phase (T. 7—9) vereinfacht sich das rhythmische Geschehen. Wenngleich der Schluß naheliegt, daß hier auch gattungsspezifische Merkmale durchschlagen — der Fuge wird ja eher ein dynamischer, dem Präludium ein statischer Charakter zugesprochen —, so sei doch vor übereilten Schlüssen gewarnt. Erst die rhythmische Analyse zahlreicher Vergleichsstücke könnte erweisen, ob solche generalisierenden Zuordnungen haltbar sind.

III

Ich möchte annehmen, daß die mitgeteilten Beobachtungen und Rückschlüsse einleuchten. Sie fördern Sachverhalte zutage, die tatsächlich in der Komposition gelegen sind. Mir erscheint es sicher, daß Bach eine Anschauung vom Rhythmus in der Musik gehabt hat, die jene der zeitgenössischen Theoretiker weit hinter sich ließ. Während letztere ausschließlich von den vordergründig notierten Werten ausgingen, gestaltete der Komponist den Rhythmus unter freier Verfügung über alle Mittel des Tonsatzes.

Johann Mattheson, ein direkter Zeitgenosse Bachs, mag diese Beschaffenheit des musikalischen Rhythmus immerhin gespürt haben. In der wichtigen Schrift *Der Vollkommene Capellmeister* von 1739 schreibt Mattheson, nachdem er die verschiedenen Klangfüße und Taktarten aufgezählt hat[12], mit Bezug auf den *„Mouvement"* in der Musik, *„es werde mehr dadurch verstanden, als geschrieben".*[13] Dabei sei die *„Bewegung"* die *„geistigere"* Form der musikalischen Zeit, während der Takt *„cörperlicher"* sei.[14] *„Das Mouvement läßt sich schwerlich in Gebote und Verbote einfassen: weil es auf die Empfindung und Regung eines jeden Setzers hauptsächlich, und hiernächst auf die gute Vollziehung, oder den zärtlichen Ausdruck der Sänger und Spieler ankömmt."*[15]

Ganz offensichtlich spricht Mattheson hier so etwas wie den ‚irrationalen Rest' der sonst ganz rational verstandenen Musik an, vor dem der Gelehrte kapitulieren müsse. Daß in dieser vagen Vorstellung von musikalischer *„Bewegung"* die Ahnung rhythmischer Komplexität eingeschlossen sein könnte, läßt sich aus den folgenden Anmerkungen Matthesons herauslesen, in denen sogar der moderne Gedanke, daß das Wesentliche der Musik zwischen den Noten statt in ihnen zu finden sei, anklingt: *„Hier muß ein jeder in seinen Busen greiffen und fühlen, wie ihm ums Hertze sey; da denn nach Befindung desselben unser Setzen, Singen und Spielen auch gewisse Grade einer ausserordentlichen oder ungemeinen Bewegung bekommen wird, die sonst weder der eigentliche Tact, an und für sich selbst, noch auch die* merckliche *Auffhaltung oder Beschleunigung desselben, vielweniger der Noten eigene Geltung ertheilen können; sondern die von einem* unvermerckten *Triebe entstehet. Die Wirkung merckt man wol, weiß aber nicht, wie es zugehet."*[16]

Ähnlich vage Verweise auf die (noch) nicht beschreibbare ‚andere', über Takt und Fuß hinausgehende Wirklichkeit des Rhythmischen finden sich auch in Johann Georg Sulzers Artikel *„Rhythmus; rhythmisch. (Redende Künste; Musik; Tanz.)"* aus der *Allgemeinen Theorie der schönen Künste* von 1794.[17] Einerseits deutet der Autor[18] an, daß auf seiten der *„Mannichfaltigkeit"*, die im Verbund mit *„Einförmigkeit"* (Takt) das ästhetische Wohlgefallen erzeuge[19], sehr verschiedene Mittel zur Veränderung des Rhythmischen vorgestellt werden können; er nennt außer Takt- und Tempocharakteren und Dauern von Tönen und Pausen noch folgende: *„thut man endlich hinzu, daß die Schläge auch in Höhe und Tiefe verschieden; daß*

sie geschleift oder gestoßen, und durch mancherley andere Modificationen, die besonders die menschliche Stimme den Tönen geben kann, verschieden werden können: so
begreift man leichte, daß eine einzige Taktart eine unerschöpfliche Mannichfaltigkeit
von Abwechslung geben könne."[20] Andererseits zeigt sich Sulzer aber doch befan-
gen von einem Rhythmusbegriff, der außer den wechselnden Tonlängen allenfalls
noch den Taktakzent einbezieht: „ . . . wird blos auf die Dauer der Töne, und auf
den Nachdruck gesehen, wobey die Höhe nicht nothwendig in Betrachtung kommt.
Denn in folgenden zwey Takten:

wäre kein Unterschied des Rhythmus."[21] Es ist klar, daß Sulzer unter dieser Voraussetzung an einem Takt wie diesem aus Bachs A-Dur-Fuge:

ebenfalls nur den einförmigen Rhythmus der pulsierenden Achtel wahrnehmen
oder vielmehr zur Sprache bringen könnte.

Sowohl Mattheson als auch Sulzer beklagen, daß der musikalische Rhythmus
noch keine hinreichende Theorie gefunden habe. „*Die Krafft des Rhythmi ist in
der melodischen Setz=Kunst ungemein groß, und verdienet allerdings einer besseren
Untersuchung, als sie bisher gewürdiget worden*", schreibt Mattheson.[22] Und Sulzer
führt gegen Ende seines Artikels aus: „*Aber sehr zu wünschen wäre es, wenn sich
ein Meister der Kunst die Mühe gebe, die verschiedenen Arten des Rhythmus deutlich
aus einander zu setzen, den Charakter jeder Art zu bestimmen, und denn zu zeigen,
was man sowol durch einzelne Arten, als durch Abwechslung und Vermischung mehrerer Arten auszudenken im Stande sey. Dadurch würde der Grund zu einer wahren
Theorie der rhythmischen Behandlung eines Tonstüks gelegt werden, die von der größ-
ten Wichtigkeit ist, und zur Kunst des Satzes noch gänzlich fehlet.*"[23]

Ich sehe nicht, daß dieser Mangel bis heute behoben ist. Deshalb ist es schon be-
dauerlich, daß die wichtigste Publikation der letzten Jahre zu diesem Thema, die
Heidelberger Habilitationsschrift von Wilhelm Seidel[24], nicht einen Fortschritt
in der Rhythmusforschung, sondern ‚nur' ein Referat über die Rhythmustheorien von Mattheson bis Steglich erbracht hat, was freilich auch von gutem Nutzen
ist. Nur stimmt es nachdenklich, daß der Verfasser, sowie er einmal die Ebene
des Referats verläßt und sich selbst an die Beschreibung von ein paar Takten Musik macht, vor der Aufgabe kapituliert und — was schlimmer ist — zu allgemei-

nen Aussagen gelangt, die darauf hinauslaufen, daß man die begriffliche Erfassung des Rhythmus in der Musik doch ganz aufgeben sollte. Alles, was nicht Metrum ist, sei *„terminologisch schwer zu fassen, weil Terminologie ihrem eigensten Wesen nach nur im Bereich des Metrischen, Begrenzten* [!] *zu Hause ist".*[25] Da nun aber das Metrische nur den allergeringsten Teil dessen ausmacht, was Musik bedeutet, müßte demnach auf die rationale Durchdringung von Musik überhaupt — so an ihr nun einmal etwas „Unendliches", „Himmlisches", „Phantastisches", „Geheimnisvolles", „Unaussprechliches" usw. erscheint — verzichtet werden.

Seidel ist indessen zuzustimmen, daß in der wissenschaftlichen Kommunikation nicht auf Rationalität verzichtet werden kann. Der Weg, den z. B. Gustav Becking mit seinem Buch *Der musikalische Rhythmus als Erkenntnisquelle*[26] beschritten hat, führt zu keinem Ausgang. (Man bedenke, daß bereits im Titel anklingt, daß der Leser nicht Erkenntnisse *über* den musikalischen Rhythmus erwarten soll, sondern daß er auf Erkenntnisgewinn *durch* den musikalischen Rhythmus hoffen kann.) Über Bachs Musik äußert sich Becking zunächst subjektiv, indem er die eigenen Hörerfahrungen beschreibt: *„Es ist erstaunlich, wie wenig man sich bei der Ausführung dieser Musik um das ‚Schlagen'* [Taktschlagen] *kümmert; alles pulsiert wie von selbst und man begleitet die Schläge nicht einmal mit besonderem Interesse. Aus These und Antithese bildet sich die Gruppe, die Synthese, ohne Zutun des Gestaltenden."*[27]

Statt nun aber diese allgemeine Umschreibung der Bachschen Rhythmik durch die Analyse von Bachs Musik zu untermauern, also überhaupt auf den Begriff zu bringen — an dem von ihm zitierten Beispiel, dem Thema der c-Moll-Fuge aus WK I, bringt Becking nur die Haupt- und Nebenakzente des Taktes an[28] —,

wird ein nicht-sprachliches Medium ersonnen, das den Begriff ersetzen soll. Dabei müßte das, was die Rhythmik in Bachs Musik auszeichnet, überhaupt erst einmal als ein Ensemble von Sachverhalten erfaßt werden, also indem z. B. an dem von Becking beigezogenen c-Moll-Thema die Mehrschichtigkeit des melodischen Verlaufs (latente Zweistimmigkeit), die primären und sekundären Synkopen und die frei gesetzten Tonhöhenakzente festgestellt und in Beziehung zum vorgeschriebenen Takt (zu dem übrigens auch die Achtelpause am Anfang gehört, die Becking wegläßt) gebracht werden (vgl. unser rhythmisches Diagramm). Dabei würde zum einen die individuelle Gestalt des Themas deutlich werden, zum anderen stieße man aber auch auf ein allgemeines Merkmal von Bachs Musik, daß nämlich die leichten Teile des Taktes relativ hohe rhythmische Wertigkeiten besitzen und oftmals untergeordnete Zählzeiten rhythmisch stärker besetzt sind als die übergeordneten.

Bach, WK I, Fuga 2, T. 1—3

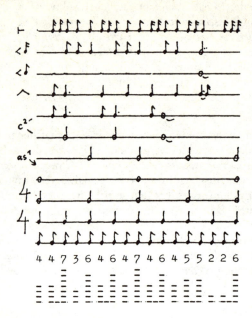

Becking versucht demgegenüber durch Einfühlung den gesamten J. S. B. auf einmal zu fassen und in ein einziges graphische Zeichen zu bannen[29]:

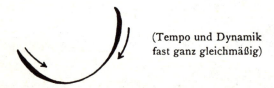

(Tempo und Dynamik
fast ganz gleichmäßig)

Dieses Bild, das der Ausfluß lang andauernder Selbstbeobachtungen Beckings bei der Ausführung von begleitenden Mitbewegungen der Arme ist, vermittelt keine Erkenntnis, sondern reicht allenfalls eine Erfahrung weiter.

Von Erfahrungen an Bachs Musik handelt auch Ernst Kurths Buch über *„Bachs musikalische Polyphonie"* mit dem Haupttitel *Grundlagen des linearen Kontrapunkts.*[30] Als stünde er noch unter dem unmittelbaren Eindruck der Musik, schreibt Kurth sein ganzes Buch. Hier eine Leseprobe über eine Passage aus Bachs *Chromatischer Fantasie und Fuge*[31] (vgl. das Notenbild auf S. 237f.; der Ausschnitt, auf den sich Kurth bezieht, ist durch Winkel gekennzeichnet): *„Ihr Gehalt und* ihre Kraft liegt in den hier unmittelbar hervortretenden, eigentlich melodischen, den kinetischen Erscheinungen, den ungeheuren Spannungsentwicklungen des aufwärts-wirbelnden Anschwungs, der einen Raum von drei Oktaven durchmißt und gerade mit seiner Gipfelung auf keine rhythmisch stark hervortretende Taktstelle fällt." Kurth durchsetzt den Text mit verschiedenen Metaphern („Kraft", „kinetische Er-scheinungen", „ungeheure Spannungsentwicklungen", „aufwärtswirbelnder An-schwung") und hebt so die Irrationalität seines Hörerlebnisses in einer irrationalen Sprache auf. Ausdrücklich wird von Kurth negiert, daß bei dem von ihm be-schriebenen Musikausschnitt andere als melodische Kräfte ihre Wirkung tun.[32] Weil er von einem zwar kinetisch erklärten, aber doch an die Vorstellung periodi-scher Abläufe („Schrittgefühl"[33]) gebundenen Rhythmusbegriff ausgeht, kann Kurth nicht erkennen, daß die Melodik bei diesem Beispiel gerade nicht für den Eindruck eines „aufwärtswirbelnden Anschwungs" ursächlich ist — es handelt sich nur um die sequenzierende skalenmäßige Ausfüllung des Septnonakkords —; viel-mehr ruft eine unregelmäßige Dauernfolge, die auf der Grundlage der Zweiund-dreißigstelanschläge sich konstituiert, die Assoziation einer ungebändigten Bewe-gung hervor. Die abwärtsführenden Skalen zeigen eine Folge von 8/32-Einheiten, die genau in den Wert der Viertelnote, die hier Zählzeit ist, eingepaßt sind. Wenn das tiefe d erreicht wird, kommt es zur Spaltung der metrischen und rhythmi-schen Prozesse. Das Metrum bleibt an der Balkennotierung in Achtergruppen er-kennbar, der Rhythmus tritt an der Länge der Sequenzglieder in Erscheinung. Da wir nicht Notenbalken hören, sondern Tonfolgen, ist die Folge von Einheiten aus 10+10+11+10+10+11+26 Zweiunddreißigsteln (die noch durch 3/32-Gruppen jeweils am Ende der Sequenzglieder differenziert sind) ausschlaggebend. Selbstver-ständlich können uns bei dem schnellen Tempo nicht die Zahlen bewußt werden. Ohne weiteres zu hören ist aber die Abweichung der 10ner- und 11fer-Gruppen von den vorher stabilisierten 8ter-Gruppen. Das Zeitgefüge wird verwirrt. Wir er-leben einen Vorgang, für den Kurth den treffenden Ausdruck „aufwärtswirbelnder Anschwung" gefunden hat. Ein „Wirbel" ist aber rational zu beschreiben — er wurde ja auch unter Einbeziehung der Ratio komponiert (siehe die Abstützung des irregulären Skalenwerks auf volle Zählzeiten: 10+10+11+10+10+11+26 = 11x8). Die Begriffe, die für die Analyse einer derartigen wirbelnden Bewegung bereit stehen, gehören dem Gebiet der musikalischen Rhythmik und Metrik an.

Bach, Chromatische Fantasie und Fuge, T. 63—69. Notentext und Verlaufsschema

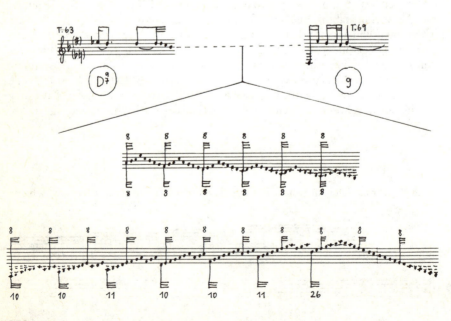

Mag sein, daß solche in nicht-sprachliche bzw. in metaphorische Ausdrucksformen ausweichenden Beschreibungsmodelle eine Gegenreaktion auf bestimmte sprachkonventionell befangene ‚musikalische Verslehren‘ darstellten, die eine sachfremde Terminologie übernahmen und die Musik an die vorgegebene Begrifflichkeit anpaßten. Ein Muster für solche Formen verdinglichter Rationalität stellt das Buch des Altphilologen Westphal dar, dessen Titel wegen seiner für restaurative Wissenschaftsauffassungen typischen Diktion vollständig wiedergegeben sei: *Allgemeine Theorie / der / musikalischen Rhythmik / seit J. S. Bach / auf Grundlage der antiken / und unter Bezugnahme auf ihren historischen Anschluß an die mittelalterliche / mit besonderer Berücksichtigung von / Bach's Fugen und Beethoven's Sonaten / von / Rudolph Westphal, / Ehrendoktor der griechischen Literatur an der Universität Moskau. // Leipzig, / Druck und Verlag von Breitkopf & Härtel. / 1880.*[34] Die fünf Hauptteile dieser Abhandlung sind:

I. *Die rhythmischen Abschnitte in der Poesie.*
II. *Musikalische Versfüsse und Takte.*
III. *Die musikalischen Kola.*
IV. *Die rhythmisch-musikalische Periode und die Accentuation.*
V. *Die musikalischen Systeme oder Strophen.*

Der Autor hätte keinen ungeeigneteren Gegenstand für seine Rhythmus-‚Theorie‘ aussuchen können als die Fugen J. S. Bachs. Da er an der Einschichtigkeit des Rhythmus gemäß der antiken Dichtkunst strikt festhält, werden die Zäsuren — und diese zu bestimmen ist das Hauptanliegen der Arbeit — ohne Ausnahme durch das polyphone Gewebe senkrecht hindurchgezogen. Die cis-Moll-Fuge aus WK II wird beispielsweise so zugerichtet[35]:

Abgesehen von den grotesken Zäsursetzungen und der entstellenden Notation verkennt Westphal u. a., daß das Thema erst auf der vierten Zählzeit des 2. Taktes abgeschlossen ist. Es ist nicht zu erwarten, daß jemand, der die evident polyphone Struktur des Bachschen Satzes mißachtet, ein Sensorium für die latente rhythmische Polyphonie etwa einer einzelnen Stimme besitzt. Auch die A-Dur-Fuge aus WK I (siehe oben) wird bei Westphal erwähnt und zwar als Beispiel für „*Tripodisch-trochäische Rhythmopöie*", was einfach bedeutet, daß sie im 9/8-Takt steht.[36]

Ein jüngeres Beispiel für die Jahrhunderte währenden Versuche, die antiken Verstypen für die Rhythmus-Analyse der Musik der Neuzeit nutzbar zu machen, stammt von den Amerikanern Grosvenor W. Cooper und Leonard B. Meyer. Ihr Buch mit dem anspruchsvollen Titel *The rhythmic structure of music*[37] (das wohl inzwischen zum Standardwerk für die Ausbildung an den Konservatorien der USA avanciert ist) basiert auf nicht mehr als fünf rhythmischen Modellen — Mattheson zählte immerhin noch 26 Füße[38]—:

a. iamb ◡ —
b. anapest ◡ ◡ —
c. trochee — ◡
d. dactyl — ◡ ◡
e. amphibrach ◡ — ◡ [39]

Mit Hilfe dieser *„five basic rhythmic groupings"* sollen nicht allein die rhythmisch-metrischen Strukturen, sondern auch die Formen größeren Ausmaßes erfaßt werden. Dabei kommt es zu problematischen Gleichungen, indem z. B. sowohl die Folge von 2 Sechzehnteln und 1 Achtel als auch die Folge von 2 Expositionen (à 103 Takten) und 1 Rest (Durchführung, Reprise, Coda à 270 Takten) mit demselben Signum ◡ ◡ — versehen werden.[40]

Die Unbefangenheit der Autoren gegenüber europäischen Traditionen und die ‚carelessness' ihres Umgangs mit dem Notentext zeigt sich auch an der Analyse der folgenden unscheinbaren Takte Klaviermusik von Bach:

Über den Anfang dieses jedermann bekannten kleinen d-Moll-Präludiums (BWV 926) schreiben Cooper und Meyer: *„Erstens tritt an ihm die Wichtigkeit einer metrischen Einbindung rhythmischer Strukturen hervor. Ohne die Taktangabe 3/4 könnte die Tonfolge interpretiert werden, als wäre 2x3/8 anstelle 3x2/8 gemeint. Die erste Gruppierung, die ja eine genaue Wiederholung einschließt, wäre zwar gewissermaßen einfacher. Aber, mit Blick auf die Taktangabe, wäre sie falsch. Zweitens könnte es scheinen, daß, weil alle Notenwerte gleich sind und alle Töne dem Tonikadreiklang angehören, die Gliederung zweideutig sei und auch so verstanden werden sollte. Jedoch wäre eine solche Interpretation unangemessen, weil das Material der einzelnen Takte und auch der Takte im Verhältnis zueinander zu einfach ist. Der Effekt muß klar und direkt sein. Die schlichteste Art der Anordnung — und um die geht es ja — entspricht einem Trochäus mit unterteilter Länge, was die Analyse deutlich macht. Überdies scheint die Begleitung, die den ersten Schlag jedes Taktes betont, anzuzeigen, daß Bach ein Akzent zu Beginn der Gruppen vorschwebte."*[41]

Die Autoren argumentieren offen normativ. Das Einfache wäre zwar das Bessere, doch der Takt müsse durchgesetzt werden. Ambiguität sei zwar denkbar, aber bei so einfachen Gebilden nicht angebracht. Man fühlt sich an den Werbespruch einer Schokoladenfirma erinnert: quadratisch — praktisch — gut. Die ‚squares of chocolate' sehen aber alle gleich aus. Und es besteht die Gefahr, daß auch die Takte dieses kleinen, zarten, fein entwickelten Klavierstücks von Bach alle die gleiche Darstellung erfahren würden, legte man die von Cooper und Meyer herangezogenen Maßstäbe zugrunde. Dabei ist es doch evident, daß die Binnenstruktur der Takte anfangs in der Schwebe gehalten werden soll. Ein rhythmisches Diagramm würde wahrscheinlich eine fast gleiche Wertigkeit der Binnenachtel ergeben. Erst in T. 10 ist der 3/4-Takt deutlich auskomponiert, was man aber wegen dessen isolierter Plazierung noch nicht so recht glauben mag. Vergleicht man etwa noch die Anfangstakte mit den Schlußtakten — in letzteren liegt dieselbe Technik der diastematischen Gruppenbildung wie in den Anfangstakten vor, aber so angewandt, daß die ternären Einheiten jetzt mit der Eins des Taktes konvergieren, während sie zu Beginn ja ‚nachschlagend' eintraten —, so wird deutlich, daß das trochäische Grundmaß, das die Autoren willkürlich in das Stück hineingetragen haben, mit der wirklichen Rhythmik des Stückes schlechterdings unvereinbar ist.

Seit Hugo Riemanns Kritik an allen Versuchen, die poetische Metrik zum Ausgangspunkt für die Formulierung einer musikalischen Rhythmustheorie zu machen, war der Ansatz von Cooper und Meyer von Anfang an obsolet. Riemann hatte das notwendige Scheitern solcher Versuche u. a. mit dem Hinweis darauf erklärt, daß *„die mehrstimmige Musik rhythmische Komplikationen gezeitigt hat, an welche ein Grieche überhaupt garnicht denken konnte".*[42] Das *System der musikalischen Rhythmik und Metrik* von Riemann selbst und dessen Vorarbeiten, die heute bereits hundert Jahre alt sind[43], bedeutete mit Blick auf die Geschichte der Rhythmustheorie einen gewaltigen Fortschritt. Daß auch Riemanns Theorie längst überholt ist, hängt mit deren einseitiger Orientierung an der Musik Beethovens zusammen, was Wilhelm Seidel[44] sorgfältig auseinandergesetzt hat. Riemanns Präferenz für Beethovens Musik ließ ihn den Begriff des *„thematischen Motivs"*[45] ins Zentrum seiner Rhythmuslehre rücken. Ohne Motive kein Rhythmus! Dadurch blieb Riemann ein Großteil der älteren und neueren Musik verschlossen, und selbst an der Musik Beethovens konnte er nur einen bestimmten Teil wahrnehmen, der durch diese eingeengte Perspektive begrenzt wurde.

Bachs Musik, die über die Vorstellung des Motivs als der *„kleinsten Einheit von selbständiger Ausdrucksbedeutung"*[46] sich nicht am ehesten erschließt, tat Riemann durch seine Phrasierungsanalysen denn auch allemal Gewalt an. Ich verweise nochmals auf die oben analysierte A-Dur-Fuge, bei welcher eine von Motiven und Phrasen weitgehend unabhängige Gestaltung mit dem Ergebnis hochgradiger rhythmischer Komplexität festgestellt werden konnte. Riemann begreift den Satz gleichwohl aus der Vorstellung einer Folge abgrenzbarer motivischer Einheiten: *„In Wahrheit ist aber dieses Werk voll der innigsten Empfindung und von einer fast rührenden Naivität — vorausgesetzt, daß man die rhythmische Natur des Themas und die weiblichen Endungen seiner einzelnen Motive richtig erkennt und begreift"*[47]:

Die angeblichen Motive werden aber von Riemann überhaupt erst hervorgebracht, und zwar mittels einer zweifachen Manipulation des Notentextes: Es werden Phrasierungsbögen eingeführt, die nicht von Bach stammen; und Bachs 9/8-Takt wird in eine Folge alternierender 6/8- und 3/8-Takte umgeschrieben. Von dem so zugerichteten Text läßt sich dann freilich ein Ausdruckscharakter[48] herleiten, der eher dem einer Canzonetta entspricht, als daß er dem verwickelten, bei Wahl eines schnellen Tempos und einer zugespitzten Artikulation auch wilden und stürmischen Bewegungsspiel gerecht würde.[49]

IV

Auf welchen Wegen wären nun weitere Fortschritte in den Bemühungen um eine angemessene Beschreibung und Erklärung rhythmischer Strukturen in der Musik zu erwarten? Die älteren Versuche krankten an bestimmten Einengungen des Blickwinkels, die zu einer Vernachlässigung rhythmisch relevanter Komponenten des Tonsatzes führten. Die Begriffe der Verslehre können jedenfalls der Differenziertheit musikalischer Rhythmik nur unterlegen sein, und die Beschränkung auf das motivisch-thematische Hauptgeschehen bedeutet notwendig, daß die rhythmische Analyse nur Teilergebnisse zeitigen kann.

Wenig beachtet bzw. für die Rhythmusanalyse selten als nutzbringend erachtet wurde bisher der einfache Sachverhalt, daß in der Musik verschiedene Prozesse gleichzeitig statthaben. Zwar wurde selbstverständlich am polyphonen Satz die eigenständige Rhythmik der Stimmen erfaßt, wurden Phänomene wie Phrasenüberschneidung oder das Tempo der Harmoniewechsel beachtet, und auch der Takt selbst wurde gelegentlich als ein Ensemble von verschiedenen Dauern in synchroner Abfolge begriffen. Aber daß auch die einzelne Stimme stets verschiedene Rhythmen in sich vereinigt, daß ihre rhythmische Struktur nicht allein aus der Folge der Tondauern resultiert, ist eine Einsicht, die wenig verbreitet ist. Karol Hławiczka[50] stellte 1971 eine (offene) Liste der von ihm so benannten *„Profilationsmittel"* für rhythmische und metrische Prozesse auf. Diese Liste beginnt mit Notenwerten und Tonstärken; sie schließt sodann die Profilation durch hohe und tiefe Töne, durch Figuren, Ornamente und Finaltöne, durch Pausen, Phrasierungen und Artikulationen, durch Akkorde, Harmoniewechsel, Kadenzschwerpunkte und Dissonanzen sowie durch Klangfarben ein.[51] Hławiczka zieht allerdings nicht die Konsequenz, konkrete Rhythmen von den genannten *„Profilationsmitteln"* abzuleiten, denn er ist vor allem an periodischen Folgen interessiert, die zu Verschiebungen der rhythmischen Ebene gegenüber der metrischen führen; periodische Rhythmen werden aber von den *„Profilationsmitteln"* selten hervorgebracht.

Ein interessanter Ansatz liegt auch in der Dissertation *The analysis of rhythm in tonal music* von Anne A. Pierce[52] vor. Die aus der Schenker-Bewegung hervorgegangene Arbeit wendet sich gegen die simplifizierende Methode von Cooper und Meyer.[53] Pierce entwickelt stattdessen ein Modell zur Darstellung komplexer Rhythmik. Leider wendet sie dieses aber im Verlauf der Arbeit nicht an. Das Modell findet bei Pierce folgende exemplarische Darstellung[54]:

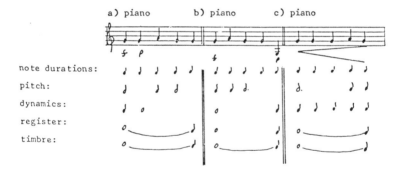

Dieses Modell entspricht dem von mir unabhängig entwickelten „Rhythmischen Diagramm" insofern, als die Rhythmen, die aus den verschiedenen Komponenten resultieren, überhaupt als Dauernfolgen notiert und in ein gemeinsames Zeitfeld eingetragen werden. Pierce geht aber nicht näher auf dieses Strukturbild ein; sie erwähnt nur, daß es eine *„greater complexity in the contrapuntal division of the time span"*[55] anzeige. Der Akzentstufentakt ist bei Pierce aus dem rhythmischen Diagramm ausgespart, weil sie ihm eine generelle Höherwertigkeit vorbehält. Takt und Tonhöhe seien die eigentlichen Träger des tonalen Satzes.[56] Infolgedessen erscheinen die übrigen Komponenten, denen im rhythmischen Strukturmodell noch ein eigener Rang zugesprochen worden war, nur wieder in Form einzeln assoziierbarer Akzente (ähnlich wie bei Hławiczka). Die Rhythmik wird einmal mehr als modifiziertes Metrum begriffen.

Für mich bestehen dagegen keine Zweifel, daß der Rhythmik der Vorrang gegenüber der Metrik gebührt. Durch die Rhythmik hindurch kann der Blick auf das Metrum fallen, nicht umgekehrt. Mittels rhythmischer Gestaltung wird auch der Takt konstituiert, und zwar im Zusammenwirken der verschiedensten Komponenten. Dies gilt zumindest für die Kompositionsweise Bachs. Dabei behält es der Komponist in der Hand, bis zu welchem Grade an Deutlichkeit der Takt zur Wirkung gelangen wird. Auch bleibt es der rhythmischen Gestaltung vorbehalten, in welchen Phasen eines Stückes eher freie rhythmische Prozesse oder eher metrisch intendierte Abläufe bestimmend sind. Dieses Wechselspiel, das auch eines zwischen Komplexität und Simplexität ist, zu beschreiben und in greifbare Daten zu übertragen (Wertigkeitsreihe), scheint mir die Methode des „Rhythmischen Diagramms" geeignet zu sein. Sie muß an vielen Analysen gehärtet werden und wird sicher eine Weiterentwicklung erfahren. Ihre Anwendung kann nicht mechanisch erfolgen, sondern bedarf der Kontrolle des sachverständigen Historikers. Keine der hier herangezogenen Komponenten kann ungeprüft auf die Musik anderer Komponisten und anderer Jahrhunderte angewandt werden. Aber in jeder Musik des hier gewählten Rahmens (‚erste' Welt) wird die rhythmische Struktur von Dauernwerten bestimmt, die sowohl durch Tonlängen selbst als auch durch Distanzen zwischen Klangereignissen gleicher Qualität definiert werden. Da wir es also stets mit einer Vielheit von Dauernfolgen (Rhythmen) zu tun haben, bedarf es einer Methode, um dieses Viele zusammenfassen und als komplexes System (Rhythmik) beschreiben zu können. Hierzu taugt das „Rhythmische Diagramm".

Anmerkungen

1 Johann Nikolaus Forkel: *Über Johann Sebastian Bachs Leben, Kunst und Kunstwerke.* Nach der Originalausgabe von 1802 neu hrsg. v. J. M. Müller-Blattau. Augsburg 1925, S. 44.

2 Hans Werner Henze: *Musik und Politik. Schriften und Gespräche 1955 – 1984.* Mit einem Vorwort hrsg. v. J. Brockmeier. München 1984, S. 364f.

3 Ernst Apfel/Carl Dahlhaus: *Studien zur Theorie und Geschichte der musikalischen Rhythmik und Metrik.* Bd. 1, München 1974. Gudrun Henneberg: *Theorien zu Rhythmik und Metrik. Möglichkeiten und Grenzen rhythmischer und metrischer Analyse, dargestellt am Beispiel der Wiener Klassik.* Tutzing 1974. Wilhelm Seidel: *Über Rhythmustheorien der Neuzeit.* Bern/München 1975.

4 Anselm Ernst: *Philosophische Untersuchungen zum Zeitbegriff in der Musik.* Diss. phil. Aachen 1973. Düren 1973. Vgl. auch Friedhelm Klugmann: *Die Kategorie der Zeit in der Musik.* Diss. phil. Bonn 1960. Bonn 1961.

5 Helga de la Motte-Haber: *Ein Beitrag zur Klassifikation musikalischer Rhythmen. Experimentalpsychologische Untersuchungen.* Diss. phil. Hamburg 1968. Köln 1968.

6 Ingmar Bengtsson: *Empirische Rhythmusforschung in Uppsala.* In: HJbMw 1, Hamburg 1975, S. 195—219, hier S. 211.

7 Carl Dahlhaus: *Was ist musikalischer Rhythmus?* In: *Probleme des musiktheoretischen Unterrichts* (= Veröff. d. Inst. f. Neue Musik u. Musikerz. 7). Berlin 1967, S. 16—22.

8 Hugo Riemann: *System der musikalischen Rhythmik und Metrik.* Leipzig 1903, S. 155—162.

9 Ich habe in einfachen Versuchen mit Studierenden bestätigt gefunden, daß viele Fugenthemen Bachs sich einer Bestimmung ihrer Taktart entziehen, sofern die einstimmigen Melodien nur vorgespielt oder der Notentext ohne die taktbedingten Zeichen (Balken, Überbindungen etc.) dargeboten wird. Die taktmetrische Mehrdeutigkeit solcher Anfänge gehört zum ästhetischen Plan. Der Takt ist Gegenstand der Komposition, nicht vorgeordnetes Gesetz.

10 Seit dem grundlegenden Beitrag von Jean La Rue: *Harmonic Rhythm in the Beethoven Symphonies* (in: MR 18, 1957, S. 8—20) sind mehrere Arbeiten und Aufsätze zu diesem Thema erschienen.

11 Die Harmoniebewegungen der ersten Fugentakte wurden in Analogie zu den im vollen dreistimmigen Satz erscheinenden Themeneinsätzen aufgenommen.

12 Johann Mattheson: *Der vollkommene Capellmeister*. 1739. Faksimile-Nachdruck hrsg. v. M. Reimann. Kassel/Basel 1954. Siehe den 2. Teil, 6. und 7. Kapitel, S. 160—174.

13 Mattheson, 7. Kapitel, 7, S. 171.

14 Mattheson, 7. Kapitel, 18, S. 172.

15 Ebd.

16 Mattheson, 7. Kapitel, 20, S. 173. Hervorhebungen von Mattheson.

17 Johann Georg Sulzer: *Allgemeine Theorie der schönen Künste*. 2. Auflage von 1794. Reprogr. Nachdr. Hildesheim 1967. Hier: Bd. 4, S. 90—105.

18 Der Autor muß nicht Sulzer selbst gewesen sein. Siehe Seidel: *Rhythmustheorien*, S. 252 Anm. 1.

19 Sulzer, S. 92.

20 Sulzer, S. 93.

21 Sulzer, S. 94.

22 Mattheson, S. 160.

23 Sulzer, S. 102.

24 Siehe oben Anmerkung 3.

25 Seidel: *Rhythmustheorien*, S. 101.

26 Gustav Becking: *Der musikalische Rhythmus als Erkenntnisquelle*. Augsburg 1928.

27 Becking, S. 55.

28 Becking, S. 54.

29 Becking, S. 55.

30 Ernst Kurth: *Grundlagen des Linearen Kontrapunkts. Bachs melodische Polyphonie*. Berlin ²1922.

31 Kurth, S. 13.

32 Vgl. auch Kurth S. 53.

33 Kurth, S. 52, 53 u. ö.

34 Dieses Buch wurde von dem Bach-Forscher Philipp Spitta dem Verlag zur Drucklegung empfohlen. Vgl. bei Westphal das „*Nachwort*" S. XXXVI.

35 Westphal, S. 112.

36 Westphal, S. 103.

37 Grosvenor W. Cooper/Leonard B. Meyer: *The rhythmic structure of music*. Chicago/London 1960.

38 Mattheson: *Capellmeister*, S. 164—170.

39 Cooper/Meyer, S. 6.

40 Cooper/Meyer, S. 203.

41 Cooper/Meyer, S. 42. Übersetzung P. P.

42 Riemann: *System*, Vorwort, S. VII.

43 Hugo Riemann: *Musikalische Dynamik und Agogik. Lehrbuch der musikalischen Phrasierung auf Grund einer Revision der Lehre von der musikalischen Metrik und Rhythmik*. Hamburg/Petersburg 1884.

44 Seidel: *Rhythmustheorien*, S. 157ff.

45 Riemann: *System*, S. 13.

46 Riemann: *System*, S. 14.

47 Hugo Riemann: *Handbuch der Fugen-Komposition*. 1. Teil, Berlin o. J., S. 131.

48 Die Spielanweisung „*Poco lento con molto espressivo*" stammt von Riemann.

49 Man vergleiche in diesem Bezug beispielsweise die Einspielungen von Swjatoslaw Richter bei Euro-disc und von Friedrich ‚Gulda bei MPS.
50 Karol Hławiczka: *Musikalischer Rhythmus und Metrum.* In: Mf 24, 1971, S. 385—406.
51 Hławiczka, S. 393.
52 Anne Alexandra Pierce: *The analysis of rhythm in tonal music.* Diss. phil. Brandeis 1968 (University Microfilms).
53 Pierce, S. 144ff.
54 Pierce, S. 4.
55 Pierce, S. 5.
56 Ebd.

Vladimir Karbusicky
Verzeichnis seiner Schriften 1952—1986

Bücher

Naše dělnická píseň (Unser Arbeiterlied), Prag 1953, 220 S. (Erweiterte Fassung der Dissertation: Přehledné dějiny dělnického zpěvu v Čechách do let devadesátých [Aufriß einer Geschichte des Arbeitergesangs in Böhmen bis in die 90er Jahre], MS 1952.)

Anfänge der historischen Überlieferung in Böhmen. Ein Beitrag zum vergleichenden Studium der mittelalterlichen Sängerepen. (Entstanden 1955—1964, ergänzt 1966; wegen äußerer Umstände erschienen erst 1980 im Böhlau-Verlag) Köln—Wien 1980, 326 S. Stark gekürzte, populärwissenschaftliche tsch. Fassung: Nejstarší pověsti české (Die ältesten Sagen Böhmens), Prag 1966, 348 S.; 2. Aufl. 1967.

Mezi lidovou písní a šlágrem (Zwischen Volkslied und Schlager. Eine Geschichte des Profangesanges in Böhmen), Prag 1968, 236 S.

Beethovens Brief ‚An die unsterbliche Geliebte'. Ein Beitrag zur vergleichenden textologischen und musiksemantischen Analyse, Bad Piest'any 1968, 118 S.; tsch. Fassung: Beethovenův list „An die unsterbliche Geliebte" a jeho hudební dílo (Beethovens Brief . . . und sein Musikwerk), Prag—Bratislava 1969, 130 S.; neue dt. Fassung: Wiesbaden 1977, 144 S.

Podstata umění. Sociologický příspěvek do diskuse o gnoseologismu v estetice a teorii umění (Das Wesen der Kunst. Ein soziologischer Beitrag zur Diskussion über den Gnoseologismus in der Ästhetik und Kunsttheorie), Prag 1969, 104 S. (Auflage beschlagnahmt; dt. Fassung:) Widerspiegelungstheorie und Strukturalismus. Zur Entstehungsgeschichte und Kritik der marxistisch-leninistischen Ästhetik, München 1973, 130 S.

Ideologie im Lied — Lied in der Ideologie. Kulturanthropologische Strukturanalysen, Köln 1973, 208 S.

Empirische Musiksoziologie. Erscheinungsformen, Theorie und Philosophie des Bezugs „Musik — Gesellschaft", Wiesbaden 1975, 490 S.

Musikwerk und Gesellschaft, Wien 1977, 52 S. (= Fragmente Bd. 2, hrsg. von E. Haselauer).

Gustav Mahler und seine Umwelt, Darmstadt 1978, 158 S. (= *Impulse der Forschung* Bd. 28).

Systematische Musikwissenschaft. Eine Einführung in Grundbegriffe, Methoden und Arbeitstechniken, München 1979, 250 S. (= UTB Nr. 911).

Grundriß der musikalischen Semantik, Darmstadt 1986, 312 S.

Ludwig van Beethoven: Listy o umění, lásce a přátelství (L. v. B.: Blätter über Kunst, Liebe und Freundschaft; eine kommentierte Edition, wegen äußerer Umstände anonym erschienen), Prag 1971, 190 S.

Unter Mitarbeit entstandene Schriften

Dělnické písně (Arbeiterlieder, kommentierte wiss. Edition gemeinsam mit Václav Pletka), Prag 1958, Bd. I + II zusammen 912 S.

Výzkum současné hudebnosti (Untersuchungen zur Musikalität der Gegenwart, gemeinsam mit Jaroslav Kasan), Bd. I: Prag 1964, 178 S.; 2. Aufl. zusammen mit Bd. II: Prag 1969, 204 + 244 S. (Wegen äußerer Umstände erschien Bd. III mit den Ergebnissen der Untersuchungen aus dem Jahre 1968 nicht; ein Bericht in: *The International Review of Music Aesthetics and Sociology* I/1, 1970, S. 113—116, und in: B. Dopheide [Hrsg.]: *Musikhören — Hörerziehung*, Darmstadt 1978, S. 77—89; einige Ergebnisse in der Studie: „Hörerziehung als musiksoziologisches Experiment", 1977 — s. unten.)

Soupis dělnických písní (Quellenverzeichnis der Arbeiterlieder, gemeinsam mit Václav Pletka), 2 Bde, Brünn 1964, 420 S.

Zur Situation des Singens in der Bundesrepublik Deutschland. Ernst Klusen unter Mitarbeit von V. Karbusicky und W. Schepping. Bd. I: Köln 1974; Bd. II: Köln 1975.

Redigierte bzw. mitredigierte Schriften

Kladensko. Život a kultura lidu v průmyslové oblasti (Das Kladnoer Kohlenrevier. Leben und Kultur des Volkes in einem Industriegebiet), Autorenkollektiv, Prag 1959; von V. Karbusicky bearbeitet: Die traditionellen und neueren Bergmannslieder, S. 283—446.

Czech and Slovak Folk Song, Music and Dance. Ellaborated by K. Vetterl and collective . . ., Praha—Bratislava 1962, 64 S.

Otázky hudební sociologie (Fragen der Musiksoziologie), Prag 1967, 310 S. Beiträge aus der Intern. Konferenz des Komponistenverbandes zur Musiksoziologie, April 1966. Von V. Karbusicky: Empirie v hudební sociologii (Die Empirie in der Musiksoziologie), S. 57—101; Methodika empirického výzkumu v oblasti umění (Die Methodik der empirischen Untersuchungen im Bereich der Kunst), S. 161—246; dieser Text erschien als Skript für Studierende der Fakultät der Sozialwisssenschaften an der Karls-Universität, 1969.

J. Fukač — L. Mokrý — V. Karbusický: Die Musiksoziologie in der Tschechoslowakei, Prag 1967, 55 S.

Československá vlastivěda díl III: Lidová kultura (Die tschechoslowakische Heimatkunde Bd. III: Die Volkskultur), Redaktion: A. Melicherčík, V. Karbusický, V. Scheufler, Prag 1968, 784 S.; von V. Karbusicky bearbeitet: Einleitung (gem. mit V. Scheufler), Geschichte der traditionellen und neueren musikalischen Folklore, Soziologische Untersuchungen zur Lage des Volksguts in der Industriegesellschaft.

Zprávy Společnosti Československých národopisců (Berichte der Gesellschaft der Tschechoslowakischen Volkskundler), von V. Karbusicky gegründet und 1959—1962 redigiert; darin zahlreiche seiner Beiträge, Glossen usw. sowie zwei Bibliographien:
— Soupis folkloristických příspěvků v hudebních časopisech ČSSR 1945—1959 (Verzeichnis der folkloristischen Beiträge in den Musikzeitschriften der ČSSR 1945—1959), Beilage zur Nr. 2/1960, 24 S.
— Soupis etnografických a folkloristických příspěvků v Časopise Českého musea 1827—1940 (Verzeichnis der ethnographischen und folkloristischen Beiträge in der Zeitschrift des Böhmischen Museums 1827—1940), Beilage zur Nr. 2/1961, 16 S.

Das Musikleben in einer Stadt. Berichte aus dem Seminar „Zur Methode der ‚Beobachtung' in der Musiksoziologie", Musikwiss. Institut der Universität Hamburg 1983, 212 S.

Studien, kleinere wissenschaftliche Beiträge

Datování lidových písní vojenských. Příspěvek k dějinám naší lidové písně (Die Zeitbestimmung der Soldatenvolkslieder. Ein Beitrag zur Geschichte unseres Volksliedes), in: *Český lid* 45 (1958), S. 193—199.

Zur Entwicklung des tschechischen und slowakischen Bergmannsliedes, in: *Deutsches Jahrbuch für Volkskunde* 5 (1959)/II, S. 361—377.

Výzkum a dokumentace současného folklóru (Erforschung und Dokumentation der Folklore der Gegenwart), in: *Český lid* 47 (1960), S. 99—111.

Kramářská píseň jako pramen pololidových písní (Der Bänkelsang als Quelle der volkstümlichen Lieder), in: *Václavkova Olomouc* 1961, Prag 1963, S. 287—293.

Vývojové rysy novodobé zpěvnosti (Die Entwicklungszüge des neuzeitlichen Gesangs), in: *Hudební věda* Sammelband I, 1962, S. 7—52.

Kultura rumunských Čechů: Písňový a hudební folklór (Die Kultur der rumänischen Tschechen: Die Lied- und Musikfolklore), in: *Český lid* 49 (1962), S. 173—184.

Z problematiky sběru písňového folklóru u Čechů v Rumunsku (Aus der Problematik des Sammelns der Liedfolklore bei den Tschechen in Rumänien), in: *Český lid* 51 (1964), S. 21—27.

Středověká epika a počátky české hudby (Die mittelalterliche Epik und die Anfänge der tschechischen Musik), in: *Hudební věda* 1 (1964), S. 367—449.

Pojem zlidovění a typy zlidovělých písní české společnosti (Der Begriff der Volksläufigkeit und die Typen der volkstümlichen Lieder der tschechischen Gesellschaft), in: *Václavkova Olomouc* 1964, Prag 1965, S. 53—80.

Über die Beziehungen zwischen der älteren tschechischen und der germanischen Epik, in: *Beiträge zur Sprachwissenschaft, Volkskunde und Literaturforschung,* Sonderheft: Festschrift für Wolfgang Steinitz, Berlin 1965, S. 197—213.

Zur empirisch-soziologischen Musikforschung, in: *Beiträge zur Musikwissenschaft* 8 (1966), S. 215—240 (= dt. Fassung von: Teoretické předpoklady empiricko-sociologického výzkumu hudby, in: *Hudební věda* 2, 1965, S. 372—418); verbesserte Fassung in: B. Dopheide (Hrsg.): *Musikhören,* Darmstadt 1975 (= Wege der Forschung CCCCXXIX), S. 280—330; Auszug in: T. Kneif, (Hrsg.): *Texte zur Musiksoziologie,* Köln 1975, S. 253—267.

Zu den historischen Wurzeln der Metrik der russischen Bylinen, in: L. Mokrý (Hrsg.): *Anfänge der slavischen Musik,* Bratislava 1966, S. 165—172.

Melodický typ balady Osiřelo dítě (Der Melodietypus der Waiskind-Ballade), in: *Hudební věda* 3 (1966), S. 576—596.

Das Volkslied in der Gegenwart. Eine musiksoziologische Studie, in: *Deutsches Jahrbuch für Volkskunde* 12 (1965)/I, S. 191—206.

Pojem a estetika ‚lehké hudby' (Der Begriff und die Ästhetik der ‚leichten Musik'), in: *Hudební věda* 4 (1967), S. 22—44, S. 238—338, S. 440—454; dt. Fassung als Kap. I in: Empirische Musiksoziologie (s.o.), Wiesbaden 1975, S. 19—60.

Sociální faktory estetického vnímání. Příspěvek ke vztahu sociologického a estetického experimentu (Die sozialen Faktoren der ästhetischen Apperzeption. Ein Beitrag zur Beziehung zwischen dem soziologischen und dem ästhetischen Experiment), in: *Estetika* 4 (1967), S. 193—230; dt. Fassung als Kap. II in: Empirische Musiksoziologie (s. o.), Wiesbaden 1975, S. 61—109.

L'interaction „réalité — œuvre d'art — société", in: *Revue Internationale des Sciences sociales* XX, UNESCO Paris 1968, S. 698—711; engl. Mutation: The Interaction between „Reality — Work of Art — Society", S. 644—655.

K technologii pamfletu o hudbe z let 1948—1952 (Zur Technologie der Pamphlete über die Musik aus den Jahren 1948—1952), in: *Hudební veda* 6 (1969), S. 281—311; dt. Zusammenfassung ebenda, S. 378—380, unter dem urspr. Titel: Die Ideologie der Kunst und die Kunst der Ideologie. Zum Wesen der Pamphlete in der Musikpublizistik in den Jahren 1948—1952. Gekürzte dt. Fassung: Ideologie der Kunst und Kunst der Ideologie, in: R. Stephan (Hrsg.): *Über Musik und Politik*, Mainz 1971, S. 67—85. Ital. Fassung: Ideologia dell'arte e arte dell'ideologia, in: *Musica e politica. Teoria e critica della contestualità sociale della musica, voci sull'est, testimonianze e letture di contemporanei a cura di Mario Messinis e Paolo Scarnecchia*, Venezia 1977, S. 229—246.

Pojem a estetika ‚lehké hudby' (Der Begriff und die Ästhetik der ‚leichten Musik'), in: *Hudební veda* 4 (1967), S. 22—44, S. 238—338, S. 440—454; dt. Fassung als Kap. I in: Empirische Musiksoziologie (s.o.), Wiesbaden 1975, S. 19 bis 60.

Die Musikerziehung zwischen Geschmack, Verhalten und Bedürfnis, in: *Forschung in der Musikerziehung* 3/4 1970, S. 56—63; korrigierte Fassung als Kap. IV in: Empirische Musiksoziologie (s. o.), Wiesbaden 1975, S. 140—162.

Vokální symfonie Dmitrije Šostakoviče (Die Vokalsymphonien Dmitrij Šostakovičs), in: *Hudební rozhledy* 23 (1970), S. 467—473.

Soziologische Aspekte der Volksliedforschung (geschr. 1970), in: *Handbuch des Volksliedes*, hrsg. von R. W. Brednich, L. Röhrich, W. Suppan, Bd. II, München 1975, S. 45—88.

Die Instrumentalisierung des Menschen im Soldatenlied, in: *Zeitschrift für Volkskunde* 67 (1971/II), S. 203—227.

Das ‚Verstehen der Musik' in der soziologisch-ästhetischen Empirie, in: *Musik und Verstehen. Aufsätze zur semiotischen Theorie, Ästhetik und Soziologie der musikalischen Rezeption*, hrsg. von P. Faltin und H.-P. Reinecke, Köln 1974, S. 121 bis 147.

Ein Ende der System-Ästhetiken? Zum Widerspiegelungsmodell der Musik in Lukács' „Ästhetik", in: *Kölner Zeitschrift für Soziologie und Sozialpsychologie,* Sonderheft 17/1974, hrsg. von A. Silbermann, S. 67—92.

Die Wort-Ton-Kommunikation und ihre Ausnutzung in der musikpädagogischen Praxis, in: *Beiträge zur Musikreflexion,* hrsg. von H.-J. Irmen, Heft 1, Steinfeld 1975, S. 33—52.

Hörerziehung als musiksoziologisches Experiment, in: *Hörerziehung,* (Hrsg.), B. Dopheide, Darmstadt 1977, S. 385—449 (= Wege der Forschung CCCCLIX).

Über die Schwierigkeiten der Anwendung der Informations- und Kommunikationstheorie auf die Musik, in: *Zum Problem der Wissenschaftlichkeit in der Musikpädagogik.* (= Beiträge zur Musikreflexion Heft 5, hrsg. von H.-J. Irmen), Steinfeld 1978, S. 45—91.

„Der Kreuzweg" Otakar Ostrčils: Ein soziologischer Beleg zur Wozzeck-Rezeption?, in: *Hamburger Jahrbuch für Musikwissenschaft Bd. 4: Zur Musik des 20. Jahrhunderts,* Hamburg 1980, S. 225—258.

Die semantische Spezifität der Musik, in: *Russian Literature* XII (1982), S. 401—458 (Special Issue: Jan Mukařovský).

Intertextualität in der Musik, in: *Dialog der Texte,* hrsg. von W. Schmid und W.-D. Stempel (= Wiener Slavistischer Almanach, Sonderband 11), 1983, S. 361—398.

The Experience of the Indexical Sign: Jakobson and the Semiotic Phonology of Leoš Janáček, in: *American Journal of Semiotics* 2 (Special Issue: Roman Jakobson), 1983, S. 35—58.

Zur Grundlegung der Systematischen Musikwissenschaft (gemeinsam mit Albrecht Schneider), in: *Acta Musicologica* LII (1980)/II, S. 87—101.

Die ‚Erwartung' als psychologisches Moment des Schaffens und der Rezeption, in: *Schnittpunkte Mensch — Musik* (= Festschrift für Walter Gieseler), Regensburg 1985, S. 132—138.

Gegenwartsprobleme der Musiksoziologie, in: *Acta Musicologica* LVIII (1986), S. 35—91.

Jagdsignale als Zeichensystem, in: *Zeitschrift für Semiotik* 8 (1986).

1984 — 1985 entstandene Schriften (im Druck)

Grundriß einer Anthropologie der musikalischen Massenkultur (ca. 300 S.).

The Index Sign in Music (Musiksemiotisches Symposium in Helsinki, 1984, in: *Semiotica*).

Zum ‚Wagnerianismus' in der tschechischen Musikkultur (*Musik des Ostens*).

Musik und Zeichen (*Zeitschrift für Semiotik*).

„Simfonizm", „tematism" und „vokal'nost' " als ästhetische Kategorien im Schaffen Šostakovičs (Internationales Šostakovič-Symposion in Köln, 1985).

Von „Klangereignis" zu „Syntax" (Musiksemiotisches Kolloquium in Köln, 1985).

The Anthropology of „Semantic Levels" in Music (Symposium zur Philosophie der Musik, Helsinki 1985).

Zusätzliche publizistische Tätigkeit

Zahlreiche kleinere Aufsätze, Diskussionsbeiträge, Glossen, Nachworte, Texte für Programmhefte, Besprechungen usw. in: *Hudební rozhledy* (= Die Musikrundschau. Zeitschrift des Komponistenverbandes, Beiträge seit 1952 bis 1970), *Hudební věda* (= Die Musikforschung. Zeitschrift des Inst. f. Musikwiss. an der Akademie der Wissenschaften, Beiträge seit 1960 bis 1969), *Český lid* (Zeitschrift des Inst. f. Ethnographie und Folkloristik an der Akademie der Wissenschaften, Beiträge seit 1953 bis 1965), *Musik und Gesellschaft, Sovetskaja muzyka, Československá etnografie, Česká literatura, Nová Mysl, Kultura, Literární noviny, Konfrontace* u. a.; *Musik im Unterricht, The World of Music, Musica, Germanistik, Musik und Bildung, Neue Zeitschrift für Musik, Publizistik, Zeitschrift für Volksliedforschung, Die Musikforschung, Acta Musicologica* u. a. Die Beiträge (schätzungsweise 200) sind nicht registriert.
Einige Titel aus der Zeitspanne 1965—1969 in dt. Übersetzung (HR = *Hudební rozhledy*):
Die Musiksoziologie als pädagogisches Experiment (HR 1965); Die gesellschaftliche Bedeutung der Untersuchung der Musikalität (*Nová Mysl* 1965); Der Kult des Publikums (HR 1966); Wie wir mit dem Realismus manipulierten (HR 1966), Übersetzung in: Empirische Musiksoziologie (s.o.), Wiesbaden 1975, S. 233—251); Eine halbe Stunde mit Adorno (HR 1966, Interview mit A.); Fragen des musikalischen Geschmacks (HR 1966); Die „unsterbliche Geliebte", Stellwagen und die tschechoslowakische Musikologie (HR 1967); Musik im Dritten Reich oder: Manipulierte Kulturpolitik zum Vergleich (HR 1967); Politische Poe-

sie ohne Heimat (*Literární noviny,* April 1967, beschlagnahmt); Musiker und Politik (HR 1968); Ideologie, Wissenschaft, Kunstschaffen (HR 1968); Moskauer Konfrontationen (HR Juni 1968); Magie der Wörter (HR August 1968, beschlagnahmt); Beethovensche Reminiszenzen oder: Musik und Bonapartismus (HR November 1968); Marksteine. Jan Palach in memoriam (HR 1969); Musik, Gesellschaft und einsame Revoluzzer (HR 1969); Nomen-omen der Avantgarde (*Konfrontationen. Zeitschrift für Neue Musik* Nr. 3, 1969; nach dieser Nummer wurde die Zeitschrift eingestellt).